西方的自殺

人性本能如何反噬西方文明？

SUICIDE OF THE WEST

JONAH GOLDBERG

喬納・戈德堡——著

盧靜、廖珮杏、劉維人——譯

好評推薦

「關於左派，作者的多數結論我都不同意，但他的多數推論我都可以理解。這是為什麼在我們越來越不理解彼此的對立時代，我會把這本書推薦給所有和我立場相同和相異的人。前者或能藉此體驗如何理解，後者或能藉此體驗如何推論。」

——**朱家安（作家、哲學雞蛋糕腦闆）**

「作者洞悉也批判極左與極右所造成的社會問題，也就是社會主義與國族主義都有其病徵。更重要的是，作者嘗試彌合這些主義彼此之間看不見的死角，說了一點左派與右派各自有的、但彼此卻視而不見的優點。不管是極左或極右，都有可能淪為民粹，更嚴重的是導致對民主的攻擊。而如果你想更為獨到地了解川普現象，而不是以西方主流媒體的眼睛來理解，則讀這本書絕不會讓你失望。作者很清楚『對政治的一無所知反而讓川普獲得巨大優勢』，光是這一點，許多美國主流媒體就拒絕體認，但這才是使得川普風潮越燒越熱的根本性原因。」

——**邱師儀（東海大學政治系副教授）**

「基督教有一個古典觀念：約伯的苦難。他說：人生在世，豈無爭戰？何以世界會發生共產主義、法西斯主義、種族主義的人類大屠殺？上帝存在嗎？上帝的旨意又是什麼？這本書從歷史、哲學、宗教、社會、精神醫學，多元角度探討當今人類文明的問題。沒有反思的生活，是不值得過的。這本書提供一個回顧過去，掌握現在，瞻望未來的集體反思機會。反思的結論是：我們要以信心、希望、愛心，忘記背後，努力前面，向著標竿直跑。」

——**胡忠信（歷史學家、政論家）**

「本書甘冒當代政治正確的大不諱，直言思想，徹徹底底表現出言論自由核心的思想自由精髓。舉冒犯為例，當代身分政治的重要特徵，便是以『尊重多元』的道德大旗要求所有人不得冒犯，使得言論的範圍越縮越小，乍看是進步價值的展現，在本書中卻揭露出這是傳統部落主義的復興，多麼弔詭的現象。如此尖銳的批評當然有風險，但提出於公眾場域的言論本就係用於辯盪出知識的形貌，而無論喜歡與否、認同與否，言論提出的行動本身也正是自由的彰顯，而也正是這本著作本身與內容所要提醒我們（尤其漸受西風東漸影響的台灣社會）的：自由。」

——**曾友俞（律師、《公民社會》作者）**

目次

第二部

第十四章　四分五裂——岌岌可危的美國民主實驗　373
美國民主實驗和爭取成功的關係這麼緊密，是因為我們的制度設計之初，就是為了讓每個人能走上自己的道路、去爭取成功。

結　語　文明是否衰敗，取決於我們的選擇　407
只要我們不再為之奮鬥，不再抵抗本性的誘惑，或者因為自私、懶惰、野心、健忘、忘恩負義、還是其他原因而捨棄原則，我們就注定要腐朽衰敗。

附錄——人類的進步簡史　431

謝詞　461

注釋　510

推薦序

一個美國保守派如何以理性捍衛民主自由？

馮卓健　輔仁大學歷史系專案助理教授

如果你對於美國的民主黨和川普所代表的價值觀皆感到不安與不滿，亦或者，你認同民主制度但是對今日的民主政治所展現的弱點感到憂心忡忡，這就是一本你必須讀的書。

美國的政治與我們息息相關。首先，台灣是美中在亞洲對峙的一個戰場，美中國勢以及政治上的變化對我們有極大的影響。其次，

許多台灣人所追求的民主自由價值正受到許多的挑戰，而美國政治呈現出來的問題，正是我們在思考我們要一個什麼樣的民主政治時應該關心的。因此，雖然這本書的作者戈德堡所想闡明的是美國民主所受到的挑戰，這些挑戰中有很多也可以適用於台灣，值得我們仔細思索。

當我們從台灣看美國，很多我們接受到的訊息都是被篩選過的，很容易陷入左右派極端化的視野。無論是電視媒體中的名嘴，或是一些網路自媒體中的紅人，所傳達的往往是經過篩選的，符合自己政治立場的訊息，甚至為了促進點閱，往往將這些訊息激進化以強調對立。然而，這些不應該是我們對美國政治認識的全貌。

我剛去美國讀研究所時對兩件事情很有興趣，在學術研究上，我研究的是美國革命中選擇效忠英國的效忠派，我特別有興趣的是效忠派如何探討自由這個概念。另一方面，作為一個外國人，我很希望能夠認識更多學者以打入美國的學術圈。於是我便參加了喬治梅森大學的人文學研究院（Institute for Humane Studies）所舉辦的一個以自由為題的為期一週的暑期研討會，在這個研討會上我第一次接觸到自由放任主義（Libertarianism）。當時是歐巴馬執政時期，我在研討會中看到許多學者以古典自由主義的原則批評歐巴馬以及民主黨的執政，認為這些政策以自由派為名，但卻不斷擴大政府的職能與權力，反而限縮了人民的自由。這些人在傳統上會被貼上保守派的標籤，但他們所要維護的傳統，其實正是美國的自由民主。後來川普執政時，我在臉書及推特上看到同樣的一群學者，為川普現象憂心不已，批評川普的作為以及政策。

我雖然並不總是同意這些自由放任主義學者的政治觀點，但我非常尊重他們，因為他們盡力論理而不訴諸情緒，在寫作時往往遵守嚴格的學術規範，一分證據說一分話，我認為這是我們今日所最為欠缺的：一群論述品質高明的保守派學者。本書的作者戈德堡所抱持的正是與這群人同樣的政治立場。他一面批評美國自由派長期以來的「進步主義」（Progressivism）如何逐漸傷害美國傳統的民主自由，特別是威爾遜與小羅斯福總統以來擴大政府中行政權的權能的做法如何建構了行政國家（Administrative state）的體制並傷害了傳統的憲政體制並迴避人民的監督。另一方面，他也抨擊川普所代表的美國保守右派的民粹主義與部落主義。他寫道：「傳統的美國保守派支持限制政府規模、謹守憲法、保障個人自由、尊重傳統價值觀；但這些堅持川普一個都沒有，而且證據似乎顯示，他連對這些概念的理解都很膚淺。」他憂心這些自由派與川粉所代表的國族主義、民粹主義，以及身分政治正在摧毀美國的民主，希望讀者可以做出正確的選擇。

戈德堡這本書雖然想談的是美國民主的問題，但結構上非常宏大。他將美國的民主自由視為一個政治上的「奇蹟」，而這個奇蹟要能夠發生，需要同時符合許多條件。為了鋪陳美國的這個奇蹟是如何發生的，他先從人性的角度來分析政治的本質，特別是部落性格，並由此來申論人性在政治上所立下的侷限。

之後，在第二部中，他探討了「國家」這個概念與組織的來源，並鋪陳了資本主義在西方世界中的發展。藉由深刻探討洛克與盧梭兩種不同的契約論式的政治理論如何代表西方政治兩種典範的衝突，他申論這衝突如何塑造了美國的民主自由，以及美國革命與制憲如何立下了這個政治奇蹟。在第三部中，他則一項一項地探討美國的左右兩派如何在近一百多年來的爭議中逐步損害了民主自由的傳統。但是他對於民主政治的未來並不全然是悲觀的，他認為儘管有這些缺失，西方的民主制度在整體上仍帶來了繁榮與進步。如果對西方文明持續抱持著信心，就能持續維持這個「奇蹟」而不會讓整個西方文明一起自我了斷。

戈德堡將美國的民主詮釋為西方文明的奇蹟時，也呈現了美國保守派的歷史觀，特別是針對美國建國的起源敘事。在他的歷史敘事中，強調了美國建國的理想。美國保守派的歷史敘事近年來在美國遇到許多挑戰，例如：紐約時報在二〇一九年刊載了一系列的文章，稱之為一六一九計畫，以紀念非洲奴隸第一次登陸北美洲的英國殖民地四百週年。這一系列的文章強調奴隸以及種族主義如何塑造了美國的歷史，同時也試圖從非洲奴隸的角度重新述說美國起源的故事。儘管戈德堡寫作本書時一六一九計畫尚未出版，但自由派對美國保守派的傳統敘事的挑戰早已行之有年，這些挑戰強調女性以及奴隸不是在傳統敘事消失無蹤，就是僅僅扮演著無足輕重的地位，有些人進而抨擊美國的開國元勛沒有能將女性跟奴隸的權利考慮進他們的建國計畫中。面對這樣的挑戰，戈德堡認為「這種詮釋方式完全搞錯了問題，抹滅了每個人在當下時空中改善世界的勇氣」。他認為「我們不能用現在的道德標準去評斷古人，而是應該用人類至今為止的進展來思考我們當下的步伐是否太慢」。

戈德堡並沒有完全否認新的研究成果與論述，只是認為在他論述民主自由發展的過程中，這些開國元勛的弱點和沒有達成的成就不是重點。那重點是什麼呢？重點是這些開國元勛如何建立了一個民主自由的文化，儘管實際上的成就並不完美，《獨立宣言》所留下的理想性文字仍成為後世追求權利者的典範。雖然《獨立宣言》並沒有解放奴隸，但是之後林肯賦予了這個宣言新的意義，「讓人人生而平等的理念更加深植美國人的內心」。日後馬丁路德金恩博士在追求黑人民權運動時，也同樣訴諸於宣言內的理念與文字。因此，「即使美國人什麼也沒做，只是充分實現了開國理念，依然將人類的歷史向前推進了一大步」。戈德堡認為，建國時的美國「打造出了一種前所未有的自由平等文化」，而且這種自由不限於菁英，而是遍及一般平民。在這樣的發展下，自由民主終究會獲勝，奴隸制度跟種族隔離終究注定要終結。

讀完本書，你會對西方民主政治的本質有更多的認識，也能從美國理性保守派的角度，看到今日民主政治所面對的挑戰，以及這個民主自由的體制所能帶來的希望。如果你已經有預設的立場了，你大概不會輕易地被作者給說服，然而，這仍是一本必讀之作，它會帶給你一個嶄新的視野。

推薦序

《西方的自殺》——美國版《失樂園》

何清漣　旅美學者、中國問題專家

約拿・戈德堡這本《西方的自殺》，其英文書名有個很長的副標題：部落主義、民粹主義、國族主義和身分政治的重生扼殺美國的民主。作者寫的其實是美國「失樂園」的過程——《失樂園》（*Paradise Lost*）是十七世紀英國詩人約翰・彌爾頓以《舊約聖經・創世紀》為基礎創作的史詩，講述人類墮落的故事：墮落天使撒旦誘惑亞當夏娃，導致他們被逐出伊甸園。這本《西方的自殺》出版於二〇一八年，其時兩黨鬥爭已經白熱化，作者預感到美國將「失樂園」，但絕對未曾想到二〇二〇年以後的美國衰變會以這種自由落體的速度進行。

這本書展現了美國進步主義者在二〇二〇年以前為自殺所做的各種準備。

◆LGBTQI文化讓美國近半人成為「無家可歸」之人

通常對美國左禍的溯源，是回溯到一九六八年反越戰，那時的美國青年鬧得歡暢，遊行到哪個城市，哪個城市就進入性亂交、吸毒的狂歡季節。但戈德堡此書展示美國自殺進程的時間起始點遠早於一九六八年。

共產主義於十九世紀發源於歐洲，以《共產黨宣言》的問世為標誌。世界受到共產主義1.0版的洗劫是從一九一〇年開始。但美國卻被認為是個例外，中國學者到現在還在樂此不疲地介紹「從桑巴特到李普塞特的美國社會主義例外論」，對美國近年的明顯變化視而不見；但部分美國人卻聽到了社會主義走近的腳步聲，戈德堡也算其中一位，因此，他在《西方的自殺》一書中，反復強調資本主義出現是幾個偶然因素疊加的產物，是人類的幸運禮物，「從很多層面來說，自由民主的資本主義真的是一個奇跡。自古至今人們想出了各種體制，無論有沒有實行，都比不上自由民主的資本主義。它消除了世界許多地方的貧困、改善人類的健康，讓每一個人都能發揮自己的潛能和創意。它唯一的缺點大概只有，『它並不是自然而然就有的』」。作者花了大量篇幅論證人的本性包含不斷「尋覓自己覺得對味的新故事與新世界觀」，只是「道德和公民社會體制會給予人類行為重要的制約」，一旦失去制約，這種本性就會釋放，比如「有史以來人類要煩惱的事情，突然從怎麼求溫飽，變成有了錢之後人生該怎麼過」。

這確實是美國的大問題，從國家來說，美國軍事力量超強且世界第一，美元霸權決定美國政府可以無限發鈔而美國可以成為世界第一消費大國。這種外無強敵挑戰、內無衣食之憂的狀態早在上世紀七〇年代末就已經出現，也因此，美國人當中的一半厭倦了各種道德約束，宣導進步主義。作者說得隱晦，按照美國「進步主義」標準，回到原始縱欲也是人的本性，二〇二〇年BLM運動中，美國抗議者集體裸奔、各種淫穢舞蹈競相在街頭亮相。

就在二〇二二年的五月，拜登政府已經宣布，今後美國的外交將以向世界推廣LGBTQ代表的人權為主要任務。拿過六次葛萊美獎，而且給舊版花木蘭動畫唱過主題曲的歌手克莉絲蒂娜·阿奎萊拉（Christina Aguilera）在洛杉磯的演唱會上穿上裝上巨無霸生殖器的表演服堂皇登場，[*]粉絲激動萬分，美國左派認為這是美國邁入進步主義新時代的標誌性事件。

現實比作者成書時更嚴重。二〇二一年二月，蓋洛普（Gallup poll）公佈的一項民意調查，百分之五點六的美國成年人認為自己屬於LGBT群體（LGBT是女同性戀者、男同性戀者、雙性戀者與跨性別者的英文首字母縮略）[**]，這還不包括Q（Queer），I（InterSex，雙性人）在內。二〇二〇年大選後，在美國民主黨左派當家的州出現了一些開放式婚姻：六月二十九日，麻塞諸塞州，波士頓市西北的薩默維爾（Somerville），正式成為美國第一個通過承認多重伴侶關係（polyamory）合法化的城市。該市法律將家庭夥伴關係定義為「由多人（people）組成的實體」。簡言之，「多重伴侶家庭」就是包含「一夫多妻」、「一妻多夫」和交叉性關係的「群婚」制。[***]這種「進步主義」運動始自何時？一九七二年二月，約有二百名來自八十五個同性戀組織的領袖在芝加哥開會，並頒佈了一份《同性戀權益政綱》，內有十七項在州政府和聯邦政府中要爭取的事項，其中四項是核心內容，例如：

---

* Really Topped Herself at L.A. Pride PerformanceJUNE 12, 2022，By Bethy Squires@BethyBSQU（https://www.vulture.com/2022/06/christina-aguilera-wore-a-strap-on-at-la-pride.html）

** LGBT Identification Rises to 5.6% in Latest U.S. Estimate, BY JEFFREY M. JONES FEBRUARY 24, 2021(https://news.gallup.com/poll/329708/lgbt-identification-rises-latest-estimate.aspx）

*** A US first? Massachusets city votes to recognize polyamorous relationships in domestic partnership policy Elinor Aspegren USA TODAY July3，2020，https://www.usatoday.com/story/news/nation/2020/07/02/polyamory-massachusetts-city-somerville-relationships-us/5370718002/

同性婚姻合法化——二〇一五年四月二十六日美國聯邦最高法院以五比四的投票結果，裁定在全美範圍內同性婚姻合法。

男娼、女娼合法化；廢除合法性交年齡限制（這兩項已經在美國的大部分民主黨州實現）；婚姻應不限人數、不限性別，集體婚姻可享法律福利（這在波士頓薩默爾縣已經實現）。*

戈德堡在《西方的自殺》的第十二章說：家庭輸給了野蠻天性（The Family's Losing War Against Barbarism）忍不住悲歎「資產階級文化被進步文化所摧毀」。這裡的「資產階級文化」是什麼呢？他說得非常明確：「一九四〇到一九六〇年代的資產階級文化制訂了一套『我們所有人都該遵循的生活準則』：要先結婚再生小孩，然後為了孩子努力維持婚姻；為了找到好工作，你得受教育，然後努力工作，不懶散；盡可能為你的雇主或是客戶多做一些事；當個愛國者並且隨時準備好為國效力；當個敦親睦鄰又慈善的好公民；避免在公開場合使用粗俗的語言；尊重權威；避免藥物濫用和犯罪。」

可能為了避免冒犯左派（畢竟作者是左派媒體重鎮《紐約時報》能夠接納的少數幾位「保守派評論人士」），作者並未提到美國大麻合法化、幾十所大學開設大麻專業、百分之四十以上的美國人吸食大麻這一事實。但他引經據典，委婉地論述了家庭——傳統意義上的由一男一女組成的家庭作為社會最重要的細胞，對一個社會健康發展的重要性：「健康的家庭，是文明社會的基石。……無論以何種標準衡量，任何社會中最重要的仲介體制就是家庭。一個社會要能成功，一開始就得先有功能正常的健康家庭。家庭失能或不健康，社會就將走向衰退。我們在家庭這個體制之中，從天生的野蠻人，慢慢長成了體面的公民。家庭，是我們走向文明的關鍵。在我們融入某個社群、抱持某種信仰、成為某個階級或一個國家之前，我們先降生於家庭。這個家庭如何塑造我們，決定了我們成為怎麼樣的人。」

戈德堡悲嘆：「許多批評資產階級道德觀的人都說，一男一女結婚組成的『核心家庭』根本就不是自然產物」，家庭這個文化引擎，目前正深陷困境。某種意義上，家庭的崩潰是資本主義文明危機的縮影。

出於政治正確的考慮，作者沒有提十多年前還是美國社會學研究課題的黑人問題。為什麼美國城市黑人社會已變成一個暴力氾濫的叢林社會呢？因為大部分美國黑人從小沒見過父親。大半個世紀以來，黑人的家庭結構一直是美國國家公共政策利益的問題。莫伊尼漢（Daniel Patrick Moynihan）於一九六五年發表的《莫伊尼漢報告》，研究了黑人貧困與家庭結構之間的聯繫，該報告假設黑人核心家庭結構的破壞將阻礙經濟和政治平等的進一步進展，報告發表的一九六五年，寫下關於黑人家庭即將毀滅的文章時，黑人的非婚生育率為百分之二十五。一九九一年，百分之六十八的黑人兒童在婚外出生（這裡的「婚姻」是由政府頒發的許可證定義的）。二年，百分之七十二的黑人嬰兒由未婚母親所生，而二〇一八年全國生命統計報告提供的數字是百分之六十九點四。一個種族有四分之三的青少年身邊沒有父親，成長過程中沒有成熟的榜樣可以模仿，心中就不會有基本的權威和秩序觀念。研究過黑人家庭結構與福利甜毒的有兩位學者：喬伊絲・拉德納在一九八〇年代看到了福利制「甜毒」發作的開頭，看到了平權運動帶來的政治地位改善已經被濫用，看到了「和白人一樣的夢想」是如何消逝的，三十多年後，著名經濟學家湯瑪

---

* The 1972 Gay Rights Platform created at the National Coalition of Gay Organizations Convention held in Chicago in 1972 https://ccgaction.org/downloads/1972GayRightsPlatform.pdf

斯·索維爾（黑人）看到了「甜毒」發作的晚期：潰爛的社區、崩潰的家庭、失去自立能力的失敗者群體，以及更為深刻的種族隔閡。戈德堡指出，很多美國人不在乎核心家庭在社會中扮演的角色，這種情況讓美國人「失去各種重要的體制，被大自然打回原形」。

在這種LGBTQ文化的影響下，美國人近四成「無家可歸」。皮尤研究中心（Pew Research Center）根據人口普查局一九九〇年到二〇一九年統計資料做了分析，發現三十年間成年人中的結婚比例從百分之六十七下降到五十三，沒有同居夥伴者的比例從百分之二十九上升到三十八，成年黑人中沒有伴侶的比例為百分之五十九，遠遠高於拉美裔的三十八、白人的三十三以及亞裔的二十九。對白人、拉美裔、亞裔而言，男性比女性更可能沒有伴侶，而黑人則不同，沒有伴侶的女性（百分之六十二）比男性（百分之五十五）比例高。* 人類終其一生，都在尋找價值感與歸屬感，價值感來自於被肯定（社會、群體），而歸屬感來自於被愛，而家庭正是人從出生開始得到愛與關照的歸屬之地，失去家庭，就失去最基本的歸屬感，是人類失樂園的重中之重。

戈德堡對此做了總結：「浪漫主義的政治思想和運動是一種腐敗」——面對美國今天的進步主義，誰能說這總結不對呢？

◆行政國家——深層政府的由來

美國人失樂園的第二幕就是政治權力日益強大，扼殺個人自由——美國對外宣傳的美國憲政，強調以個人自由、法治作為基本特點，我們也一直如此認為。

進步主義思潮起源於更早的十九世紀，當時許多開創新學派、新領域的美國社會學家、哲學家、經濟學家都在德國讀過大學，或者是有個德國留學的老師，而那個世紀的德國，到處瀰漫著馬克思、黑格爾、赫爾德（Herder）的味道。這些思想家受到德國新一代文藝復興，也就是德國新興社會科學的影響。例如美國經濟學會（American Economic Association）在一八八五年成立時，創會的六位高階成員中就有五位留學過德國。美國前二十六任總統則有二十位在德國讀過書。一九〇六年，耶魯大學有一位教授調查了一百一十六位美國頂尖的經濟學家與社會科學家，發現至少在德國留學過一年的人超過半數。此外，法國孔德（Auguste Comte）的實證主義也深刻影響美國大學學界，當時很多人都相信孔德提出的實證主義，認為人類已經進入了歷史的第三階段，也就是「科學時代」，主張應該讓進步開明的專家來引導社會的道路，將人類帶向完美之境。這項過程從本質上就注定要走集體主義，而且個人主義根本就是「西方世界所患的病」。

作為那個時代進步主義領袖，其中有一位影響特別特別大，那就是湯瑪斯·伍德羅·威爾遜（Thomas Woodrow Wilson，一八五六年十二月二十八日—一九二四年二月三日），美國第二十八任總統。由於他擔任過普林斯頓大學校長，又是曾任美國總統的人當中唯一擁有哲學博士頭銜之人，其主張被後人稱為「威爾遜主義」。威爾遜留下了兩項對美國影響深遠的重要政治遺產：

對內，提出「行政國家」（administrative state）的概念並著手建立。威爾遜曾在一八八〇年

---

* Pew Research Center, based on Census Bureau statistics from 1990 to 2019, found that the proportion of adults married fell from 67% to 53% in 30 years. https://www.pewresearch.org/social-trends/2021/10/05/rising-share-of-u-s-adults-are-living-without-a-spouse-or-partner/

代說，「由明智的政治家管理的最專制國家，要優於被蠱惑民心的政客操弄的最自由國家」，因此他主張：第一，要把政策與民意分開，防止人們用投票來決定太多不該那樣決定的事情；應該由專業人士組成的官僚管理國家，因為「所謂的自治，並不表示要讓人民決定每一件事。管理家務的人未必需要親自下廚，而是應該信任廚師，把爐火跟烤箱交給廚師來處理」；第二，他希望「政府研究出最佳的方法，讓公共輿論得以控制某些事務，同時完全無法干涉其他事務」。第三，「政府應該擁有行政上的彈性和裁量權。組織從上到下都不應該死守權力制衡的舊觀念」。能同時滿足這幾個條件的，就是行政國家。行政國家的建立，被稱為「美國二次革命」。

自威爾遜以來的行政國家，最後形成了一個龐大且與選民意志無關的公務員系統，這個系統的上層官僚主宰著這個國家的一切，他們才是美國政治的主人，而且受公務員工會保護，不能任意解雇。行政國家過去有時會被稱為管制型國家或是「政府的第四部門」，後來演變成一個由官僚、監理者以及他們使用的規範所組成，獨立於憲政體制運作的複雜網路，成為「一個照不到光，民主無法監督的『平行政府』。最明顯的一點，就是行政國家的成員並不像我們其他人一樣受同一套司法體系所規範」。如今捍衛行政國家的人和那些進步派卻認為，要有這種無法課責的權力，才能有「現代化的」良好治理。——深層政府（Deep State）指的就是這麼一個系統——值得指出的是，作者闡述的其實是川普競選以來提出要清理的「華盛頓沼澤」——深層政府（Deep State），但因其對川普的痛恨，他拒絕使用這個被川普經常使用的詞。

對外，威爾遜主張美國登上世界舞台來為民主而戰鬥，支持眾多小民族（如波蘭）建立民族國家。這成為以後美國外交政策中一個理念，為理想主義者所效仿，卻為現實主義者所排斥。不過，二戰以後，這就是美國外交政策的主流。我們都知道美國自一九五〇年代以來就主張對蘇聯等社會主義國家實行和平演變、蘇聯垮台之後和平演變成了顏色革命（向外推廣美式民主），二〇二一年以後則被拜登政府界定為向外推廣LGBTQI等美國進步主義價值理念。

簡言之，當時的進步主義，希望把憲法中的「牛頓原理」（權力由人民授予）換成「達爾文原理」（贏者通吃），希望將政權交給「大公無私」的社會科學家或行政官員來管理，而這些人之所以可以統治國家，並不是因為得到「我們老百姓」的同意，而是因為目光卓越，並且具備威爾遜所謂的「專業知識」。

本書出版於二〇一八年，戈德堡也沒想到威爾遜兩年之後會遭遇一場死後餘劫。左派的特點就是要否定一切，包括歷史，進步主義這方面堪比中國文革的極左。一九三〇年，普林斯頓建立了公共與國際事務學院，於一九四八年以這位普林斯頓大學第十三任校長、美國第二十八任總統之名將該學院冠名為「伍德羅．威爾遜公共和國際事務學院」。二〇二〇年六月BLM運動中發生美國式文革，美國開國先賢及國歌作者的塑像統統被打倒在地，並以各種方式侮辱踐踏。在普林斯頓大學進步主義師生的集體壓力下，該校董事會投票決定刪除伍德羅．威爾遜的冠名，因為他的「種族主義思想和政策使他不適合成為學校或學院的名字」——即使如此，威爾遜還是比美國第二任總統傑佛遜幸運，雕像沒被推倒，也沒被用各種方式侮辱。

書中對此有精彩論述，讀者可自行閱讀。要言之，美國政治上失樂園的種子早在十九世紀已經埋下：深受德國（馬克思主義）影響的美國各學派，讓美國學界傳承數代之後仍然對祖先時代拖著的尾巴鍾愛不已，最後通過一九六八年的「體制內新長征」佔領美國大學、研究所、傳媒，終於讓美國大學系統成為形形色色的新馬克思主義的天下。

◆部落主義──反對川普讓美國重新偉大的荒唐左派理論

寫到這一部分，進入作者思想與論述最為矛盾之處，而這矛盾來自於作者非常矛盾的政治立場。要想真正理解這本書，必須先理解作者的政治立場，方能為讀者梳理出所謂「部落主義」究竟何指，作者為何要追隨左派的時髦而使用這個詞彙。

自川普二〇一六年參選之後，美國出現了一個新詞 RINO——Republican In Name Only（名義上的共和黨人）之簡寫，作者被歸入 RINO，在回應這種批評時，戈德堡在二〇一八年七月三十日的一則推文中承認：「我是 RINO，從某種意義上說，我首先是美國人，其次是保守派，其次是共和黨人」*，理解作者這種 RINO 在當今美國的尷尬地位，才會理解作者書中論述的不徹底與矛盾之處，例如他對進步主義的溯源十分清楚，對威爾遜的批評十分尖銳，但卻放過了集政治正確之大成、並終於將進步主義理想變為美國現實的歐巴馬，時不時諷刺批評川普。全書中，他對川普最沒有非議的是這段話：「川普政府早期的時候，時任白宮資深顧問史蒂夫·班農（Steve Bannon）提出了三項政府優先事項：第一，國家安全與主權；第二，經濟國族主義（指美國優先）；第三，拆解行政國家。對許多記者和關心政治局勢的人來說，第三項尤其令人頭痛。但是保守派的知識分子卻都對此樂見其成。」

以下這件軼事很能說明美國政治向左極化這一現實：二〇二二年四月二十九日，現在美國企業界最受關注的伊隆·馬斯克（Elon Musk）在推特上發表了一張圖。這張圖標識得很清楚：從二〇〇八年以來，美國社會思想不斷左傾，二〇〇八年的左派到了二〇一二年成了中間派。馬斯克這張圖詳細描述了他的政治立場在過去十多年中是如何從更接近自由派變成更接近保守派的，不是因為他做了什麼，也不是因為保守派做了什麼，而是因為當年的「自由派」（liberal）變成了現在的激進派「白左」（woke progressive）。他們的立場越來越偏左，以至於使留在原地不動的馬斯克所處的位置從中間偏左變成了偏右。

馬斯克的這幅漫畫在推特上引發了一場美國左派和右派人士的大辯論，左派不願意承認這事實，但馬斯克描述的是實情。以我本人為例，一九九〇年代出版《現代化的陷阱》之時，新左派有意將我說成是新左（儘管是中間派）。二十餘年間，我的思想觀念並未有多大變化，但由於世界向左極化，我已經被視為徹底的保守派，有時候還要被加上「極端」二字。與馬斯克同樣，戈德堡最多算是一個從自由派轉來的保守派，好比中國清末民初的纏足女子放足，終究不是天足，那保守派也就是一個標籤而已。

作者號稱「保守派」，卻極為討厭川普，其政治立場接近共和黨建制派，再加上本書發表於二〇一八年，那時候正是美國民主黨與共和黨建制派無法接受川普這頭「政治怪物」贏了二〇一六年大選這一事實，美國媒體正樂此不疲地繼續糾纏於川普的頭髮顏色、以及川普又像鄉巴佬那樣說了一句什麼不登大雅之堂的率直之言。更何況，那時還沒有二〇二〇年大選年接連登場的BLM、Antifa、取消文化、遍及全美各地的美國文革，也因此，作者將美國的衰敗歸結為部落主

---

* Jonah Goldberg @JonahDispatch
I am a RINO, in the sense that I am an American first, conservative second and a Republican a very distant third. I don't think there's much that is hateful about me, an interesting charge from a pastor. But I suppose that's in the eye of the beholder. Mueller, btw, is a patriot. 10:37 AM · Jul 30, 2018 · Twitter Web Client (https://t.co/xoTJXIWB4S)

義、民粹主義、國族主義和身分政治，但並非全是的言。身分政治確實存在，但那是作者美言為「國族主義」的種族主義政策——左派稱之為「批判性種族主義理論」主張造成的。美國是一個多民族國家，除了黑人、印第安人有明確的「本民族」利益訴求，其他亞裔、拉丁裔都只是對人種族裔大而化之的概括，根本就是一盤散沙。這個多民族國家，在歐巴馬以前，以大熔爐（Melting Pot）自傲；歐巴馬宣佈要改變美國夢之後，就成了沙拉碗（Salad Bowl），在美國從來就見不到「美利堅國族主義」的說法；所謂「民粹主義」，既有左的，以黑人為主的低收入群體（BLM）算是左派陣營的民粹主義；也有右的，即美國媒體貶稱的中西部「紅脖子」、農場主等的政治訴求，一直遭受左派與媒體高度打壓。至於「部落主義」這個詞彙，完全是左派人士從塵封中掏摸出來，用來汙名化川普「讓美國重新偉大」（Make America Great Again，簡稱MAGA），左派將主張一國利益優先與強調國家安全的「國家主義」貶稱為「部落主義」——按此標準，法國、中國包括臺灣在內，世界上大多數國家主張本國利益優先、強調本國國土安全、經濟安全的都是「部落主義」。

從原生意義上來說，部落主義指由部落或部落生活方式組織或宣導的狀態，意味著一種自我區別於其他種族或民族的文化或種族認同。在政治背景下，部落主義具有負面含義，也可能意味著基於群體內忠誠度而對外部群體的歧視行為或態度。

自從MAGA成為川普支持者T恤、帽子上的標識之後，主張全球化（世界主義、大重置）的左派陣營（包括共和黨的RINO），就一直想方設法貶低川普的國家主義，但國家主義這事說起來沒錯，除了川普，法國後來也提出「讓法國重新偉大」，巴西也提出類似說法。我相信世界各國選民不會選出主張世界利益優先於本國利益的人擔任本國總統。於是左派終於從灰塵中扒拉出這個詞彙，覺得自己有了一個強有力的理論武器，成為二〇一八年度《紐約時報》等左派媒體使用的熱詞。但是同一詞彙，各自訴說時都有特指的含義，《紐約時報》在《美國的「部落主義」是以妥協還是鬥爭告終》（二〇一八年六月二十六日）一文中，談到該詞多義的混亂狀態，如本書作者戈德堡對部落主義的批評，就是指「人們正在退回到他們的小繭。」George Packer 在他為《紐約客》撰寫的文章中，則聲稱他用「部落主義」來指代喬治・奧威爾（George Orwell）在第二次世界大戰結束時寫的一篇文章中所說的「國族主義」，然後話鋒一轉，將美國嚴重分裂的黨派政治稱為「部落戰爭」：「我們的部落正在爭奪對國家、媒體、輿論和口頭戰場的權力，……今天的美國政治需要一個像『部落』這樣原始的詞來表達盲目的忠誠和黨派關係的巨大熱情。部落要求忠誠，作為回報，他們賦予歸屬感。它們是身分的象徵，而不是思想的象徵。在某種程度上，它們使思考變得不必要，因為它們是為你做的，如果你試圖為自己做，可能會懲罰你。在沒有部落的情況下相處會讓你成為傻瓜。給其他部落一英吋會讓你成為傻瓜。」

二〇一八年七月，總部位於歐美的研究機構 More in Common 發佈了一份研究報告，名為《隱藏的部落：美國兩極分化景觀的研究》（*Hidden Tribes: A Study of America's Polarized Landscape*）。該報告的四位作者對八千名隨機選擇的美國人進行了調查，詢問有關「核心信念」的問題：道德價值觀、對養育子女和個人責任的態度、對威脅的看法、群體認同的方法。然後，作者根據人們的信仰和價值觀將人們分為七個「部落」：進步的積極分子、傳統的自由主義者、被動的自由主義者、政治脫節、溫和派、傳統保守派、虔誠的保守派。報告認為，進步活動家往往「更年輕、高度敬業、世俗、國際化、憤怒」。政治脫離者是「年輕、低收入、不信任、超然的、愛國的、陰謀的。」溫和派是「敬業的、有公民意識的、中間路線的、悲觀的、新教徒的」。虔誠的保守派是「白人、退休、高度敬業、不妥協、愛國」*——請注意：進步的積極分子的標記是「國際化與憤怒」，虔誠的保守派是愛國，報告有意無意地將「愛國」與「國際化」列為對立的價值觀。講清楚「部落主義」這個詞彙的來龍去脈之後，我很遺憾地告訴讀者：隨著美國二〇二〇大選，左派的捍衛民主聯盟成功地用操控選舉幹掉川普之後，這個盛極一時的部落主義用詞如今已在媒體上消聲匿跡。

◆「偉大的文明並非死於他殺，而是自我了結」

歷史學家阿諾德·約瑟夫·湯恩比（Arnold Joseph Toynbee）探尋了二十八種文明的起伏興衰，最後在他的十二冊巨著《歷史研究》（*A Study of History*）中做了總結：「偉大的文明並非死於他殺，而是自我了結。」

戈德堡在《西方的自殺》一書中回溯的美國百年歷史，再次論證一點：美國確實一手造成了自身的衰亡，多年來，進步主義運動從兩個層面為美國套上了自殺的絞索：政治上，失去了自由與權利（變成被行政國家這頭怪物所控制）；文化上，失去了家庭（變成無家可歸之人）；經濟上，進步主義的各種經濟政策正讓美國陷入自一九八一年以來未有過的高通膨災難（二〇二二年五月為百分之八點六）。但本書作者顯然對進步主義的經濟政策多贊成少批評，基本不涉及。

這本書充滿了一個世界向左大挪移時代的名義「保守派」的矛盾：既反對菁英治國的行政國家，又不喜歡民粹主義；既希望美國保持全球化的領導地位，又將美國被全球化理念及價值觀肢解得七零八落錯誤地歸結於「部落主義」（讓美國偉大的國家主義）；既看到美國正在無可挽救地被左派各種社會政策、運動、思潮套上絞索，卻將自殺歸咎於二十世紀初期的威爾遜，而放過以「改變」為宗旨並實現了「改變」的歐巴馬，甚至不提只有歐巴馬在紐約時報與 CNN、Google、Twitter 成功地安置了親信，真正達成了對媒體的控制。這本書最大的價值在於：作者展示了這個時代尚未瘋狂的美國知識菁英的困惑與迷離。這本書的缺失在於：寫美國自殺卻非得拉扯上整個西方，重歷史由來，輕現實因素。

現在，美國的進步主義者包括部分 RINO 正在參與美國憲政的自我了結。但是，由進步主義者來引領美國的未來，有極大的可能失控。這些進步主義者（歐巴馬時代稱為「自由主義者」）除了公認的憤怒特點之外，不少人患有精神疾病。二〇二一年三月皮尤研究中心發佈一項調查，近一半的年輕白人自由主義者（百分之四十六）被診斷出患有精神健康問題，這明顯高於診斷報告中心理健康的年輕白人溫和派（百分之二十六）和年輕白人保守派（百分之二十一）的百分比。其中，年輕的白人自由派女性（百分之五十六）被診斷出患有心理健康問題，而年輕溫和派女性的這一比例為百分之二十八，年輕保守派女性的這一比例為百分之二十七。**

美國正在自殺。六月十六日，曾是全球化第一推手、WTO 體制的創立者、美國前民主黨總統柯林頓終於忍不住發話：「我實際上認為，如果我們繼續做出錯誤的決定，我們很有可能在幾

* Hidden Tribes: A Study of America's Polarized Landscape, Author: Stephen Hawkins et al, Date of Publication: July, 2018(https://www.immigrationresearch.org/node/2366)

** Over 50% Of Liberal, White Women Under 30 Have A Mental Health Issue. Are We Worried Yet?BY GWEN FARRELL · Apr 13th 2021(https://www.eviemagazine.com/post/over-50-percent-white-liberal-women-under-30-mental-health-condition)

十年內完全失去我們的憲政民主。……我以前從未像現在這樣擔心我們民主政府的結構。」在柯林頓說這番話的前一天，雅虎新聞 YouGov 民意調查顯示，百分之五十五的民主黨人和百分之五十三的共和黨人表示，他們相信美國有一天「可能」不再是民主國家。*

我只希望，二十年以後的美國祖母們給後代講美國往事時，憲政、民選、法治、言論自由這些都不只是美國人的美好過去。

* Bill Clinton: "Fair chance" US could "completely lose" its democratic system BY JUDY KURTZ - 06/16/22 10:01 AM ET (https://thehill.com/blogs/in-the-know/3526001-bill-clinton-fair-chance-us-could-completely-lose-its-democratic-system/)

再版序

論社會主義

Preface —— On Socialism

本書的核心論點之一，就是人類是信仰的動物。人類需要靠故事，才能知道自己是誰，知道自己在這個世界上的哪個位置。傳統宗教、道德和公民社會體制給予人類行為重要的制約，利用人類的野心，讓他們去做一些有益的事情。但這些力量都不再有用或消失的時候，我們並不會照著純粹的理性來決定人生要怎麼過，而是像大自然吞沒荒蕪一樣，被我們的本性重新控制。我們的天性這個時候會讓我們去尋覓自己覺得對味的新故事跟新世界觀。我們與生俱來的認知程式，會讓我們找到符合部落直覺的意義，滿足「萬眾一心」的渴望。這樣的社會性本能，讓人類在過去幾百萬年來一直勝過其他物種。我們是群居的動物，跟螞蟻、大象、黑猩猩一樣都是喜歡群居。這種本能並沒有善惡之分，就跟武器一樣，最終要為善還是為惡，端看你如何使用。

近來，我們對敘事的需求愈來愈強烈。我們需要一套新的敘事，來滿足我們所渴求的意義和目的，因為過去所熟悉的那些強調「美國精神」（American way）的愛國故事與奠基在宗教上的傳統美德和正直，如今都已經搖搖欲墜，這些故事本身可能還有吸引力，但說故事的人卻出問題了，他們開始對他人帶有敵意，不再關心這個社會，甚至不再以正常的方式訴說那些故事。我們最終長成什麼樣的人，都會受到不同社會體制的影響，首先是家庭，然後還有學校、公民團體，以及大家很常都忽略了的媒體。當這些體制不再願意或不再有辦法維護自己社群的傳統時，其他各式各樣的新故事就會趁虛而入。

正如我在前幾章所說，偉大的歷史哲學家厄尼斯特・蓋爾勒（Ernest Gellner）就認為，現代性帶來了巨大的衝擊，讓人們紛紛開始尋求新的「復魅教義」（re-enchantment creeds），希望用新的思想和故事把那些被現代性掃到一邊的意義重新找回來。國族主義就是其中之一。德國的國族主義（nationalism）興起，是為了對抗法國啟蒙運動，對抗法語以及任何法國的文化入侵德國。馬克思主義也是其中之一。卡爾・馬克思用歷史的「科學」取代了上帝的神聖計劃。

我在精裝版的副標題提到國族主義、民粹主義（populism）和身分政治（identity politics），這些當代的「復魅教義」已經入侵了美國和整個西方社會。它們都是某種「部落主義」。「部落」這個詞，在當今人們很常掛在嘴邊，從兩個面向來說，這個詞很好用。第一，它精準描述了某些教義或運動的追隨者如何將這個世界劃分成「自己人」和「別人」，把別人的意圖都說成是邪惡的，自己人的意圖都說成是高尚的。第二，人類本來就是一種「部落」的生物，我們在一個個的小團體中集體演化，靠著部落心態存活下來，並且在演化中獲得比較優勢。

本書的論證核心，是人們常常擁抱那些聽起來很現代且自稱目光長遠的「主義」，希望可以藉此取代自由民主資本主義；但事實上，這些主義既不現代，眼光也沒有放在未來，反而相當古老而且反動。國族主義並不會開創未來，而只是回到過去，回到那個把劃分出自己人和別人的世界。（國族主義跟所謂「國家主義」〔nationism〕是兩回事，後者我指的是一套國際體系，讓擁有清晰邊界和健康愛國思維的民族國家可以繁榮發展。）今日許多支持國族主義的人，都說那些四海一家的「全球主義」有多麼不可取，但這分明是在打稻草人。即使反對全球主義的人，也不會同意中央集權、分裂社會的國族主義，因為那往往會讓國家權力過度擴張，把所有違反「國家意志」——無論到底是什麼意志——的人全都打成十惡不赦的叛徒。

可惜還有一個「主義」，我沒有放上副標題，那就是社會主義。

我把這本書的書稿寄給出版社後，才發現民主黨和自由派無論在原則還是實務上都普遍接受了社會主義，這個概念的接受程度自進步時代以來就沒這麼高。社會主義在今天之所以這麼受歡迎，有一部分是因為國族主義盛行所致。無論是在大眾還是左派知識分子的想像當中，社會主義與國族主義都是對立的，現在就連右派也愈來愈常這樣想。但社會主義和國族主義好比同一枚硬幣的兩面，無論你翻到哪一面，其實都是同一枚硬幣，基本意義也是一樣的。

在理論和歷史上，同時具備國族主義和社會主義的就是國家本位主義（statism）*，它相信中央政府和控制中央政府的人擁有一種特殊的力量，並有權將自己的社會願景強加給整個國家。老實說，本書的副標題（編按：指原版）若改成「部落主義和國家本位主義如何摧毀美國民主」也很適合，因為身分政治、民粹主義、國族主義和社會主義全都是部落主義的不同形式，我們對團結一致的渴望讓這些思想越燒越旺。而國家本位主義則讓各種不同的部落主義變得更加危

---

* 譯注：本書將 statism 譯為國家本位主義，nationism 譯為國家主義。前者帶有以執政者的判斷為依歸，或者以武斷畫出的界線區分敵我的意思；後者強調國家的成員共享價值觀、歷史、傳統、並且共同生活。作者反對前者，支持後者。

險。那些擁護國族主義和社會主義的人，或者甚至是新聯盟國（neo-Confederates）或伊斯蘭民族（Nation of Islam）的人，只要他們沒有拿到國家權力，其實並無法造成什麼傷害，至少很難做出那些法律上認定為傷害的事情。

我在本書中提到，美國的開國元勛其實很清楚，每個種族、宗教、文化、地區、經濟群體，都會為了自己的利益去操弄整個系統，這種慾望是所有社會都有的基本特質，因為這就是人性的基本特質。他們將這些力量稱為「派系」（factions）。你無論走到哪裡都會有派系，尤其像美國這樣幅員廣大的大陸國家更不例外。我們國家的麥迪遜體系最重要的一點，就是讓任何一個派系都無法奪取政府的控制權，無法將自己的願景永久地強加給國家，也無法為了自己的利益「操縱整個系統」。

國族主義和社會主義都是某種國家本位主義，因為這些主義都試圖傾全國之力讓整個社會都遵循某套「唯一最佳方法」（One Best Way）。他們跟民粹主義一樣，討厭所有擋住他們計劃的憲法、知識以及任何其他東西。在二十世紀，所有不屬於古典自由憲政機制的社會主義，例如斯堪地那維亞的社會民主，都無一例外帶有國族主義的色彩。反過來也一樣，國族主義只要逃脫了憲法的規束，就會變成社會主義。蘇聯在布爾什維克革命之後不久，就接受了國族主義，納粹德國則完全就是社會主義，「納粹」這個名字就是源於「國家社會主義」（Nationalsozialismus）的縮寫音譯。共產黨統治下的中國和社會主義的古巴，都是靠國族主義才走到現在。委內瑞拉已故前總統查維茲（Hugo Chavez）既是社會主義者，也大力擁護國家本位主義。今日社會主義和國家本位主義的盛行，顯示了當代自由民主國家正面臨意義危機。這個危機非同小可。但是解法並不是把自由民主資本主義這個「奇蹟」，換成另一個無法讓人們找到自己人生意義和歸屬感的體制，反而應該要重新重視能夠幫助人們找到意義和歸屬感的體制，例如家庭、信仰和社群。那些想要追求「最高利益」的人，都勢必會壓迫到我們其中某些同胞。而自由主義最高明的地方，就在於它讓我們不需要去問到底要如何生活才對，也可以讓所有不同的人都能相安無事地生活在一起。

當然，「生活應該怎麼過」還是很重要，甚至是人生最重要的問題，但是只有保障每個人各自尋找答案的權利，才最有可能讓大多數人都能找到適合自己的答案。

從很多層面來說，自由民主的資本主義真的是一個奇蹟。自古至今人們想出了各種體制，無論有沒有實行，都比不上自由民主的資本主義。它消除了世界許多地方的貧困、改善人類的健康，讓每一個人都能發揮自己的潛能和創意。它唯一的缺點大概只有——它並不是自然而然產生的。你以為我們現在跟陌生人緊密地生活在一起，彼此做生意，而不是暴力相向，都是天生就這個樣子的嗎？如果是的話，我們早在數十萬年前就已經這麼做了，而不會到了近三百年來才突然大轉變。我們發現這個神奇的系統，完全是個偶然。

但光是純粹理性的數字和事實，並無法讓我們繼續支持這樣的治理模式。我們還得去愛它、感激它。這樣的模式是我們的一部分，是美國獨有的寶藏——我們必須如此騙過心中在演化過程中遺留下來的部落程式，這樣它才會相信這個模式很珍貴，值得我們去維護。我們的確該把這個模式推廣出去，但即使全世界都接受了，它依然是我們的。如果有一天它會消失，我們都應該痛哭流涕。甚至不能只是痛哭流涕，而是應該起身為它戰鬥。我希望這本書能夠讓人們理解，我們這個世代，無論來自哪個陣營，都應該責無旁貸地為它而戰。這是我們每一個人的責任。

戈德堡，二〇一九年七月十五日

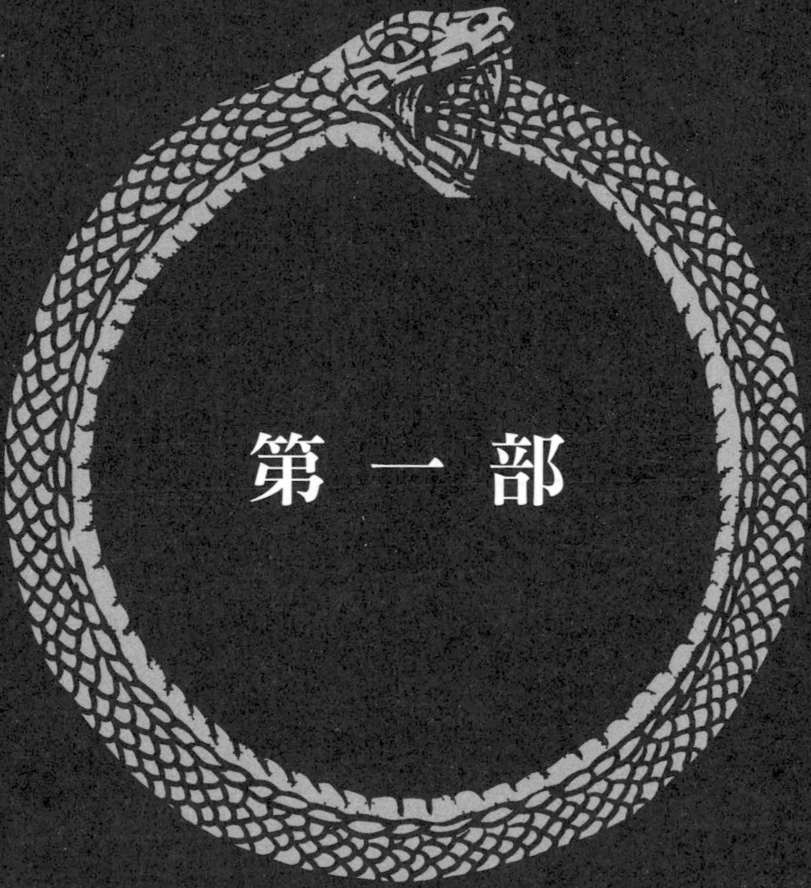

第　一　部

導　言

偶然發現的奇蹟

Introduction: Stumbling upon a Miracle

這本書不預設上帝。

我接下來要講的人類，都是由其他動物演化而來的。然而，所謂的「其他動物」又是從哪裡演化而來的呢？說了你大概不會想承認。這些動物的前身其實是太古的海洋大雜燴，裡頭是滿滿的泥漿、黏液、肉團和植物。也就是說，我們是從這團泥濘中掙脫出來的，而不是從什麼伊甸園裡被趕出來。事實上，即使伊甸園真的存在，那應該會是個又髒又亂的地方。創造出現代性「奇蹟」的人就是我們自己，如果我們失去了「奇蹟」，也只能怪我們自己。

這本書並不預設一個全能的上帝來干預人類事務，所以當我們遇到苦難罪惡，也無法仰靠全能之臂的赦免和仲裁。上帝不在我的討論範圍內。當然，上帝——以及諸神——的這個概念，確實對人類事物產生非常重大影響，但我的假設是上帝就住在我們心中，而不是遙遠的天上。

我並不是在否認上帝的存在，這也是為何我在前一句使用了「假設」這個詞，這是為了論述方便做的一些讓步。我並不是無神論者，但我姑且假定神不存在，這樣我比較能夠說清楚我想論證的事，並且有助於讀者用另一種方式去思考這個世界。

在啟蒙時代之後的民主社會，拿上帝說的話來聲稱某個東西是真的，這種說法從本質上就相當不可信。因為啟蒙運動的重點之一，就是為人們開拓出一個空間，讓人們可以不同意上帝的旨意——如果祂真的有要我們怎麼樣的話。這也是為什麼我們說，民主社會中最高境界的討論，都是奠基在以理性和正直為基礎的事實上。我不否認我在這本書某些部分寫得很慷慨激昂，但我盡量不讓我的情緒影響到說法的真假跟論證的效力。因為我認為說服力最重要。可惜最近幾年你在美國看到的不是這樣。無論是左派還是右派，大家已經不再想著要如何說服對手，而是想著如何煽動自己的支持者。我真的看不下去了，尤其是對我「這一邊」的人。所以我決定放手一搏，很老派地寫了一本書。

在這本書中，我假設幾乎所有關於善與惡或是自由與暴政的重要事實，都不是不證自明，而是靠我們自己摸索出來的。我們所知道的真理，都是經過很漫長、很漫長的一段時間，歷經無數世代的反覆驗證，最後我們才如獲至寶般，找到了這世上的「最佳解」。如果人們理解是非對錯，跟分辨冷熱一樣容易，那麼我們現在圖書館裡那一排又一排記錄著人類打過多少次仗、做過多少件野蠻事的大部頭，應該都不會存在才對。

如果說，你依然堅信上帝，堅信祂已經揭示了所有我們需要知道的事，那也沒關係。只是你也別忘了，祂揭示這一切的過程也不是一蹴可及。人類存在很久以後才出現了猶太人，又隔了很久之後才出現耶穌。而且明明十誡和聖經都問世了，幾千年來大多數的人類還是繼續無視神的教誨。

如果連上帝都無法改變人類，我想其他力量大概也無能為力。你無法用辯證法、必然性、目的論，或看不見的演算法，來證明人類注定邁向成功。曾經發生的事情確實發生了，只是它不一定要用那種方式發生。從來沒有什麼「歷史的正途」，也沒有什麼天命已定。

如果你依然認為這個宇宙有一個偉大的計劃，我們每個人、每個國家或物種的命運都已經寫好，這也沒關係。那我希望你多想一下我的第二個命題：**只要一件事情是對的，你就應該照著做**。

這樣說吧，不管是哲學家、物理學家還是神經科學家，都認為自由意志並不存在。這番論點聽起來很令人沮喪，但它是有科學根據的。我們掃描腦部就會發現，人類在有意識地行動之前，潛意識就已經有反應了。大多數時候所謂的「自由意志」，不過是我們大腦告訴我們的一種說法。

但問題是，即使你相信自由意志不存在，你的生活也不會因此過得更舒服。即使我們的個人選擇完全是想像出來的，隔天早上我們依然要說服自己起床去工作。整個社會依然只能從每個人各自做出的選擇去做評斷。

無論是哪一個民族和文明都是如此。你當然可以說，就像落葉抵不住寒風吹，人類的命運都是由一股冷酷無情的力量在驅動。但即便是這樣，我們依然必須好好討論，總統應該選誰，國會應該要做什麼，學校應該要教什麼。隨便你怎麼在酒吧裡跟朋友嘮叨自由意志是一種錯覺，隔天早上你依然必須選擇早起去上班。

最有趣的就是，我們之所以骨子裡都很清楚，個人選擇有多重要，是因為這樣子想才是對的。

我先說，我不是在主張某種虛無主義或道德相對主義。哲學家理查・羅蒂（Richard Rorty）在《實用主義的結果》（*Consequences of Pragmatism*）寫道：

> 假設蘇格拉底說錯了，其實我們從來沒有見過真理，那麼未來我們即使見到了真理，我們直覺上也認不出來。也就是說，當你看到祕密警察，或是看到有施虐者在侵犯無辜的人，我們無法對他們說什麼「你背叛了你內心的某個東西。雖然極權社會可以接受你正在做的事情，但你依然會受到其他東西的譴責。」

你應該很難接受這種想法，如同法國的沙特說過的：

> 假設我死了，隔天可能某些人決定要建立法西斯主義，而其他人則膽小或可悲到無法出來阻止。在那一刻，法西斯主義將成為人類的真理，對我們所有人來說都很糟糕。在現實中，人類怎麼做決定，世界就長什麼樣子。[1]

我認為這番話說得頗有道理。整個社會認為是非對錯長什麼樣子，生活在其中的人們就會怎麼看。不過歷史的教訓告訴我們，社會做過很多非常糟糕的選擇，而且經驗事實和理性也推出一樣的結果。有些文化比其他文化更好，並不是因為一些空泛的形上學主張，而是因為這些文化讓更多的人都可以過幸福、富足、有意義的生活，並且在過程中不用傷害其他人。因為事實上，我們所有人類都有責任為一個更好的社會而奮鬥，從人類的慘痛歷史中記取教訓，並對我們至今達成的成就心懷感激。這是我寫下這本書的初衷，也是整本書要論證的宗旨。

接下來我會簡單提幾個這本書的重點，不過順序可能跟章節安排不太一樣。

我首先要點出的論點是：對文明社會重要的許多概念，全都不是自然而然出現的。資本主義不是，民主不是，人權也不是。我們今天所處的這個世界，並不是自然而然就長成現在這個樣子，而是至少在好幾個偶然之中形成的。完全自然狀態下的人類，其實過的是痛苦不堪的貧困生活，隨時隨地會遭遇恐怖的暴力而不得善終。而且這樣的生活持續了很長很長一段時間。

想像一下你是外星人，上級指派你密切觀察地球過去二十五萬年以來「智人」（Homo sapiens）*都怎麼生活，[2]你每一萬年就到地球查看一次，紀錄下來的內容可能會長這樣：

第一次拜訪：全身半無毛狀態、直立、逐水草而群居的猿類，以採集跟戰鬥的方式獲取食物。

第二次拜訪：跟之前一樣，全身半無毛狀態、直立、逐水草而群居的猿類，以採集跟戰鬥的方式獲取食物。

第三次拜訪：跟之前一樣，全身半無毛狀態、直立、逐水草而群居的猿類，以採集跟戰鬥的方式獲取食物。

大概前面二十三萬年裡，你會連續**二十三次**寫下一模一樣的內容，最多就是增加一些有趣的

* 傳統上認為智人出現的時間大約是二十萬年前。更近期的研究指出，第一批智人可能生活在大約三十萬年前的摩洛哥。文中我取折衷的時間。

細節，例如遷徙和後來的飲食變化、使用什麼樣的原始工具，以及與尼安德塔人的競爭等等。直到第二十四次的紀錄，才開始出現顯著的變化。人口分散各處，許多地方發展出基本的農業，並開始馴養動物。有些地方開始用金屬製作武器和工具。製作黏土陶器的技術也大幅進步。有些地方出現了用簡陋的泥土和草棚搭起的建物，也慢慢發展出人類歷史上的一個新概念：**「家園」（home）**。但當時還沒有出現道路，也沒有稱得上是家的石頭建築。儘管如此，在短短一萬年的時間裡就有這麼多進展依然相當不簡單。

再過一萬年後，我們的外星飛船大概會被「北美防空司令部」（NORAD）發現，我們還可能剛好趕上珍娜・傑克森（Janet Jackson）在超級盃中場的表演。

那這樣我們可以說，人類幾乎所有的進展都是在過去一萬年裡發生的嗎？才怪，因為這就像是在說，我、傑夫・貝佐斯和馬克・祖克柏的資產淨值加起來超過一千五百億美元。事實上，這一萬年的大部分時間中，大半的人類都過著極其窮困的生活。許多人甚至還說，農業革命之後，大多數人的情況反而變得更糟。我們的飲食愈來愈單一，而絕大多數人只能從事單調且繁重的勞力工作。這說法也算蠻有根據的。

那麼人類發展是什麼時候開始邁開大步的呢？說來你可能會嚇一跳，其實這是近三百年來的事（而對數十億因為資本主義而脫貧的非西方人來說，則是近三十年。）大約西元一七〇〇年左右，在歐亞大陸的某個角落，人類無意間開始用新的方式組織社會，用新的方式思考與世界的關係。雖然改變還不明顯，但人類似乎突破了某個門檻，開始走向一個截然不同的世界。

我延續社會學家羅賓・福斯（Robin Fox）和歷史哲學家厄尼斯特・蓋爾勒的說法，將這個截然不同的世界稱為「奇蹟」（the Miracle）。雖然我們不太知道自己怎麼辦到的，但我們確實創造了「奇蹟」。羅賓・福斯寫道，「我們是獨一無二的物種，我們靠我們自己，也為我們自己，創造出一個全新的環境，並且在這個奇蹟之後又創造出一個更嶄新的環境。」[3]

雖說這個「奇蹟」不光是在講經濟學，但經濟學最能讓我們清楚看到人類如何一舉跳出原本貧困的環境。十八世紀之前，歐洲、南北美洲、亞洲、非洲、澳大利亞和大洋洲等全世界各地的人類，每天的生活費大約是一到三美元。十八世紀之後，人類發展開始突飛猛進，先是英格蘭與荷蘭，然後不久就是西歐和北美洲的其他國家。如果不管氣候變遷的問題，人類在十八世紀之後的GDP一飛衝天的成長曲線看起來超像一根「曲棍球桿」，如下圖。[4]

我在本書附錄放了一些圖表，詳細紀錄了這個「奇蹟」一步步的轉變，不過細節可能有點多，如果你想進一步知道為什麼世界長成這個樣子，我很推薦你去讀一讀，但如果你沒興趣，其實跳過也沒關係。

但重點是，諸位讀者在閱讀這本書的其他篇章就會發現，以演化的角度來看，人類世界在一眨眼的時間就突然變成另外一個樣子。正如經濟學家陶德・布希霍茲（Todd G. Buchholz）所言，「對於地球上大多數的人類來說，兩條腿的

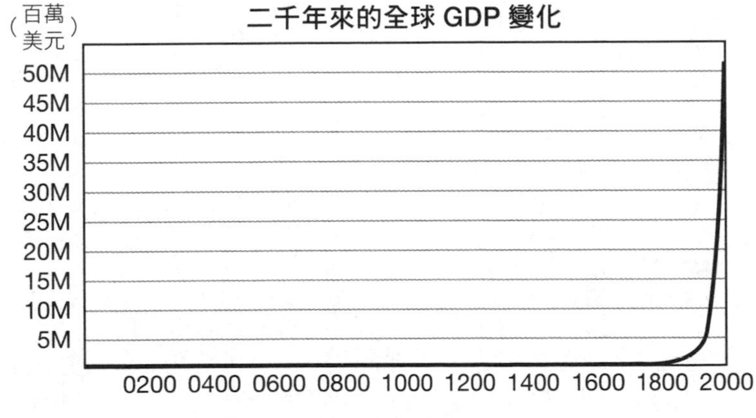

生活並不比四條腿的生活來得好。」[5]有史以來人類要煩惱的事情，突然從怎麼求溫飽，變成有了錢之後人生該怎麼過。

我花大半篇幅在論述，人類思考世界的方式以及人類與世界的關係發生了深刻且前所未有的轉變，而「奇蹟」是這些轉變的產物。締造「奇蹟」的關鍵既不是科學革命，也不是私人財產的累積或貿易。這些因素當然都很重要，但早在「奇蹟」發生以前，無數的文明都已發展出科學、技術、貿易和私人財產，我們依然過著每天一到三美元的生活。真正改變世界的是思想，也就是我稱為「洛克革命」（Lockean Revolution）的全新思考方式。它深深影響了廣大民眾的思維，人類開始認為，個人是至高無上的；我們的人權是與生俱來的，不是政府給的；我們的勞動成果屬於我們自己；無論你信仰什麼，在哪一個階級，法律之前一律人人平等。想當然耳，這種看待世界的方式完全顛覆了過往，所以不是一夕之間所有人都能接受或實行，但無論如何都已在人們的思想中種下了改變的種子。

有史以來，人類終於不再認為國家只是一個美化了的暴力集團。雖說幾千年前國家的出現，是「奇蹟」出現的重要前提，但國家依然還是一種用來剝削的工具。在「奇蹟」出現以前，所有的國家都是為促進上層少數人的福祉而設計的。全世界各地的統治者，都把群眾當作是實現他們意志的工具。人類甚至還發明了各種神學和意識型態，比如君權神授，將這些社會運作的方式合理化成某種更高尚的東西，其中有一些確實比其他的更好；但是只要碰到重要抉擇，統治者的利益永遠是第一優先。

然而，這樣的運作方式延續了好幾千年，事實上，至今大多數人類依然生活在以傳統規則為主的社會中。為什麼？因為暴政、君主制和威權體制中有某些特質在社會中依然很「有用」，也就是說，我們本性上多少認為，這樣的運作系統比較**自然**。

這也是我第一章要談的主題：人類本性。從化石的紀錄來看，距今不到六百萬年前，出現了第一批歸為**「人屬」（Homo）**的靈長類。距今二十五萬到三十萬之間出現了**智人**。而「奇蹟」則始於三百年前，也大概就是六個世代之前。*

這麼大的改變不太可能是演化出來的，演化所需的時間很長，一萬年也只能改變一點點。換句話說，諸位讀者與生俱來的反應機制，其實很可能跟過去那些在美索不達米亞的麥田裡耕作的人，或跟在非洲、德國或越南的森林裡手持長矛的人類一模一樣。即使某些族群在過去一兩萬年之內演化出明顯的外表特徵，但先天反應機制的演化速度沒有這麼快，動輒都需要二三十萬年，甚至五六百萬年的時間。

事實上，無論我們身旁的世界如何變動，人類的本性從未改變。相較於科學，我們從文學可以更容易了解這項真理。無論我們讀到的故事是在講多久以前的過去，抑或在談論多麼遙不可及的未來，我們之所以跟書中角色會有共鳴，是因為他們依然是**我們**，他們的快樂跟我們一樣、恐懼跟我們一樣，慾望也跟我們一樣。

---

* 這麼說吧，我父親出生的時候，小奧利弗・溫德爾・霍姆斯（Oliver Wendell Holmes）擔任最高法院大法官。霍姆斯曾在林肯的領導下參與了內戰。約翰・昆西・亞當斯擔任美國第六任總統的時候，林肯還是個年輕小夥子，正在印第安納州（Indiana）的某個農場工作。一七七五年，喬治・華盛頓（George Washington）在打響波士頓戰役的時候，約翰・昆西・亞當斯還是個小男孩。華盛頓出生於一七三二年，正逢「奇蹟」誕生之初。這樣剛好歷經了五個世代。還需要的話，我還可以再講一個：華盛頓的父親出生於一六九四年，得年四十八歲，這在當時算是相當高齡，比英國人或殖民地居民的平均壽命高了大約十四歲。

簡單來說，從基因的角度來看，我們擁有今日這樣的生活，擁有財富、權利、自由以及這些東西帶來的果實，都不是必然的。正如我在人類本性那一章所講的那樣，人類的自然狀態不僅一貧如洗，而且相當**部落**。[6]

以人類和大部分的靈長類動物來說[7]，在農業革命以前，人類都是分成一小群一小群的團體生活，而且通常居無定所。也就是說，在這段時間人類所有的政治、宗教和經濟都是**個人的**。部落和各幫內部也有政治。我們有強大的結盟本能（coalition instinct），促使我們以忠誠和互惠為基礎與其他人形成聯盟。但是，如前所述，這些都還是面對面的個人互動。我們必須與其他人一起合作才有辦法生存下去，所以每個小群體都直接影響了裡面的人如何理解自己與這個世界的關係，以及與他人的關係。

簡單來說，所有的意義都是部落層次。偉大的經濟學家和哲學家弗里德里希·海耶克（Friedrich Hayek）說得好，人類本質上就是以個人和部落的方式來理解世界。

「奇蹟」以及現代性之所以能出現，是因為我們制衡了這種部落趨向。人們都自然而然會優先考慮自己的家人和親友，也就是自己部落的成員，也會自然而然地認為陌生人為危險的敵人和他者。而幾乎所有更巨大的社會組織，都會擴大「自己人」的範圍，藉此讓更多人可以一起合作。宗教教導我們，即使是陌生人，只要信了同一個宗教就都是盟友。民族國家告訴我們，每一個公民都是「我們」的一部分。甚至現代的種族主義、共產主義、法西斯主義和幾乎所有其他現代主義，都在搞這套。

我們很快會談到這些主義，但其中最重要的是自由主義以及資本主義。這裡的「自由主義」不是指民主黨或進步派，而是指起源於啟蒙運動、主張自然權利以及有限政府的東西。正確來說，資本主義這種意識型態和系統，其實跟自由主義無法分開，不過在談的時候還是分開比較方便。

在後面的章節，我將詳細說明自由主義和資本主義如何創造「奇蹟」，以及這個「奇蹟」又如何誕生出美利堅合眾國。不過在此之前，我們必須先記住一件事：這兩個過程都不是自然而然發生的。我們不會一出生就信任陌生人，也不會一出生就認為陌生人跟我們一樣擁有尊嚴和權利。這些信念都是別人投入心力教我們的。而自由市場更是違反我們的天性，它不僅鼓勵我們去接納陌生人，還鼓勵我們跟陌生人**做生意**。

許多人認為貨幣是人類有史以來走向解放的最偉大進展之一，它降低許多障礙，促進了人類彼此的交流。貨幣帶來的商業機會，讓人類不再習慣用暴力的方式從陌生人那裡搶奪東西。雜貨店老闆即使對天主教徒、猶太人、黑人、白人、同性戀或其他群體抱有偏見，也不會跟自己口袋裡的錢過不去。同樣的，顧客即使不喜歡雜貨店老闆，但為了滿足自己的個人需求，依然會去跟他買東西。在自由市場中，貨幣模糊了種姓和階級的分界，減少了社會互動的摩擦力。

人類的天性是用暴力的方式，從陌生人那裡搶奪自己想要的東西，但這注定與他人陷入零和關係。如果我們為了搶蘋果而拿石頭互砸彼此，無論如何最終都只有一個人可以吃到蘋果。要讓雙方都有利，就是要採取貿易的方式。顧客付錢給商人買到蘋果吃，商人有了這筆錢之後，也可以拿去買他自己需要的東西。貿易關係會建立信任感，並鼓勵陌生人在交易的過程中以平等的方式看待彼此。勞動和交易在市場秩序中也會形成一套衡量標準，讓人們可以客觀地拿來評斷彼此。「只要他工作做得好，又準時上班，我管他是黑人、猶太人、同性戀還是天主教徒。」自由主義執行法治，藉此保障每一個人的權利，尤其是財產權，讓貿易變得更容易，而貿易也讓大家更嚮往自由主義。

「奇蹟」就是從這種世界觀中誕生的。它是資產階級革命的產物、是十八世紀中產階級對於功績（Merit）*、勤奮工作、創新、契約和權利的意識型態。真要說起來，資本主義是最重視彼此合作的制度，它穩定地逐步改善了人類的生活。只不過它有個很嚴重的缺點：人民完全不會覺得彼此是在合作，反而覺得是在競爭。

市場體系最擅長的，就是讓全世界各地的人在搞不清楚運作機制的情況下一起合作。每一個古代社會和每一個現代的極權社會都是由上而下給予人們方向和意義，但自由主義拒絕如此，它仰賴的是由一個健康的公民社會來給予所有人都渴望的意義和歸屬感。本書後面章節會解釋，公民社會是一個龐大的社會生態系，涵蓋了家庭、學校、教堂、各種協會、體育隊、商業、地方社區等等，可以調節國家和個人之間的生活。讓人們走向文明的關鍵不是國家，而是一個健康的公民社會。古今中外的人類一生下來都是徹頭徹尾的原始人，當代的我們，其實跟以前的穴居人、維京人、阿茲特克人或羅馬人降生時的狀態沒有任何差別。我們最初的公民社會是從家庭開始，我們在家庭中學習這個世界的樣貌，以及我們與這個世界的關係。

一旦公民社會崩毀，人們就會掉進裂縫裡去。公民社會失靈的原因有很多，導致的後果也各不相同。但只有一件事是恆久不變的：人們只要沒有好好教化，就注定變回野蠻人。只要沒有更好的生活方式，我們就會在本能的驅使下，用部落的方式去理解這個世界。

舉個簡單的例子。數千年來，全世界每個角落都有街頭幫派，幫派裡的年輕人大多來自失能家庭和缺乏連結的社群。他們混在一起組成幫派，在幫派中獲得了意義和歸屬感，並且繼續遵循著區分你我的部落邏輯行事。那些作社群營造的英雄比我們更了解這一點，所以把這些問題青年導向正軌的方法，通常都是組體育隊、志工服務團、職業培訓班、樂團、或者一起從事藝術和其他生產性的活動，總之就是設法讓這些青年男女在公民社會中找到更健康的依附關係。

同樣的互動關係也可以在恐怖分子、三K黨、黑手黨，以及各種各樣的邪教組織中看到。讓這些現代部落主義者回歸文明社會的唯一途徑，就是讓他們在其他地方，例如家庭、工作、信仰中找到意義。

說起來，其實這些都是老問題了，它是跟現代性一起出現的。

美國記者賽巴斯提安・鍾格（Sebastian Junger）在他的書《部落：回家與歸屬》（*Tribe: On Homecoming and Belonging*）中，講述了北美的英格蘭殖民地有一個很奇怪的現象：成千上萬的歐洲白人殖民者拼命地想成為印地安人，但幾乎沒有印地安人想成為歐洲人。班傑明・富蘭克林在一七五三年寫給朋友的信中就提過，「如果你讓某個印第安小孩生活在我們的社會，學習我們的語言，也適應了我們的風俗習慣，結果哪天他回去探望親人，讓一個印第安人陪著他散散步，他就再也勸不回來了。」然而，如果是白人被印地安人俘虜，他們會融入當地人，即使之後被送回自己的家庭，還是會希望繼續留下來當印地安人。富蘭克林寫道，「無論他們的朋友付了多少贖金把他們救回來，並且想盡辦法溫柔地勸他們留在英國，他們很快就會對我們的生活方式感到厭惡……並且抓住機會就想再次逃回森林去。」[8]

根據鍾格的觀察，這種現象似乎與文明進步的所有假設背道而馳。然而，這種狀況自古至今卻不斷地發生。[9]之所以會這個樣子，是因為部落生活有一些非常吸引人的東西，而西方的生活

＊ 譯注：功績（Merit）這個詞同時指涉能力、德行跟貢獻；但在目前的美國社會中，主要是指可計算的外在影響，例如生產力和功勞。作者認為功績無法產生意義感，必須輔以其他方式恢復社群之間的信任與連結。

方式則需要耗大量心力才能維持。

不是只有窮人和教育程度低的族群，或是新世界的原住民才會有部落現象。每一個人心中都有一座部落，而且可能會為它編出很多不著痕跡的聰明藉口。我在之後的章節會提到，我們之所以會覺得自由民主的資本主義跟自己格格不入，其實是因為心中的**浪漫主義**作祟。浪漫主義的意思、歷史和形式都不好定義，但我跟許多學者相同，都認為浪漫主義起源於法國哲學家尚－雅克．盧梭（Jean-Jacques Rousseau）。對盧梭及其後人來說，浪漫主義的概念核心是「感受至上」。具體來說像是，我們覺得目前生活的世界好像有哪裡不對勁，我們對此感到不滿，覺得這個世界不再真實，而且不再具有意義（或者覺得這對我們來說負荷太大，一定有更簡單的解法）。然後，當我們覺得這個世界很不穩定，覺得這個世界一定有人在背後操縱，或是覺得這個世界是有人刻意造出來的、不公平的，或更常見的狀況是，覺得這個世界充滿壓迫和剝削，我們的天性就會讓我們相信，**必須要有人出來負責**。每個族群的部落心態，各自會把一些群體想像成邪惡的幕後大魔王。最常見的是猶太人跟資本家；現在那些希望四海一家的人以及文化馬克思主義者則認為問題全都出在右派身上。

無論課本上那段我們稱之為浪漫時代的歷史有多麼枯燥乏味，我依然認為，浪漫主義從未走遠。自由民主的資本主義並沒有給我們太多意義，充其量只是讓我們能夠在公民社會和市場中找到意義。但有一些人覺得這樣不夠，所以開始尋找新的理論、原因和意識型態，希望它們可以解答我們的所有疑惑，讓我們脫離既有的狀態，去到另一個想像中更美好、更和諧、更平等、更真實、更有意義的世界。

馬克思一直在談科學社會主義，但他實際上是個無可救藥的浪漫主義者，他堅信一些邪惡的勢力，例如猶太人、統治階級、大企業、「資本」在剝削大眾。[10]他認為——或更準確的說是「預言」——如果全世界的勞動者都團結起來，形成一個「部落共同體」，就有辦法推翻他們的主人，帶領人類進入一個輝煌的新領域，讓所有人都像是生活在伊甸園之中。曾在幕後操縱德國人民的納粹主義，也有一些類似的想法。希特勒對歷史終結的看法與馬克斯不同，但他同樣夢想著帶領自己的部落前往應許之地。

而我認為，所有反抗「奇蹟」帶來的自由秩序的人，本質上都既浪漫，又充滿反動。他們尋求的不是未來現代社會要長什麼樣子，而是想要回到某種形式的部落，將所有人都拉在一起。浪漫主義的聲音從我們內心的原始深處響起：「一定有更好的辦法！」

可惜我要劇透一下：嗶嗶！沒有，沒有更好的辦法了，現在的方法已經是最好的。你轉頭看一看就知道了，現在人類正站在歷史的盡頭。以經濟學的說法，沒有其他制度可以創造財富。當代的制度讓我們可以賺更多錢，也能解決許多困擾社會的問題，這些問題可能要調整政府的干預程度才能解決；但是無論如何，「奇蹟」的核心假設真的已經沒辦法進一步修正。即使真的有其他不同類型的經濟學*，這些經濟學在意的也都不是創造財富，而是如何分配財富。所以這種東西不叫經濟學，而是**政治**。

這就會接到我在這本書談的第二個主題：腐敗。

---

* 克里斯托（Irving Kristol）說，所有經濟學理論都認同資本主義。我認為這個說法很合理。當一個經濟體系不再相信市場與價格的力量，這體系就不再是經濟體系，而是一種用經濟學的語言來塑造影響力或權威性的浪漫主義意識型態。

這般想要回歸真實自我的慾望，基本上是無法根除的（而且最好不要試著去根除）。但這股慾望可以引導到對的地方。我們天生需要吃東西，也渴望吃東西，但如果我們想過健康的生活，就必須培養正確的飲食方式。同樣的，我們也會想要追隨感覺和本能，但我認為這種浪漫主義的政治思想和運動是一種**腐敗**。現代人都認為「腐敗」是一種罪，尤其政治人物的腐敗更讓人不能接受。但這種對腐敗的理解比較狹隘。

「腐敗」的字面意思就是腐朽、衰敗和腐化。換句話說，腐敗是一種自然而然恢復混亂的過程，大自然的力量會將原有的秩序打回原始狀態。金屬會逐漸鏽蝕，直到回歸土壤。白蟻只要在木材上待得夠久，無論什麼木材都會消失。要擊退大自然貪婪的魔爪，只能投入心力靠人力維護。每個擁有船隻的人都知道，把船照顧好的不二法門就是定期保養並且時時留心。「奇蹟」也需要如此。

每一代人降臨到這個世界都是白紙一張，需要透過學習，才會知道自己的降生有多幸運。人之所以腐敗，不是因為他屈服於賄賂的誘惑，而只是掉回了某種人類本性——我們原始的大腦中迴盪著憤怒的鼓聲，我們聽見心中傳出某些呢喃。

當我開始落筆書寫這本書的時候，沒有人認為唐納．川普會出來競選總統，當然也沒預料到他後來選上了，我看連川普自己也很感到意外吧。但事實證明，他的出現對社會來說不全然是件好事，但更讓我確定要寫下這本書。我認為，川普打響了自己的政治品牌，而且右派還願意買單，已經證明保守派的某些原則面臨考驗，同時也顯示了某些腐敗已經深入人心。

但是川普的崛起，並不是問題的原因，而是某個更大問題的結果。至少某種意義上來說，這是左派轉向身分政治所引起的反彈之一。身分政治就是某種部落主義，但反諷的是，它造成的反彈卻也導致、或至少鞏固了另一種新的身分政治。「奇蹟」讓這個社會認為，我們應該根據每個人各自的功績，而非祖先的階級和種姓，去決定給予怎樣的評價和多少尊重。身分政治則認為，族群跟族群之間有一道不可改變的牆，每個族群都永遠是同一個部落；更糟糕的是，它認為要增進一個族群的利益就一定要犧牲另一個族群的利益。

從左右兩派的民粹主義和國族主義的興起，就很明顯可以看出，我們今日的政治腐敗的程度有多麼嚴重。「奇蹟」這套系統要能運作，社會就得把每個人當成道德的中心，相信那些掌握理性、事實、定律，甚至單純只是道德感比較好的個人（四個都有當然是最好），可以戰勝心中不斷喧囂的部落天性。我在第二部分會論述，憲法最天才的設計，就是將這個原則奉為定律。

接下來，來到本書的最後一個主題。我並沒有提出許多公共政策建議來解決我們的問題，主要是因為我不認為我們的問題從根本上是政策問題。我們文明的危機基本上都是心理層面的。講白了，就是我們太把「奇蹟」當成理所當然了。我們的學校和大學對我們的成就嗤之以鼻，甚至誇張到跟學生說西方文明是很糟糕的東西。他們教的東西並沒有全錯，西方也確實幹過非常多壞事，但他們的說法都只講了一半。

我想到霍華德・津恩（Howard Zinn）寫的《美國人民的歷史》（*People's History of the United States*）。這本書出版於一九八〇年，銷量高達數百萬冊，至今在美國依然廣受好評，甚至選入學校教材。[11]

津恩在書中開頭就坦言，他只是想從被壓迫者的角度來講述美國的故事：

> 因此，要選擇或強調哪一段歷史敘述，勢必得先決定好要站在哪一邊。對我來說，我更願意

敘說的故事是例如，阿拉瓦克人（Arawaks）怎麼看待美洲大發現；奴隸怎麼看待看憲法；徹羅基人（Cherokees）怎麼看待安德魯・傑克遜（Andrew Jackson）；紐約的愛爾蘭後裔怎麼看待美國內戰；蘇格蘭逃兵對墨西哥戰爭想法是什麼；羅威爾（Lowell）的年輕紡織女工怎麼看待工業制度的興起；古巴人怎麼看待美西戰爭；呂宋島上的黑人士兵怎麼看征服菲律賓之戰；南部農民如何看待「鍍金時代」（Gilded Age）；社會主義者如何看待第一次世界大戰；和平主義者如何看待第二次世界大戰；哈萊姆（Harlem）黑人怎麼看待「新政」；戰後拉丁美洲的皮恩人（peons）怎麼看待美利堅帝國等等。[12]

這些故事的確都該公諸於眾。但是我們之所以要了解這些版本，**並不是因為其他版本都不值得聽，更不是因為美國的歷史就只是長這樣**。許多心中忿忿不平的知識分子站在文化的制高點，試圖將「奇蹟」的故事說成各種詛咒，比如把開國元勛講成是一群貪婪的白人種族主義者；譴責哥倫布是個種族滅絕的殺人犯；聲稱奴隸制是西方和美國獨有的原罪；認為「西方文明」和「美國例外論」只不過是「種族主義」和「帝國主義」的委婉說法等等。講到最後，變成只有他們才有資格講述我們文明的發展。

我想大多數的美國人都不認為美國是津恩講的那樣，但我相信，大多數的美國人都已經忘記了「奇蹟」為我們帶來多少恩惠，許多人甚至認為自己生來的好運是理所當然的。這種態度足以摧毀整個文明。因為抵抗腐敗，維護文明，需要整個社會投入相當大的心力。如果人們不知道自己獲得的東西有多珍貴，他們聽到有人說我們手中的成就充滿罪惡，就不會覺得有什麼問題。被寵壞的富家子弟經常不懂得感恩父母提供的機會，我們這個社會同樣也對先輩留給所有人的遺產忘恩負義。我們生活的這套體系就像那隻寓言故事裡會下金蛋的鵝。

各位應該都有聽過類似的故事，故事雖然簡單，但字裡行間其實蘊藏很深刻的啟發。這個寓言故事有許多版本可以追溯到伊索寓言和六世紀以前的古代，但西方最古老的兩個版本是來自法國和英格蘭。

在經典的法國版本中，故事是這麼寫的：一位農夫和他的妻子發現了一隻每天都會下金蛋的母雞。他們左思右想，推斷那隻母雞的肚子裡一定有一大塊金子。他們為了拿到那塊金子，就把母雞給殺了。然後卻赫然發現，這隻母雞的肚子跟一般母雞沒有什麼兩樣。結果這對愚蠢的夫妻既沒有拿到金塊，日後也沒有金蛋可以拿了。[13]

英格蘭作家威廉・卡克斯頓（William Caxton）寫於一四八四年的版本，則比較接近於伊索寓言。這個版本中的主人翁是一位農夫。他不喜歡每天只能吃到一顆蛋，於是命令他養的鵝每天必須生兩顆蛋。母鵝說牠做不到（「她說：主人，我可能沒辦法……」）這隻鵝心腸很好又這麼有禮貌，農夫卻不領情，一怒之下就把牠給殺了！[14]

這兩個版本通常人們讀到的都是同一個道理：貪婪不可取，總是貪得無厭的人，最終將落得一無所有。不過實際上，兩個版本內涵的寓意相當不一樣。

第一個版本中的農夫和他的妻子會把母雞殺掉，有他們一套理由；但第二個版本的農夫卻是出於憤怒。兩個版本的主人翁最後都失去了金蛋，但是愚蠢的方式卻不相同。法國版的農夫夫婦認為如果母雞會生金蛋，就表示肚子裡一定有金塊，這個想法其實可以理解。相較之下，英國版的農夫就比較難以理解。明明那隻神奇的鵝已經說得很清楚，牠每天只能生一顆金蛋（而且這在十五世紀是一筆巨大的財富），農夫聽了鵝這麼說，反而氣得把鵝給殺了，這顯然已經失去理智。

乍看之下兩個故事說的都是貪婪，但真正的問題出在**忘恩負義**。

如果你發現有一隻鵝，每天都會下金蛋，你會怎麼做？照理來說，聰明的人會想辦法讓這隻鵝過得更舒服，例如讓牠吃得更豐盛更營養，或是幫牠的窩周圍搭建籬笆。如果這隻鵝很有禮貌地告訴你，牠需要一些東西才能繼續生金蛋，你應該會很認真以待，不是有句古老諺語這麼說嘛：「受贈之馬，勿探其齒。」（Don't look a gift horse in the mouth）

這兩個版本的金蛋寓言，其實也指出了「奇蹟」面臨的兩類攻擊。其中一種，因為覺得「我應該要得到更多！」而使得內心憤恨不平，結果開始做出殺雞取卵的行為。另一種是出於知識的傲慢（hubris），就像那對夫婦自以為聰明，忘記了這個「奇蹟」給了他們多少資源，以為自己再用點力就可以獲得更多。第一種，我們會想到左右兩派都有的民粹主義憤怒；第二種是很多知識分子常有的盲點，他們都以為市場和跟既有的體系太笨了，給他們改一定可以改更好。無論是哪一個版本的故事，都深刻點出了我們這個時代多麼忘恩負義。

最後，再容我舉一個譬喻來作結。這個譬喻我想許多讀者應該都比我熟悉。

在《教父》（包括小說和電影）開頭的場景中，唐・柯里昂（Don Corleone）正在他女兒的婚禮上接待客人。西西里有一個傳統，這一天任何人來請求他幫忙，他都必須答應。第一個來找他的是殯儀館老闆包納薩拉（Amerigo Bonasera）。[15]

包納薩拉說，「我以美國的方式養育我的女兒，我相信美國，美國為我帶來財富。我讓我的女兒過得更自由，不過我也有教育她，永遠不要讓自己的家族蒙羞。」

遺憾的是，他女兒找的男朋友卻試圖強暴她。「她不從，堅持捍衛了自己的名譽。」她的男友和另一個年輕人卻狠狠地傷害了她。他說，「我跟其他奉公守法的美國人一樣去找警察，」但雖然那兩個年輕人已經被捕，也被定罪，法官在量刑時卻袒護他們，懲罰根本不痛不癢。「他們當天就被釋放了。我像個傻子一樣站在法庭上，那兩個混帳還對我微笑。然後我對我妻子說『我們必須去找唐·柯里昂幫我們討回公道。』」

唐·柯里昂沉默了半晌才開口問道，「所以為什麼你去找警察？為什麼不一開始就來找我？」

包納薩拉不回答這個問題，而是轉而問道「所以你想要我做什麼？你要什麼都可以，幫我解決我的問題吧。」然後他在唐的耳邊低語，他想殺掉那兩個兔崽子。

唐告訴殯儀館老闆，說他被怒氣沖昏頭了，這種懲罰不合理。殯儀館老闆直截了當地說「你要什麼我都給你。」

這番話讓唐·柯里昂怒不可遏。馬里奧·普佐（Mario Puzo）形容唐用一種是「冷冰冰像死神一般」的口吻回說「你跟我……認識那麼多年了，結果到了今天才來找我，一開口就叫我幫忙。我老婆不是你家獨生女的教母嗎？但我怎麼不記得你哪時候邀我到你家喝過咖啡。這麼說吧，你怕欠我人情，所以一直刻意離我遠遠的。」

殯儀館老闆囁嚅地說「我只是不想要惹上麻煩。」

唐·柯里昂伸手一揚，打斷了他的話。「不，少來了。你覺得美國就是天堂。生意做得有模有樣，生活也過得很愜意，所以你以為這個世界什麼事都沒有，你愛怎麼過就怎麼過。不需要什麼任何真正的朋友來挺你。你和你的家人都不會真的受傷，反正出了問題也有警察跟法院。你並不需要唐·柯里昂。好啦，這的確很傷人，但我這個人呢，不喜歡強迫人，既然你覺得我們的友誼沒什麼，覺得我這個人沒什麼，那就無所謂啦。」

唐語帶嘲弄地笑了笑說，「你現在來找我，說『唐·柯里昂來為我主持公道吧』，口氣大得跟什麼一樣，連跟我交朋友的意思都沒有。今天我女兒結婚，你跑來我家，叫我去暗殺別人，還說什麼『你要什麼我都給你』……我是做了多少對不起你的事，才要被你這樣羞辱？」

殯儀館老闆回答「美國一直對我很好。我希望當一個好公民。我希望我的孩子變成美國人。」

唐諷刺地鼓了鼓掌，表示贊同「對啊，對啊，那你應該沒什麼好抱怨的啦。法官已經作出判決。美國什麼都管得很好啊。你去醫院看你女兒的時候，就帶一束鮮花，一盒糖果，讓她心情好一點吧。做人要知足啊。而且這也沒什麼大不了的，男孩子年紀輕，血氣方剛嘛，他們其中一個人的爸爸還是有權有勢的政治人物……。所以就這樣吧，剛剛那些意氣用事的話就不要再講了。那一點都不美國。學著原諒，學著放下，人生不如意本來就十之八九。」

這兩位爭論的其實就是正義與復仇的本質。殯儀館老闆又再問了一次「所以到底要付你多少錢才夠？」唐背過身去，壓住心中熊熊的怒火，他問道「為什麼你就是不跟我表示忠誠呢？」接著他向殯儀館老闆講述了美國整個體制做事就是拖拖拉拉，而且還充滿腐敗。「你告到法院，然後等好幾個月。你花了一大堆錢找律師，然後被它們當肥羊。你讓法官來判決，結果法官卻像街上最低劣的妓女一樣出賣自己的尊嚴……要是你早點來我這裡要求主持公道，那些毀了你女兒的社會敗類今天早就痛不欲生了。而且你這樣的老實人如果哪天不幸得罪了誰，你的敵人就會是我的敵人……然後，相信我，他們都會怕你。」

殯儀館老闆終於聽明白了，他懇求道「交個朋友吧，這個我接受。」

包納薩拉不再排斥，並且請求唐・柯里昂跟他做朋友，在那一刻他便背棄了美國。他拒絕了洛克的世界觀（雖然情由可原），拒絕了「奇蹟」，轉而支持自古以來從未改變的政治秩序。這套想法認為，這世界的秩序不是從抽象規則和契約延伸而來的，這個世界講求的是權力、忠誠、互惠、聯盟、榮譽和友誼。一切的是非對錯完全取決於對部落有沒有利。仔細看殯儀館老闆的名字「Amerigo Bonasera」，其實跟義大利文的晚安「buona sera」及美國的英文「America」極為相似，轉一下就變成了「晚安吧，美國」，影片的寓意不言而明。

在「奇蹟」出現以前，所有社會都抱持《教父》的道德觀。這才是自然的，無論是哪個社會或哪個人都有這樣的傾向。而且只要我們一不注意，開始讓天性接管一切，「奇蹟」就會消失，社會就會回到自然狀態。世上的一切都既不是天命寫定，也不是理所當然。每一項美好的事物，都需要我們付出心力去維繫。我希望這本書能夠說明，其實我們每個人都責無旁貸。

第一章

人類的本性
——我們心中的部落
Human Nature: Our Inner Tribesman

人類真的就是有本性。這件事很妙，因為研究這塊的人幾乎都很有共識，但不是研究這塊的人卻往往爭論不休。

任何有名望的心理學家、神經科學家、語言學家（包含諾姆．喬姆斯基〔Noam Chomsky〕），或是經濟學家，都會一致贊同人類打從出生就已安裝一大堆的「電腦軟體」。用現在比較流行的說法，就是我們在智慧型手機上安裝的「App」（Application的縮寫，指「應用程式」）。不同的情境會啟動不同的App，有時候這些App還會彼此衝突。

所有關於先天與後天的嚴肅辯論都預設了：我們的天性早已內建許多東西，唯一要想的是，我們可以在我們的天性之上添加什麼，或是覆蓋掉什麼。就拿一輛車子來說吧。我們大概都同意，把一台引擎、四個輪子和一個方向盤組起來就叫做車子。只要是車子，一定有這幾個配備，這叫先天。後天則是你可以怎麼改裝，選項有千奇百種，但無論你做了多少改裝，車子永遠是車子，並不會變成是直升機。

心理學家保羅．布倫（Paul Bloom）寫了一本很具啟發性的書《他只是個嬰兒啊：善與惡的起源》（*Just Babies: The Origins of Good and Evil*），他在書中紀錄了對三個月至兩歲的嬰孩做的大量實驗。（請放心，這些過程中並沒有嬰孩受到傷害。）他論證指出，嬰兒在六個月大時就已經有一些心理特質，這表示他們與生俱來有道德感。例如有個實驗是給六至十個月大的嬰兒看木偶戲，一隻木偶正努力爬上一座山，旁邊有一隻木偶在幫忙它爬山，另一隻木偶則在阻撓它爬山。之後拿卑鄙的木偶和善良的木偶給嬰兒做選擇，這群嬰兒清一色都比較喜歡善良的木偶。另一個很類似的研究是針對二十個月大的幼兒，這些孩子會拿糖果獎勵善良的木偶，並以拿走糖果來懲罰卑鄙的木偶。[1] 其他的研究則證實，我們生來就有一些像是同理心、利他主義、與人合作和其他道德直覺這類與生俱來的反應機制。

布倫花大量篇幅說明，雖然我們生來就有某種道德感，但這並不表示我們因此具有道德，只能說我們天生擁有感測道德的機制。我們如何使用它們，取決於我們成長在怎麼樣的環境，以及最重要的：我們如何定義「道德」。

無論是布倫，還是其他成千上萬不同學科的研究人員都發現，我們天生就不信任陌生人。嬰孩自年幼時期就可以辨識語言；他們的哭聲甚至會有地區口音。「年幼的嬰兒能夠辨認他們平常接觸的語言，無論說話的人他們認不認識，他們依然比較喜歡日常接觸的語言，」布倫在書中寫道：「有一個實驗是讓嬰兒吸吮奶嘴，以此來觀察他們的偏好，結果發現，俄羅斯的寶寶喜歡聽俄語，法國的寶寶喜歡聽法語，美國的寶寶喜歡聽英語等等。**這類現象在嬰兒出生幾分鐘後就看得出來，這表示嬰兒在子宮裡的時候，就逐漸熟悉那些隱約從外界傳來的聲響。**」[2]（粗體為我的標記）

有趣的是，我們的大腦將大量的資源投入在辨認人臉。我們生來就對人臉感到興趣，當然原因有很多，例如許多早期人類交流是以非語言的方式進行的，今日的人類也一樣，尤其在我們學會說話之前更是如此。無論人們怎麼爭論面相的重要性，辨認人臉在過去很明顯是重要的能力，因為是否能立即從陌生人中認出親人或朋友，可是攸關到你的性命安危。（這也表示，我們辨認人類臉孔的能力實際上遠超過我們口頭表達的能力。舉例來說，我們之中大多數人可能都可以立即區別麥特．戴蒙〔Matt Damon〕跟馬修．麥康納〔Matthew McConaughey〕的長相不一樣，但有多少人可以馬上說出，他們之間到底差異在哪裡呢？）

全世界的人類都不信任陌生人，也都渴望自己所在的社群團結一致，不過這種心理需求其實也只是傾向。我並不認為這可以完全靠教育就消除，但肯定可以用有建設性的方式來調和跟引導。那些愛講普世價值的人很常說什麼「人類才沒有分種族，整個人類都是同一個種族」，其實只不過是在用更世俗的方法說，「我們都是上帝的子民」或者其他振奮人心的話。我的確覺得我們的文化應該把「眾生平等」這種好聽的老生常談放在心上，但我還是要說，在所有能夠真的實踐這句話的體系之中，最成功的其實是自由市場。市場讓截然不同的民族和文化找到了共同利益，降低了不信任的風險，甚至「代價」。

這種不信任陌生人，並渴望自己所在社群團結一致的傾向，在本書中相當重要，因為它告訴我們，意識型態是人性的必然產物。社會從小到大都教我們，仇恨是學來的。我認為這是無稽之談。事實上，我們天生就懂得愛，我們天生也懂得恨。無論是家長、學校、社會乃至整個文明，都不可能教我們不要去愛，當然他們也不可能教我們不要去恨。這些體制能教的是，我們應該去恨什麼，或者不應該恨什麼。

布倫寫道：「幾乎所有這本書的讀者都相信，只因為膚色而仇恨某個人是不對的，但這是到了現代才有的想法。在過去，大多時候並沒有人認為種族主義有什麼不妥。」[3] 所有善良的人都會討厭「惡」，但到底什麼是惡，每個時代的定義卻不相同，而文明的本質就是在不斷地改變惡的定義。

自古以來每一種文化，都有討厭的事物，也有喜愛的事物。現在我們所知的每一種政治意識型態，也都會把某些群體排除在外（Other）。親納粹的哲學家卡爾．施密特（Carl Schmitt）有句名言是這樣說的「告訴我你的敵人是誰，我就能說出你是何人。」[4] 法西斯主義基本上就是在妖魔化「他者」。在納粹德國最明顯的他者就是猶太人；而對共產主義來說，他者就是布爾喬亞、統治階級，或富農（kulak）* 等等。當代自由主義者也有一大票討厭的他者。我們可能也都遇過一些人公開聲稱自己很包容，說自己很討厭心胸狹隘的人，但這些人碰到**某些類型**的狹隘就縮回去了。我已經記不得自己聽過多少人一面堅持不該對穆斯林抱有任何一丁點偏見，一面卻又繼續說福音派基督徒有多可怕。

文化心理學、人類學家理查．蘇威德（Richard Shweder）列出了一份很有用的清單，不同社會對這些項目的接受程度各自不同，有的社會會認為很值得讚揚、有的社會認為不好不壞，有的社會則難以接受：

> 手淫、同性戀、禁慾、一夫多妻制、墮胎、割禮、體罰、伊斯蘭教、基督教、猶太教、資本主義、民主、焚燒國旗、迷你裙、留長髮、剃光頭髮、飲酒、吃肉、接種疫苗、無神論、偶像崇拜、離婚、寡婦再婚、由父母安排婚姻、自由戀愛結婚、父母與子女同床共枕、父母與子女不同床共枕、允許婦女工作、不允許婦女工作。[5]

換句話說，人們認為「本來就好」跟「本來就壞」的範圍，其實非常有彈性。但是彈性還是有極限。比如說，亂倫在世界各地都是為社會所不容的禁忌，雖然每個社會對此的反應並不一樣，但沒有人會正大光明地稱讚它。（不過是說，這種禁忌在美國的流行文化的接受度愈來愈高就是了。）同樣地，據我所知，全世界的人都會以自己的親朋好友，而非陌生人的利益為優先。這一點我將在後面幾章詳述。

美國人類學家唐納・布朗（Donald E. Brown）列出了全世界所有人類社會都共有的特徵清單。「就目前的紀錄來看，在人類學和歷史上發現的所有民族中都可以找到一些共有的特質，這些共相大概有上百種，包括文化、社會、語言、行為、思想等各種類型。」[6]

這份清單很長，無法在此詳列，但就這本書的主題來說，最重要的人類共相包括：結盟；衝突；合作與合作行為；企業職責（corporate statuses）；集體決策；占卜；民族優越感；把模式和關係當成實際存在的事物（entification）；嫉妒；禮儀；恐懼；宴會；民間傳說；分享食物；贈送禮物；八卦閒話；政府；群體生活；（集體）認同；內群體（有別於外群體）；偏袒跟自己親近者而疏遠跟自己不親近者的內群體偏誤；不同社會的家族親屬稱謂都大同小異；親屬地位；評斷他人；對權利和義務做出規範的法律；對成員資格規則做出規範的法律；領袖；魔法；能使

＊ 譯注：俄羅斯帝國後期（解放農奴後）至蘇聯初期，一些相對富裕的農民階級的稱呼（持有約三公頃土地以上）史達林在一九二九年發動農業集體化後，他們被宣布為農村剝削者，被發配到西伯利亞的勞改營，財產被充公至集體農莊。

人延長壽命的魔法；能使人維持生命的魔法；男女老少各自具有不同的天性；男性主導公共／政治領域；男性更具攻擊性；男性更容易發生致命衝突；男性更容易盜竊；道德情操；神話；敘事；高估思想的客觀性、做規劃、對未來的規劃、偏愛自己的孩子和近親（裙帶關係）；名望的不平等；私人的內心世界；諾言；財產；心理防衛機制；強暴；禁止強暴；（勞動力、商品或服務的）互惠交換；負面的互惠，如傷害或復仇；正面的互惠，如認得彼此的臉；糾正錯誤；進入某個新的人生階段時所舉行的禮俗（rites of passage）；宗教儀式；在相互影響和互動的過程中看見彼此的角色和個性（亦即如果某人不符合角色期待，可以解釋成個人的性格不合）；制裁；懲罰害群之馬；制裁手段包含從社會中除名；區別自我與他人；自我既不是完全被動的，也不是完全自主的；「做為客體之自我」（self as subject）與「做為主體之自我」（self as object）；對自己負責；意識到且在意他人的想法；營造自我形象；希望讓自己看起來很積極正面；社會結構；社會化；來自長輩的社會化期待；適應社會生活的能力，例如學會如廁；使用長矛；在特殊場合發表適合該場合的言論；地位和角色；出生就有的地位與後天努力獲得的地位；能顯得自己與眾不同的地位；基於性別、年齡、親疏遠近以外的地位；繼承；偏好的甜點；象徵意義；象徵性談話；禁忌；禁忌的食物；禁忌語；分門別類；地域性；貿易；輪流。

前述列了這麼一長串，其實都還只是清單的一小部分。

在美國生活時遇到最有趣的禁忌，就是不能談論人類天性，這完全是現代才有的禁忌。無論是古希臘羅馬人還是世界上每一種主要宗教，都認為人類不僅真的有本性，而且還花很多心力去研究思考人類本性。我認為，我們之所以討厭談論這個主題，背後有很多層原因，其中有許多很有道理。我們的文明一直在努力實踐《獨立宣言》、《美國憲法》和其他類似法典中主張的人人平等的理想。當我們討論人性，不免會碰觸到不同群體間基因遺傳差異的問題，或聲稱某些行為或選擇「不是那麼自然」。此外，幾乎所有西方文明都很重視個人不應受到社會外部、甚至內部的束縛；當我們討論人性，很可能就會跟這種觀點有所牴觸。此外，「人的本性」基本上就跟法國啟蒙運動傳統相信的「人可以變得完美」衝突，也因此每次講到人類有天性，就很容易引爆衝突。

儘管前述想法中有一些有點道理，但其實布倫整理出的那些人性共相可以套在黑人和白人身上，也可以套在亞洲人和原住民身上。我不是那麼在意種族差異的問題，因為即使種族之間確實有差異，我也不是很懂種族差異跟人性共相有什麼關係。關於這個主題有一籮筐的糟糕研究，那些還不錯的研究則大多在探討不同群體間的總體和統計上的差異。可無論他們的證據是否可以支持結論，我們在法律、態度或道德上所談的卻都是在說，我們應該要如何對待每個不同個體。

不過，人們之所以會避談人類天性，其中一個原因倒是很值得一提，那就是所謂的「高貴的野蠻人」（noble savage）。

人們通常認為「高貴的野蠻人」一詞出自盧梭，但其實最早是源自約翰・德萊頓（John Dryden）一六七〇寫的戲劇《格拉納達的征服》（*The Conquest of Granada*）：

> 高貴的野蠻人在林中狂奔，
> 在法律開始允許奴役他人之前，
> 我就像大自然創造出的第一個人那般自由。[7]

認知心理學家史迪芬・平克（Steven Pinker）寫道，「『高貴的野蠻人』的出現，深受歐洲殖民者在美洲、非洲和（後來的）大洋洲發現原住民的啟發。它的意思是，人類在自然狀態下是無私的，愛好和平而且無憂無慮，而像是貪婪、焦慮和暴力這類的毛病，則全都是文明的產物。」[8]

盧梭並非創造這個詞的人，但卻是讓這個迷思廣為傳播的重要推手。他在一七五五年寫道：

> 很多作者都不經大腦地說，人類生性殘忍，必須靠文明體制來讓人們變得溫和；而人類最溫和的時候就是在原始狀態了，因為這個時候的人類既不像其它畜生那麼愚蠢，又還沒染上文明人的奸邪。[9]

「盧梭反轉了原來我們對文明和野蠻的觀點，」美國歷史學家亞瑟・赫曼（Arthur Herman）寫道，「他之所以會說『高貴的野蠻人』可以順利地與大自然和其他人類同胞和諧相處，其實是為了責備與他同時代巴黎人的做作，同時抨擊那種認為文明會不斷進步的觀點。」[10]在盧梭看來，私有財產的出現、藝術的發展，人類普遍愈來愈健康、愈來愈繁榮，實際上都反而讓社會嚴重倒退。

許多人將盧梭視為浪漫主義之父，在思想史的研討會上這麼稱呼盧梭，算是蠻公允的。但我認為，我們不應該把浪漫主義理解成某個藝術、文學或哲學流派，而是要將之視為對啟蒙運動逆天行道的一種反叛，它反抗啟蒙運動以降的所有發展，包括資本主義、民主、自然權利、科學。浪漫主義者要對抗現代性的鐵籠，希望人類能回到他們想像中的真實世界，與自然和諧共存。浪漫主義的反叛與其說是一套思想，不如說是原始的反抗之聲。它讓人覺得，我們周遭的世界剝奪人性、充滿虛假、不自然，令人喘不過氣。像法國詩人波特萊爾（Charles Baudelaire）就說，「浪漫主義確切來說，既不是一種要追求的東西，也並不是一種真理，而是一種感覺。」（話說「現代性」〔modernity〕這個詞就是他創造的。）[11]

我後面幾章會多說一點，不過說真的，這所謂現代人逆天行道的墮落「感覺」，或者說現代社會讓人墮落的這種想法，其實我們現在的文化也很常見。它讓許多關於過去「黃金時代」的意識型態和宗教假設如雨後春筍般冒出來，甚至讓人開始懷舊起來，以為過去的人過得比我們好。

浪漫主義既不是左派也不是右派，因為它其實是一種在理性還沒出現之前，就已經藏於人們內心深處的情感。無論是左是右，它都能以各種形式在各種時代捲土重來。它一直促進國族主義、民粹主義、激進主義和各種形式「反動」政治的燃料，也是過去三百多年來大多數偉大藝術的泉源，它不僅為那些無法自己用理性和科學思考的心靈發聲，也與那些心靈對話。

簡而言之，它是對現代文明和非自然的束縛的一種反叛，你彷彿可以聽到它對著社會大聲叫囂「我不是機器！」、「我不是冷冰冰的數字！」、「別想把我壓在下面！」

無論是各種形式的左翼浪漫主義，例如各式各樣的馬克思主義，還是右翼放任自由主義和無政府主義，全都非常同意：國家是一種體制化的暴力形式，甚至文明本身就是一種體制化的暴力。這種看法大抵上並沒有錯，但它誤以為過去的暴力比較少，誤以為在國家還沒開始控制人民之前有某個黃金時代，那裡的所有人都和睦地生活在一起。

福山（Francis Fukuyama）在《政治秩序的起源：從史前到法國大革命》（*The Origins of Political Order: From Prehuman Times to the French Revolution*）就曾寫道，「很多人都不願意相信暴

力根植在人性之中。許多人以為早期社會比較懂得與當地環境和平共處；許多人類學家，也都堅稱暴力是文明發明出來的，最明顯的就是盧梭。可惜這兩種觀點都沒有什麼證據可以支持。」[12]相比之下，經濟學家麥克隆斯基（Deirdre McCloskey）的說法就合理多了，她認為「自該隱與亞伯的時代以來，征服、奴役、搶劫、謀殺等等這一類的暴力，一直是人類歷史中悲劇的源頭。」[13]

《人性中的良善天使：暴力如何從我們的世界中逐漸消失》（*The Better Angels of Our Nature: Why Violence Has Declined*）一書的作者史迪芬．平克認為，如果將二十世紀死於暴力的人口比例換算成大多數史前社會的比例，有「血腥世紀」稱號的二十世紀死亡人數可能不會只有一億人，而是高達二十億或甚至二十倍以上。[14]這是因為早前小規模社會大約有三分之一的原始人類是死於部落間的掠劫和打鬥。（不過這個說法有點誤導，因為男性的死亡率是女性的兩倍。）[15]

尼古拉斯．韋德（Nicholas Wade）在《黎明之前：基因技術顛覆人類進化史》（*Before the Dawn: Recovering the Lost History of Our Ancestors*）中寫道，「為了盡量減少風險，原始社會通常採取伏擊和黎明突襲這類的戰術，而且由於他們以確實消滅對手的村莊為目標，並沒有俘虜的習慣，戰敗者一律不留活口，所以傷亡率通常高得嚇人。不過有一些部落像是易洛魁族（Iroquois）會把俘虜帶回家折磨到死，而哥倫比亞的某些部落則會先把俘虜養胖再吃掉。」[16]自古以來的每個世代，人類社會中出現戰事衝突是很**正常**的。

這點對大多數的學者來說，大概都會同意，那些認為人類曾在某個黃金年代與彼此跟大自然和平共處的人，都是一群詩人和宣傳家，而非科學家。從歷來的考古資料、ＤＮＡ分析、古代評論家和歷史學家的著作，以及那些至今依然不願踏入現代的社會，都可以找到人類的雙手染滿鮮血的紀錄。

著名人類學家拿破崙．沙尼翁（Napoleon Chagnon）自一九六〇至九〇年代，長期與亞馬遜雨林的亞諾馬諾族（Yanomamö）生活在一起，也曾在當地進行過極具爭議的研究計劃。沙尼翁發現，殺戮是原始生活的一個核心機制。[17]二十五歲以上的男性有大約百分之四十四曾殺過人；三分之一的成年男性死於暴力；四十歲以上的男性超過三分之二至少有一個近親死於暴力。[18]

沙尼翁還發現，亞諾馬諾文化就是不斷陷入戰爭的輪迴，他們常常為了搶奪女人、找回被搶的女人，或是為了報復對方搶奪自己的女人，而發動突襲和戰鬥。當然，男人們彼此戰鬥的原因有很多，最常見的就是血債血還。但是沙尼翁找到的證據，並不足以證明戰爭是「現代的產物」這種今日很盛行的觀點，也看不出原始社會是因為資源不足，蛋白質很稀少，而頻繁發動戰爭。後者是目前很常見的假說，支持者認為之所以會有戰爭發生，都是因為資源匱乏的問題。這種說法並不奇怪，但多少有點言過其實。事實上，人類之所以會發動戰爭，往往是為了實現自己的優越感、滿足自己的榮譽心，以及追求地位的渴望。[19]

過去發生的種種野蠻行為，也很難說都是因為戰爭頻繁發生的關係。像是酷刑和奴隸制就是好例子。對今日社會的我們來說，都會認為這兩者很不文明。

我們先來談談酷刑。酷刑的意思是，為了懲罰、娛樂或利益而故意對目標施加疼痛和痛苦的行為。這是前現代很常見的消遣，世界各地都有（而且直到一七〇〇年代都還看得到）在古代社會一些原始的活人獻祭儀式上，就能看到很多種形式的酷刑。例如阿茲特克人經常把犧牲者綁在火堆中燒烤，然後趁著心臟還在跳動時，從火中將屍體拉出來挖掉心臟。[20]瑪雅人則大多跳過了焚燒的步驟，直接把活生生的人釘在祭壇上，剖開胸腔挖出心臟。[21]

而論起酷刑虐待的佼佼者，大概非亞述人（Assyrians）莫屬。他們熱愛生剝人皮，也酷愛將人活活釘死。而且他們認為最極致的折磨，就是讓被釘著的受害者苟延殘喘好幾天，極其痛苦地慢慢死去。[22]波斯人也很擅於發明虐待手法，例如強迫受害者獨自站在一個滿是灰塵的房間，一直站到他體力不支倒地，然後因為吸入過多灰燼，慢慢窒息而死。

然而，這跟「坐在盆子裡」（sitting in the tub）比起來，可就小巫見大巫了。首先受害者被迫坐在一個木桶裡，只露出一顆頭。行刑者會在這名受害者的臉上塗滿牛奶和蜂蜜，然後蒼蠅就開始成群結隊地聞香飛來，布滿了他的鼻子和眼瞼；這段期間會有人定時來好好餵飽受害者，使得受害者最後根本是浸泡在自己的排泄物之中，然後身體會被各種蟲子和蛆一口一口地吞噬。據說有位受害者煎熬了十七天，活生生地腐爛而死。[23]（另一種很類似的作法叫做「船刑」〔Scaphism〕，只不過受害者是被綁在船上或木頭上。）

如果你對這類酷刑感興趣，可以在網路上搜尋到更多琳琅滿目的手法，像是把小動物縫在活人的身體裡面，或是將關著老鼠的桶子綁在人身上，然後用火燒熱桶子，無論哪一種，這些小動物都會為了逃脫而開始啃食受害者的身體。古希臘人甚至認為，那些以酷刑逼供出來的證詞才值得採納。羅馬人也認同這種作法，[24]他們還將十字架刑（crucifixion）發揮得淋漓盡致，以致人類擁有了「痛苦難忍」（excruciating）這個詞。在中國，也有一種叫「千刀萬剮」的凌遲酷刑。

若說酷刑是全世界都在用的重要治國工具，其實一點都不為過。但很少社會會比得過中世紀歐洲人在酷刑上投入的時間精力和巧思。[25]

堅定支持「高貴野蠻人」的人可能會想說，所有文化和文明都是在人類墮落之後出現的，但在考古方面卻找不到任何可以支持的證據。美國考古學家史蒂芬・勒布朗（Steven A. LeBlanc）

在與凱薩琳‧瑞吉斯特（Katherine E. Register）共同撰寫的《持續的戰爭：我們為何而戰》（*Constant Battles: Why We Fight*）就說，「我們必須承認並接受，人類的過去都一直非常不和平。雖然當然有一些時代和地方是和平的，但整體來說，這些和平似乎都是短暫的插曲，並不常發生……。如果要進一步了解今日大部分的戰爭，就必須把戰爭當作一種，我們自猿猴變成人類的過程中就一直很常見，幾乎全人類都會作的行為。」[26]

接下來，我們來談奴隸制。

原始社會的確很少有奴隸制，直到農業革命後的社會才比較常見，這是不爭的事實。但這並不是因為原始人比較有道德，而純粹只是因為他們太窮了。養奴隸對遊牧民族來說是一筆非常大的開銷。要照顧一個不想成為群體一部分的敵人，既花錢又徒增危險。許多原始社會比較常見的作法是收留兒童，把他們當作是一種資產，例如美國印地安人就很常這麼做，而婦女可以抓來結婚，這也是一種常見的奴役方式。但如果要把另一個部落抓來的戰士養在家裡，成本可就太高了，所以不如把他們殺了，而且最好要用很誇張的方式殺，這樣可以讓戰勝方的心情感到爽快。

大約在一萬一千年前發生了農業革命之後，奴隸制就變得隨處可見了，連在最古老的文本中都有提到。《聖經》認為，奴隸制度是必然存在的人類事務；《漢謨拉比法典》（*The Code of Hammurabi*）則記載，釋放奴隸的人都應該被判處死刑。[27]在中國，關於奴隸制度的記載還可追溯到西元前一八〇〇年。[28]

美國把過去的奴隸制視為一種恥辱，這種想法也深深影響了我們談論奴隸制的方式。原因不難想像，而且也很合理，但是這種說法卻也同時歪曲了我們對奴隸制的理解。湯瑪斯・索威爾（Thomas Sowell）曾提到，很多美國人都相信學校教的那套，以為我們是有種族歧視，所以才會蓄奴。[29]有些人甚至認為，奴隸問題是美國特有的原罪。所以美國應該要對其曾經施行奴隸制負起責任，而且要徹底處理讓奴隸制得以存在的種族歧視。但是，這些傳統說法都搞反了因果關係。美國是因為先把某些種族抓來當奴隸，才開始歧視他們，而不是相信他們比較低等，才逼他們當奴隸。

從歷史角度來看，美國的奴隸制主要有兩個特點，第一就是偽善。其他社會比我們更仰賴奴隸制，而且美國的奴隸制已經算非常殘酷，還有些社會對待他們奴隸的方式比美國更殘酷。但這些社會都不是以普世人權和尊嚴為原則而建立起來的，比如羅馬人、希臘人、中國人和埃及人，這些社會都把奴役他人當成天經地義的事，所以不能說他們偽善。（連亞里斯多德也認為有人天生就是適合做奴隸。）[30]但是，美國明明是靠《獨立宣言》和高舉「人生而平等」的理想而誕生的。無論你怎麼說，這都跟奴隸制勢不兩立。[31]

這會兒就要說到美國奴隸制的第二個特點了。美國奴隸制的獨特之處並不在於美國施行奴隸制這件事，而在於美國自己終結了一萬年以來的奴隸制。在過去二千年以來，許多地方都努力要廢除奴隸制，其中很多都失敗了，剩下的則是表面上廢除了奴隸，但實際上卻只是用其他形式奴役他人，例如搞出農奴制。在十九世紀期間，歐洲大部分地區和美國大部分北方殖民地和州都廢除了奴隸制。英國在一八〇七年禁止了奴隸貿易。荷蘭在一八一四年跟進。[32]一八一四年至一八一五年的維也納會議，不僅決定了拿破崙戰爭後的歐洲的命運走向，也譴責了奴隸制。[33]英國於一八三四年進一步廢除了在其所有殖民地的奴隸制，荷蘭則是直到一八六三年才跟進。[34]

另一方面，美國雖然在一八〇八年禁止買賣奴隸，[35]但在其他方面的進展卻很緩慢，而且過程充滿了血淚和痛苦。直到一八六五年才終於通過美利堅合眾國憲法第十三條修正案，正式廢除了奴隸制。

這個時間點也並非巧合。經濟學家丹・包德瑞克斯（Don Boudreaux）寫道，「事實上，奴隸制是工業資本主義出現之後才消失的。工業資本主義最早出現的大不列顛，也是第一個不再有奴隸制的地方。這不是巧合。基本上奴隸制是被資本主義摧毀的。」[36]亞當・斯密（Adam Smith）不僅從道德上反對奴隸制*，甚至認為它與自由市場並不相容。「因此，從所有時代和國家的經驗來看，我認為自由人工作最終會比奴隸工作要來得更便宜。」[37]他還寫道，「無論人做什麼樣的工作，只要能讓他足以過活，不需要什麼對他自己有利的理由，就能用暴力來搾取他。」[38]

光是我們還需要先打一場戰爭才能結束這個體制，就已經表示有些人即使看到這個問題也不會醒。雖說內戰確實因奴隸而起，但要說開戰是為了結束奴隸制也不完全準確。但真說起來，自由民主的秩序，以及因此開啟的現代經濟，確實已經無法再讓奴役他人的制度繼續維持下去。種

---

* 亞當斯密在《道德情操論》中寫道，「每一個來自非洲海岸的黑人……都遠比他那齷齪主人本身還要慷慨。命運之神對人類的殘酷莫過於此，祂不僅讓英雄國度裡的人被關進歐洲的牢房，更讓那些德行既不如家鄉的同胞，又不如征服的土地、行事輕率、野蠻和卑鄙的人，去征服其他人。」亞當斯密，〈第五卷第一章：論習慣和時尚對我們美醜觀念的影響〉，《道德情操論》，來源：Library of Economics and Liberty. http://www.econlib.org/library/Smith/smMS5.html。

種這些內部產生的矛盾，最終讓美國走向內戰。亞伯拉罕・林肯（Abraham Lincoln）曾援引了耶穌的告誡，「一棟分裂的房子，是撐不久的。」[39]並且稱，「我深信，這個政府也不可能永遠維持這種一方面追求自由，一方面又奴役他人的狀態。」

如果暫且先不談《美國獨立宣言》的話，美國會有奴隸制其實也很**正常**。麻省理工學院經濟學家戴倫・艾塞默魯（Daron Acemoglu）和亞歷山大・沃利茨基（Alexander Wolitzky）說：

先不管論證是否完備，勞動力市場的標準經濟模型通常都假定勞動力市場的交易是「自由的」。然而，在人類歷史大多數的時間裡，大部分的勞動力交易都是「強制性的」，意思是，無論是說服工人進入雇傭關係，還是在決定要給多少報酬，這之中都少不了武力威脅。奴役他人和強迫勞動是大多數古代文明中最常見的勞動交易形式，包括希臘、埃及、羅馬、許多伊斯蘭和亞洲帝國，以及大多數已知的前哥倫比亞文明……[40]

換言之，其實是到了近代，人類才終於出現在市場上自由出售服務或勞動的概念。相較之下，幾乎所有社會主義和共產主義都聲稱反對奴隸制，像馬克思主義者就抨擊「工資奴役」，但無論他們再怎麼聲稱，現實中的社會主義卻往往以強迫勞動的形式奴役他人。計劃經濟，顧名思義就是由政府制定的計劃來決定經濟的走向。蘇聯、納粹德國、共產黨中國和北韓都廣泛施行強迫勞動。中國仿效蘇聯的古拉格，在一九五〇年代建立了勞動改造制度，表面上是要人民勞其筋骨、苦其心志，學習共產主義，從而培養出堅定的共產主義者。但實際上整個系統自古至今都是黨領導人的利益來源。「勞改」如今已不復見，但這類的制度並沒有消失，只是換了個名字叫做「監獄」。二〇〇〇年代，人們發現，囚犯在獄中必須不斷勞動到死，管理者還可以靠販賣他們身上的器官繼續圖利。[41]

中國在接受「資本主義」之後，依然仰賴奴役勞動，但這裡該罵的不是資本主義，而是威權主義。威權政權也會賺取利潤，卻不奉行自由市場體系。美國南方的奴隸主很富有，但其他人卻窮到吃土，甚至淪落成奴隸，這是因為他們被排除在外，沒有資本主義運作所需的所有自由和權利。中國接受一些市場原則是好事，因為歷史告訴我們，強大的中產階級要發展，需要靠反應迅速和負責任的政府。但是，在共產黨被掃入歷史灰燼之前，中國都不會成為一個自由的國家。至少目前看來，中國實際上還是由威權統治階層掌握一切的貴族體制。

不過除了相信「高貴的野蠻人」的人和激進的平等主義者以外，也有其他人對人類的本性存疑。擁護自由市場的人經常碰到一個麻煩的問題：我們是「智人」（Homo sapiens），但未必是「經濟人」（Homo economicus）。

「經濟人」這個詞，雖然最早是評論者為了批評約翰．彌爾（John Stuart Mill）和其他思想家，將人類簡化為完全理性的，只追求利潤最大化的經濟動物，而造出來的。但這個概念其實亞當．斯密就提過了。我不是很清楚彌爾是否真的認為人類都是為了追求最多利益，但我非常清楚亞當．斯密沒有這麼想。換句話說，「經濟人」其實跟「社會達爾文主義」很像，人人琅琅上口，但其實幾乎沒有人真正相信。彌爾很清楚，人類只有在經濟學研究的範圍內才真的會追求利益最大化：

> 幾何學對任意一條線的定義都是「只有長度而沒有寬度」。同樣地，政治經濟學也預設了，

任意一個人都希望**在現有知識狀態下，以最小的勞動量和身體上的自我犧牲，來獲得最大數量的必需品、便利和奢侈品。**[42]（粗體為本書作者自行標注）

足球專家提出「足球人」的定義，只談論球員在足球場上的表現，那麼一個經濟學家提出了一個以經濟活動為前提的「經濟人」定義，有什麼好奇怪的嗎？

不過，就歷史來看，許多經濟學家和擁護自由市場的人士確實常常把所有問題都化約為經濟問題。而且坦白說，馬克思主義也有將所有問題簡化為經濟問題的傾向。那句老話「如果你手上拿著槌子，看什麼問題都像釘子」似乎蠻有道理的。某些擁護自由市場的人也常常讓人覺得，他們真的相信「經濟人」這種東西。

但無論如何，人類其實並非只為了追求利潤而活，即使他們確實常常只看重是否對自己有利。許多批評資本主義的人發現，「經濟人」這個想法是一個用來指控資本主義的好用稻草人，因為經濟人的概念蘊含了某個前提，套句奧利佛·史東（Oliver Stone）在一九八七年電影《華爾街》（*Wall Street*）虛構出的爭議人物葛登·蓋柯（Gordon Gekko）的話就是：「貪婪是美德」。

無論你怎麼看這個問題，我們應該都會同意，人類行為確實深受金錢貪婪的驅使。貪婪肯定是人類本性中的一個重要部分，但人類對金錢的貪婪是金錢出現以後才有的，而從歷史演進來看，金錢的出現時間並不長。明理的人會同意，貪婪早在金錢出現之前就有了。這樣就很容易理解，人類究竟為什麼會貪吃，也可以理解為什麼人類會希望基本資源愈多愈好。想想看，抱持利他主義的人因為都把東西分給別人，結果自己餓死了，而貪心的人則獲得更多物資，所以又多活了一天，而他的基因也得以繼續傳承下去，歷史上大概發生過無數次這樣的事，所以人類演化成這個樣子。

但是其實，利他的趨向跟貪婪和覬覦都一樣，都是人類與生俱來的。因為如果沒有利他主義，人類不可能活這麼久。人類會因為同情心而願意無私對人，而同情心正是人類的另一種普遍傾向。利他其實也跟以物易物、互惠、合作有密切關係。在錢幣出現之前，原始人的經濟主要是靠以物易物和互惠來進行，比如說我為你做某件事，你為我做另一件事，或是，我給你一塊肉，你幫我去擋下那個想搶劫我的惡棍。（現代社會中最接近自然狀態的地方就是監獄了吧，那裡的社會經濟就是按照這些原則運作起來的。）理查．李基（Richard Leakey）與庫爾特．勒溫（Kurt Lewin）認為，人類之所以得以生存，是因為人類懂得彼此互惠。早期人類都分散成一小群一小群的群體的生活，能存活下來的群體都是「在共同認可的義務網絡中」共享資源。[43]人類學、心理學和社會學都發現，違反互惠規範的人會被更大的群體排擠。即使是犯罪組織，例如監獄幫派、黑手黨等等，群體內部也必須遵守互惠的規則。而像慈善家或其他慷慨大方的人之所以受人欽佩，是因為他們比一般人更秉持這套規範，也因此經常被賦予政治或道德方面的權威。那些領導許多原始社會的「大人物」之所以成為大人物，往往也是因為他們在分配資源時候非常公正不阿。[44]

重點來了，我們來談談這種欽佩之情。在所有其他條件都相同的情況下，人們當然都希望愈有錢愈好，沒有人會想當窮人。但其實比起有錢，他們更在意自己能夠受人欽佩、尊重，並且受到器重。亞當．斯密很懂這個道理，他在《道德情操論》中就提到這一點和其它許多關於人性的事：

人生來就希望自己被人喜愛，而且也希望成為可愛的人；甚至希望自己自然而然地就受人喜愛。人生來就害怕自己受人憎恨，而且也害怕成為可憎的人，甚至害怕自己自然而然的就受人憎恨。人不僅希望被人讚揚，而且即使現在還沒有人來讚揚，也希望自己成為一個會被讚揚的對象。人不僅害怕被人責備，而且即使現在還沒有人來責備，也擔心做出那些會被責備的事情。[45]

我們天生就渴望被人欣賞，這點跟黑猩猩沒有兩樣。據我所知，各種研究這類主題的學科都沒有人對此提出爭論。然而，研究人員很少關注人們為什麼希望自己受人欽佩，而是更常談「地位」的概念。地位是黑猩猩政治的本質。法蘭斯・德瓦爾（Frans de Waal）在《黑猩猩政治學：如何競逐權與色？》（*Chimpanzee Politics: Power and Sex Among Apes*）一書中對此提出很具說服力的詳細論證。[46]我想除非你對演化論的理解很奇怪，否則大多數的人一旦知道某個特質對我們的近親物種很重要，應該就會接受這個特質也與自己有關係。

社會學家將所有人類社會中的地位區分成兩種類型：先天賦與的地位（ascribed status）和後天爭取到的地位（achieved status）。所謂先天賦與的地位，指的是你生來就擁有的地位，典型例子就是皇室成員。許多人過得比較好還是比較差，完全取決於自己的血統或自己的父母是誰。在眾多的社會中，最有名的就是印度的種姓制度。這個制度將整個人口劃分為不同類別的既定地位，規定不同的種姓在各自的生活中可以追求什麼東西，包括一個人可以住在哪裡、可以與誰結婚，甚至可以做什麼樣的工作。歐洲的種姓制度也許沒有那麼嚴格，但也有一定的約束力，例如將人分為農奴、農民、貴族，或是以人類固有的價值來分類。

美國大革命完全廢除了這種將人分門別類的做法，這項成就相當偉大，但卻也最不受重視。

而之所以沒人領情，大概就是因為我們之前還有一個很類似的制度吧。我指的就是奴隸制。在羅馬的蓄奴傳統中，奴隸不是天生的，而是後天的。奴隸的孩子並不會繼承奴隸的身分。在美國南方，擁護奴隸制的人意識到，這種奴隸制傳統與他們的制度並不相容，所以他們借用了亞里斯多德的概念來聲稱有些人天生就只能當奴隸，從而讓奴隸制變成先天賦與的地位。[47]

儘管現在的美國已經不再認同奴隸制，並且也廢除了奴隸制，但我們依然有追求地位的渴望。如果你以前讀的是典型的小學或中學，你就會知道，青少年社交生活的核心就是追求地位。只是青少年追求的不是實質上的位子，而是希望自己在群體中受歡迎，不過這兩者差異並不大就是了。在學校跟哪個同學混在一起跟地位有關，甚至你的置物櫃在哪個位子、在操場上是分在哪一區等這類瑣事，都是一場場殘酷的競爭。監獄的情況也是如此。

我們拉廣一點來說，去看看王朝政治（political dynasties）何以能夠綿延，就可以知道地位的傳承在我們文化中的影響力有多大了。出生在甘迺迪、布希、柯林頓、羅斯福，乃至羅姆尼這些政治世家的後代子孫，不需要靠自己贏得價值和榮譽，他們光是繼承了家族姓氏，我們就對他們另眼相看。若從行銷角度來看，某些姓氏和血統實際上已經成為一種繼承的頭銜，在今日我們稱之為「品牌」。

政治以外的事情更是如此。我們常常漫不經心地談著那些「好萊塢名人家族」的八卦，可事實上我們根本也不懂自己在談什麼。我們竟然把那群可笑的笨蛋和蠢婦捧成某種名流上層——對啦，為了我的靈魂保鮮期限，我已經發誓不再寫卡戴珊家族的事了，但只講一句應該可以吧。[48]

總之，這是很自然而然的事。每個家族內部多少都有一點王朝野心的火花。我想起了《權力遊戲》（*Game of Thrones*）的某一幕。泰溫·蘭尼斯特（Tywin Lannister）對詹姆·蘭尼斯特（Jaime

Lannister）長篇大論地說起家族有多重要：「你的母親已經死了，再過不久我也會死，然後是你、你的弟弟、你的姊姊和她所有的孩子，我們都會死，我們都會在地下腐爛。這世界上唯一會繼續流傳下去的，只有家族的名字。永垂不朽的不是你個人的榮耀，也不是你的桂冠，而是家族。明白了嗎？」[49]

我們之所以那麼在意地位，其實跟我們天生就嚮往權威和階級很有關係，而且幾乎所有群體生活的動物都有這種本能。比如狗、雞和猿猴都有階級和長幼尊卑之分。強納森・海德特（Jonathan Haidt）指出，這些衝動深深刻在我們心中，甚至表現在我們的語言中。他寫道，「有些社會極力主張必須尊重階級關係，這種現象也呈現在語言上。法語就跟其他的羅曼語一樣，開口稱呼對方時，就必須選擇敬語（vous，您）還是平語（tu，你）。英語的動詞變化沒有地位高地之分，但會在其他地方表現出來。直到最近，美國人在稱呼陌生人和上位者時，還是會用頭銜加上姓氏（例如史密斯女士、瓊斯博士），在稱呼熟人和下位者時，則直呼對方的名字。要是銷售人員沒先問過你就直呼你的名字，你會感到厭惡；要是你長久以來尊敬的長者請你直呼他的名字，你會不由得感到尷尬，這都是因為『權威／顛覆』這個基本原則下的某些認知模組正在你心裡發揮作用。」[50]

海德特所謂的「基本原則」（foundation），指的是他和其他研究人員提出的「道德基本原則理論」（Moral Foundations Theory）的一部分。他在《好人總是自以為是：政治與宗教如何將我們四分五裂》（*The Righteous Mind: Why Good People Are Divided by Politics and Religion*）詳細闡述了這套理論。如果你讀了他那本書之後還不相信有一種叫做「人性」的東西存在，那你也不妨放下我的這本書了。

「道德基本原則理論」認為，所有形式的道德推論基礎大致可以分成六項道德原則，分別是：關懷／傷害、公平／欺騙、忠誠／背叛、權威／顛覆、聖潔／墮落、自由／壓迫。從這些基本原則如何產生作用，以及它們如何彼此影響，就可以看出不同的人類文化和社會如何定義是非對錯。

事實上，人類普遍有建立行為規範的需求，這也是人性之一。我們前面說過，每一個社會都會建立起自己的規範。但無論是哪個社會，似乎也都同時具備某些共通的行為準則或道德準則，而且這些準則先於理性。例如，我們看到有人在超市插隊，直覺都會感到非常不爽，這是因為我們大腦內部啟動了某些化學反應的關係。而通常這類反應都比我們實際受到的傷害程度還要大。這是演化的結果，因為更多時候如果違反了規範，後續要承受的風險往往都比在超市插隊來得嚴重太多。舉例來說，如果你在非洲大草原亂跑亂衝，想想看你可以活多久？

保羅．布倫認為，人類打從出生普遍都會跟大人告狀，這是人類開始知道要執行規範的原始表現。而且重點是，孩子們互相告狀很少是無的放矢。心理學家戈登．英格姆（Gordon Ingram）和傑西．白令（Jesse Bering）研究了貝爾法斯特（Belfast）一間市中心貧民區學校的學童之間的告狀行為，發現「絕大多數學童談論他們同學行為的方式，都是在描述同學違反了什麼規範。」[51]

從演化角度來說，規範非常重要，因為它是開啟所有合作的樞紐。如果原始人真的如霍布斯（Thomas Hobbes）認為的那樣，每個人都獨自過活，那麼有沒有規範就不是那麼重要。但人類是集體演化，而且會形成部落。如果沒有彼此相互合作，我們會一直停留在食物鏈的中層，而無法成為地球的頂級掠食者。如果沒有規範或規則，合作就不可能出現。想想看，參與狩獵行動的所有人如果彼此對於權力要如何劃分等等這類的規則都沒有共識，那麼要團體行動是不可能的。軍隊與烏合之眾的區別就在於，士兵們很清楚知道自己的身分和職責，即使在沒有人監督的情況下，他們也能安分守己、照章行事。

達爾文（Charles Darwin）本人一定也想過，為什麼利他主義、互惠、對規範有共識，以及團結等等這類的合作關係，會是人類生存的關鍵。因為唯有靠團結合作，部落才能順利生存，並且把基因傳承下去。根據達爾文的觀察，「如果……部落裡面有……勇敢、具有同情心並且對彼此忠誠的成員，時時刻刻相互警告危險、互助合作、保護彼此，那麼這個部落一定會變得強大，並且可以打贏其他部落。」[52]任何的語言、宗教、戰事和幾乎所有人類特有的東西，都是人類透過彼此合作演化的成果。但是驅使人類彼此合作的動力與渴望，並不僅僅只是一個全社會的現象。在「政治」這個詞出現之前，我們就在搞政治了，在幫派、部落或其他社會單位之中形成聯盟本身就是一種政治。黑猩猩和人類都會因為各種利益而跟其他同伴形成聯盟。這些聯盟好比部落中的部落，也會區分「自己人」與「別人」，並且同樣會把聯盟以外的人都視為敵人。我後續會談到，今日的美國政治之所以變得這麼糟糕，就是因為這種天性的緣故。如今的美國人分裂成許許多多陣營各異的「部落」，共同反對那些「不是自己人」的其他美國人。

如果一個群體並不普遍認為規範需要強制遵守，那麼群體的成員也就不會遵守規範。保羅．羅賓遜（Paul H. Robinson）與莎拉．羅賓森（Sarah M. Robinson）共同撰寫了《海盜、囚徒與痲瘋病人：關於正義的十二堂課》（*Pirates, Prisoners, and Lepers: Lessons from Life Outside the Law brilliantly*），在我看來，這本書完全證明了懲罰和報應不僅是很普遍的觀念，而且對合作來說也是必要的。應該大多數人會同意懲罰和報應是很普遍的觀念，但是要說這些觀念對合作是必要的，各方的意見就比較分歧了。愈來愈多犯罪學家和倫理學家認為，懲罰本身既不合法又很危險。紐約大學法學院暨社會系教授大衛．葛蘭（David Garland）堅持認為，「只有靠主流的社會化過程，包括內化的道德和責任感、非正式的誘導和獎勵從眾、彼此期待和相互依賴的實作和文化網絡等等，才能持續且穩定地讓人們做出得體的行為。」[53]另一位學者聲稱「刑事處罰制度在道德上、政治上和法律上都是不合理的……〔一個〕很在乎所有成員權利都能不受侵犯的社會，應該仰賴刑事懲罰以外的體制。」[54]

但是，羅賓遜夫婦在書中詳盡引用了心理學研究和歷史紀錄，他們認為如果沒有對那些不合作的人進行某種制裁，合作就不可能持續下去。舉例來說，假設有人要求你和另外九個朋友在烈日下挖一條溝渠，並承諾一天結束時會犒賞你們一頓大餐。結果當你勞心勞力地工作，卻有一個身體明明很健康的人在旁邊的樹蔭下納涼，請問你能接受嗎？工作結束之後，你們團隊有可能讓這個懶惰蟲一起同桌吃飯嗎？無論是在實驗室還是在現實生活中，無數案例都顯示，搭便車的人將會受到懲罰，而且絕對受到鄙視，通常也不會獲得獎勵。

根據羅賓遜夫婦的研究，這種執行群體規範的本能，無論是在原始部落、體育團隊，還是其他領域都隨處可見，連像嬉皮公社（hippie communes）這種讓每個人自由自在做自己的烏托邦，也會要求社員遵守某些群體規範。而且只要沒有某個中央權威負責執行規範，社群本身又不執行的話，這個群體就會四分五裂。年輕時候的伯尼．桑德斯（Bernie Sanders）就曾被他所屬的「公社」踢出門外，因為他總是只出一張嘴談論社會主義的必要性，卻從來不動手做團體發派的工作。[55]

最後，我們拉回來談人性最關鍵的一個層面：意義（meaning）。我們都是意義的創造者。

這裡的「意義」是什麼意思呢？簡單來說，我們天生就喜歡為所有人事物、做事方式、事件、想法以及我們周遭的一切賦予意義，而且這個意義是超越理性和物質層面的。想想我們怎麼看待吃東西這件事，比如說家庭聚餐、與老朋友聚餐、感恩節大餐等等，我們在這些活動投入的意義，已經遠遠超出了單純的溫飽需求。有大量人類學、社會學研究專門研究飲食在每種文化中扮演什麼樣的角色。至少直到最近，社會學家口中的「以物易物」主要形式一直都是分享食物。[56]

幾千年來，從準備食物、飯前禱告到分享食物，飲食一直是社會的樞紐。猶太教、基督教和伊斯蘭教等許多宗教的大節日，都有規定人應該要吃什麼食物、或是禁止吃什麼食物。像是某些基督教教派有領聖餐的儀式（Communion），目的是透過聖餐禮將麵包和葡萄酒轉化為耶穌的身體和血液，以吃聖餐的方式分享基督的生命，也象徵著加入基督徒教友的行列，進入教會本身的體系。每個教派的實行方式可能各有不同，但同樣都是莊嚴和慶賀的時刻，而且其中隱含的意義無論如何都不是川普說的「小餅乾」那樣簡單。[57]

在自給自足的社會，一席盛大的饗宴常常結合了生活的各個面向。它既是慶祝活動，是表達感恩的時刻，也是娛樂。宴會還是政治的基石：要看一個大人物擁有多大的權威，基本上源自於他在這類聚會上如何為氏族或部落的成員分配食物。宴會同時也是重要的外交工具：能不能與敵方部落和平共處，就看你在宴會上有沒有斡旋成功，倘若成功了，肯定也要設宴慶祝一番。而歷來作為結盟手段的婚姻，也一定佐以盛大莊嚴的宴會。[58]

翻開《希伯來聖經》，就會看到裡頭清楚寫著什麼樣的動物可以吃，而且必須以怎麼樣的方式準備。如果以現代人的角度來看這些規則，大概會說**這是衛生考量吧**，但這其實是見樹不見林。這些規範的確會讓人注意衛生安全沒有錯，但如果把「符合猶太教規的潔淨飲食」（Kashrut/

kosherism）說成是古代人只是在規範「員工必須洗手」，就太荒謬了。這些規範其實涵蓋了好幾層的意義。而在科學革命之前，這些意義並沒有像現在一樣分得這麼開。

想想看，一棵樹對以前的原始部落來說代表什麼？它同時是拿來生火的燃料、蓋房子和製作工具的材料、小孩的玩具，可能也是某種食物，或是可以用來進行某種宗教儀式、成為某種神聖的象徵。我們直到現代，才開始認為「一棵樹」跟「這棵樹」代表的意義是不同的事情。那些開口閉口只提**經濟人**的傢伙，根本只是遮住自己的眼睛，以為人類的生活只有投入跟產出的關係而已。

出生於捷克的英國歷史哲學家厄尼斯特．蓋爾勒就認為，在人類朝著現代化邁進的過程中，我們逐漸拋開了三百年前人類看待世界的方式。[59]過去，同一件事物同時都具備很多意義，例如實用性和神聖性、習慣和儀式、便利和傳統、隱喻和事實，對以前的人而言，這些層次全都像一片片濾鏡疊在一起，變成一顆鏡頭，讓我們去看整個世界。但科學革命改變了一切。它讓鏡頭變回了一片一片獨立的濾鏡，例如有一片是宗教的濾鏡，一片是商業的濾鏡，一片是家庭的濾鏡。我們要關注哪個層次，就只挑那一片濾鏡來思考事情。

這種把思考分成不同領域的方法，讓人類進展跨出好大一步，治癒了疾病，減少了暴力，並且脫離了幾千年來的迷信，讓每個人各自發揮自己的潛能。

但同時，它帶來了巨大的挑戰，因為這種看待世界的方式違反了人類天性。人類演化而來的思考方式，其實並不適合像我們現在這樣把宗教、娛樂、飲食、政治分開來看；對原始自然部落來說，前述的意義都是一層疊著一層。家庭既是神聖的紐帶，也是求生機制；飲食是養分，同時也是社群連結和塑造神聖的機會；而政治是自然而然形成的，不僅跟宗教、生存和社群緊緊相連，同時也是日常生活中每一道重要問題的解答，並且乘載著上帝、眾神或我們的祖先對我們的期待。

結果，我們開始把生活中的不同意義區分開來後才發現，原來每一層意義都那麼單薄，既片面又空虛。所以我們開始覺得啟蒙時代以前的人彼此連結比較緊密，我們開始渴望重新找到那些從來沒有存在過的意義。我們希望所有的工作、所有的層面重新合而為一，成為「真實」又「完整」的生活。所以我們倒向了那些「我們都是一家人」的意識型態，希望這樣可以讓分散四海的兒女通通聚在一起。所以我們無論是左派還右派，都不自覺地去擁護那些高喊拆除圍牆、終結分裂的政治領袖，在心中把這些口號詮釋成自己以為的樣子。所以社會上總是會有人在罵金錢使人墮落或者「萬惡資本主義」，但他們真正不滿的既不是錢也不是資本主義，而是我們看待世界的模式已經把我們的生活切成碎片，讓我們無法在日常生活感到喜悅。簡而言之，這就是浪漫主義的怒火。浪漫主義希望推倒區分不同層次的牆，讓人們在某種神聖或愛國的情操下再次獲得意義，再次團結起來。

不過，雖然現代人用了很多道牆，把以前統合在一起的意義區分開來，但這些牆並沒有我們想像中的那麼高、那麼結實。我們每天都在自己的心中以及跟其他人的互動中拆解這些牆。因為我們每個人心中都有一座部落，我們並不喜歡現代世界，而更希望回到原本的樣子。但這是一個很大的隱憂，因為捨棄現代「奇蹟」的第一步，就是試圖在所有事物中尋找同一個統一的意義。那種希望用同一種方式看待工作、家庭、政治、經濟和藝術等生活中每個面向的想法，其實是一種反動，其實是在引誘我們走向極權主義，是在腐蝕養育我們的文明。而且這樣的趨向，其實在我們出生之前就已銘刻在我們的基因裡。

第二章

「奇蹟」的墮落
——當人類本性反噬
Corrupting the Miracle: When Human Nature Strikes Back

你或許可以用乾草叉驅走大自然，但她會不斷地回來。

——賀拉斯[1]

自由相當脆弱，可以在短短一個世代之內完全消失。自由無法繼承，每個世代都必須為爭取自由而不斷奮戰，不斷地捍衛。每個人一生只能獲得一次自由，一旦失去自己曾有的自由，便永遠不能復得。

——雷根，一九六七年[2]

在威廉·高汀的經典小說《蒼蠅王》（*Lord of the Flies*）中，一群英國學生因故擱淺在一座荒島上。某層面來說，這群青少年象徵著西方文明的巔峰，但因為缺乏成人的監督，幾乎很快就忘記了社會的規則。他們正逢對性懵懵懂懂的青春期，滿滿的睪固酮和腎上腺素讓他們回到了原始的本能機制。他們組成小圈圈，不僅是為了狩獵，也為了爭奪地位、安全和權力。他們開始部落化，變得殘忍和迷信，也變得愈來愈偏執，最後他們創造出自己既恐懼又崇拜的惡魔。他們將腐爛的豬頭插在長矛上，把它當成神來膜拜，並稱之為「蒼蠅王」（這個名字是聖經記載的惡魔「別西卜」（Beelzebub）的字面翻譯）[3]。不過溫和而倔強的文明代表賽門後來卻發現，那顆豬頭才不是什麼野獸。事實上，野獸並不是什麼「你可以獵殺的東西」，真正的野獸存在於所有孩子的內心。[4]

那頭內在的野獸，其實講的就是人類的本性。它無法被殺死，只能被馴服，而且還必須不斷時時保持警惕。

從表面上來看，文明的故事就是馴服、引導、疏導或抑制人類本性的故事。如果有辦法逃得掉懲罰，人類的本性就是看到想要的東西就想拿走，尤其是從不認識的人那裡拿走。如果不喜歡某些人，或感受到他們帶來威脅，人類的本性就是會去動手殺掉他們，尤其是那些不認識的人。如果有好康，人類通常優先留給家人和朋友。世上的所有文明都是建立在這類規則之上，並將人性引導或疏導到有生產力的目的去。至於什麼樣的目的可以被稱作有生產力，隨著時間的推移會有所不同。在近一萬年來大多數的時間裡，有生產力指的是「對統治者有利的事物」。直到啟蒙運動興起，這樣的看法才開始改變。當代的社會主義、國族主義和民主的意識型態都聲稱，一個公正社會存在的目的，一定是為了讓「人民」享有更美好的生活。但是由於人類天性使然，每個社會的菁英常常會想辦法從中得利。而究竟誰可以被算是「人民」，就往往因情況而定了。

當有政治人物利用他的權力和權威謀取私利，我們會罵這種人「腐敗」（corruption）。這聽起來沒什麼問題。但是這般對腐敗的理解，往往只是摸到那更大野獸的一小角。根據《牛津英語詞典》（*Oxford English Dictionary*）的定義，「腐敗」更古老原始的含意是「物質破壞或變質的過程，尤指分解或風化帶來的損壞；令人厭惡；腐爛。」[5]

這般對腐敗的理解，在過去深深影響著我們如何看待世界，以及跟世界的關係。那句「塵歸塵，土歸土」出自於《公禱書》（*Book of Common Prayer*），但核心概念來自於聖經的《創世紀》：「你必汗流滿面才得糊口，直到你歸了土，因為你是從土而出的。你本是塵土，仍要歸於塵土。」[6]哈姆雷特則說，「一個人可能用一條吃過一個國王的蛆蟲來釣魚，再去吃那條吃過這條蟲的魚。」[7]

在科學革命之前，腐敗不只是一種隱喻，而是真實的日常。即使是小小的割傷或擦傷，只要被細菌感染，就可能導致死亡。在冷藏技術出現之前，食物只要沒有醃製幾乎馬上就開始變質。木材是當時常用的建築材料，卻總是不敵自然腐朽的摧殘。如何抵抗大自然腐蝕的力量，是人類日常生活的一大難題。想想看，我們講一個社會、文明或帝國「腐朽」（decadent）的時候，通常是在指什麼呢？「腐朽」一詞來自中世紀拉丁文的 decadentia，意思是衰敗或墮落。文明就像房子一樣，一旦腐朽，就會被自然力量壓垮。

從最早可以自稱「文明」的社會開始，無論是國王、神職人員還是立法者和官僚，政策的任務就是抵禦人類本性的腐敗力量。當人類制定的法則消失或失去強制力，大自然的法則很快就會捲土重來。

➤ ➤ ➤

當人們開始訴諸暴力，天性就一覽無遺了。常常我們看到某個政治黨派或宗教狂熱者拿起槍大開殺戒，就直覺以為文明大開了倒車。但那樣的說法並不精確，因為事實上這只是某種腐壞，人類的自然野性充其量只是人性的正常發揮。

一個很常見的女性主義口號是說，男人必須**「有人教導他不要強暴別人」**。這句話聽起來像是有另一種教育方式是支持強暴一樣。但就字面上來說，女性主義者說得也沒錯，男人天生管不住小頭，必須靠教育來克制這種天性。大多數的社會也都認為，只要有軍事征服，自然一定會有強暴。如果亞諾馬諾族搶到了一個女人，任何參與突襲的人都可以強暴她。然後她會被帶到村子裡，任何想強暴她的村民都可以動手。最後她被迫成為某個人的妻子。[8]

研究這類嚴峻主題的學者哥德夏（Jonathan Gottschall）在〈戰時強暴之探討〉（*Explaining Wartime Rape*）一文中，回顧了戰爭期間何以總是伴隨著性暴力，他寫道：「簡言之，歷史和人類學的證據都顯示，戰爭期間發生的強暴，人類自古以來就一直在做，而且無論社會如何變遷，時代如何演變，這種行為依然屢見不鮮……」[9]

而且重點是，所有社會對強暴和禁止強暴的看法皆大同小異。這不是單純的道德問題，而是會依據不同情境而定。強暴能不能為人接受，完全取決於是誰強暴了誰，以及根據什麼原因。即使是前述提到的亞諾馬諾族或庫恩族（Kung），也禁止強暴部落、家庭和幫裡的成員。但如果是強暴或者謀殺「自己人以外的人」就另當別論了，不僅會獲得容許，還會受到讚揚。自古以來無論你走到哪裡，人類都理所當然地把婦女當成戰利品。[10]

在美國，一天到晚都有人在討論「強暴文化」，多到讓人以為美國是不是對強暴這件事太過寬容。強暴在道德上完全不能接受，所以照理來說只要一個社會上還有強暴，就的確算是對強暴太過寬容。但其實跟人類歷史上的其他文化比起來，美國和西方世界對強暴的容忍度已經低很多了。

不過雖然我說強暴是天性，但每個人去強暴別人的機率還是不盡相同。而且既然大多數的暴力都是男人做的，大多數的強暴當然也是男人做的。但我認為，反對強暴的社會規範是人造的產物，是現代人類社會的發明。這並不是在說這些規範不好，反而證明這些規範值得守護，因為人類文明有了這些東西才變得重要和高尚。

然而，這裡的關鍵是，當我們目睹強暴事件，我們內心深處其實很清楚發生了什麼事。這跟資本主義文化沒有關係，而是人類最原始的本性。早在女性主義開始舉旗打擊強暴犯罪之前，文明就已經一直在努力將強暴從社會中驅逐出去。所以當我們還看到強暴行為，就表示文明腐敗了。如果你想變回那個從未存在的高貴野蠻人，你實際上只會回到那個每天都有強暴行為，而且大家都習以為常的時代。

➤ ➤ ➤

若要讓人類遵守規則，脫離野蠻進入文明，關鍵就是要讓人具備**美德**。美德在不同時代、不同地方的定義都不一樣，但無論如何，只要你是在對自己有利的時候才遵守道德規則，就表示你沒有美德。因為美德的條件之一，就是克制自己的劣根性，去做正確的事情。這也是為何C・S・路易斯（Clive Staples Lewis）會說：「勇氣不是某一種美德，而是每一種美德遇到考驗的時候所展現出來的行為……」[11]或者正如洛克所言：「人要堅毅不拔，才有辦法守護並支持其他美德……」[12]這些都是在說，美德不是與生俱來，而是要刻意維持。

亞瑟・赫曼曾寫道：「人對抗貪婪和盲目的唯一武器，就是心中的美德。美德原本的意思是在戰鬥中勇敢向前，但後來衍伸成生活中所有的男子氣概。正如莎士比亞所言，美德是克服『暴虐命運萬箭穿心』所需的內在力量，也是打造自己命運的關鍵。」[13]換句話說，美德不再只是阻止自己在戰場上臨陣脫逃，還要阻止自己向本性屈服。如果遵守原則不用付出代價，那你根本不算是在遵守原則。

人類過去的所有文學、哲學、神學，甚至於一般日常生活，都充滿了腐敗和永恆循環的觀念。直到現代的輝格史觀、黑格爾、馬克思主義和進步主義興起之後，才有人開始深信文明只會進步不會後退。這也解釋了為什麼幾乎每個社會都認為文明就跟人一樣，會年輕也會衰老。當人們在討論愛為什麼會褪色，信心為什麼會崩頹，人為什麼會辜負上帝，也最常用這種說法。

歷史上那群聰明人使用過最愚蠢的比喻，就是認為現代科學取代了人類，成為「宇宙的中心」。[14]耶魯大學心理學家約翰．巴奇（John Bargh）說，伽利略「將地球從宇宙中心的特權地位移開」。《大英簡明百科》（*Britannica Concise Encyclopedia*）也說，伽利略「推翻了宇宙以地球為中心的學說，引起極大的震盪……」

事實上，把「中心」視為特權和一種榮耀，是現代才有的比喻。我在我上一本書中就寫過：「在哥白尼之前的西方科學家和神學家普遍認為，按亞里斯多德的說法，地球要嘛是位於宇宙的屁眼位置，要嘛本身就是整個宇宙的屁眼。」[15]

一四八六年，義大利文藝復興時期的著名哲學家米蘭多拉（Giovanni Pico）寫下了《論人的尊嚴》（*Oration on the Dignity of Man*）這部巨作，被視為義大利文藝復興時代的宣言。他在文中指出，地球位於「下層世界的汙穢不潔之處」。兩個世紀前，湯瑪斯．阿奎那（Thomas Aquinas）便說：「在宇宙中，所有天球所圍繞、位於中心的地球，是一切物體中最物質性、最卑劣的東西。」而在但丁的《神曲：地獄篇》（*Inferno*）中，最底層的地獄就位於地球的正中心，歷史學家丹尼斯・丹尼爾森（Dennis Danielson）將之形容為「宇宙的死亡中心。」[16]

簡而言之，這個惡臭的世界不僅腐敗，而且墮落。理想、純淨、真實的東西都在來世，擁有美德的正人君子必須對抗卑劣的本性誘惑，才能集中心力去追求美善與高潔。

摩西告訴以色列人：「我知道我死後，你們必全然敗壞，偏離我所吩咐你們的道，行耶和華眼中看為惡的事，以手所做的惹他發怒，日後必有禍患臨到你們。」[17]

耶穌亦在《聖經・雅各書》中說過，「你們這些淫亂的人哪！難道你們不知道，與世界為友，就是與神為敵嗎？所以，如果有人想要和世界做朋友，他就成了神的仇敵！」[18]

天主教的神父、修女和僧侶對世俗的誘惑不屑一顧，因為那些是通往墮落的道路。

但並不是只有哲學家和神學家，才會認為這種認為人性會敗壞所有神聖、高尚或善良事物。自農業革命以來，人性就一直是政治和管理的核心問題。

福山在《政治秩序的起源》中寫道，所有人類社會都有某些共通特質，一個社會若想成功維持政治秩序，就必須順應這些人類固有的普世特徵，而不能加以無視或消除。其中一個特徵是：

人類的社交預設了整體適應度（Inclusive fitness）、親屬選擇（kin selection）和互惠利他（reciprocal altruism）等模式。除非有強烈的誘因讓人們選擇採取別的作法，不然所有人類都會比較喜歡那些曾跟自己交換過恩惠的親朋好友。[19]

福山認為，如果沒有「夠強的制衡力量，人類就會不斷回到用人唯親的自然傾向，我將之稱為家產制。」接著他補充道：「隨著時間的推移，有組織的團體——通常是有錢人或有權勢的人——會繼續鞏固自己，並開始要求國家給予特權。特別是當長期的和平與穩定碰上金融或軍事危機的時候，這些根深蒂固的世襲團體要嘛會趁機擴大它們的影響力，要嘛會讓國家無法順利因應變遷。」[20]雖然細節不盡相同，但人類社會的核心問題一直是同一個：一旦屈服於人性的誘惑，菁英便開始腐敗，而文明也將隨之扭曲，失去了原本可以擁有的偉大。

你可以在莎士比亞的詩歌（尤其是羅馬劇）、聖經中的無數警世寓言，以及幾乎每一個沒落帝國的歷史中，看到這種社會科學式的觀察。曼瑟爾・奧爾森（Mancur Olson）寫道：

許多人一直不解為何那些偉大的帝國或文明會突然開始走下坡或崩毀，也不懂為什麼過去處於邊緣或沒沒無聞的民族會突然擁有巨大的財富、權力或文化成就。西方的羅馬帝國崩頹，並且被散居各地的部落打敗，只不過是眾多例子之一。我們也不斷看到中國歷代強盛的王朝日落西山，最後被蒙古這類少數民族征服，或是被偏遠省分的貧苦農民大軍揭竿而起推翻。中東也有好幾個帝國覆亡，中美洲的印地安文明也是如此，比如阿茲特克帝國就是一系列不斷世代更迭的文明，每一代都是被另一個不知名的部落打敗，最終整個帝國亡在一小群西班牙人手中，帝國宏偉的金字塔和城鎮從此荒廢在荒野之中。而像是安地斯山脈、吳哥窟、以及世界上的其他地方，朝代的興衰也大同小異。[21]

奧爾森指出，文明興衰的規律最早可以追溯到希羅多德開始使用莎草紙書寫歷史的年代：「昔日偉大的城邦，如今大多變得默默無聞；而在我的時代強盛的城邦，在往昔卻是弱小的。

這兩種情況我都要同等地加以論述，因為我相信，人間的幸福是絕不會長久停留在一個地方的。」[22]

歷史學家和政治學家之所以把注意力放在菁英階層，原因很簡單，因為根據定義，所謂的菁英就是權力的所在。搶匪之所以盯上銀行，是因為銀行裡有錢；同理，如果要研究權力，就要去研究那些掌握權力的人。（還有也是因為菁英比較好研究，通常他們做的事都會留下書面紀錄。即使研究的是底層人民的「社會史」，也得靠他們的主人、雇主和統治者留下的證據。）

但是這個觀點會扭曲我們對事物的理解。如果我們以為文明衰敗的歷史只不過是菁英腐敗的歷史，就很容易誤以為有問題的是那群菁英。很多民粹主義就都因為這種幻想，而認為「人民力量的革命運動」（people-powered movements）可以免於陷入富人和權貴的罪孽與誘惑。但菁英也是人，如果菁英會出問題，其他人也會出問題。即使沒有菁英，只要社會大眾開始腐敗，文明還是會死亡。

今日，我們的社會有一股雅各賓狂熱在慢慢醞釀中，很喜歡把矛頭指向所謂的百分之一。但以數學來說，永遠都會有最高的百分之一，所以這種把經濟菁英扁平化的邏輯其實很可笑。伯尼．桑德斯等人就抱持過這種很有史達林風味的想法，認為他們可以消滅最上面的那百分之一。但這是理論上；事實上你消滅了目前的前百分之一，只會創造出一群新的前百分之一。就好像拆掉了大樓的頂層之後，下面那一層就會成為新的頂層。那麼唯一要讓大樓沒有頂樓的方法，就是把整個結構拆到只剩地基。

我們也可以從剩下的百分之九十九裡面隨機挑幾位，來取代原本在上層的經濟菁英。但我找不到任何合理的說法能夠證明，這群人上去之後不會困在目前那頂端百分之一深陷的問題之中，做出跟他們一模一樣的事。所以這種論調只會在校園裡的那些馬克思主義者和民謠歌手那裡出現。

現實是，勇者打倒了魔王，坐上了王座，卻變成了新一代的魔王。跟那些對沖基金經理和紐約房產大亨一樣，你家隔壁的雜貨店也都把工作機會留給自己的兒子或姪子，也深信這是非常明智的做法，事實上，他們可能還覺得自己更有道理，因為這類家族店鋪可沒有什麼律師團隊和法務人員，肩負著抵禦腐敗裙帶關係的任務。大家都會認為像農場或商店這類家族企業雇用自己的小孩是很自然的事，因為事情本來就是這樣。

裙帶關係確實精準呈現了文明與人性之間的永恆鬥爭。裙帶關係這個詞本身就很有趣。它源自義大利語的 *nepotismo*，詞首是拉丁語的 nepos，意思是「孫子或後代」，同時也是「姪子」的詞根。[23]

天主教會與裙帶關係的鬥爭持續了好幾個世紀。他們竭力希望所有神職人員都遵循《聖經》的告誡，不得「與世俗為友」，如此才能好好地服務世界。耶穌一輩子未婚，過著貞潔的生活。保羅曾教導眾多追隨者，要盡可能保持獨身。[24]無論是基督徒，還是教會的領導者，都要盡可能活得像基督。然而，這一千年來，西方教會並沒有強制統一規定神父必須維持獨身，像東儀天主教會就允許已婚的男人成為神父。而神職人員依然是人，也同樣慣於把他們自己的慾望或家庭的需求擺在教會之前。各個理事會之所以建議神職人員獨身、不生小孩，就是為了對付神職人員自我放縱和腐敗的形象，但這些建議在大多數時候都沒有付諸實現。

隨著時間過去，神職人員形成了類似貴族的階層。神父們把財產留給了自己的子女，並在教會內部建立聯盟和王朝。教宗本篤八世（Pope Benedict VIII）為了杜絕歪風，在十一世紀初開始禁止已婚神父的子女繼承財產。[26]但要一直到西元一一三九年的第二次拉特朗大公會議（the Second Lateran Council），教會才完全禁止了神父結婚。[27]

這些規範看來對基層神職人員來說相對有效，但是高層菁英自己卻不用遵守，類似的故事自古至今不斷上演。紅衣主教屈服於自己肉體的慾望；主教一手積累自己的財富，一手握有土地。甚至連教宗本人也在建立自己的「教宗王朝」。這就是「裙帶關係」（nepotism）或者「任人唯親」（nephewism）一詞的由來。而所謂姪子樞機（cardinal-nephew），通常真的是紅衣主教的姪子或外甥，有時候則是他的後代子孫的委婉說法。教會最重要的權力中心之一，就是教會國家督學的教務辦公室。從一五六六年至一六九二年前，長達一百二十六年的時間，這個職務都是由姪子樞機所擔任。

波吉亞家族出來的教宗加里斯都三世（Callixtus III）任命了他的兩個姪子為紅衣主教。其中一個叫羅德里戈（Rodrigo），最終也成了教宗，名為亞歷山大六世（Alexander VI）。亞歷山大六世讓情婦的弟弟當上紅衣主教，名為教宗保祿三世（Pope Paul III）。保祿三世也繼續任命他的兩位姪子為紅衣主教。[28]直到一六九二年，教宗依諾增爵十二世（Pope Innocent XII）頒布了教宗詔書《相稱於羅馬教宗》（*Romanum decet Pontificem*），禁止教宗授予任何親屬財產或特權，自此姪子樞機的作法才被終結。[29]

真說起來，天主教其實比任何其他西方文明的制度，投入更多心力在杜絕人性的自然誘惑。或者也可以說，天主教自古至今都在努力將人性引導到有生產力且具有美德的方向。所以一旦教會辜負了這些原則，就淪為一個偽善的團體。馬丁．路德曾對天主教會提出四大控訴，其中之一就是他對裙帶關係非常的反感。但馬丁．路德的抨擊真正的核心在哪裡？依照大多數人對腐敗的理解，委婉的說法是，教會變得**過於世俗化**。

偽善通常被認為是一種很糟糕的過失，但這也常常是個誤解。當你說某個人偽善，意思是這個人一邊告誡其他人要遵守某個理想或準則，但一邊自己違反。但太多人都把偽善誤解成了偽君子，把違背理想的人稱作偽善。我認為這很荒唐。**根據偽善的定義，理想跟偽善是同生共存的**。一個貪吃的人可能叫別人不要貪吃，這時候他就是偽善，但他的建議依然是對的。所以法國箴言作家弗朗索瓦・德・拉羅什福柯（La Rochefoucauld）有句名言：「偽善是惡習向美德的致敬。」那至於什麼是「惡習」？定義就很多了。不過共通的意思是，不當地屈服於我們的自然本能和慾望，恰恰與美德相反。

教會深陷腐敗的窘境，正好應證了人類總是繞不過自己的天性，而大自然的力量重新佔了上風。教會當時的解決方法是實施新的規則，讓教會的高層更難有誘因屈服於在自己基因中蠢蠢欲動的慾望。文明體制的任務也莫過於此。如果他們因為不想再被人罵偽善，而不再去約束人類自然的行為，這個世界只會變得更糟。

世界各地的文明制度都面臨著類似的考驗。施行政治權力的第一個工具，不是金錢，也不是武力或法律，而是家庭。每一個原始社會的治理，最主要都是靠錯綜複雜的家庭聯盟所組成的網絡。社會科學家稱之為「家族主義」（familism）。每個君主政體和帝國，都同樣是藉由血緣和婚姻關係網絡來維持。事實上，婚姻是幾千年來每個人口稠密的大陸上會採用的一種管理國家的方式，特別是一夫多妻或一妻多夫制。一個國王如果娶了很多妻子，就有辦法生很多孩子，然後他可以讓孩子跟其他國家或地區的人結婚，藉此鞏固自己的聯盟。據說，秦始皇的後宮佳麗高達三千名。[30]

這種作法為皇帝帶來了巨大的政治優勢，但嚴重的行政問題也隨之而來。中國為了因應這個問題，後來打造出一個舉世聞名的功績制官僚體系，要進入文官體制必須先經過考試，這套作法被視為消除裙帶關係的一劑良藥。與前述我們提到的制度相比，中國的官僚體制顯然已經進步很多。但是設立公務員考試，就好比是妄想拿乾草叉可以把雜草剷除，大自然並沒那麼簡單就能應付，一段時間之後，雜草還是會再長回來。而這些官僚利用他們職權的方式，跟天主教會的神職人員沒什麼兩樣，他們同樣拉攏有共同利益的人，建立起自己的王朝，把好處留給自己的親朋好友和家人，以犧牲公眾利益為代價，為自己帶來財富。[31]

為了不讓官僚為了牟私利而離經叛道，有人將僧侶保持獨身的原則發揚光大，想出了一項改革做法：「閹割」。許多帝國會重用太監為信賴的左右手及侍從，因為觀念上認為，如果男人沒有後代，就不會顧著為自己的家庭牟利，而且少了正常的男性生殖器官，就不會被其他慾望誘惑。這種作法當然有一些優點，所以這麼多世紀以來在很多地方都有實行。但同樣問題又來了，你可以將一個人的生殖器拿掉，不代表你能將他的本性拿掉。太監即使沒有後代，也還是有親戚吧。事實上，有一些家族甚至會為了讓自己的兒子拿到權力地位，故意送出其中一個兒子去接受閹割。（在歐洲，許多家庭會鼓勵次子或三子變成太監，到教會服務為主奉獻，原因也是如此。）中國有句諺語「一人得道，雞犬升天」，就將這個現象描繪得很傳神。[32]

驅逐人性到底有多困難呢？鄂圖曼帝國的耶尼切里軍團（Janissaries）就提供了一個好例子。這支軍團是蘇丹穆拉德一世於一三八三年創立的，又稱為「新軍」。[33]這支禁衛軍只效忠於蘇丹。士兵不能結婚，也沒有其他家人，所以理論上來說相當忠誠。他們原本是基督教家庭出來的兒童，通常來自巴爾幹半島，在很小的時候就從家裡被綁走，送到首都或其他主要城市受訓。也有人會到各省分去物色最有能力的基督徒青年，將他們帶離原生家庭（穆斯林除外，因為伊斯蘭教法不允許用這種方式蓄奴）。這些孩子都在土耳其家庭中長大，時時受到宦官的監督，並且培養成只效忠於蘇丹的士兵。讀過柏拉圖《理想國》的人應該對此都不陌生。在《理想國》中，為了避免一切形式的裙帶關係，守衛者必須與原生家庭斷絕關係。（蘇格拉底甚至建議，不應該告訴守衛者他們的原生家長是誰。）[34]

耶尼切里軍團的士兵算是奴隸，但由於他們徵召入伍時有很優秀的評選制度，所以會得到豐厚的薪水。他們會接受軍事訓練，也會接受管理訓練，學習多種語言、數學，當然也會學習可蘭經。優秀者可以當上將軍、部長、省長和官僚，也就是說耶尼切里軍團實際上掌管著鄂圖曼帝國。有人甚至被提拔成「大維齊爾」（grand vizier），例如索庫魯·穆罕默德帕夏（Sokollu Mehmed Pasha），他先後服務於三個不同的蘇丹，實際上相當於鄂圖曼帝國的總理。由於鄂圖曼帝國的公務員制度只對外國人開放，所以成了一個由奴隸統治的奴隸制帝國，這在歷史上相當不尋常。[35]

不過帝國並沒有因此永垂不朽。這套體制約束了人類本性或者補強人性造成的缺陷，但無論再怎麼優秀，依然敵不過人性的反噬。無論是怎樣的群體，只要時間久到足以形成強大的集體認同，就會開始鞏固自己人的利益。這種轉變在人類歷史上不斷重演，關鍵因素就在權力和時間。一個具有凝聚力的群體握有權力的時間越長，會開始利用權力只是時間早晚的問題。

耶尼切里軍團最終變成一個掠奪成性的階層，或者說是社會的寄生蟲，為了自己的利益挾持了整個國家。一八二六年，馬哈茂德二世（Mahmud II）決定大刀闊斧，砍掉這個曾經健康，但如今已然敗壞腐爛的新軍制度，不讓它繼續拖累國家。結果耶尼切里軍團群起叛變，但起義很快就被鎮壓下來，數以千計的耶尼切里軍團成員在大屠殺中喪命，史稱「吉祥事變」（Auspicious Incident）。[36]

無論是中國的太監、鄂圖曼帝國的耶尼切里軍團，還是其他無數的團體，問題發生的機制都一樣。[37]只要有一個誘因能夠持續一段夠長的時間，任何群體都會開始凝聚起來，形成團體、種姓或貴族階層。就像我們隨機把一群狗放在一起，不分流浪狗還是純種狗，最後這群狗也會很快形成集體認同，在這部分人類與狗並沒有差那麼多。這樣的現象可以在很多地方看到，比如《蒼蠅王》裡的孩子、真人實境節目《我要活下去》（*Survivor*）中的參與者、史丹佛監獄實驗的大學生、西雅圖海鷹美式足球隊球員、警察、消防員、海軍陸戰隊、科普特人、遜尼派、教師工會、街頭幫派、大學教授，我可以一直舉例下去，**因為任何的社會都可以再細分出無數種分工與身分認同**。這是人類的自然傾向，無所謂的好壞，單純就是一個事實。要想瞞過我們拉黨結派的部落本能，避開以種族或親屬的身分去自我組織，結果可能是好事，也可能是壞事。與人團結一致的這個價值觀是中性的。我們怎麼評價這個價值觀，完全取決於整個群體怎麼行事。無論你給這個群體貼上什麼標籤，階級也好、派系也好，教派也好，當這些團體開始主張他們自己有權力為自己在意的事去左右國家，這些追求自利的群體或聯盟將成為社會的重大威脅。

接下來我會針對這點詳加討論，而且我認為美國開國元勛和其他啟蒙時代的知識分子，都隱約明白這一點，也試圖提出許多補救措施來解決這個問題，其中的美德和多元主義，特別值得拿出來談。我們前述已經討論過美德了。要防止人民走向腐敗，就必須讓人們覺得自己有必要嚴加遵守一些更高尚的原則。

至於多元主義，雖不是那麼受到重視，但也同等重要。

在政治學和制度經濟中，多元主義認為一個社會的權力應該要廣泛分散。諾貝爾經濟學獎得主道格拉斯・諾思（Douglass C. North）以及共同作者在《暴力與社會秩序：詮釋有文字記載的人類歷史的一個概念性框架》（*Violence and Social Orders: A Conceptual Framework for Interpreting Recorded Human History*）一書中認為，**幾乎所有健康的現代社會的共通特質是，擁有多元並存的體制**。當一個社會的「利益相關者」都集中在少數人，例如神職人員、擁有土地的貴族軍隊，或者一些行會、官僚和君主，權力就會由一小撮菁英之間的人際關係網所決定。這些人實際上形成了一個站在群眾對立面的統治圈圈，整套系統都是為了他們自己的利益而設計的。但是，假設某個社會有夠多不同的體制並存，菁英之間的關係網絡就不再侷限於個人。原因很簡單，因為菁英變多，權力中心就分散，再也無法透過個人關係搞政治。在理想的情況下，社會會出現某個臨界點，這些菁英會同意建立一套可以約束所有人的通則，而且這套通則連他們自己也得遵守。（他們自己也意識到，只有開放的體制才有辦法廣納更多厲害的人才。）無論是贏家還是輸家，所有人都受到同一套規則的約束，並且沒有人可以任意濫用權力——這就是所謂的法治。

體制造成的影響，比純粹的政黨政治更古老，也更龐大，看看先進民主社會的政黨政治如何運作，就可見一斑。我們在上個世紀應該看多了，無論什麼樣的國家都可以舉辦選舉。許多地方的人還會揶揄選舉是「一人一票，投完權力就沒了。」換句話說，**一旦某個候選人透過民主的方式上台，他就不再對民主有任何利用價值了**。當權力從一個政黨轉移到另一個政黨，才是真正的考驗所在。在健康的民主國家，在野黨即使失去了政權，依然有權利跟特權，也有辦法讓掌權的執政黨不好過。各個黨派都同意受到憲法的約束，不得再以暴力對待對手，任期一結束就得交接，必須尊重反對黨的權利，也尊重一般人民的權利。

這個共識是在各種體制的相互作用下產生的。總歸來說，政黨還是由一群菁英和菁英體制——亦即派系——所演變出來的，而非選舉組織。而且從英格蘭開始（原因我們將在下一章詳述），這些派系偶然形成了某種系統。在這個系統中，法律明文規定要尊重異見者或敵對陣營的菁英及失勢的派系，更重要的是，整個社會也形成了這樣的**文化**。體制只要數量夠多，並且體制之間達到了某種權力平衡，就能迫使貴族和國王這群菁英放棄以暴力來解決政治爭端。這不僅需要在社會和政治上拓出一個空間包容不同的意見，還得讓人在心理上接受所有人都有可以犯錯的空間。

這是人類史上一個重要的概念突破。在傳統社會，甚至現代的專制社會，能夠制約權力的只有權力。一個國王會對壓制某個強大但很麻煩的貴族有所顧忌，但原因並非是因為法律禁止他這麼做，純粹是因為這麼做，對他並沒有任何好處，這一點非常的《權力遊戲》。攻擊這個領主會不會太昂貴，花費太多的軍事資源或黃金？這麼做會讓更多異議分子跑出來嗎？我會因此跟教會槓上嗎？在原始社會考量可能會更單純一點：我們有沒有辦法出奇不意地幹掉他們？我們的長矛夠多嗎？等等之類的。

體制多樣化不僅對菁英有約束的作用，也限制了菁英對國家的影響力，不再能任意而為。在一個由某個勢力獨大，會懲罰異見者並壓制少數人信仰的社會，掌握整個國家的權力就是最重要的事。在體制多元並立的社會則不會這麼想，人們突然意識到，讓遊戲規則對所有人都公平，才能讓所有人都得利。我們的開國元勛也非常清楚這一點。

這就是我想講的「多元主義」，但實際上這個詞也包含一些更大的東西。現代性需要並創造了**意義和身分認同的多元性**，而且不僅僅存在於**全體人民**，也存在於每一個**個人心中**。這點與原始社會形成鮮明對比。在原始社會中，身分認同和意義是跟部落綁在一起，無法分割。人類歷史上大部分的時間裡，意義都被限縮在「我們」（us）這個非常小的範圍。「我們」可以是一個部落、一個信仰、一個城邦，或者一個特定階層的居住者。「我們」的規則，與「他們」不同，而且可以使用武力或國家的力量來任意執行對自己有利的規則。

部落主義是自然的，但也可以人為製造出來。身分政治本質上就是部落心態，而這種心態同樣也是貴族主義的核心、國族主義的靈魂。「身分政治」也許是現代才有的詞彙，但同樣的概念很早以前就出現了。**在當代擁抱身分政治，其實只是想要回到過去**。

➤ ➤ ➤

因為當一個人的所有身分認同都綁在單一個團體或單一原因上，他就不會再關心所屬團體以外的體制或人民。像前述提到的禁衛隊就**只**關心自己護衛的對象，並不在乎他的家庭、國家、信仰或其他任何東西。黑手黨成員自稱 *Cosa Nostra*，字面意思即為「我們的事業」，他們也真的只在乎道上的事業，而不關心法律、國家，或傳統的道德觀。開放社會則不是這樣，裡面的人會同時在乎好幾種不同的事物，例如家庭、社會、工作、信仰等等。**當你了解自己必須在意許多不同的事物，有些事物甚至彼此衝突，你就比較能接受那些意見和你不一樣的人未必都是敵人**。多元性創造了社會和心理空間，讓其他人也能自由地追求自己的利益。隨著《西發里亞和約》（*Treaty of Westphalia*）的簽署，奠定了「宗教自由」這個概念的基礎，**只要每個人都遵守一些中性的行為規範，任何人都不能干涉其他的人信仰**。

在一個開放的社會裡，一個天主教徒士兵，可能會有新教徒的同袍。一個猶太醫生，可能會醫治到非猶太的患者。一個非裔美國人警察，可能會與白人警察在同一個警局共事。為了讓社會變得更和平、更自由，我們也許不再執著於任何一個特定身分，但是這也表示，我們會因為有意識地做選擇，或甚至因為某種信仰之躍，反而讓我們自己變得更執著。不過無論如何，多元意味著需要包容，並迫使我們變得開放，接受我們的身分認同不是世界上唯一真實且正確的存在。

當人類開始能夠把不同層次分開，社會才得以跨入現代。其中最重要的概念區分來自於德國社會學家所說的「社會」（gesellschaft）與「社區」（gemeinschaft）。這兩個詞非常相像，最簡單的記法就是「gesellschaft」中間有個「sell」（賣）字。現代社會最重要的成果，就是將這兩個概念劃分開來，前者是奠基於合約、商業或法律的一個客觀、非關個人的秩序，後者則是家庭、朋友、社群之間的個人秩序。我們所有人都同時生活在這兩種秩序之中，而且在兩邊要遵守的原則可能相差無幾。

人類並不是天生就習慣生活在充滿契約、貨幣以及客觀規則的市場秩序之中，更不用說習慣生活在一個由中央集權管理的巨大社會之中。我們天生是群居的動物，或者說是部落的動物。人類大腦的構造，讓我們有辦法與大約一百五十人維持穩定的社會關係，這個數字是由英國人類學家羅賓・鄧巴（Robin Dunbar）根據人類腦容量平均值估算出來的，被稱為「鄧巴數」。[38]其他人也有提出不同的數字，[39]不過要講的重點都是同一個：演化注定讓我們與其他人形成一個團體，但是這個團體的規模都非常有限。不同的群體會有不同的組織結構，但基本構成都大同小異。通常一個群體裡會有一個大人物，或者其他形式的酋長或頭目（alpha），然後群體的分工方式基本上就是分成男、女、年紀最小跟年紀最長。由於資源共享的關係，這些群體基本上行的是社會主義或共產主義。而演化留下來的基因會讓人更重視群體，而非個人。

至今為止，我們依然深受這個機制的影響，而且常常跟現代性有所衝突。

我父親總是告訴我，商業中最腐敗的東西不是金錢，而是友誼。如果一個完全不認識的人打電話來，請我父親付錢聘用他家那個不成材孩子，我父親大概會說「門都沒有」。但如果是他的老友打來跟他說，他那不成材的子女想要放假，我父親雖然不會同意，但肯定會苦惱很久不知道該怎麼回答。這是因為我們天生就傾向於幫忙自己的朋友和家人，但如果對方是陌生人就想都別想了。

那些認為金錢正在腐化社會的人可能搞錯了機制，事實上我們不可能把每個人都當自己朋友或家人這樣對待。金錢和法治最重要的貢獻在於，讓我們終於找到方法可以跟陌生人合作。你不認識這位屠夫沒關係，你還是可以跟他買火腿。無論生在哪個階層，只要你有足夠的錢，都可以買到任何你想要買的東西。貨幣讓人可以自由做選擇，這是人類文明最偉大的進展，卻也最常被人忘記。

然而，家庭運作的模式就跟市場走的那套秩序不一樣了。事實上家庭走的是共產主義，在家庭中的所有人奉行的是馬克思說的「各盡所能，各取所需」。我不會跟我女兒收伙食費，我和我的妻子也不會因為自己做了家事而跟其他家人收取費用。如果某個朋友或親戚來問我可否在我家過夜，或者跟我借車，我會答應他，因為這是很自然、部落式的互惠經濟。但如果是一個陌生人對我提出相同的請求，可能就另當別論了。

現在問題在於，市場秩序並不是自然就有的，而是人類發明出來的、經過無數世代不斷演進的產物。而且正因為市場並不自然，許多人都會覺得談錢傷感情，尤其那些在我們之中資源比較匱乏的人更會覺得格格不入。現代社會之所以腐敗，最大禍源都來自於那些有組織的政治力量，他們將原本用於自己群體之中的規則拿來強加於整個社會。這種情況自古以來屢見不鮮。那些反對資本主義的政治意識型態都會宣稱，社會應該要像一個家庭、一個部落、一個人人都彼此相識的小社區。所有形式的身分政治都是這樣看待世界的，他們真正的意思是：「我的部落比你的部落值得拿到更多。」

有趣的是，今天在發展中國家或是「落後」國家會看到的部落主義、舞弊徇私、裙帶關係、假公濟私、賣官、貪汙等等現象，現在的我們會說這些都是貪腐，但其實在人類歷史上大多數的時間這些都只是「政治」。同樣地，對大多數的人以及更早之前的人而言，如同今天作為腐敗象徵的「坦慕尼協會」（Tammany Hall）以及其他十九、二十世紀的政治機器，其實**比目前大家口中的「清廉政府」都更真實也更自然**。

仔細研究一下社運人士口中的「社會正義」是什麼意思，你會發現它往往是一種反動的力量。它聲稱法治系統已經被操縱了，只會保護父權、白人特權、前百分之一的利益。光是靠那些抽象而永恆的原則，根本不足以落實「再分配」或「經濟」正義。但這樣的社會正義觀念就如同弗里德里希·海耶克說的一樣，只是一種部落聯盟的主觀權力意志而已，並不是普世原則。[40]

同樣的，今天的身分政治認為，「客觀的功績」、「言論自由」標準，都是不合理的，甚至帶有種族歧視，因為它經常會放任各種邪惡或「白人特權」繼續橫行。他們認為基督教組織必須改用世俗的價值觀，因為凡是偏離社會正義或不去做他們最在意的事情的人，全都不可容忍。最近捲土重來的白人至上主義和各種「國族主義」也同樣認為少數族群操縱了這整個體制。前述各種團體，都把我方的「勝利」當成世界上最重要的事，凡是遵守規則或容忍其它的意見，全都是一種「投降」，如果你獲得勝利，你的敵人一定過得很慘，反之亦然。

我們前述說過，人類本來就是這樣思考世界，因為我們**與生俱來的反應機制就這麼寫的**。颶風哈維來襲期間，推特上有很多政黨狂熱者見獵心喜，認為這是因為德克薩斯州太「紅」，投票給川普，而受到上天的懲罰。這種說法的確很荒謬，但我們人類就是很喜歡把各種可怕的風暴說成是上天在懲罰你的敵人。他們沒有向太陽神（Baal）或雷神（Thor）獻祭一百頭牛已經很好了。

而這一切都在告訴我們「奇蹟」已經腐敗了。

熵的增加、事物的腐敗都是自然的過程，就好比一棟房子，我們必須不斷地用心維護，才能讓房子不會自然而然地生鏽、腐爛或發霉。同樣地，我們所有人都必須共同維護這個「奇蹟」，才能讓它免於自然而然的敗壞。

熱力學第二定律才不會放過人性，太陽底下的一切，甚至太陽本身，都會死亡、消逝、衰亡。我們能做的只有盡可能的抵禦自然腐敗的過程，與腐蝕金屬的鐵鏽、分解萬物的白蟻和細菌鬥爭。這番努力的過程，就是文明的本質，只要不努力維繫，文明就會消亡。自一七〇〇年代以來，人類文明像火箭一樣一飛衝天，但至今都還沒在天上建起穩定的軌道，而且即使建起了軌道，也沒有什麼軌道可以永恆不變，只要你什麼都不做，地心引力就會把你拉下去。

有句諺語是這麼說的，驕兵必敗，自滿招損。人類最初是透過「征服」自然，慢慢建立起文明。人們為了種植農作物，抽乾沼澤、焚燒森林；為了果腹溫飽，開始馴服並圈養動物；為了遮風擋雨，蓋起了城牆與房屋。但其中最重要的成就卻是控制天性。例如，我們開始規範那些曾經習以為常的暴力行為。幾千年過去了，人類控制天性的方式變得越來越精細，但壓迫和剝削卻沒有從此消失。因為人類歷史上所有的改變，都宛如一閃而逝的煙花，若要讓這個光亮一直照亮下去，我們就必須投入心力持續地維護。而且不光要靠國家的強制力，也需要每個人民的參與。維護的工作永遠沒有盡頭。我們就像是漂浮在四望無際的海面，腳下是無底深淵，只要不繼續踩水，我們就會沉下去。人類打從出生開始就是一貧如洗，必須靠日後的努力才能帶來富足。

理想上，任何重要的事物都需要我們投注心力去維持。每個結過婚的人都懂，一段美好的婚姻需要共同經營；每個運動員都明白，練習和訓練有多重要；每個將軍都清楚，只要部隊沒有持續操練，軍力就會每況愈下。自由民主的資本主義所締造的「奇蹟」無法單靠自己持續下去，人們只要不加以維護，它就會分崩離析。而任何人只要將「奇蹟」視為理所當然，就會重回昔日部落主義的自然衝動。社會將會失去文明賴以維繫的信念，還可能被嗜血的激情給吞沒，然後文明最終也行將死去。[41]

下一章，我們來談談怎麼做，讓改變帶來的光亮能繼續照亮下去。

第二部

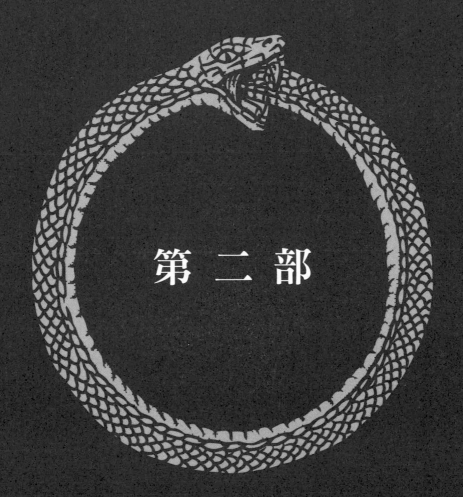

第三章

國家
——共識下的神話

The State: A Myth Agreed Upon

人類是如何從離群散居的獵人，走到成立國家（state）這一步的？有些思想家提出了「社會契約」（social contract），認為這是現代社會的起點。社會契約論的歷史非常久遠，但真正發光發熱則是在啟蒙時代。當時有無數哲人提出了無數學說，但無論是胡果．格老秀斯（Hugo Grotius）、湯瑪斯．霍布斯、約翰．洛克、尚－雅克．盧梭，還是伊曼努爾．康德，他們的理論都圍繞著同一個基本概念，那就是人類同意脫離原本的自然狀態（state of nature），犧牲某些個人自由以換取安全的生活。然而不同版本的社會契約論之間，還是存在著一些重大差異。舉例來說，霍布斯就認為，社會契約是人類同意讓利維坦（Leviathan），也就是一個全能的國家來保護眾人，以免於生活在他所謂「孤獨、貧困、髒亂、野蠻又短命」[1]的自然狀態（state of nature）之下。與他相比，洛克眼中的社會契約就好得多，他認為國家是人們的僕人，而不是主人。

不過這些對社會契約的經典見解倒是有一點相當一致，那就是它們都錯了：**社會契約這玩意從來不曾存在過**。無論在史前還是信史時代，都沒有任何紀錄可以佐證在啟蒙時代之前，曾有一大群人自願聚在一起，以明文或共識的方法達成某種哲學家所說的社會契約。[2]這套理論很好用也很有力，但借用其他領域的術語來說，社會契約其實只是社會所建構的神話與謊言。

真要說的話，對於第一個簽下去的人而言，社會契約就像是黑手黨電影《教父》裡說的一樣，是個無法拒絕的提議。而給出這個提議的，也是像柯里昂閣下那樣不折不扣的流氓。曼瑟爾・奧爾森（Mancur Olson）是上半個世紀裡最偉大的經濟學家之一，他把這種人物稱為「坐匪」（stationary bandit）。而在這些匪類坐地為王以前，世界上就只有到處遊竄的「流寇」（roving bandit）。

流寇恰如其名，做的是無本生意。他們手握重兵四處打家劫舍，但凡見到金銀糧草、刀兵器物、女人小孩，都是伸手搶了就走。考古紀錄為證，這些人正是自然狀態的代表人物。

流寇對於農業發展初期的脅迫，遠勝遊獵採集的時代。因為相較於逐水草而居的遊獵部落，定居一處的農村更容易下手。此外，一旦人類安頓下來栽種穀物，就會失去其他維持溫飽的技能。因此如果存糧農具被掠劫一空、健全男性被屠戮殆盡，對這些村落就是毀滅性的打擊。但既然流寇短期之內不會返回同一個地方，也沒有動機放過任何有價值的器物。

遭受流寇搶劫的影響相當長遠。因為當人們知道任何一團盜賊都有可能把自己當做獵物，就不太會從事什麼長期投資。畢竟要是匈人或辛梅里亞人（Cimmerians）*之類的強盜還會再次奪走一切，努力耕耘積蓄又是為了什麼？正如奧爾森所說的：「一旦流寇到處肆虐，人們就會喪失動機去生產或累積任何值得盜取的東西，最後賊寇也將無物可取。」[3]

這種發展最後也會變成盜匪的困擾。就像再豐沃的獵場或漁場也禁不起焚林竭澤，一座村莊如果被反覆掠奪，同樣會沒有東西可搶，更何況受害者還會因此放棄無用的長遠投資。這種循環長期下來對盜賊和村民都沒有好處。

要解決這嚴重的問題，坐地為王就成了盜匪的解決之道。奧爾森最早是在愛德華．班斐德（Edward C. Banfield）的經典著作《落後社會的道德基礎》（*The Moral Basis of a Backward Society*，一九五八）裡認識到這個概念的。班斐德深入採訪了一個南義大利貧窮村莊的居民。其中有個支持君主制的受訪者說道：「君主制是最好的政府，因為國王是一國之主。就像一家之主一樣，家裡出了什麼事他都要負責處理。」[4]

後來奧爾森又讀到了一九二〇年代中國豫西土匪「白狼」白朗的故事。這人就像典型的流寇一樣，率領著一小群匪類為禍鄉里，後來被大軍閥馮玉祥給剿滅。不過有趣的地方是，雖然馮玉祥對當地百姓強徵暴斂，卻還是被看作救星。何以如此？因為馮玉祥踞地為王的同時，也保護他們不受其他盜寇搶劫。這樣的保護讓農民的生活變得穩定而且可以預測。就算面臨苛捐重稅，至少他們知道留下來的錢糧足以維生，而且只需交稅就能保全小命。用奧爾森的原話來說，坐匪能給予的平安與保障，就是「看不見的手最初的庇佑」。[5]

「看不見的手」一詞出自亞當．斯密，用來描述當個人能夠投入專業化經濟生產，並追求一己私利時，整個社會的利益也一同增長的情形。一旦允許個人為自己的目標奮鬥，整個社會也變得更加富裕，就彷彿有一隻看不見的手在指引。不過這裡的關鍵在於「彷彿」。批評亞當．斯密的人常會曲解看不見的手，誣指自由市場的支持者真以為經濟協調是受到某種更高的存在指引；

＊ 譯注：西元前七、八世紀左右分佈於黑海南岸的游牧民族，曾是亞述帝國及許多小亞細亞國家的重大外患。

但這個比喻的重點其實在於經濟協調完全是水到渠成的。

奧爾森也解釋了為何相比先前的流寇，如馮玉祥這類的「坐匪」會是種進步——其實這只是簡單的數學問題。坐匪的眼界放得更遠，他知道雖然拿走村裡所有的財富可以暫時讓自己富有。但到了明年他就什麼也搶不到。如果他今年只拿一半，就能指望明年又有錢糧可取。他還會發現如果讓村民種植更多作物，來年就可以收到更多稅賦。因此坐匪不只有動機驅逐流寇，更有動機投資公共財，比如修築道路，或是出借資源供人挖掘水圳、開墾林野。這時該抽多少稅，就完全變成投資報酬的問題了。奧爾森的理論認為「發展的起點在於，任何一個社會要運作得令人滿意，都必須要有安定的秩序，而且通常還需要其他的公共財。」[6]而最早開始維持安定的人正是坐匪，沒有他的作為，看不就的手就不會出現。

現代國家在上述領域都已變得無比重要。國家控制了暴力的使用，保護公民運用個人財產的權利。要是烘焙師傅不相信警察會阻止搶匪，他也不會再烘烤麵包了。而最早讓人產生這種信任的正是坐匪。

當然，這不代表坐匪就是好人。從我們當代的道德高地往下看，絕大多數的坐匪往往都窮凶極惡；就算我們降低標準，他們依然很難算得上好人，而且他們也都是明目張膽地插手經濟活動。正因如此，古典自由意志主義者對政府才會有那麼多惡評——最有名的指控來自《國家：吾等大敵》（*Our Enemy, the State*，1935）一書的作者艾爾伯特・傑伊・諾克（Albert Jay Nock），他認為政府和犯罪集團的差距，只不過是多了一些格調而已。[7]

黑幫同樣也奉行這種長期剝削的原則。他們提供商家合法和非法的保護，藉此收取「保護費」。教父閣下很清楚，要是一口氣搶完「客戶」所擁有的一切，他的客戶就再也不會經營生意了。[8]

不過諾克等人卻沒有理解，讓國家壟斷暴力能為社會帶來多少好處。首先最基本的一點是，沒有國家，我們就不會有財產權。在坐匪帶來安定以前，強者或是大軍想要什麼，便可逕自佔為己有，因為在自然法則下，「有力者得」就是絕對的律法：當強壯的獅子要強取大半獵物，孱弱的獅子又能上哪求助？[9]

對坐匪來說，讓臣民富有符合他的利益，這樣他分到的份也會更大；不過要讓這些「客戶」為他工作，坐匪就得保護他們的生命財產。他或許可以說這片地盤上的一切都屬於他，而且在某種程度上，他確實想要什麼都可以拿。但他也理解在實務上，人們需要十分相信自己所製作或種植的成果會剩下一份「公平」的數量。

而在大型社會裡，統治者無法靠自己的雙眼監督治下的一切，所以就需要公布清楚的規則。這些規則一開始只是首領或國王隨意交代的指示，但不久過後就會產生約束力；等到社會掌握書寫技術，規則就能普遍適用於相同的情況，並且使人敬畏，最後變得神聖不可侵犯。當然，國王永遠有權改變心意。不過當農民發生爭執前來請願，最能拿出道理主張自己奉公守法的人，也最有可能獲勝。國王固然常會站在犯規的人這邊，但這麼做也會形成社會與政治成本，在民心裡播下質疑和不穩定的種子。

在農業時代初期，遊獵部落很可能就是在這樣的一來一往中，決定要定居下來種植穀物的。而我們如今認知的國家會出現，也幾乎是必然的發展。

但確切說來，我們是怎麼從坐匪走到國家的？

這就有點像是雞大生蛋，蛋破生雞了。從眾多個人與體制的自主協調中憑空建立的國家，在學界稱作「初發性國家」（pristine state）。不過在人類學、社會學和政治學家眼中，這種國家就有如失落的亞特蘭提斯：也許存在，只是還沒有人找到。他們目前找到的案例，都是「競發性國家」（competitive state）。[10]這類國家往往是因為一群原本關係鬆散或發展落後的鄰近社會，在認知到需要與既有國家作戰後才形成的。由國家統治的社會通常更大、更有組織也更先進，多半能成功擊垮缺乏國家的社會，以更大的規模再三重現坐匪剿滅流寇的循環。不過面對襲擊，獵物也會組織起來抵禦掠食者，就像《權力遊戲》（*Game of Thrones*）中史塔克大人召集封臣一樣。這種抵禦外侮的自發組織變成長期作戰編制的情況，在人類歷史上可說是屢見不鮮。美國社會學家查爾斯．提利（Charles Tilly）說得好：「戰爭造國家，國家造戰爭。」[11]

倒不是說世上沒有所謂的「第一個國家」，總是有哪個國家配得上這個稱號。重點在於，國家是面對外敵侵略時所發展出來——嚴格來說是湧現（emerge）出來的解決之道。（而至少在我們有生之年裡，遭遇外星入侵也是少數有可能實現全球政府的原因之一。）

當條件俱齊，國家就會成立。其中一個顯而易見的條件就是戰爭，也就是外在脅迫。但人口規模也是同樣重要的條件。只要社會安定太平，其他社會運作模式也會繼而湧現。勞工會更趨專業，創造更多財富。大量人口加上有國家保障安定，另一個結果就是至少對擁有地產的富人來說，財產權會變得更加穩固。而擁有地產也是一種分工，因為地主可以從土地汲取更多生產力或財富。如果財富不斷增長又沒有外敵，就意味著人口增加，而更多人口又代表更多財富和更加安全，形成一個良性循環。而當社會規模擴大，就會需要更正式的規則來治理。經濟學家道格拉斯．諾斯（Douglass C. North）和羅伯．保羅．湯瑪斯（Robert Paul Thomas）曾說：「既有的經濟組織若是缺乏效率，成長就非理所當然之事。」[12]而這就「必須要有制度化的安排和財產權。」[13]

進入農業時代為建立大型社會奠定了基礎，而要維持大型社會就不得不仰仗物理或是心理的力量。遊獵部落多半都是自主結合而成，群體的團結有賴於強烈的血緣牽絆與相互依賴。如果想要的話，人人皆可離開部落；而當部落發展得太大，也確實有些家庭會離開。

歷史哲學家厄尼斯特．蓋爾勒就主張在自然狀態下，人類普遍都沒有財產。「漁獵採集社會的一大特徵，就是他們的財富很少，或是沒有生產、蒐集和儲存財富的手段。他們得依賴覓食或狩獵，整個社會很小，而且分工程度也很低。」相反地，蓋爾勒指出「農業社會能生產、儲存食物，並獲取其他適合儲存的財富。」[14]適合儲存的財富不只創造了社會階級，也成了一種社會控制的手段。因為儲存糧食可以抵抗歉收和其他災害的風險。

但適合儲存的財富不只有糧食，也包括生產更多糧食的工具，以及保護（或是奪取）糧食的武器。而靠金錢來囤積財富，則是相對晚近的發明。在貨幣發明以前，一個擁有牲口、犁鏟、刀劍和奴隸，以及各種生產工具的人，就是富有的人。不過在進入農業時代以前，這些東西也沒什麼用。有些遊獵採集者可能會帶著黃金或其他細瑣（考古紀錄中最早的這類玩意是海貝），但如果沒有永久居所，必須持續遷徙的話，所謂財富也就僅限於可以帶在身上使用的東西而已了。

定居社群擁有專業化的勞工。分工的力量有多強大，只要從一個小小的三明治就可以看得出來。二〇一五年，有個人受到自由意志主義經濟學家雷納德．瑞德（Leonard E. Read）的經典文章〈鉛筆的故事〉（*I, Pencil*）啟發，決定從零開始做一個三明治——換句話說，就是完全使用自己生產的材料。他自己種菜、用海水曬鹽、自己擠牛奶製作起司。他用玻璃罐醃黃瓜、自己種小麥，磨成麵粉再烤成麵包。他還自己採蜂蜜，以及動手殺雞取肉。整個過程花了他六個月和一千五百美元。最後他發表了吃三明治的感想：「還不錯。嗯，就，還不錯。」即使如此他還是有點取巧，像是買牛來養，或是下鄉尋找穀種這些工作他都跳過了。[15]

農業必然帶來的專業化也創造了獵人之間無法想像的社會階級。穀物需要照料和保護，這代表有些人得務農，有些人要從軍。還有些人更適合顧磨坊或烤麵包。如果你仔細思考需要哪些人才能維持一個以農為本的大型社會，名單上的專業職位就會飛快增加：軍人、農人、屠夫、鞋匠、鐵匠、石匠、木匠，當然還有奴隸與監工。要怎麼做才能讓士農工商各斯其職？仰賴國家的保險功能是一個方法。另一個方法就是脅迫（coercion）。

當然，脅迫需要暴力，而包括我們現有的社會在內，所有社會或多或少都需要依靠暴力才能維持秩序。想為國家下一個放諸四海皆準的定義絕對可以讓學術界吵成一團，不過有一點倒是不可或缺，而且基本上所有人都會同意，那就是壟斷暴力。

馬克斯．韋伯（Max Weber）曾為國家下過一個有名的定義：「在領土內壟斷正當的暴力使用」。[16]他也是第一個注意到國家的意義不只於此的人。國家有法律（以及執行法律的手段）、有官僚體系，還有稅收制度。但國家要成為國家，就必須有能力施行統治，也就是實踐其意志。

但歷史告訴我們，無論是西元三世紀時某個軍閥隨意的胡思亂想，還是美國職業安全與健康管理局（Occupational Safety and Health Administration）頒布的正式指導原則，法律的執行都必須借助暴力，或是使用暴力脅迫。[17]畢竟，英文裡的「執行」（enforce）一詞，指的就是使用暴力。[18]

但脅迫的形式不只有物理性的暴力，而且也不是所有脅迫都屬於暴力。沒有哪個社會可以單靠暴力或是暴力脅迫來長期維持。意識型態也是關鍵——在這裡，我說的意識型態是一種告訴我們如何做人以及如何與人合作，而且內在一致的世界觀。如果暴力是對錯的唯一判準，那農民只要可以脫身，就有十足的理由謀害領主。大型社會需要有神學和形上學來協助每個人「知其本分」，以維繫社會的階序。而使用暴力是否正當，也是依此區別。饒是當今北韓所行使的暴力與恐懼都遠超越我們對任何一個國家的想像，他們還是要投入大量資源對人民宣傳意識型態。沒錯，很多人都是因為恐懼而服從「親愛的領袖」，但只要讀過脫北者的訪談，或是看過婦女看見金正恩時喜極而泣的影片，就能理解有些迷途的靈魂是因為愛才會服從親愛的領袖。

「農業社會往往會在精細的分工下，發展出複雜的社會分化⋯⋯」蓋爾勒這麼寫道，「其中有兩種專業會變得格外重要，那就是專業的統治階級與通曉知識、法統、救恩、祭祀的士人。」[19] 換句話說，國家需要君主欽定的貴族階級，還有負責向人民解釋為何要遵從君主的神職人員。《權力遊戲》裡也說：「信仰與王冠是國家的兩大支柱。一根垮了，另一根也將不保。」[20]

貴族階級的統治主要仰賴暴力。而祭司則是利用言語——具體來說是利用典籍。說真的，書寫的發明可以說是人類脅迫（還有合作）史上最大的躍進。

書寫文字最早大概是因為有紀錄數字的需求，因為收稅和貿易都需要紀錄帳目。但人類的記憶力根本裝不下小麥有多少石、稻米裝了幾船這種數目，更何況負責記憶的人也未必都值得信賴。

歷史學家尤瓦爾．諾瓦．哈拉瑞（Yuval Noah Harari）這麼寫道：

> 最早克服這問題的是古代美索不達米亞南部的蘇美人。當地艷陽高照、平原肥沃，發展出發達的農業、繁榮的市鎮。隨著居民人數增長，要協調各項事務所需的資訊也不斷膨脹。在西元前三五〇〇至三〇〇〇年之間，一些不知名的蘇美天才發明了一套系統，可以在人腦之外儲存和

處理資訊，而且專為處理大量資料量身打造。從此，蘇美人的社會秩序不再受限於人腦的處理能力，開始能走向城市、走向王國乃至走向帝國。蘇美人發明的這套資料處理系統正是「書寫文字」。[21]

這套用於記帳的系統不久就演變成用來頒布法律。說書寫文字是一場革命，絕非我出於個人專業的誇大之詞。《2001太空漫遊》（*2001: A Space Odyssey*）的作者亞瑟・克拉克（Arthur C. Clarke）有句名言：「夠進步的科技就跟魔法沒有兩樣。」[22] 而最初的書籍和卷軸，毫無疑問都是魔法的產物。靠著書頁上的筆跡，智者與祭司可以學習原本不知道的事物，訴說遠方與亙古的故事。（現在人把「雲端」資訊儲存說得好像什麼太陽底下的新鮮事，卻忘了蘇美人早在幾千年前就發明了「雲端1.0」。）

書面文字不只讓資訊天翻地覆地疾速擴散，也讓聖典可以隨身攜帶。正如蓋爾勒的觀察，有了書寫文字，神意與聖旨都不再需要倚靠口語傳遞。在這以前，神祇得仰賴言語及面對面的儀式才能樹立靈威。而今卻可以跨越遙遠的距離，並流傳至未來的世代。[23]

《漢謨拉比法典》的開頭有這麼幾行文字：「接著安努與巴力呼了我的名：漢謨拉比，爾乃敬畏眾神、配得讚頌的人君，當領正義之治廣及四方……」而漢謨拉比的職責是：「剷除罪人邪行，毋使眾強暴凌寡弱。故朕當如沙瑪什統治黔首、澤被大地，以增萬民之福。」這段序言將漢謨拉比立為受命於諸神的百姓父君。「漢謨拉比稟奉馬爾杜克詔旨，降伏南北，治理臣民猶如嚴父，遂得馬爾杜克聖心喜悅，降其臣民以永世之福，固其疆土以萬歲之治。」[24*]

當時的巴比倫是世界第一大城，治下的巴比倫帝國則橫亙了現代的伊拉克與敘利亞。漢謨拉比頒布法典的目的，是為了將轄下風貌各異的無數王國統合起來，讓形形色色的帝國臣民更容易統治，並把自己的地位拉抬到猶如人民神聖的父親。另外還有一部分也是打算讓自己的英明公正可以永世流傳。

關於這兩百八十二條法律是否真的能在日常生活中實行還有爭議。不過我們這邊只需要知道，《漢摩拉比法典》和其他類似的法律，最大的意義都在於像電腦的作業系統一樣協助龐大的合作網絡運作。而這些作業系統的原理，就是為行使暴力、商業貿易和社會地位建立清晰的規則。有了這些規則，波斯灣沿岸和數百里外幼發拉底河畔的人民即便從未相見，也從未看過統治者一眼，都會受到相同的規則約束。

雖然每個學生都知道《漢摩拉比法典》是人類史上的一大進步，但絕大多數的現代人都不會認為法典內容有「進步」到哪裡去。舉例來說，法典的第十五條就規定：「若有攜王室或自由民所屬之男、女奴僕出城門者，處死。」[25]

而《漢摩拉比法典》中最有名的法條，大概就是基於「同態復仇」（*lex talionis*），也就是「以眼還眼」原則所制定的第一百九十六至一百九十九條了：

一九六、若有剜人眼者，剜其眼。（即以眼還眼）

一九七、若有折人骨者，折其骨。

---

* 譯注：皆為巴比倫神祇。安努（Anu）為最古老的天神；巴力（Bel）為神之頭銜，多為城邦主神所用，此處指巴比倫守護神馬爾杜克（Marduk）；沙瑪什（Shamash）太陽、正義與法律之神。

一九八、剜自由民眼、折自由民骨者，償黃金一麥納（mina）*。

一九九、剜人奴僕眼、折人奴僕骨者，償其價之半。[26]

法典裡也規定，如果兒子毆打父親，就應砍斷他的手。[27]從我們的角度來看，應該多半都會覺得這很野蠻；至少我是這樣認為的。不過我們也得承認，有規範的暴力對於維持社會安定很有幫助。農民之所以願意接受坐匪，完全是因為坐匪的暴力是可以預測的，但流寇的暴力卻毫無原則。這種對於安定與秩序的渴求，並未隨國家的崛起而消失，但威脅的性質卻改變了。對外來威脅的軍事防衛，變成了對內部威脅的治安管理。

《漢謨拉比法典》也是經濟上的一大進步，裡頭很多條文都是在規範商業行為。在全部共兩百八十二條法律中，大約有三分之一都和貿易行為、信用和財產有某些關聯。舉例來說：「若有為商人轉運穀糧、棉毛、油料等諸物貨者，應立契券悉具其數，據以償還。已過價者，商人亦須立契券悉具其價與之。」[28]對一個幅員遼闊的農業帝國而言，這種「最佳實務典範」（best practice）是不可或缺的。

最後，《漢謨拉比法典》也正式確立了巴比倫帝國的社會階層。當中至尊當然是漢謨拉比本人。在他之下依序是軍人和祭司，接著是平民，最後才是奴隸。這些階層也有特殊的稱呼。菁英階層叫做「阿梅魯」（*amelu*），由祭司、軍人、政府官員、地主和商人組成。在阿梅魯下面是「姆什基努」（*mushkinu*），包括工匠、技師、農夫、教師和其他工人。最後則是「阿爾杜」（*ardu*），也就是奴隸。在法典中，甚至連奴隸都有一套上下階層。在特定的情況下，奴隸也可以擁有自己的奴隸、經營自己的事業，有時還能藉此贖回自由。[29]

《漢謨拉比法典》最傑出的地方之一，是它脫胎自原本不成文的規則與習慣，並將這些規則普遍化，而這也是人民樂於接受的原因。漢謨拉比雖然不懂民主，但他懂得尊重臣民的傳統。法律通常只能跟隨社會發展，很難成為社會發展的領導者，想把一個非正式的規約正式化，往往也要經過很長一段時間。

這也道出了很重要的一點：無論在世俗還是宗教領域，成文法典在取代既有文化與心理規範的同時，也仍然會反映這些規範。最明顯的例子就是「以眼還眼」的原則。早在《漢謨拉比法典》以前，應報式的正義觀（retributive justice）毫無疑問就已經存在了。甚至有壓倒性的證據指出，應報式的正義根本不是一種「觀念」，而是人類的本能反應。[30]但姑且不論這點，我們得承認，制定超越人性的規則很難收效。更重要的是，許多社會上至關重要的體制都蘊含著深沈的智慧，值得我們尊重。因為這些解決問題的工具，都是在不斷摸索與試錯的過程之中逐漸演變出來的

艾森豪將軍在擔任哥倫比亞大學校長時曾有這麼一段軼事：因應校園不斷擴大，學校需要鋪設新的人行道。有一群規劃者和建築師堅持人行道必須這樣鋪設，另一群人則堅持必須那樣鋪設，而且雙方都相信自己才有道理。「據說艾森豪是這麼解決問題的，」我在《國家評論》（*National Review*）的同事凱文・威廉森（Kevin D. Williamson）這麼寫道，「他下令這一年就別鋪人行道了，直接放學生在草坪上亂走，之後讓建築工人沿著學生踩出來的路徑鋪石頭就好。」因為不管哪邊的計劃執行起來，都不會符合學生的實際行為。

* 譯注：古巴比倫與後來兩河流域、埃及、小亞細亞、愛琴海等第所用的重量單位。不同時代的麥納重量不一，巴比倫的麥納有六百四十克和九百七十八克兩份紀錄。

威廉森這麼解讀：「從這段故事裡，我們可以看到兩種徹底迥異的世界觀。體制到底是該告訴我們要怎麼做，還是協助我們在走自己的路、追求自己的目標時可以更順暢？」[31]

這個問題值得當今社會深思，甚至攸關整個社會的存亡。不過回顧國家與其他體制的演化，「以上皆是」才是最好的答案。坐匪成為統治者並不是為了讓子民或「客戶」享有最大的自由或機會，這些人依然只是他的財源。而建立國家也不是為了改善人民的生活，而是為了改善統治者自己的生活與安全。漢謨拉比在頒布這些規則，告訴人們該在何時，以及該如何殺死妻子、殘害奴隸、溺斃兒童時，或許是真的心懷百姓。但我認為只要是有理智的人，都會猜測他的動機也包含了個人私利。

因此當我說這些社會「需要」貴族、意識型態等東西時，並不是說每個當權者都是為了自身利益之外的理由，才設立這些體制。這些體制都只是自然發生的現象，是大規模的人類共性。就像個別的單細胞有機體在正確的條件下，就會自然產生濕滑的黏液；人類在特定的國家型態下，也會自行組織成有上下層級的社會。

美國監獄裡很容易就能觀察到人類的這種先天傾向。在懲戒體系的生態中，幫派往往會形成實質上的「國家」，有些甚至還有成文的「憲法」。政治學家大衛・史卡貝克（David Skarbek）在加州和德州的監獄裡觀察到，這些實質上的政府之所以出現，正是為了因應監獄裡的混沌狀態。他的《黑社會秩序：監獄幫派如何統治美國懲戒體系》（*The Social Order of the Underworld: How Prison Gangs Govern the American Penal System*）指出在一九七〇年代，原本的「囚犯戒律」因為犯人數量激增而崩潰，導致幫派開始以新的規範取而代之。[32] 讓監獄歸於安定的是這些新的坐匪，而不是獄警。但我們也要記得，幫派首領的初衷並不是想在監獄裡建立什麼新的社會秩序。

社會秩序只是在他們追求私利時的副產品。「這些體制的出現，是因為犯人的行為而水到渠成，而不是出於某個犯人的刻意設計與執行。」[33]

人類在歷史上的大多數時光裡，都是先有自利行為，才有意識型態。無論是封建制度下的日本、古羅馬，還是世界上的其他地方，任何有關貴族與君主制度的論述，都是為了合理化統治者的特權。直到啟蒙運動改變了遊戲規則。啟蒙時代的推手不再訴諸迷信與神話，而是借助理性來為政權確立正當性。

但有件事依然沒變：國家仍然是建立在共同的神話上。人類建立了官僚體系或是軍隊，但這些只不過是國家的僕人或工具，不是國家本身。國家看不見也摸不著，創造它的不是奧茲大帝（Great and Powerful Oz）*，也不是神通廣大的鄧不利多。而是人民說要有國家，就有了國家——是我們告訴自己有國家這件事物存在，現實才呼應信念而改變；換句話說，是我們對於國家的信念締造了國家。

而當國家像前蘇聯一樣消失，又有什麼證據可以說明它一去不返了呢？坦克和高樓都留在原處。唯一能證明國家已經不在的，就是人民不再活得像是它還存在一樣。他們不再遵守前一個國家的秩序，不再依據前一個國家的無形原則彼此合作。

歷史學家哈拉瑞就認為，幾乎一切文明中的事物，包括宗教、企業、貨幣、倫理、道德等等，都只不過是眾人彼此不斷重述的一堆故事而已。

* 譯注：出自二〇一三年的同名美國電影，主角本為現實中的美國人奧斯卡，穿越到虛構的奧茲王國後成為偉大的魔法師。

這些虛構的事物又稱為社會建構（social construction），可以視為文明的軟體。靠著故事，可以讓遼闊幅員上的廣大人口一起合作。我們告訴彼此鈔票有價值，一旦每個人都接受了這個故事，貨幣就會被接受並取代本身有價值的事物。而當危機到來，人們瀕臨自然狀態時，就會看清貨幣價值的幻象。而如果世界像《陰屍路》（*The Walking Dead*）演的一樣，到處都被殭屍——哎呀抱歉，是被會走路的死人搞成末日後的自然狀態，那鈔票的價值就只剩下生火還有擦屁股了。

有趣的是，在現代的美國，了解或擔心紙鈔價值不可靠的人都偏愛喜歡收購黃金。可是黃金的價值也是一種社會建構。而在現代經濟的社會建構中，買黃金有時的確是聰明的策略。比如一九二三年的柏林人肯定喜歡黃金更甚於德國馬克。不過換作是一九四五年的柏林人，也許就會把黃金都拿去買食物或槍了。

我們對現實和是非的概念，是由無數虛構故事所編織而成的，金錢只是其中一樣。我們也告訴彼此，人類的權利是上天或自然賜予的。但證據在哪呢？別用故事說服我，請用具體、有形、可見的證據來向我證明。事實是，我們享有權利是因為有些人相信天賦人權，但更多人相信我們應當表現得如同權利是由上天所賜予，或是因為其他原因而真實不虛。

經濟學家和其他研究社會發展的學者不喜歡把這些東西叫做故事。他們更喜歡稱其為「體制」，我覺得這也沒差。因為究其根本，體制也不是那些負責管理的組織或運作中樞，而是一套規則。但在訂出規則以前，都需要有故事。而宗教不僅是眾多故事之一，也是所有故事之中最重要的。

讓我們先拋開理論，看看宗教是如何讓原本各不相干，甚至素昧平生的人能夠合作。宗教為人類提供了意義，讓人們有理由以特定的方式行事、以特定的方法對待彼此。當兩個遜尼派穆斯林碰面，他們之間會有共同的故事，而這個共同的故事會讓他們更容易合作而非爭鬥。

無論正面還是負面看待宗教的人，都會同意宗教具有強大的力量，可以影響人類如何對待彼此，所以刻意談這點似乎有點多餘。但讀了神聖羅馬皇帝海因里希四世（Heinrich IV）在寒冬中的「卡諾莎之行」，才能真正體會到這一點。

一〇七三年，教皇額我略七世（Gregory VII）針對神聖羅馬帝國內的神職敘任制度發起改革。他認為任命主教等神職的權力應歸教皇，而非神聖羅馬皇帝所有。當時的神聖羅馬皇帝海因里希四世很重視職位的敘任權，於是拒絕改革並譴責額我略德不配位。於是教皇便在一〇七六年對海因里希處以絕罰（excommunicate），也就是開除教籍。海因里希本人和他的帝國都因而面臨危機。海因里希當然擔憂自己的靈魂會失去救贖，但就算他背地裡根本不信神，也很清楚整個社會都相信教廷所說的故事。在十一世紀的歐洲，一個人如果被聖母教會（Holy Mother Church）*斷絕往來，就會失去擔任國王的資格。但額我略也允許海因里希悔改。於是，這位或許是當世最有權勢的人，只得從今天德國的斯派爾出發，走過數百里路程翻越阿爾卑斯山，來到如今義大利艾米利亞－羅馬涅大區的卡諾莎城堡。他穿著苦行衣，赤腳跪在暴風雪中三天三夜，等待教皇的

＊譯注：天主教會的稱呼之一，意為教會乃眾人之母。第兩百六十六任教宗方濟各曾於二〇一五九月十五日的佈道中解釋：「教會是我們的母親，是我們的『聖母教會』。它由我們的洗禮產生，讓我們在她的共同體中成長，學會母性的溫柔與良善：聖母瑪利亞與聖母教會理解該如何照顧子女、展現柔情。在思索教會時，如果忽略這種母性關懷，人與教會之間就會變成一種嚴峻的關係，缺少人性的溫暖，使我們變成孤兒。」

赦免。[34]

說起來，宗教本身也算是一種適應環境的演化成果。人類能否生存，關鍵在於團隊合作，而宗教能夠產生不可思議的社會凝聚力，鼓勵個人為了社群的公益犧牲。

納稅、遵守交通規則、盡忠職守，以及我們日常生活中的每一件事，都有無形的規則為依據，這些規則全都是源自人與人之間數不清的虛構故事。所以**「告訴我你的故事，我就能答出你是何人」**這句話並不誇張。

對於我們的基因來說，農業時代以後的社會風貌和火星上的殖民地，簡直差不了多少。最初的城邦也許有數萬人，甚至數十萬人摩肩擦踵地聚居在一起，彼此競爭資源、配偶和地位。面對這種新環境，人類和其他動物一樣，都只有一種方法可以面對：竭盡所能運用自己的天賦。強人被坐匪給取代，坐匪又被國王或是皇帝、沙皇、法老給取代。不過，雖然國王是靠武力讓人民守規矩。但只有武力還不夠。人類還需要了解自己在社會中的身分地位，我們天生就渴求意義與秩序。

簡而言之，一旦人口眾多，故事就會派上用場。每個故事的細節各有不同，但情節和主題都很接近。因為能派上用場的故事，都利用了我們與生俱來需要父親形象、需要頭目、需要猴王來照顧我們的渴望。遍覽人類學和考古紀錄，就知道幾千年來都是同一個故事在不斷重複：某個神聖的權柄揀選了國王為他加冕，要他像父親一樣統治他的子民。

如果從西元前四千年左右的早期城邦，到現代的人類歷史劃出一條時間軸，就會看到君主制才是廣受採納的標準制度，幾乎佔了百分之九十九的時間。直到西元一八〇〇年左右，差不多每個人類社會的常態都是君權社會；如果要說得更仔細一點，應該是有一個父親形象統御的貴族社會。這也是為什麼天主教的司祭會叫做神父，而教宗在一些語言裡也直接被尊稱為父親（*il Papa*）*。

那一八〇〇年後呢？這個問題會在之後的章節裡探討，不過在這裡我們可以先記得，民主的問世並沒有立刻抹去我們天性中尋找父親形象的傾向與期望。號稱要掃除過去一切迷信的蘇聯，就花了不少力氣把約瑟夫．史達林塑造成祖國之父。[35] 阿道夫．希特勒雖然既否定古代流傳下來的君主制，也反對現代發明的民主制，卻還是把自己塑造成民族的父親。過去兩百年來，拿破崙、墨索里尼、佛朗哥、毛澤東、蒙博托**、卡司楚、查維茲、普丁，基本上每一個表面上反對宗教的威權統治者都非常熱衷於扮演子民們的父親。喬治．華盛頓本人在離職前就有了「國父」的稱號。直到現在，他和其他革命同志也都被稱作「美國國父」。

換句話說，即便我們揚棄了支持君主制度的信念，走向民主制度，同樣的模式也只會不斷重複。「愛國主義」（Patriotism）一詞來自拉丁文的 *patria*，意思是「父親的土地」，而這個詞當然又是衍生自「父親」（pater）。這也說明了為什麼「強人強迫人民接受他身為父親的角色」是個不夠充分的描述。因為這其實是人民所**期盼的**，他們會為此歌頌。想想看，是不是幾乎每個邪教領袖都會宣稱自己是信徒的父母？他們並非放任信徒這麼稱呼，而是恰恰靠著這種說法，才

---

* 譯注：在葡萄牙語、西班牙語、義大利語中，教宗的稱呼都是加上定冠詞的 Papa，即為尊貴、獨一的父親之意。英文中也會稱呼教宗為「Holy Father」。

** 譯注：蒙博托．塞塞．塞科（*Mobutu Sésé Seko*），剛果民主共和國和後來薩依的獨裁者。一九六五年政變上台，一九九七年遭到推翻，共主政三十二年。

能將追隨者集結為教眾。到了二十一世紀，人類的這種渴望也沒有消失。喜劇演員克里斯・洛克（Chris Rock）也說過我們得聽從歐巴馬總統的指引，因為「他是這個國家的爸爸」。[36]

想想人類在歐亞大陸、南北美洲和地球上各個角落數以千計的自然實驗（natural experiments），我們實在很難不同意，這樣一個簡單的概念就能滿足人類內心深處的需求。如果君主制在根本上有什麼違反自然的地方，幾千年來就不會有那麼多穩定的政府都是採用君主制。如果我們不是根深蒂固地渴望有一名父親般的領袖來為我們著想，這種模式就不會主宰地球上絕大多數的政治文化。

如果把一瓶螞蟻倒在某個遙遠的宜居行星上，牠們就會跟在地球上一樣，開始建立新的蟻巢。同樣地，如果把一群人類放在非自然的環境，他們就會「自然」圍繞一個權威人物組織社會。君主制比農業還早出現，更是加強了這個論點。

現在，我們來重新審視一下我對腐敗的論述。當民主國家瓦解，我們通常會說這是「墮落」或「倒退」成威權國家。委內瑞拉的崩潰就符合這種敘述。這是社會擾流（social entropy）的一種形式。但是當社會拒絕民主制度與市場機制，選擇某種「把目光放在未來」的社會組織模式時，我們就缺乏可用的詞彙了。當布爾什維克拿下俄羅斯，西方知識分子都紛紛喝采，說這是人類的大躍進。卡司楚接管古巴時，同樣有人為這個發展感到振奮，認為他將找出更人道、理性的方法來組織政治與經濟。可惜這些預測都錯了，所有實驗只要悖離「奇蹟」之道，脫離了自由民主體制下的資本主義，最後都只落得相同的命運。

左派和右派的區分只會誤導我們，「進步」和「退步」也是。湯瑪斯・摩爾（Thomas More）創造了「烏托邦」（Utopia）一詞，這個詞的本意就是「托寓中的烏有之邦」。他發明這個詞是要跟「優托邦」（eutopia）做對照，該詞指的是「可以托付的優勝美邦」。為了追求不存在、也不可能存在的完美社會，送命的人何止百萬？但如果在這片「奇蹟」的綠洲裡探索美好國度，就有上億人能夠從中得利。無論向左向右、前進後退，只要離開了這片綠洲，都只會走入沙漠。

換句話說，只要想脫離自由民主體制下的資本主義，其實都是反動的念頭，它們都想召喚出那籠罩在舊日部落意識中的「意義統一體」（unity of purpose）。每一種社會主義、國族主義、共產主義和法西斯主義都只是部落主義的不同面貌。部落意識最憎厭的就是分歧。它憎厭分工以及分工必然產生的不平等。它憎厭宗教和世俗的分化、個人與群體的分化、公民社會與國家的分化。無論部落意識穿上的法袍是宗教正統、共產教條、君權神授還是各種「社會正義」理論，都是在呼喚著同一種衝動：我們每個人都必須聚在相同的陰影之下！自由民主體制裡的資本主義「奇蹟」來自於分工，而且不只是製造與科學的分工，更重要的是心靈的分工。除非是遇到戰爭之類禁不起社會混亂的滅頂之災，不然就只有合作維持豐富的體制生態，才能真正讓我們的生命有意義，也才能確保我們的自由與繁榮。

第四章

資本主義的誕生
——一場輝煌的意外

The Birth of Capitalism: A Glorious Accident

到底「奇蹟」是從何而生?說來奇怪,明明「奇蹟」才發生沒有多久,又有一堆人都在研究,卻沒有任何人知道——或者正確來說,是無法找出共識。即便相關理論絕對不少,卻顯然還是沒有什麼明顯的交集。而且如果有學者想統合各種理論,最後往往只能愕然放棄。這股繁榮的浪潮在十八世紀突然以歐洲為中心爆發,一陣又一陣地淹沒全球;喬爾.莫基爾(Joel Mokyr)在他的巨著《成長的文化:現代經濟源始》(*A Culture of Growth: The Origins of the Modern Economy*)的開頭如此評述:「世界上幾乎每個人的壽命都不斷延長、飲食不斷改善、閒暇不斷增加,並獲得了過去只有巨富和權貴才能享有、一般人也許無法觸及的資源和娛樂,這是必然的結果。」[1]

人們對這起事件有各種稱呼。有些人稱之為「大富裕」(Great Enrichment)或是「大分流」(Great Divergence)。我則喜歡稱之為「奇蹟」。原因很簡單,奇蹟是無法解釋的。幾乎所有學者都同意「奇蹟」是從西方展開,但關於為什麼,卻一直是知識分子爭執不下的議題。[2]經濟史學家艾瑞克.瓊斯(Eric Jones)在《歐洲奇蹟》(*The European Miracle*)的第三版後記中訪問了這些人，然後又好氣又好笑地寫下：「或許歐洲的崛起是什麼超自然事件吧。」[3]只可惜這本書不談上帝，自然也沒有給我們解答。[4]

不過退而求其次的話，答案應該是英格蘭（England）開啟了現代。這個論點有許多獨到之處。雖然「奇蹟」和資本主義究竟「根源何在」仍是未解之謎。但只談「發源地」的話，人人皆知答案就是英格蘭。

丹尼爾．漢南（Daniel Hannan）的《發明自由：英語民族如何打造現代世界》（*Inventing Freedom: How the English-Speaking Peoples Made the Modern World*）是本發人深省、不可不讀的傑作，卻常常遭到誤解。他在書中寫道：「在歐洲大陸的最西邊，有一座陰雨多濕的島嶼，島上的居民偶然撞上了一個觀念，至今我們仍然沈浸在這場撞擊的餘波裡。這些人偶然想到政府應該受制於法律，而不是讓法律受制於政府。法治的觀念於焉產生，讓財產和契約得到保障，進而導致了工業化與現代資本主義。在人類的歷史上，這是頭一次有制度讓生產者比掠奪者得到更多報酬。」[5]

相比之下，我更喜歡原本的書名：《自由的部落》（*The Tribe of Liberty*），因為這個書名說中了我一直以來的想法，再加上其他理由，我想比起別的現代化起源理論，我更應該好好闡述為什麼「自由只是一支偏遠民族的奇特文化」。

說到「為什麼是英格蘭？」相關文獻、意見、學說和社會科學研究簡直多如恆河沙數。但總結起來就只有一句話：英格蘭是**異數**。所謂「異數」並無不敬之意，而是在表達我的敬仰與讚嘆。蒙提．派森（Monty Python）劇團是異數。我的父親是異數。婚姻是異數。生命中多數令人喜悅珍視的事物也都是異數，正因為是異數才值得喜悅珍視。

那麼這個異數一開始為何會出現呢？漢南指出了五個廣受認同的關鍵因素：

一、**民族國家的發展**。「奇蹟」需要一定程度的凝聚力和秩序才會水到渠成，而實現這點的前提，是統治政權必須能對「擁有身分認同相通、彼此牽絆緊密的人民，施以大體一致的法律待遇。」

二、**與前一點密切相關的是，英格蘭擁有健康的公民社會，充滿互相競爭又互相補足的各種機構；這些機構既能成為社會的根基，也能平衡國家或國王恣意專斷的權力（arbitrary power）**。個人對自己的主權是一種文化產物，這和「中介體制」（mediating institution）有很深的關聯。正如亞歷西斯・托克維爾（Alexis de Tocqueville）的觀察：「英格蘭性格的基礎在於重視個體性的精神。集體協作只是為了達成個人無法企及的目標……由個人組成的社團，以及各種公民團體、政治團體或法人團體，不都是集體協作的最佳範例嗎？」

三、**島嶼地形**。乍看之下，島嶼地形似乎不是很重要，實際上卻有兩個重大意義。首先是海洋阻擋了入侵者，讓英格蘭相較於其他民族沒那麼好戰，大多數戰爭都是為了抵禦外來的侵略。這個先天條件也直接造成英格蘭人對常備軍的不信任。其次是在政治上，絕對君權也因此失去必要性。在其他國家，國王可以藉抵擋外來威脅為由，像坐匪一樣獨攬權威，卻還受到被壓榨的農民歡迎。既然統治者無法掌握絕對權力，公民社會就有了發展空間，權力集團也能相互競爭，國王更沒有理由跟其他國家一樣，把國家、人民和民脂民膏當成自己的所有物。

四、宗教多元。這點就我看來毫無爭議。一直到近現代，創新整體而言都被宗教霸權看作是異端邪說。在宗教改革以前，宗教和工作、家庭一直密不可分，甚至連不同的勞動方式也被當成是對既有秩序的威脅。這點稍後會再進一步討論。

五、最後也最重要的一點是習慣法（common law），漢南認為「這種獨特的司法制度使得國家為人民所有，而非人民受國家所制。」[6]

這五點確實重要，漢南的理由也很充分。不過英格蘭人能夠成為異數的原因仍是謎團。我的意思是，如果現代只在一個地方降臨過一次，那想要確認箇中原委，幾乎是不可能的。科學的解釋需要進行真正的實驗，但我們沒有其他實驗可以比較。如果現代曾在其他地方降臨——比如說日本——那我們就能比較、對照不同的社會，找出其中關鍵，並提出可供實驗的假說。

關於這點，有些人認為荷蘭可以作為對照，畢竟這個誕生現代公司體制的偉大商業共和國，曾經是英格蘭最大的競爭對手。或許這樣說有失公允，但我認為荷蘭還是不夠格。癥結在於這兩國即便在交戰的時候，也有非常深入的文化交流。所以要說兩國如果沒有彼此，就不會進入資本主義社會的話，我想也是說得通的。這有點像是上一章說的「找出第一個國家」：人類學家和考古學家從來沒找到全憑一己之力誕生的「初發性國家」，只能找到為了和其他國家競爭，或是為了抵禦其他國家而成立的「競發性國家」。英格蘭和荷蘭之間的發展動態也大致如此。[7]我相信一定有某些荷蘭的擁護者能夠提出理由，說明為何是荷蘭把英格蘭推上「奇蹟」，而不是英格蘭拉拔荷蘭進入「奇蹟」，我也樂意聽看看他們的主張。但就我目前看到的證據，儘管荷蘭對現代化的貢獻良多，領先者仍是英格蘭。這就像是兩個棒球高手在互相競爭中不斷進步一樣。

英荷兩國的競爭與進步會在十八世紀迅速蔓延到其餘歐洲國家，也是因為這種良性競爭造成的壓力。不過除此之外，西歐基督教社會共同的文化基礎和體制，也是主因之一（俄羅斯算是另一個文化圈）。歷史學家勞夫．萊科（Ralph Raico）認為：「歐洲的發展史上一直有這種『示範效應』的成分。之所以能有這種現象，正是因為歐洲沒有中央集權制度，而是大大小小的領地不斷相互競爭。在這樣的環境下，自由政治思想很容易散播，並為敢於首先嘗試的城鎮帶來繁榮。」[8]

漢南舉的例子雖然看得出深沉的愛國心，不過英格蘭的民主確實源遠流長。資料顯示至少在西元六〇〇年左右，英格蘭的統治者與被統治者之間就在互相依存的關係上，發展出不成文的社會契約。國王會在公開場合會見其他領主、各地領袖，承諾讓他們繼續為人民服務。羅馬史家塔西陀（Tacitus）在兩千年前，也記載過日耳曼部落之間普遍有此習俗。但或許是身為島國可以免於戰爭侵凌，只有英格蘭將這種習俗延續了下來。

史學巨著《九二四－一三二七年，英格蘭國會的起源》（*Origins of the English Parliament, 924-1327*）的作者約翰．麥蒂考特（J. R. Maddicott）將古日耳曼的「賢人會議」（Witan）連結到後來的《大憲章》和如今的民主制度：「除了『郡守』（ealdorman）變成了『伯爵』、『封侍』（thegn）變成了『男爵』，國會整體而言和誕生初期並沒有太大差別。」[9]接著他又說：「到了十世紀，日耳曼人和加洛林王朝的議會立法傳統已經從西歐其他地區消失，只剩下英格蘭仍努力保存及推行這種制度……我們無須害臊，英格蘭確實是歷史中的特例。」[10]

牛津大學的中世紀史學家詹姆斯．坎貝爾（James Campbell）也同意他的說法：「英國有許多代表性的體制起源自黑暗時代和中世紀，這種說法完全經得起檢驗，絕非無稽的托古之說；而且照這樣看來，盎格魯薩克遜時期的英格蘭，正是以憲法保障公民自由（constitutional liberty）的歷史濫觴。」[11]

除了正式的民主機制，其他民主的結構性特徵也可以在英國本土找到源流。英格蘭的封建制度和西歐有很大的不同，相較於東歐、俄羅斯、漢地以及世界上的其他地方，更是天差地遠。在多數封建社會裡，由於血濃於水的親族體制，私有財產，特別是私有土地簡直是無法想像的事物。在人類學家艾倫·麥克法蘭（Alan Macfarlane）所說的農民社會（peasant society）中，農奴替莊園主耕作的理由千奇百變。不同於馬克思所言，這種關係未必牽涉到經濟剝削，更重要的反而是農民對土地有一種承載於血脈和部落的依戀。他們願意躬耕於此，是因為他們的祖先也勞作於斯、埋骨於斯。

在歐洲多數地方，農民不會把土地留給子女，因為如何處置土地由不得他們。這些農民更像是某種佃戶。而在東歐，農民對所有權的看法則近似於美洲原住民。他們世世代代照顧這片土地，所謂的「擁有」應該理解為「永久租賃」比較妥當。但是在英格蘭，麥克法蘭發現地主的個人權利使得人們對地產相當「疏離」；換句話說，出售地產或是留給外人都很普通，這種觀念在十六世紀初的英格蘭習慣法裡就已經相當根深蒂固。[12]馬克思和恩格斯在《共產黨宣言》（*The Communist Manifesto*）裡說，資本主義「撕下　罩在家庭關係上溫情脈脈的面紗，把這種關係變成了純粹的金錢關係。」[13]但正如福山的觀察，英格蘭的情況絕非如此。早在馬克思痛恨的布爾喬亞崛起前好幾百年，英格蘭人就已經把「家族的」土地當成普通商品了。福山引用了英格蘭某地區的土地轉移研究，發現只有百分之十五的土地轉移是所有權人在活著時轉讓給家人，百分之十是在死後繼承。[14]換句話說，農民本來就會把土地賣給外人。早在十二世紀，「英格蘭的**佃戶**

（受法律約束不得離開土地的農奴）就已經在未經領主許可下購入、出售和出租地產了。」[15]也就是說，在法律和哲學理據出現前好幾百年，私有財產就已經是英格蘭的古老風俗。

另一個特異之處是，盛行於世界各地、近乎普世性的世襲種姓制度在英格蘭卻十分薄弱，這點也帶來了另一個優勢。「在歐陸，（由封建領主執行的）莊園式的司法非常普遍，貴族老爺就是他們地產上的法律。」漢南指出，「但英格蘭要到（一〇六六年的）諾曼征服後才有封建貴族。就像每個尚武社會一樣，當時的英格蘭也有大人物，許多大人物也都擁有大量土地，只是這些土地多半四散於各郡。但這些大人物從不曾像歐陸一樣，形成擁有法律特權——比如惡名昭彰的免稅權——的世襲種姓。他們就和普通人一樣，都受制於這片土地上的法律。」[16]也就是說，封建領主雖然在自己的土地上仍有莫大權力，卻沒有大到可以成為這小小一塊土地上的絕對君主。

我認為漢南也許說到了關鍵，卻尚未談及真正的核心。英格蘭的貴族制度運作非常殊異。漢南認為這是因為歐洲使用羅馬法（Roman law），但這種法律對於英格蘭卻是外來的苛政，從未真正生根。[17]羅馬法和拿破崙法典一樣，都是「演繹推論」的產物，由立法者決定原則、書寫成文最後施於社會。而習慣法則是從社會本身自然湧現的資產。

習慣法是由一個個案件的判決發展而來，因此也被稱為判例法（judge-made law）。「因此，習慣法來自經驗而非概念，」漢南如是說，「它著重於真實案例的實際判決，並討論如果案件發生於不同的背景，這些判例是否需要調整。」[18]而這種種差異，都是由於英格蘭習慣法承認每一個英格蘭人的權利。

我不想花時間探討《大憲章》的歷史，不過我想強調一下，《大憲章》是在習慣法正式制度化以後才出現的。（順帶一提，英國人提到《大憲章》時不會像美國人一樣用定冠詞來強調是「那個」《大憲章》。）在十二世紀下半葉，亨利二世創立了一套巡迴法院制度，還有一座中央上訴法院。這些創制在半個世紀後通過的《大憲章》裡正式獲得承認，明文為將來立下先例。《大憲章》要求國王依據「全國公意」實行統治，一方面是上承更為古老的傳統，一方面也是下開正式議會制度的無價先例。

能夠說明英格蘭是異數，或是所謂英國例外論的文化特異點還有很多。諸如向當局訴請賠償的權利、種種個人權利、對公平課稅幾近著魔的關切，以及許多我們傾向認為是哲學高調或法律術語的概念，都有深厚的英格蘭文化根柢。這些概念並非出自邏輯演繹而來的法律，而是歸納在地人世世代代嘗試與犯錯的結果。

在接下來的章節，我會常用「洛克革命」（Lockean Revolution）來描述我們從英格蘭光榮革命和美國革命的醞釀期所繼承的遺產。不過「洛克革命」這個說法有個問題，就是會讓人以為自由秩序綿密的底蘊，都是某種由洛克這樣的哲學家和法學家們所精心打造的法律產物。但其實在這之前，這些概念已經交錯發展、演進了超過一千年，洛克最大的貢獻只是將之付諸文字而已。正如《大憲章》在一二一五年確立了某些原則，洛克和美國開國先賢所作的也相去不遠。

在北美十三州建立之初，多數開拓者都還自認是英國人。他們帶來了家鄉特異的文化傾向，也繼承了英國輝格黨人（Whiggish）那場決定英國未來一千年歷史的自由之爭。邱吉爾曾在《英語民族史》（*History of the English-Speaking Peoples*）中提到：「《獨立宣言》大致上就是重申當初的輝格黨原則；這些原則促使輝格黨人反抗後斯圖亞特王朝*，並在一六八八年發起了英格蘭革命。」[19]

正如馬丁．路德．金恩引用了美利堅的最高理想，為美國詮釋出更豐富的自由內涵，開國先賢們也是引用了英格蘭的最高原則，在新世界詮釋出美國人的自由。傑佛遜的《獨立宣言》初稿也說過「我們本能一起成為自由而偉大的民族」，只不過定稿刪除了這句話。[20]當然，《獨立宣言》還是流露著熟悉的造反意味：

我們時常提醒他們，他們的立法機關企圖把無理的管轄權橫加到我們的頭上。我們也曾把我們移民來這裡和在這裡定居的情形告訴他們。我們曾經向他們天生的正義感和雅量呼籲，我們懇求他們念在同種同宗的份上，棄絕這些掠奪行為，以免影響彼此的關係和往來。[21]

「移民來這裡和在這裡定居的情形」這句話指的是有許多第一代的拓荒者，都是為了追尋家鄉所沒有的宗教自由，才會飄洋過海。除了開國先賢們提出的稅制不公，宗教自由也是美國獨立的一大動機。當年引領光榮革命的英國國教，如今卻想自命為殖民地的官方宗教，甚至打算替十三州指派主教，此舉重新引燃了清教徒原本僅存餘溫的怒火。漢南表示：「美國革命至少從某個角度來說，是因為宗教不容忍所引發的衝突。這場衝突本當像神蹟一樣，締造世界上第一個真正的世俗國家，讓各種宗教得以公平競爭。」[22]

* 譯注：伊莉莎白死後無嗣，其姪蘇格蘭王詹姆士斯圖亞特即位，開啟前斯圖亞特王朝。王朝與議會長期不睦，並在查理一世時期發展成長期無議會的十一年暴政；重新召開的議會也與國王形成分治對抗局面，最後在一六四二年爆發內戰。一九四九年議會勝利，處死查理一世，其餘王室流亡歐陸，由議會派領袖克倫威爾在一六五三年擔任「衛國公」，開啟短暫的共和時期。克倫威爾卒於一六五八年，其子無力鎮壓反對派，使查理二世復辟，為後斯圖亞特王朝。

提到這點是因為我覺得，我們通常都沒有從正確的角度來看待憲法。儘管有時仍不夠恭敬，但我們通常也只想到憲法是國家的根本大法，忽略它的權威也來自文化。因此當我們談起憲法，都是用「第一條有云、第二條有云……」這般形式化的措辭。喜歡以今論古的法律史學家更不用說了，他們總把歷史看成一頁又一頁新的法律文件。但其實法律文件幾乎永遠都是追在文化後面，亦步亦趨地確認與標示其發展。

史學家、律師和議員要用現在的法律來檢視過去當然沒有問題。說實話，對律師和議員來說，了解憲法的文本和修訂史本來就很重要。但憲法並不只是一部寫在羊皮紙上的機器，也不只是政府的操作手冊。憲法展示了某個時間點上的某種文化，而這種文化其來有自——具體來說，它來自英格蘭。一七八八年，派崔克・亨利（Patrick Henry）就在維吉尼亞批准大會（Virginia ratifying convention）上熱烈提到，是他們來自「大不列顛光榮的祖先」讓「自由成為一切的基石。」[23]

很多拉丁美洲國家的憲法都以美國憲法為模範，但卻很難再現美國在政治和經濟上的成就，因為文化因素至關重要。托克維爾說美國人是「放牛吃草的英國人」不是沒有原因的。[24]

不少右派和少部分左派知識分子都認為，憲法就是美國社會秩序的源頭。從某個角度來看，這麼想並無不妥。憲法就像護欄一樣，為社會提供各種正式的法律規範；當然，如果疏於維護，護欄也會衰頹傾倒。不過憲法同樣也是文化和心理的產物，它形塑了我們對政府、權利與公民社會的**看法**。不管再怎麼輝煌的社會，在我們把方便當成隨便的傾向下，最後總是難免腐蝕。因此「根據憲法，我有這麼做的權利」這句話聽起來理所當然，實際上卻激進得非比尋常。

就像前面提到的《大憲章》一樣，美國憲法最重要的貢獻，只在於它是**白紙黑字**。正如蓋爾勒所說，人類傾向把文本賦予神性。感謝老天，這正是美國人對憲法所做的事情。

歐巴馬曾在告別演講中這麼說：

我們的憲法是一份非凡美好的恩賜。但它其實也只是一張羊皮紙，紙的本身並沒有力量。是我們人民，是我們的參與和我們的選擇給了它力量。我們選擇了是否為自由挺身而出。我們選擇了是否要尊重和貫徹法治。美國並不脆弱，但我們為了追尋自由走了這麼長的路，獲得的成果也絕非毫無破綻。[25]

我很多保守派同儕都很討厭這段話。考慮到歐巴馬在解釋憲法文件的時候，身段就跟瑜伽大師一樣柔軟，我完全理解他們的憤怒。不過單看話的內容，歐巴馬完全正確。只有人民賦予憲法力量，憲法才會有力量。憲法之父詹姆斯・麥迪遜也曾憂心「這面紙上的城牆」往往擋不住「強權幽靈的侵蝕」。[26]憲法真正的力量不在它的文字，而在**我們**身上。憲法不過寥寥數語，但它展現的深層底蘊，是對自由和有限政府的文化堅持，正如結婚證書只是一張法律文件，代表的卻是更為深遠、神秘、複雜的事物。結婚證書挽救不了破裂的婚姻。而當美國人失去對自由的熱愛，憲法也無法挽救我們。

美國的誕生之所以是場獨一無二的驚人「奇蹟」，在於美國挑中了一個不怎麼特別的成功部落，揪著它的特異之處抽絲剝繭，將獨特的文化捻成普遍的原則，然後**寫成白紙黑字**。開國先賢們從洛克之處得到不少協助，百年前的光榮革命也是建立在他所打下的智識基礎上。他們也向孟德斯鳩等啟蒙哲人，甚至更久遠以前的西塞羅等人尋求奧援。這些文字需要隨時間不斷改進，以讓字句間的原則更為通用，但更深處的文化傳承會在知識分子和政治家的手裡增強，而他們的功業又將回過頭來增固原本的文化。

雖然簡短（或是冗長），但總算是解釋完美國對自由的熱愛，實際上是傳承自英格蘭的文化產物，接下來我們可以推翻這些解釋了——至少可以推翻一點點。上述以及所有類似的解釋，都可以收錄進魯德亞德・吉卜林（Rudyard Kipling）那本童話集《原來如此的故事》（*Just So Stories*）裡面。人類學把這種解釋叫做「原來如此的故事」，是因為它們犯了後見之明的謬誤，把先後順序當成因果關係。

雖然漢南曾試著否認，但他這樣用輝格黨精神看歷史，根本只是把赫伯特・巴特費爾德（Herbert Butterfield）在一九三一年批評的理論，翻新成比較有說服力的外觀；順帶一提，巴特費爾德那本書也很隨便地取名叫《用輝格黨精神看歷史》（*The Whig Interpretation of History*）。巴特費爾德批評過去幾代的英國史學家都把世界史講得像是一本情節和故事都廣為人知的長篇連載小說。每一篇故事的主角都抱有一顆熱愛自由的心，而反派則揮舞著專橫與獨裁當作武器，在在宣揚著大不列顛的自由價值必勝。

巴特費爾德批評，許多可悲的「史學家只要寫到新教徒和輝格黨，都傾向專挑成功的革命歌頌、強調過去某些特定的進步原則，最後掰出的故事不是幫現況歌功頌德，就是在亂認祖宗。」他還說：

> 這些熱愛輝格黨的史學家根本就在玩畫圖連連看，只是把特定的事件串在一起……一不小心就忘記這些線只是自己的小聰明，想像起這些線變成了因果關係。這種治史方法的成果，就是把特定形狀的模子壓在整個歷史上，畫出一張漂亮的歷史發展圖，上頭所有事件都巧妙匯聚到當

下，這樣一來縱觀古今就可以看見一條進步原則的巨龍躍然紙上。[27]

這種認為萬事萬物都有目的，所有人都身處於很大一盤棋上的想法，也叫做目的論（teleology）。若要說什麼是歷史學家的罪惡之宗，絕對非目的論莫數。而目的論箴言集裡最有名話的就是那句：「上帝自有安排。」在啟蒙時代以前，幾乎所有西方人都拿這句話來解釋一切。偉大的啟蒙哲人雖然不再把宗教當成歷史的引擎，卻又覺得自己發現了另一種終極動力：進步，並發明了後來的「大歷史」（History with a capital H）。許多哲學家都討論過「進步」是如何運作，以及為什麼人類必然走向自由與完善。

說到底，目的論其實是專治絕望與空虛的特效藥。因為我們不但希望能相信自己的人生有意義，也希望相信每個人的人生都有意義。除非你自認是救世主或什麼天師真人，不然只要你相信自己的人生被賦予了某種形而上的意義，多半就得相信每個人都跟你一樣。

提到科技的問題是為了點出，**假設經濟和政治的演進有著某種目的，想要證明這種目的的存在，絕不會比證明上帝的存在容易到哪去**。但上帝的計劃或是宇宙的安排，都只有像齊克果說的一樣，借助信仰飛身一躍才能觸及（leap of faith）。

但或許歷史就跟人生一樣，只不過是一連串的倒灶狗屁。*

---

* 一般都說這句話出自阿諾德·湯恩比（Arnold Toynbee），但我認為不足以採信。最早的出處顯然是馬克斯·普洛曼（Max Plowman）。請見“History Is Just One Damn Thing After Another”, Quote Investigator. http://quoteinvestigator.com/2015/09/16/history/

英語世界的歷史上有無數的岔路口，可以讓一切走上完全不同的方向。所謂「良善」力量的勝利，並不是命中注定。好比說在詹姆斯一世的時代，曾有一群英國天主教徒策劃了有名的火藥陰謀（Gunpowder Plot），打算在國王前往上議院演說時引爆炸藥，將國會大廈化為瓦礫，把英格蘭帶回天主教的懷抱；這場陰謀在最後關頭失敗，英格蘭也免於走向另一個大為不同的命運。但陰謀失敗並不是因為英格蘭人對自由的熱情。而是有個知曉整場計劃的人捎了一封信，洩漏了整個陰謀。[28]不管當年亨利八世跟天主教會決裂，到底是為了拐安妮．博林（Anne Boleyn）上床，還是想要一個能生下男嗣的妻子，只要阿拉貢的凱薩琳（Catherine of Aragon），也就是亨利八世的元配能生下兒子，甚至只要安妮．博林放低標準甘願屈居情婦，英格蘭就仍會是天主教國家。

如果有人堅持從「日耳曼」歷史的長河中淘出民主共和的金砂，來證明英格蘭注定成為自由時代的先鋒，當然絕對不是什麼壞事。但如果我說歷史紀錄裡一定找得到反例，應該也不會誇張到哪去。[29]

以上這些並不是要否定我朋友漢南的主張。反而是要肯定他的「英格蘭『撞上』現代」這句話簡直正中紅心。英格蘭重視自由的傳統就如同明亮的火星，只要不斷變化的歷史之風有一次轉岔了方向，也許就會早早熄滅。整個局勢能夠如此發展，其實是我們的運氣。但回到最基礎的層面，只要排除天命或目的論史觀，就會知道現代降臨於英格蘭只是偶然。

自由與繁榮的各種元素其實早已存在了數千年，不斷擾動著各個社會，這些元素偶爾也會互相激盪，揭示出更好的發展路徑。無論在哪個時代，都可以找到一些宗教寬容、節制王權、私有財產、個人主權、多樣化體制、科學創新和法治等觀念的影子。比如中國歷史上的科學家和官僚都有過另闢蹊徑的創新，可惜這些人放不下政治上的壟斷地位，最後為了維持帝國霸權扼殺了科技進步。[30]許多社會也曾有過某種私人財產制，[31]但這些社會都少了其他必要元素，而少了這些元素，私人財產制多半無法維持。在「奇蹟」發生以前，人類早就見識過繁榮的樣貌，只不過全都是某個地方的曇花一現。

很多有名的理論都試圖解釋「大分流」為何發生，包括新教思想所發揮的各種作用（有些是真的，有些只是幻想），還有科學革命、奴隸制度、帝國主義，以及其他物質層面的因素。想要了解「奇蹟」有多不可思議，就得花點時間仔細了解這些針鋒相對的理論。

許多理論都把「奇蹟」的起源歸功於新教徒，並進一步衍生出更多理論。

這派理論的開山祖師正是大名鼎鼎的社會學家馬克斯．韋伯，他在一九〇五年出版了德文版的《新教倫理與資本主義精神》（*Protestant Ethic and the Spirit of Capitalism*，英文版則出版於一九三〇年）。他在書中直接了當地主張，基督新教，特別是喀爾文等派的清教徒創造了全新的思考習慣，從而孕育了資本主義。如果用最簡單的話解釋，韋伯的說法大概是：天主教強調來生的福報，不太重視今生的物質，所以傾向於過著清貧的生活，工作只是為了基本的生活所需。而另一方面，新教信仰卻贊同累積財富。[32]清教徒因為相信上帝已經預先揀選了誰能得救，所以把眼光放在今生；他們相信成功的物質生活能彰顯一個人的美德，也表示他已經獲選在來生得到福報，努力工作其實是一種榮耀上帝的方式。但光是努力工作還不夠，富裕的經濟條件還需要在交易時童叟無欺、虔誠信奉上帝（理所當然），並過節儉的生活。

韋伯把富蘭克林列為新教中的勤勞楷模，並解釋道：「在這種倫理觀下，至善（*summum bonum*）就是賺更多更多的錢……生命的終極目的就是獲取物質。」[33]歷史學家喬伊斯．艾波比（Joyce Appleby）將韋伯的主張總結如下：「新教藉著強調救贖沒有保證，創造了一大批充滿焦慮的人。」[34]這種觀念接著「促使信徒熱衷於藉經濟活動來印證神意……繁榮於是成了上帝恩寵的證明。」[35]如果你可以表現得像是一個獲得恩寵的人，很可能就意味著你真的獲得了恩寵——換句話說，這是一套教人弄假成真的神學。

關於理論的內容先暫放一邊，來看看韋伯到底在說什麼。雖然這個理論發表於一九〇〇年代，但資本主義有賴於「節儉」或是儲蓄累積資本，早在十九世紀就已經是各派馬克思主義的核心觀點。馬克思本人也相信，資本主義的核心就是剝削勞工。因為所有財富與價值都是由工人的雙手創造，所以利潤如果沒有回到工人手中，就是徹頭徹尾的偷竊。而既然所有的價值都源自於勞動，一旦資本家所有人拿走的「剩餘價值」（surplus value），就是在剝削。這些商人或發明家雖然投入資金建造廠房、招募員工，卻沒有創造出任何價值，完全是在吸取工人所創造的價值。而他們用來購買土地和生產工具的錢，也不過是「死掉的勞動」（dead labor）。

直到今天，仍有許多人認為馬克思的看法領先時代潮流。但其實他只是用浪漫的語言在宣揚古代對貨幣、金融或是放貸的偏見（硬要說的話還有一點反猶太）。「很少人會這麼說，但某種程度上馬克思只是用新穎的詞彙在重複基督教對賺錢的污名化，就像古時候一樣猜忌那些用錢滾錢的人。」歷史學者傑瑞・穆勒（Jerry Z. Muller）這麼評論馬克思，「他對資本主義的『剝削』之說根本就倒退回了遠古時代。當時的人還認為金錢一無是處，只有辛勤揮汗者才有真正的生產力，連經商獲利都是不正當的手段，更遑論放貸收取利息。」[36]

從盧梭開始，資本主義的敵人都有同樣的思維，認定資本主義是某種人類原罪的產物。許多馬克思主義者，還有受馬克思主義啟發的人便以此為基礎，將過剩資本或「剩餘價值」當作資本主義的核心動力，藉此解釋資本主義為何勝出。有些作者想證明資本主義是奴隸制度的餘孽，這樣他們就可以大談奴隸制度的罪惡、義正詞嚴地要求賠償，進而消滅資本主義。但奴隸制度的邪惡早已不由分說，無須如此大費周章。也有人以西方世界靠掠奪外國土地致富為引子，想要強化對帝國主義的控訴。這些論者內心都認定人類是在歷史上失足，才會誤入資本主義，許多令人失笑的謬論也是這樣來。「沒有奴隸制就沒有棉花，沒有棉花就沒有現代工業。」馬克思如是說，「奴隸制創造了殖民地的價值，殖民地創造了全球貿易，而全球貿易是大工業（great industry）的基本條件。」[37]至於為什麼日本對中國生絲的依賴明明不亞於英格蘭對殖民地棉花的需求，但日本卻直到第二次世界大戰過後才走向資本主義？這倒不是很重要，重點是由奴隸制開啟的資本主義提供了便宜的棉花。哈佛大學的史溫・貝克特（Sven Beckert）最近又重新提起這個論點，繼續忽略在美國廢除奴隸制後，棉花價格並未立即飆漲。實際上，一八七〇年代的棉價比南北戰爭前低了整整百分之四十二。[38]

麥克隆斯基檢查了這類研究，發現能支持相關說法的證據若非不存在，就是很粗糙。雖然奴隸制和帝國主義的確帶來了高額利潤，但兩者都沒有「創造」資本主義，而且利潤只是整體制度的附加好處而已。此外，如果資本主義只是仰賴奴隸制和帝國主義下的大規模剝削，為什麼需要這麼久才能成形？古代的中國、波斯、羅馬和阿茲提克都是依賴奴隸的大帝國，卻沒有一個發展出資本主義。而在奴隸制和帝國時代結束後，資本主義為什麼延續了下來？又為什麼傳統和反資本主義的社會更容易維持某種奴隸制度？而且要是資本主義仰賴剝削的話，為什麼西方會愈來愈富裕，還享有這麼多休閒時光？

一旦回頭追溯因果，就會得知利潤導致儲蓄增加，形成工業投資的必要資本這種說法，就會不攻自破了，因為資本積累根本不是資本主義的動力來源，只是附加產物而已。何況節儉根本不是西方人或基督教的發明，更不要說新教徒了。打從貨幣發明以來，人們就知道要儲蓄或是謹慎花費。[39]但如果沒有了市場，金錢能作的事情就變得非常有限。

其他從物質層面探討資本主義起源的理論中，雖然不乏有趣和重要的見解，但最終都回答不了「奇蹟」會什麼會發生？。歐洲的城邦與封國相對較高的自主權確實有助於培養自由風氣，也在君主寶座崩垮時推了一把。不列顛群島和歐洲大陸的地理環境，對歐洲的政治發展當然也有關鍵影響，但要說這裡的河流分布與溫和氣候必然成為資本主義的搖籃，真的就是「原來如此的故事」了。

說起這個故事，當然絕不能漏掉另一場奇蹟：科學革命。少了牛頓、培根、愛迪生這些大科學家和大發明家，「奇蹟」還會發生嗎？我認為很可能不會。但這不代表是科學革命造成了資本主義。只要深入檢查這種主張，就會發現這是在倒果為因。伊斯蘭世界與中國的科學發展都曾領先世界好幾個世紀，但「奇蹟」從未在這些地方露臉。而英格蘭，甚至可以說整個西歐在那一千年裡都完全處於停滯的狀態。如果有外星人在一千年前造訪地球，絕不會認為歐洲人注定將甩脫束縛人類的一切限制。

那麼「奇蹟」到底是怎麼締造的？要回答這個問題，我們又需要回頭檢視另一個有關新教思想的理論。該理論認為新教對西方發展的意義，在於新教解放了創新和自由精神。我在《國家評論》的同事查爾斯・庫克（Charles C. W. Cooke）正是這麼看待新教的角色。他也是一個正宗英國出品的輝格黨人，雜誌社找他來專門負責那些美國作者不想費心的苦工。「雖然沒有明講，但我一直都主張美國骨子裡是個『新教徒』社會，」他在文章裡這麼說，「但我的意思絕對不是只有新教徒才能成為優秀的美國公民。我的意思是美國的開國先賢們不只在宗教上深受新教影響，在政治上也抱持著新教徒式的世界觀——而這兩件事都是歷史的必然。」

「也就是說，」他繼續解釋，「一群人只要習慣了不借助中間人，就能自行走向上帝、赦免與救贖，就更容易習慣不借助中間人，自行走向自由、追求幸福快樂。」[40]

我得說這段話有些地方說得不錯。如果古騰堡沒有發明印刷術，天主教神學就會繼續獨大，新教思想也不可能傳播開來。新教思想也讓個人主權的思想有了真正的生命。但這種看法卻忽略了，即便新教徒在信仰上捨棄了中間人，在政治上仍有可能像最狂熱的天主教徒一樣不容任何異端。畢竟早期新教徒的政治立場一點也不溫和，狩獵的異端比起天主教，更是有過之而無不及。比如在一六五〇到一六六〇年代的英格蘭，貴格會就遭受到英國國教殘暴的迫害。麻州薩勒姆的清教徒也不懂什麼叫做和平共存。*在歐洲大陸，路德派和喀爾文派也像英國國教一樣，輕易就接納了君主專制。普魯士天縱英才的腓特烈大帝接受的就是喀爾文主義的教育。

不過我還是要強調，以上的反駁並不是要徹底否認這些解釋「奇蹟」的理論。我只是不同意有人拉出單一因素，說「事情就是這麼發生的，這是唯一的原因。」幾乎所有複雜且重要的現象，都是藉著多重因素才會發生。無論是二戰如何發生，還是你如何長成現在的樣子，只要想用單一成因就解釋一切，都是荒唐的愚行。

何況資本主義比這些問題都更加複雜。我之所以說「奇蹟」的發生本身就是**奇蹟**，就是因為「奇蹟」超乎任何人的預期，也沒有單獨的原因。「奇蹟」是一場意外，不可思議且光輝燦爛。

---

* 譯注：指一六九二年的薩勒姆審巫案。當時由保守清教徒治理的薩勒姆因兩名女童的異常行為，開始了一連串女巫審判，導致二十五人死亡。薩勒姆也成了許多恐怖故事的背景。

好比說前面簡介的韋伯式理論。就算你同意是新教思想「造成」了資本主義，也必須承認這不是新教徒一開始的目的。馬丁・路德本人就拒斥一切形式的放貸（當然有部分是因為他有嚴重的反猶主義）。也沒有任何十七世紀的清教徒傳教士會說：「只要你富貴起來，就能上天堂。」他們會說：「你要這麼生活，讓上帝發現你配得上天堂。」新教提出這些嚴格、虔敬的生活指點，原本並不是打算教人們怎麼快速致富。所謂成功神學（prosperity theology）——也就是川普的「精神導師」寶拉・懷特（Paula White）那套，[41]是晚近電視傳教搞出來的東西。

同樣地，讓資本主義有機會實現的多元主義，也不是出於什麼改造社會的高尚理念。歐洲的宗教寬容來自一六四八年的西發里亞和約（Peace of Westphalia）。這份終結歐洲宗教戰爭的條約不是神學改革的產物，而是政治與軍事消耗下的妥協。因為超過一百年來一場又一場的宗教戰爭，讓新教和舊教都死傷無數。就像史學家維洛妮卡・韋奇伍德（C. V. Wedgwood）所言，西方世界經過這些悲劇後才開始了解，「施內心信念於刀劍的審判終將徒勞。」[42]用巴特費爾德的話來說，新教與舊教都發現「既然雙方已經不可能繼續廝殺，最後能行得通的政策就只剩基本的容忍」。[43]容忍所創造的社會空間（social space）[*]是自由的一大進展，但彼此容忍卻並非人們最初的優先選擇，而是無數徒勞戰事後不小心得到的副產品。

如果非要為「奇蹟」的由來拿出一個解釋，我首先想到的，就是麥克隆斯基那部探討資本主義之生的浩瀚卷帙。綜觀她的論述，答案可以簡結為：「奇蹟」是以新想法伴隨各種修辭技巧呈現的一種狀態。「北海、大西洋，還有後來全世界的經濟茁壯，都是因為人們談論市場、企業和創新的話語（forms of speech）改變而造成的。」[44]之所以有創新的可能，是因為新的話語承認創新是一件好事。如果創新不受社會氛圍所樂見，也得不到回報，就很會容易胎死腹中。但創新會擾亂現狀、損害當權者的利益，因此漢地與阿拉伯的政治宗教氛圍都不支持創新。所以長遠來看，這些地區的科技優勢並不大——早在古騰堡之前好幾百年，北宋的畢昇就發明了印刷術。[45]日本的鐵砲最後也因為讓依賴劍術的武士階級感到威脅而屢次遭禁。[46]

幾百年來，基督教領袖都因為同樣的理由對創新很不友善，而且就連新教也不例外。舉例來說，亨利八世的繼任者愛德華六世就在一五四八年頒布了《反對改革等諸事詔書》（*A proclamation against those that doeth innovate*）。政治學家貝諾．哥丹（Benoît Godin）有篇論文叫做〈「不要與反覆無常的人結交」：創新之惡〉，文中引用了一名英國國教會長（minister）**亨利．波頓（Henry Burton）的故事。波頓這人奉行清教主義，他曾在一六三六年出版過兩本小冊子，指控教會違背國王的意志擅創教義，結果被告上法院。一陣辯論過後，法院認為犯了創新罪行的不是教會，而是波頓。於是波頓被判割去雙耳，然後終身監禁。[47]這段故事發生在**信奉新教**的英格蘭，所謂自由生長的花園。

但後來又發生了別的事情。約瑟夫．熊彼得（Joseph Schumpeter）在《景氣循環：資本主義發展過程的理論、歷史與統計分析》（*Business Cycles: A Theoretical, Historical, and Statistical Analysis of the Capitalist Process*）一書中提到，英格蘭的政治當權派「大約在十七世紀末放棄了對新發明系

---

* 譯注：法國社會學家昂列．列斐伏爾（Henri Lefebvre）提出的概念，指出空間被人利用後會產生各自的功能、關係和象徵意義，形成具體空間、抽象空間、象徵空間。比如咖啡廳成為知識份子聚會的地方，思想隨之交流，最後成為新思想的象徵。

** 譯注：英國國教及普世聖公會對主祭的稱呼。

統性的敵意，輿論與民意也不再反對。」人們談論和思考世界運作的方式，發生了**奇蹟般的**巨變，這種前所未有的社會風氣為「奇蹟」的發生備齊了因緣。就像麥克隆斯基說的：「經濟若沒有言語的支持，無論因襲傳統還是勇敢創新，就什麼都不是。」[48]

我認為這觀點非常有力。長久以來有無數人類活在貧困的折磨之中，物資匱乏的慘況在這十萬年來都沒什麼變化。直到有天，英格蘭和荷蘭的社會風氣有了不同；不只是知識分子或貴胄，連一般平民——特別是城裡中上階級的專業人士、技師、工匠、商人和其他不必忙碌農活的工人，都變得不一樣了。在此之前，改革、創新、進步都被當成不折不扣的邪說。「好問」（Curiositas）或是好奇曾是一種罪孽，發明創新也違反了聖經的教誨。

官僚、貴胄、公會、祭司等既得利益者為了共同利益，共謀壓抑創新長達千百年。請容我從麥克隆斯基的書裡，舉一些莫基爾整理的例子：

- 一二九九年，佛羅倫斯禁止銀行業使用阿拉伯數字。
- 十五世紀末，巴黎抄寫員公會成功阻擋了印刷機的引進，並且一擋就是二十年。
- 一三九七年，科隆的徽章匠推動立法禁止使用徽章壓製機。
- 一五六一年，紐倫堡市議會宣布製作與販售車床者應處徒刑。
- 一五七九年，但澤市議會派人淹死了緞帶織機的發明者。
- 一七七〇年，斯特拉斯堡議會禁止當地棉紡織廠在城內銷售產品，以免妨礙布料進口商的商業模式。[49]

古今中外的社會菁英都會極力阻撓變革之風，以保護自己的特權和收入來源。這也是大明皇帝要在一五二五年燒毀他的遠洋艦隊，還有鄂圖曼哈里發要在一七二九年禁絕印刷術的原因。[50]商人公會能支配大部分的歐洲和世界將近千年，也不是因為他們滿足了經濟需求，而是因為他們在王室與教會的協助下**限制了經濟需求**。史學家雪拉・歐格維（Sheilagh Ogilvie）指出，他們「將工匠、農民、婦女、猶太人、外鄉人和城市裡的普羅大眾逐出多數有利可圖的商業領域，藉此限制競爭、減少交易。商人公會和聯盟之所以無所不在、頑強難移，並不是因為它們能有效解決經濟問題，讓所有人過得更好，而是因為他們能有效把資源分配給掌握權力的城市菁英，並利及統治階級。」[51]

這些對創新和自由貿易的敵意，則是來自視金錢為萬惡淵藪的價值觀。從上古到啟蒙時代，人類都把貿易與追求財富看作罪孽。亞里斯多德曾說：「在治理最良好的城邦裡，公民不應像粗人或商人一樣生活，因為那種生活既卑賤又違反美德。」[52]在柏拉圖描繪理想社會願景的《理想國》（*Republic*）中，統治城邦的「衛國者」（guardian）不該擁有財產，以免「城邦因人我之別四分五裂。」他還補充道：「所有從事零售與批發交易的階級……都應受到蔑視、侵凌和侮辱。」而且在他提出的烏托邦裡，只有非公民才能獲准耽溺商業。反抗自然秩序成為商人的公民，則會因為「敗壞門楣」而入獄。[53]

英國里茲大學的D・C・厄爾（D. C. Earl）教授也說過在古羅馬，「人們簡直是唾棄經商……「生意人」（*mercator*）根本就是髒話。西元前一世紀的作家西塞羅也說過零售業是「低三下四」（*sordidus*）的工作，因為商人「不滿嘴謊言就無利可圖。」

早期的基督教又加深了這種觀念。耶穌本人顯然就反對追求財富。登山寶訓有云：「你的財寶在哪裡，你的心也在哪裡。」而最有名的當然就是那句：「駱駝穿過針眼，比富有的人進入神的國更容易呢！」[54]

許多個世紀以來，天主教會的官方教義也呼應了這種觀點。傑瑞・穆勒說：「早期的教父們（Fathers of the Church）延續了古典時代的看法：既然全人類的物質財富大致上不變，那麼有人獲利就代表有人失去。」[55]用聖奧古斯丁的話來說，就是「既無人失，焉有人得？」（*Si unus non perdit, alter non acquirit*）。[56]

在所有累積財富的方式中，最邪惡的就是以錢滾錢，也就是放貸。借出金錢收取利息令人嫌惡，是因為這種行為不自然。亞里斯多德就認為：「若說以交易為業應當受人譴責，是因為這樣奪取了別人的東西，不合自然之道，那麼放貸就應當受人憎惡了。因為放貸者是靠著金錢本身得到財產，沒有提供任何東西……因此在所有的生意裡，這是最違背自然的一種。」[57]亞里斯多德說得沒錯，金融違反了自然的秩序；但金融也能帶來不可思議的繁榮，增進人類的幸福。

儘管如此，基督教通常還是被當成「奇蹟」的原因。從大方向來看，我也不排斥「沒有基督教，『奇蹟』就永遠不會發生」的觀點。這和宣稱是基督教「引發」了「奇蹟」是兩回事，基督教絕對沒有這樣的意圖。但退一步來說，基督教確實很有可能是「奇蹟」的必要元素。

耶穌曾告訴他的追隨者，讓凱薩的歸凱薩；這句話將世界一分為二，聖奧古斯丁分別將兩者命名為「凡人之城」與「上帝之城」。凡人之城的統治是暫時的，而上帝之城的統治是永遠的。西羅馬帝國滅亡時，羅馬教會倖存了下來，成為宗教權威。這也讓教會代表了西歐地區的道德良知。這是一場意義重大的進步，因為這是西方人最初，也最重要的一次心靈分工。老實說，耶穌的要求算不上完整的政教分離，但這個區分對專制王權形成了重大的制衡，因為如此一來，就連統治者也要面對更高的律法。這和中原皇帝或伊斯蘭蘇丹完全不同。相較於基督徒讓凱薩的歸凱薩，穆罕默德同時扮演了凱薩與基督的角色，而他所遺留的政治制度也並未在世俗與宗教權威間留下任何空間。沒有這種空間，體制的多元性和價值觀的多樣性也都不可能維持。

另外，也有些人主張是基督教發明或引出了個人權利的觀念；不過我認為是這從猶太教借來的。哲學家賴瑞・西登托普（Larry Siedentop）在《發明個體：西方自由主義源起》（*Inventing the Individual: The Origins of Western Liberalism*）一書中主張，時至十五世紀，基督教的內在邏輯開始強調個人的良知，這讓啟蒙運動成了必然之事。[58]

我還是只能說，也許是這樣，也許不是。但真相如何我們不得而知。對創新、個人自由和多元主義懷抱敵意的基督教政權及運動，絕對數不勝數。如果當初獲勝的是他們，「奇蹟」還會發生嗎？

不過，我的目標也不是駁斥或詆毀所有認真解釋「奇蹟」為何發生的論述，因為不少主張都可圈可點。只是少了更大的文化脈絡，所有物質因素都缺乏意義。生物學家的實驗室可以培養出任何東西，但要是沒有適當的培養基質，他們也是一籌莫展。

說到底，如果只是整理「發生了什麼」，根本不可能紮實地回答「為何如此」的問題。為什麼有些思想可以成為顯學，有些卻辦不到？為什麼在羅馬帝國的偏僻行省，區區一個猶太木匠可以用他的思想擄獲上百萬人，最後征服整個帝國？虔誠的基督徒會說因為那是真理。不過如果從社會學的角度，我們只能說事情就是這麼發生了。

不過更重要的問題是：「奇蹟」會繼續下去嗎？

麥克隆斯基對「奇蹟」的未來非常樂觀。我也希望這種樂觀理所當然。但在我看來，如果說資本主義的誕生完全是靠著思想和言語的力量，那顯然就得面對一個令人不安的質疑：哪些言語和思想可以創造，哪些言語和思想又能毀滅？能夠靠著思想實現的，也能靠著思想消滅。有些理論認為資本主義注定從地球上，或者至少從美國和西方世界消失；我認為這些理論非常有力，因此我們不得不仔細思量。而在所有預言資本主義必亡的先知中，我們首先要深思的，正是最知名、最有影響力的卡爾·馬克思。

馬克思認為普羅的勞動階級是所有經濟價值的唯一來源。市場上的售價無法反映商品和服務的「真正」價值，真正的價值來自勞工在上面花了多少時間和心血。因此根據馬克思的「勞動價值論」（labor theory of value），當工廠主出售產品獲得利潤，這份利潤就是不公不義、得自剝削的「剩餘價值」（surplus value）。在馬克思的眼裡，統治整個經濟體系的階級，就和吸血鬼沒什麼兩樣，他的文章裡也真的布滿了吸血的意象（而在當時，這些比喻往往是欲蓋彌彰的反猶主義，專罵放高利貸的貪婪猶太人）。

而在馬克思寫的未來童話裡，全世界的勞動者將會在不久後的某一天，承認自己不過是領工資的奴隸，獲得階級意識，推翻他們的主人，掌握生產工具，隨自己的心意安排勞動，在嶄新的烏托邦裡像現代的高貴野蠻人一樣過著幸福快樂的日子。

關於馬克思的浪漫願景，有三點值得一提。首先，這真的只是因為當時社會嚴重異化、充滿偏執而誕生的浪漫幻想。再者，有鑑於他用的一堆偽科學術語，馬克思主義並不是什麼現代化、領先時代的預言，而是用聽起來很現代的詞語翻新古老的思想和情感。[59]基督教說溫順的人會承受土地，馬克思主義改說勞動者會繼承資本。

最後，馬克思的見解完全錯了。發明家和實創家（entrepreneur）為世界帶來新的想法，說他們創造不了價值根本荒謬透頂。按照馬克思的經濟分析，發明家發明出更好的捕鼠器並沒有創造價值，只有組裝捕鼠器的勞工才有。

不過馬克思真正搞錯重點的，是他的政治學或社會學分析。要知道為什麼，我們需要從二十世紀最偉大的經濟學家之一，約瑟夫・熊彼得著手。在一九四二年出版的《資本主義、社會主義與民主》（*Capitalism, Socialism and Democracy*）中，熊彼得主張資本主義終究會滅亡。但原因跟馬克思說的大不相同。

「熊彼得徹底翻轉了馬克思的理論，」傳記作家湯瑪斯・麥克勞（Thomas K. McCraw）如是說，「那群可恨的資本主義寄生蟲在熊彼得的筆下，變成了兼具創意與善行的實創家。」[60]熊彼得幾乎領先所有人，率先看出資本主義的強大力量，有很一大部分來自於社會對實創家的寬容，並給予他們自由。這些獨具慧眼的發明家和經營者能從一般人做事的方法中看出新商機，不斷推出新的技術，進而帶動經濟成長。[61]

熊彼得最重要的洞見在當時極具顛覆性：他把經濟活動的參與者，看成是隨時間而變化的存在，而整體經濟活動則是一個不斷演化的過程。市場瞬息萬變，前一刻壟斷市場的公司，下一刻就會被新創事業迎頭追上，轉眼間便任人魚肉。這個過程背後的動力，就是熊彼得有名的「創造性破壞」（creative destruction）。他也從這個觀點檢視了資本主義本身，認為資本主義最後也將被一場社會體制的創造性破壞給淘汰。

熊彼得的分析非常豐富、複雜，我在這裡只會強調三個重點，因為這三點和我的主張最有關。

首先，資本主義缺乏憐憫和傷感之情，只會無止盡地追求效率與理性。為了追逐利益，自由市場往往可以清除一切；當消失的傳統和慣例是立足於盲從和壓迫，那任其潰散當然不成問題。

但既然資本主義可以洗刷腐朽的傳統、習慣與情懷，自然也可以掀起風浪，打散過往體制與風俗凝聚起來的價值觀。熊彼得也說，資本主義「會讓人的心靈保持批判態度，一旦摧毀了其他體制所樹立的精神楷模，資本主義就會反過頭來自我批判；布爾喬亞將會訝異，他們的理性心思已經無法滿足於摧毀國王與教宗的印信，並接著將矛頭瞄準私有財產制，以及整套中產階級的價值體系。」[62]

如果你喜歡的書局或麵包店曾因為利潤太低，最後悽慘淪為銀行營業處的話，就一定知道我在說什麼。真的要徹底追求利益最大化，蓋公園也是浪費空間，改建停車場獲利還比較多。在一心追求經濟效率的理性主義者眼中，教堂不拿來畜養牲口也實在說不過去。這些精神或情感上的依戀讓我們知道，除了效率和利益最大化以外，還有其他更重要的東西。熊彼得把這種事物稱為「超越理性」或「超越資本」的底蘊（extra-rational or extra-capitalist commitment）。換句話說，這些事物的意義無關乎理性或利益，甚至遠在它們之上。

如同前面所說，自由市場需要「超越理性」的習慣與傳統才能維繫。熊彼得認為：「資本主義的秩序不只需要有超越資本的事物支持，也需要超越資本的行為模式提供能量；但與此同時，它也必然會破壞這些基礎。」[63]前面提到資本主義需要仰賴特定的文化背景和思考習慣才有可能水到渠成。勤儉、延遲滿足、誠實和個人主權都不僅只是理性的產物，更是源自於西方世界各種超越理性的底蘊——包括基督教、風俗、歷史、家族、愛國心、語言，以及所有構成文化和信念的元素。「任何體制、習俗或信仰，其背後的理論都不會完全一致，民主制度也不例外。」[64]熊彼得這句話正好和我前面對憲法的觀點不謀而合。憲政體制能夠維持不只是因為背後的論述，更是因為我們對它有信心。

這就好像沒有人會單純因為**理論上**要忠於家庭，就選擇忠於家庭一樣。「理論」是由更重要、更強烈的情感和本能所匯聚而成，政治和宗教制度也同樣適用這個道理。

熊彼得理論的第二個重點是資本主義對傳統和慣例無止盡的侵犯，能為知識分子、律師、作家、官僚等以思想為業的專業人士創造市場，讓他們有機會損害和奚落現有的制度。人們做這種事的理由很多，有些人只是輕佻甚至玩鬧地想要「嚇嚇中產階級」（*épater la bourgeoisie!*）。[65]還有些人則是像馬克思一樣，為現代社會中各種主觀或客觀的不公不義感到不平。

不過從比較憤世嫉俗的角度來看，這些兜售言詞、符號和思想的販子之所以要對現行制度宣戰，其實是有**階級利益**可圖。莫基爾在《雅典娜的禮物：知識經濟的歷史源起》（*The Gifts of Athena: Historical Origins of the Knowledge Economy*）一書中解釋：「在任何社會裡，科技發展陷入停滯都是早晚的問題，因為原本支持創新的勢力會慢慢變成既得利益者。」他還認為：「如果用辯證法來看，由科技發展而來的力量，最後也會是摧毀它的力量。」[66]

但這群人會成為「既得利益者」，不只是出於經濟理由。和馬克思主義或公共選擇（public choice）理論不同，我前面提到的「階級利益」不只是追求經濟利益。因為人活著不只靠麵包，也不只靠逐利。

知識分子會要求在體制中佔有一席之地，固然是因為有利可圖，但心理需求也是原因之一。最常見的就是想變成大人物。馬克思未必想要賺大錢，但他顯然想成為新世界秩序的大祭司。我們也會汲汲營營想要比別人更了不起、會唾棄那些我們認為不配站得比自己高的人。而幾百年來，知識分子和藝術界菁英一直都鄙視著有錢人、軍人、中產階級、教會等其他領域的菁英。熊彼得的分析深受尼采（Friedrich Nietzsche）在《道德系譜學》（*On the Genealogy of*

Morals）中提出的**無名怨憤**（ressentiment）影響。尼采把無名怨憤講得很文學，但其實就是祭司重新定義文化中的美德觀，以削弱騎士這些貴族統治者的過程。騎士靠著行動而非知識，掌握了比祭司更大的權力，也招來了祭司的怨憤。[67]尼采認為，基督教正是為此才稱許溫順、貶低強悍（就像馬克思讚揚勞動、醜化實創一樣）。當然尼采的**無名怨憤**比這還要複雜，但熊彼得只是借了這個概念，用來說明資本主義將來的變化。

這些「祭司」有個很常見的共同特徵：雖然不是每個人，但他們大部分都出身中產階級，本身也非常有錢。在富裕的環境中長大不只容易讓人把擁有財富看作是理所當然，也容易讓人輕蔑繁榮。「一九六八年在巴黎左岸堆起街壘的那些學生，並不是汽車工人的子女。」麥克隆斯基說，「如今最基進的環保主義者和反全球化主義者，也都是被有錢父母養大，卻跑去追隨社會主義的小鬼。」[68]

熊彼得理論的第三個重點，是資本主義不但創造了更多富裕大眾（mass affluence），也創造了更多知識分子，多到這些人已經成為了一個「新階級」。在過去，知識分子和藝術家屬於宮廷；一直到近代，這些人都是以服務統治階級為生（所以許多討論階級的哲學著作才寫得艱深晦澀，畢竟批評統治者的話最好還是不要太容易讀懂）。隨著資本主義實現了大眾教育，閱聽大眾也跟著出現，成了知識分子兜售商品的市場。但他們所販售的，卻是怨恨這一切的基礎。這導致整個社會的風氣變得敵視起社會秩序。正如熊彼得所說：「要發展出這樣的社會氛圍，必須要有群體能夠藉著激起、組織和滋養怨恨來獲利，並挺身代言、領導這股不滿。」[69]每當人們收看有線新聞、收聽談話節目、讀到校園裡的講座布告，或是聽到奧斯卡和艾美獎頒獎典禮上那些裝腔作勢的演說，也會看到有人污衊和攻擊現行的社會秩序。這已經不只是一門賺錢的生意，而是現代文化的重要成分了。

從共產黨變成堅定保守派的哲學家詹姆斯・伯納姆（James Burnham），在一九四一年出版了《管理階級革命：世界當前的走向》（*Managerial Revolution: What Is Happening in the World*）。隔年，熊彼得出版了《資本主義、社會主義與民主》。儘管兩人的出發點不同，卻做出了相仿的結論。到了一九六四年，伯納姆又出版了《西方的自殺：論自由主義的意義與命運》（*Suicide of the West: An Essay on the Meaning and Destiny of Liberalism*），此時「新階級」理論已經在各種意識型態中引起激論。伯納姆主張「新階級」知識分子會一股腦追求進步自由。他們的動機不只是為了權力，也是出於罪惡感：

在當今世界的境況下，自由派飽含內疚的意識型態和心智狀態，已經對西方文明造成了重大的實際影響：只要碰到那些自由派所憐憫的人，自由派和受到他們信條與價值觀感染的群體、民族或文明，就會自己放棄所有道德立足點。[70]

我相信對某些人來說罪惡感還是很重要。但我也覺得這半個世紀以來，罪惡感已經被憤怒取代了。許多學者和作家已經不再對西方文明或美國的所作所為懷抱罪惡感，因為他們根本不覺得自己屬於西方。如今這個新階級有許多成員，特別是所謂的「國際主義者」，都對他們的國際主義階級抱有一種後國族主義式（post-national）的著迷。他們自詡為世界公民，比起同個國家裡幫他們掃地、經營小本生意或是單純愛著自己國家和文化的公民，他們和倫敦或巴黎的「同胞」有著更多共通點。

無論熊彼得還是伯納姆的理論，都太執著於資本主義的衰亡了。伯納姆討論「新階級」的作品對喬治．歐威爾影響甚深，也是小說《一九八四》最主要的靈感來源。但歐威爾同時也敏銳地發現到伯納姆的世界觀有問題，並在自己的作品中論證，世界並非必然陷入由管理階級統治的反烏托邦。伯納姆在很多方面都是熊彼得說的那種理性主義者。在他看來，那些讓自由民主體制得以實現的道德理想都是幻覺，拆解到最後只不過是權力鬥爭。歐威爾認為在伯納姆心裡，「權力不受任何宗教或是倫理的限制，能限制權力的唯有權力。要讓統治群體做出利他行為，最有可能的方案就是讓他們發覺正派的舉措才能長保權力牢固。」

這種對權力的執念也扭曲了伯納姆的政治分析。既然權力就是一切，那掌權的人就會永遠掌權。「伯納姆似乎想方設法要預言，現存的一切將會不斷持續下去。」歐威爾說，「仔細想想，他的這種傾向不只是誇大其詞或有欠謹慎一類的壞習慣，不然只要仔細深思，他就會修正過來。伯納姆表現出來的是一種嚴重的心理疾病，病根一部分是出在懦弱，另一部分則出在崇拜權力，不過後者和懦弱也脫不了關係。」[71]

歐威爾的話說得也許苛刻，但畢竟沒有說錯。如果掌權者必定勝利，歐洲的君主們早就粉碎了中產階級的興起，「奇蹟」也不會發生了。伯納姆雖然看透了權力在每個社會中共同的運作方式，卻沒能理解美國的建國先賢們在規劃制度時，早就想到了權力集中的危險。

熊彼得考慮了人類心理在社會中扮演的複雜角色，因此對社會演進的分析也比伯納姆更仔細、靈活。但他也被一樣的信念迷惑，相信事物的演進方向注定超出我們的掌控。

如果熊彼得和伯納姆說得對，那麼唯一明智的作為，就是向注定的未來屈服，「站在歷史正確的一邊」。但我也在本書一開頭就說過，我反對這種看法。真正讓西方世界自毀前程的，絕非伯納姆口中的「自由主義」，而是這種一面放開方向盤上的雙手，一面高喊「歷史自有安排！」的宿命論。換句話說，資本主義也許真會如熊彼得和伯納姆講的一樣毀滅，但真正令我們在劫難逃的，卻是把他們的話當成預言。然而他們說的並非預言，而是警告。值得聽取的警告。

當成警告的話，兩人的分析就十分有價值。自由社會確實總會出現有錢有勢的階級或既得利益者。這些群體也確實有可能為了自身利益損害自由社會，用言語和思想破壞創新的源頭。他們也許沒有自己預期的那麼成功，但任何當代政治和文化領域的觀察家都無法否認他們正在不斷努力。不過他們未必會獲勝。如果「奇蹟」真的是由言語所創造，就表示它也能被言語給摧毀。但這也表示「奇蹟」能因言語而長存。西方文明和所有文明一樣，都是一場對話。所以除非秉持正言正論的人**不再說話**，我們的文明才會注定消亡。

反過來說也是如此。衝突總要等其中一方停止奮戰才會結束。我們也多半認為只有承認失敗才算是真的失敗。不過實際上，如果有一方過早宣布勝利，戰事也會輕易終結。

在當代被指控犯下這種錯誤的作者中，最有名的就是英明的法蘭西斯・福山。年輕時任職美國國務院的他在《國家利益》（*The National Interest*）上發表了一篇文章，題名為〈歷史的終結？〉（*The End of History?*）。他在文中主張共產主義的殞落意味著長久以來對於人類社會組織的論戰，已經大致塵埃落定：

> 我們現在所目擊的，或許不只是冷戰的結局，也不只是歷史向後冷戰時期邁出步伐，而是歷史本身的終結：也就是說，全人類意識型態的演進已經到了終點，西方的自由民主將成為人類政府的最終型態。[72]

福山的主張一直飽受誤解和奚落。儘管他對黑格爾哲學深信不疑，但比起科技，福山還是更信任老派的社會科學和歷史學。當時的他相信在所有組織社會的制度中，自由民主下的資本主義是最好的一種可能，這個信念至今仍未改變。他的問題出在想當然爾地認為這場戰事已經結束了。後來他也承認這些主張放在一九八九年還說得通，到了二〇一八年就遠遠沒有那麼合理了。

福山給我們的教訓是，「奇蹟」的守護者絕不能驕傲自滿。我們不能鬆懈修辭的功夫，滿足於安逸的生活。我們要用這輩子來捍衛「奇蹟」所實現的原則和理想，並把這份功業傳承給下一代。如果我們失敗、沒能讓子女感念這份遺產，他們就會對政治和經濟的力量懷抱幼稚的期望。

簡單來說，如果一個文化不懂得自珍自愛，就等於是親手扼殺自己。因為我們只會保護我們所珍愛的事物。至於討厭的東西，我們不是丟給清潔隊，就是任其被人性的蛀蟲啃咬化作塵埃。數典忘祖看似美釀，卻令人耽溺惆悵；哪天我們醉眼迷茫，就會把自殺看成豪壯。

「我們應該擔心危險會來自何方呢？」亞伯拉罕．林肯曾問，「我們應該擔心大西洋彼岸有個好戰的巨人邁出腳步，橫跨地球前來一舉將我們擊潰嗎？不，縱使動用全歐洲和亞洲的軍隊……再花上一千年，也無法靠著武力來到俄亥俄河喝下一口水、登上藍嶺山脈踏出一條路。不，如果毀滅是我們的命運，就必須由我們親手書寫和完成。這個國家屬於自由的人民，如果不能江山永固，也是由我們自絕生路。」[73]

第五章

永恆的對決
——追求理性與尋求意義的衝突

The Eternal Battle: Reason Versus the Search for Meaning

政治哲學史的內容，其實就是我們說給自己聽的、「我們何以如是」的故事。現在西方國家有兩個最重要的創世神話，一個來自洛克，一個來自盧梭。他們到了當代還在對打，而在我寫這本書的時候，盧梭佔了上風。

多年來我一直認為，幾乎所有的政治爭論，其實都可以歸結到洛克與盧梭的對立，我跟大學生解釋時也都這麼說。整件事大概是這樣的：洛克相信我們對自己擁有主權，每個人都是「自己的船長」；盧梭則認為群體比個體更重要，「共同意志」（general will）高於個別的善惡觀念。洛克認為人生來就有缺陷，盧梭則認為我們是高貴的野蠻人（noble savage）。洛克認為我們的權利來自上帝，而非政府；盧梭則說我們的權利要由統治者來判斷。洛克說要維持自由與正義，就必須保障財產權，守護勞動的果實；盧梭認為財產是文明的原罪，在正義的社會中必須交給統治者管理，這樣才能守護所有人的利益。洛克一方面相信法律之前人人平等，一方面又接受甚至歌頌公民社會中財富、功績、能力的不平等。[1] 盧梭則說經濟不平等是所有社會問題的禍根，「政府最重要的任務之一就是防止財富極端不平等」。[2] 洛克認為人類最偉大的發展，就是自由主義式的治理模式；盧梭的意見卻完全相反，麥可．洛克．麥克萊頓（Michael Locke McLendon）說：「對盧梭來說，社會契約所締造的洛克式自由，其實只是一種詐術，是有錢人為了鞏固自己的權利而唬弄窮人的方法。這種東西讓現代人類在社會、經濟、政治上都變成了奴隸。」[3]

當代左派與右派之間幾乎所有的辯論也都延續著這套分歧。進步派相信盧梭，各個不同的左派都認為社會的遊戲規則偏袒特定人士，是鞏固「白人特權」、「父權」之類的剝削型資本主義。雖然激烈的程度各有不同，但都把收入不平等當成大魔王，像歐巴馬一樣說它是「我們這個時代的關鍵挑戰」。[4]

右派則用另一種觀點看不平等。某些安．蘭德信徒以及川普的說法比較天真，認為鉅額的財富本身就是美德。傳統保守派的說法則比較細緻，認為只要保障自由、鼓勵人們做出貢獻，經濟就會注定不平等，整段過程沒有任何可議之處。保羅．萊恩（Paul Ryan，二〇一五至二〇一九年擔任美國眾議院議長）就很愛說，政府該做的是讓人們有機會向上流動，而不是跟人們說，你被困住了真糟糕，來吧這點錢可以讓你過得稍微好一點。

我認為盧梭與洛克的對比可以點出很多問題，不過我們不能說當代的人們都直接沿襲他們。很多學識淵博的歷史學家和相信思想力量的人，都很喜歡把歷史當成連連看（對啦，我也會犯這種錯），看到十九世紀的某位哲學家說了某件事，二十世紀又有某個作家說了非常類似的事，就說這位哲學家的影響力跨越了整個世紀。當然，真的有一些思想跨越了時間，但肯定沒有像這些學者說的那麼常見。[5]

事實上，思想、文化、政治之間並不是漸進的線性成長，而是彼此催化交流的結果。舉個例子，西方人幾百年來一直想讓中東在某種程度上改信基督、支持自由主義、或變成民主國家，但如果思想的力量真是學者以為的那樣，那我們只要去巴格達或利雅德上空灑一大堆《聯邦論》（*Federalist Papers*）或《聖經》，他們就會改宗了吧。說到思想的力量，最常見也最相關的兩個譬喻就是「光」和「火焰」，例如人們提到開啟自由主義政治哲學，引發科學探索的啟蒙運動，就會說它「照亮」了世界。是沒錯啦，有些想法的確像是火花，可以引燃大火、引爆炸彈；但如果燃料不對，我不知道火是要怎麼燒，用錯誤配方製造的炸彈，我也不知道是要怎麼爆炸。思想需要正確的土壤才能生根（啊，又是一個譬喻），而且土壤的性質會改變思想如何茁壯。

但伯尼・桑德斯（Bernie Sanders）、佔領華爾街運動這些東西和盧梭之間的最大共通性卻不是學說，而是心理傾向。那些佔領華爾街的成員和美國 NBC 新聞頻道的左派名嘴，有多少人讀過盧梭的《論人類不平等的起源與基礎》（*Discourse on Inequality*）？而真的有讀過（大概是在大學裡讀吧）的那群人中，又有多少人可以把自己反對減稅的觀點，跟這本書連在一起？大概幾乎一個都沒有。那些茶黨跟福斯新聞的人也是，他們在闡述自己的說法時，有多少人參考過洛克？可能同樣趨近於零。

我們很常過度放大知識分子對於思想的貢獻。但知識分子做的事情通常並不是創造概念，而是找到一些說法，把早就存在的立場或承諾，化為想法或念頭；或者從社會既有的意見、情緒、願望、激情中提煉出精華，把精華餵回給人民，使人民陶醉其中。畢竟如果人民不願意改變，革命怎麼可能誕生？

所以國家和文明其實很像，國家只是眾人公認的神話，大部分文明的故事也只是故事。這些故事也許沒有說謊，但故事的意義跟真相的意義，還是不同的兩件東西。

洛克的確可以說是一個很強的說書人，創造「奇蹟」的能力史上第一；但更準確地說，這項「奇蹟」其實是「我們口中傳唱的洛克」助長出來的。

洛克一六三二年出生於英國的小村莊韋寧頓（Wrington），在附近的潘斯福德鎮（Pensford）長大。[6]他爸爸曾經參加過英國內戰，後來在附近的村莊擔任律師，以及治安法官書記。洛克的爸媽都是虔誠的清教徒，生活富裕，但並未特別有名。他爸爸之前的長官後來當上了國會議員，洛克靠著他的關係拿到了西敏公學（Westminster school）的獎學金去倫敦求學，在學校表現傑出，被牛津基督學院（Christ Church in Oxford）錄取，他在牛津基督學院學習經院哲學，但並不特別喜歡，反而把時間都拿去學醫學和「自然哲學」（natural philosophy，即現在的科學）。他畢業後繼續待在牛津，從一六五二年待到一六六七年，十五年來做過各種行政與教學職。一六六七年他搬到倫敦，在安東尼・艾胥黎・庫柏（Anthony Ashley Cooper）家中擔任家教與醫師。庫柏後來成為第一代沙夫茨伯里伯爵（Earl of Shaftesbury），也是「政治秘密組織」（Cabal）*的成員之一，英王查理二世任內大部分的決策都是這個組織做的。洛克也因為跟沙夫茨伯里伯爵的關係，在政府中獲得了幾個重要的行政職位。

沙夫茨伯里伯爵是輝格黨的領袖，也是當時最重要的政治人物之一。他在英國內戰中先是支持保皇黨，後來轉而支持議會派。輝格黨相信三項核心理念：議會至上、尊重少數宗派新教、天主教已經威脅到英國的自由與主權。（該黨的反天主教立場，必須放回當時的時空脈絡去看。天主教從一六〇〇年代起的很長一段時間，在許多地區都跟當地的強權勢力密切糾結）。

洛克一邊在沙夫茨伯里家當伯爵兒子的家教，一邊讓沙夫茨伯里伯爵像父親一樣教他政治事務。他可能也是在這段時期和沙夫茨伯里伯爵合著了《卡羅萊納基本憲法》（*Fundamental*

Constitution of Carolina）。該憲法管轄維吉尼亞到佛羅里達之間的大部分土地，而沙夫茨伯里正是這些殖民地的主人之一。

一六七五年，洛克搬到法國。住了幾年回來之後，英國政局滄海桑田。過去的紅人沙夫茨伯里，如今卻變成國王討厭的人，變成阻礙天主教徒當上國王的人。會發生這種事，是因為查理二世雖然不是天主教徒，但對天主教抱有好感，甚至曾經偷偷跟法國國王說，只要對方在他跟荷蘭的戰爭中站他這邊，他就皈依天主教。更糟的是，查理的弟弟詹姆斯是天主教徒，而且雖然查理有很多私生子，官方紀錄上卻沒有兒子，查理一死，弟弟詹姆斯就是國王。這些事情，以及查理與法國人有交易的謠言，在英國國會中引發強烈反對，也使全國上下對天主教感到恐懼，最終引發了一六七九至一六八一年的王位繼承權排除危機（Exclusion Crisis）。沙夫茨伯里領導的「國家黨」（後來被稱為輝格黨）試圖立法禁止天主教徒戴上王冠，於是查理為了阻止立法成功，就多次解散國會。一六八一年，查理永久解散國會，國會就這樣一直沒有召開，直到他四年後去世為止。而且在查理還活著的時候，就用叛國罪把沙夫茨伯里關進監獄，幸好政府的指控過於無能，所以在輝格黨治安官精心挑選的陪審團審判下，沙夫茨伯里無罪釋放。獲釋之後，沙夫茨伯里試圖發動起義推翻國王，但沒有成功，於是在一六八二年秋天流亡到荷蘭，並於一六八三年一月死

* 「政治秘密組織」在這裡有特殊的意義。通常國王會找一個「他最喜歡的」顧問來出謀劃策，並幫他管理國家；但有時候實權會落在一群秘密顧問的手裡，這群顧問最多五人，代號分別是克里福（Clifford）、阿靈頓（Arlington）、白金漢（Buckingham）、艾胥黎—庫柏（Ashley-Cooper）、羅德岱（Lauderdale），五個人的字首拼起來就是「政治秘密組織」（CABAL）。

於阿姆斯特丹。

洛克的上下兩本《政府論》（*Treatises of Government*）就是在這種脈絡下撰寫的。他寫好之後，擱了將近十年不敢出版，以免惹上殺身之禍。而且在一六八三年也逃到荷蘭，直到一六八八年光榮革命結束之後才回國。

細述光榮革命會讓我們偏離主題，所以最好的方式就是快速總結。[7]查理二世死後，天主教徒弟弟詹姆斯繼承王位，這時候新教徒再次認為天主教把外國勢力的利益看得比英格蘭人民的利益更重要，根本是一種暴政；詹姆斯也開始撤除之前所有規定天主教徒不得參政的禁令。更糟的是，詹姆斯甚至大開民主倒車，想把議會這個人民主權的聖地，變成全由馬屁精、奉承者、橡皮圖章組成的團體，讓英國人更相信天主教徒果然就是專制極權。在此同時，法國國王路易十四也在一六八〇年代的大部分時間中迫害清教徒、解散人民集會、試圖擴大天主教在歐洲大陸的霸權。一六八〇年代跟一九三〇年代有一點很像：那些我們會稱為「暴政」的東西，無論你叫它什麼名字，都成為了未來的潮流，橫掃了法國、哈布斯堡王朝、和大半個歐洲。[8]

於是當詹姆斯信奉天主教的第二任妻子生下了兒子時，局勢開始升溫。這個兒子的出生，代表王位第一繼承人不再是信奉新教的大女兒瑪麗（Mary），而是未來的另一個天主教徒。這時候，瑪麗的丈夫兼詹姆斯的姪子，當時的荷蘭行政首長，奧蘭治親王威廉（William of Orange）決定入侵英國發動政變。威廉找了七位英國貴族邀他接掌英國王權；備好二萬五千名部隊和五百艘船；並讓手下在英國發送大約五萬本政治宣傳小冊，誓言要從國王、天主教徒、法國人手中「解放議會」。該年十一月，威廉的大軍浩浩蕩蕩穿越海峽，登陸英格蘭西南方的托貝（Torbay）。

威廉登陸之後，兩軍打了兩場小仗。打完之後詹姆斯依然無法鞏固民心，而且在當時反天主教情緒高漲的環境下更是危險。他最重要的將軍約翰．邱吉爾（John Churchill。對，就是那個二十世紀首相的祖先）甚至冒著巨大風險陣前倒戈，搞得孤立無援的詹姆斯只好要求部下在威廉軍隊入侵時不要抵抗，自己則逃到法國。但在逃亡之前，他做了一件引人注目，意義重大的事：他把籌組新議會的令狀投入火中，然後把國王的印信扔進泰晤士河。這不可只是在刻意整人，詹姆斯有很好的理由相信，只要用來建立國會的文件消失了，又沒有合法的印鑑能重新擬一份，新政府就無法成立。

麥可．巴隆（Michael Barone）在《我們的第一次革命：啟發美國開國元勛的英國鉅變》（*First Revolution: The Remarkable British Upheaval That Inspired America's Founding Fathers*）中寫道，「我們現在可能會覺得官方文件掉了一份也無所謂。如果國會的法案或最高法院的判決書不見了，找個副本來替代就好。即使原版不幸被火燒掉或被蟲蛀掉，效力也不會改變。但十七世紀不是這樣，當時文件就是法律本身。」[9] 十七世紀的想法在我們眼中有點可笑，當時的人就像某些動作電影裡面的反派一樣，以為只要銷毀《美國憲法》藏在各地的所有原版文件，就可以徹底摧毀《權利法案》（*Bill of Rights*）和我們的政府體制。文件和法律之間的關係當然不是這樣，但當時的詹姆斯並不知道。

總之呢，威廉最後成功佔領了倫敦。但他並沒有自己宣布登基，而是要求重選英國國會，而且**以戲劇化的方式**完全不去干涉國會的運作。新的國會辯論詹姆斯到底還是不是國王，最後的答案是詹姆斯已經退位，所以可以迎接新王，讓威廉和瑪麗共同登基執政。這當然立刻改變了政局，英國王座上再也不會有天主教徒；而成功阻止法國干政的英國人，則與荷蘭締結了同盟。

但光榮革命的長期意義，卻比當下的衝擊更為巨大。決定誰能當王的，從上帝變成了議會；

而且議會變成了英格蘭的最高權威，國王不能凌駕法律。這成了一道分水嶺，至少從《大憲章》開始，英國議會就在名義上擁有最高權威，主權也在名義上屬於英國人民；但在光榮革命之後，這些名義都成了現實。新的國會通過《英國權利法案》（*English Bill of Rights*），明令國王從此之後不得永久解散議會，確定英國人民的權利，並限制國王的權威，例如未經議會同意，國王不得暫停法律、不得徵稅、不得召集常備軍等等。而且議會內的言論自由，從此也變成國王不能干涉的東西。

要真正理解光榮革命，就得了解當時的思想與文化如何彼此影響。當時的人所接受的新體制，不但不是推翻過去的傳統習俗，反而是重新肯定過去的理念。國會在《英國權利法案》中堅稱這份文件只是在維護英國人民「古老的權利和自由」；威廉在入侵的「理由宣言」中也說，自己只是要打倒暴政與專制的努力，讓英國恢復原有的自由。他聲稱「英國人為了保障自己的這些重要利益、為了維護信仰新教的權利、為了王國的法治與自由、為了保障自己可以繼續行使這些權利而獻出了一切，讓他不能置身事外」；而他前往英國也只是為了「盡快讓英國再次召開一個自由而合法的國會」。他「這時候全副武裝出現」，是為了拯救英國國教和「古老的憲政秩序」。[10]也就是說，英國人從歷史裡選了一個講述英國人的故事，將其納入法律原則，所以最重要的並不是原則，而是故事。但人們一旦接受了那則故事，就會催生出新的原則與理念，將故事推向新的方向。

但威廉的說詞裡倒底有幾分真誠？歷史學家見解各有不同。至少可以確定的是，威廉有其政治野心，輝格黨與其他國會成員也的確**相當虔誠地**用古老的自由傳統來幫政變辯護。此外，各式各樣的政治現實因素，也的確會讓荷蘭人想要推動這場人類史上最偉大的政權改革。

但即便如此，最令人印象深刻的依然是故事。正如事過境遷之後，《大憲章》就不再是國王與貴族之間骯髒勢利的休戰協議一樣；在往後的日子裡，沒流多少血的光榮革命也被英國人納入了他們心中的英國傳統。光榮革命一個世紀之後，愛德蒙·柏克（Edmund Burke）說：「革命，是為了保障我們自古以來無可置疑的法治與自由。歷史悠久的憲政秩序，是確保法治與自由的唯一基石。」[11]光榮革命不僅讓英國脫離封建時代，同時也為剛剛萌芽的民主社會奠定基礎。但它奠定民主的方式，卻不是靠宏偉的抽象推論，而是靠相當部落敘事的英國國族主義思維。是先有了部落敘事，抽象概念才能發展出來，洛克的著作才能發揮效用。

洛克一六八九年出版的《政府論·下篇》（*Second Treatise on Government*）雖然用哲學的方式陳述了英國式的自由主義，但也包含了一些與**英國例外論大相逕庭**的東西。這部作品雖然在寫法上瞄準英國讀者，卻帶著普世的價值觀。接下來我就帶著一點個人喜好，簡述一下這本書的主張。劇透一下，我也會解釋為什麼該書的細節並不像許多人以為的那麼重要。

洛克在《政府論·下篇》裡面寫了自己的創世神話：「全世界一開始都像美洲一樣」。這句話的意思是，在最初的部落國家裡，每個人活得都跟大西洋彼岸的印地安人一樣，「因為當時根本沒有人知道什麼叫做錢。」[12]

洛克這邊說的錢是指財產。洛克對財產的觀念是他政治世界觀的核心。他認為自然狀態中的人「擁有完全的自由。可以在自然法則的範圍內，用自己認為適合的方式任意行動、任意處置他們的財產和個人，不需要依循或仰賴任何其他人的意志……」[13]這種自然狀態跟盧梭的自然狀態，在許多方面都很像。洛克說自然狀態「是平等的，因為所有權力與管轄都是雙向的，沒有任何人比其他人擁有更多。畢竟只要同一物種的生物，都生而擁有相同的特長，以及相同的能力，所以當然彼此平等，既不會有臣服也不會有從屬；除非創造他們的上帝明確表示要讓其中一個比另一個更高，明確地賦予這個生物不可置疑的支配權與統治權。」[14]

不過自然狀態在洛克眼中並不穩定，它會引發「戰爭狀態」，讓一個人或一群人用武力脅迫其他人。在自然狀態下，因為沒有「具備權威的法官」[15]來排解紛爭，人們勢必用拳頭解決問題。而在武力爭鬥中活下來的人，就只好不情願地被「征服者」所控制，陷入「典型的奴隸狀態」中。[16]而且因為每個人都無權違背他人意願行使自己的意志，這種使用武力的方式是一種霸道，不具正當性。

因為洛克認為「最初的財產權就是擁有你自己的權利」（the first property right is the right to own yourself），而且其他一切權利也都源自於這項權利。而要保障財產權，或者說保障生命，整個社會就勢必得建立政府。對洛克而言，人的權利高於政府，政府是眾人自願集結起來，用來完成特定任務的工具。當然我們現在知道，洛克對歷史與人類學的看法是錯的。但當他說秩序是「看不見的手施予的第一份祝福」時，依然正確地看見了曼瑟爾・奧爾森（Mancur Olson）日後所說的東西。[17]

早在馬克思的很久以前，洛克就提出了一套勞動價值論（不過照洛克的說法，應該叫做勞動財產論？）他認為每個人「身體的勞動與雙手的工作，都是他的正當財產。而無論他從自然狀態所賜之物中取走了什麼，都是透過自己的勞動在那東西中攙入了他自己的東西，使其成為他的財產。」[18]上帝賜與我們樹木，但只要人砍倒了樹，把樹做成桌子，這樹就成了財產。

洛克認為財產會改善我們的生活，會讓人類文明逐漸進步。美洲部落的異國情調也許充滿魅力，但「在這片廣袤富饒的大地上，國王的食衣住行卻全都輸給英國打零工的工人」。[19]也就是說，使生活變得富饒的是人類的創意。

洛克認為生命、自由、財產都是人類不可剝奪的權利。《美國獨立宣言》將其改為生命、自由、追尋幸福的權利，但兩者並沒有明顯差異，畢竟洛克認為財產是追求幸福的道路。對洛克來說，第一個把土地圈起來耕種的人，打開了人類進步與文化發展的進程。這與盧梭的觀點完全相反。

洛克在意的平等，不是物質上的平等，而是上帝眼中，也就是政府眼中的平等。他認為各種觀點與意見上的差異，是因為每個人的經歷不同。所以我們應該盡量容忍彼此的差異。

洛克這種觀點的力量，來自於他的「心智白板論」（他用的詞是白紙）：

> 心智就像一張白紙，一開始沒有任何文字與概念，所以我們的想法究竟從何而來？我們究竟如何不斷用浩瀚無垠的想像力，在心中描繪多不勝數的各種不同內容？我們的理性和知識究竟是用什麼東西構成的？我的答案只有一個：**經驗**。[20]

洛克的這個觀念後來成了經驗論（empiricism）的始祖之一，對世界的影響力可以說超越了他所有討論政府與政治的作品。從科學的角度來看，洛克是錯的。雖然經驗塑造了我們觀看、理解世界的方式，但早在我們得到經驗之前，就已經被先天機制影響了處理資訊的方法。但從政治與哲學的角度來看，洛克用白板論反對原罪、先天觀念、自然權威（即君權神授）的說法，的確把政治的核心從上帝改為人類。洛克認為只有上帝才是人類的主人，而且沒有任何人能挪用上帝的力量。所以凡間的每個人都是自己的主人，只有基於個人同意的統治力量，才是正義的。

史迪芬・平克指出，洛克這些言論的其中一個目標，就是顛覆當時主流的中世紀天性論。「當時有很多人把捍衛政治現狀的教條，例如教會權威、國王神權之類的，吹捧為不證自明的真理，而洛克就是要反對這些。」此外，心智白板論「也同時動搖王公貴族的世襲基礎，因為如果每個人的心智最初都是一張白紙，貴族就無法聲稱自己的智慧或能力開場就比較高。同理，如果沒有人天生低人一等或生性順服，奴隸制度自然也站不住腳。」[21]洛克的白板論，其實是推動社會多元、建議彼此容忍、倡議選賢與能的理由之一。

這種觀念把理性看得比天啟更重要。洛克相信人類能夠自己找出生命該怎麼活，也能以人人平等、所有人都能同意的方式建立政治結構。因為所有人「都是自然社群中的成員，沒有人應該宰制別人，沒有理由能允許我們摧毀彼此，沒有人生而劣於其他人，沒有人天生就要為其他人所用。」[22]這個觀念就像一顆定時炸彈，注定會炸掉貴族制、奴隸制、君權神授論的基石。詹姆斯・克羅鵬伯格（James T. Kloppenberg）就說「在十七世紀，幾乎所有歐洲人都把天生的階級制度視為理所當然，洛克則擺明了跟這種觀念對著幹。」[23]

洛克希望所有人都遵守同樣的規則：「只要是確定頒布的法律，就不能因特殊情況而改變，而是要同樣適用於富人和窮人，適用於法庭上的寵兒和推著犁的鄉下人。」[24]要保障人民的「和平、安全、公共利益」，最好的方法就是落實一套完全不仰賴人們天生優劣的法治體制。[25]這套法治就是遊戲規則。因為我們無法監控人心，只能管轄人的行為。「但只要社會以立法權，制定出人人適用的規則，人們就可以遵循這套規則，在政府的治理下自由行動……」因為「無論是什麼事情，只要規則沒有規定，我就可以照我的意志去做，不需要屈服於其他人反覆無常、不確定、未知、武斷的意志……」[26]

許多歷史學家都曾經以為，與其說《政府論．下篇》是獨立成篇的政治哲學作品，還不如說是一部幫光榮革命辯護的政治說帖。但事實是，這本書大部分都是在光榮革命爆發之前寫的，當時發表這種言論可是叛國罪。克羅鵬伯格說，「在一六八〇年代，即使只是說主權屬於英國人民，而非屬於君臨議會的國王，也會危及生命。」[27]所以討論這些事情時，我們必須注意因果關係。早在辯護的說法出現之前，要辯護的現實已經改變了。那些討論《政府論．下篇》到底是哲學著作還是政治說帖的辯論，都忘記最關鍵的一點：它是文化的產物，反映了那個時代產生出來的思想。

＊　＊　＊

約翰．洛克認為「過去」是人類必須努力爬出的深淵；尚—雅克．盧梭的看法則相反，他認為製造梯子往上爬本身就是個錯誤。在洛克的眼中，現在社會的出現不僅解放了人身，更解放了思想；但在盧梭的眼中，現代性卻是一種壓迫。

盧梭生於瑞士的日內瓦，而日內瓦也是他心中唯一可以媲美古代斯巴達的理想政治結構。盧梭出生不久之後，母親就去世了，父親艾薩克（Isaac）則是個讀了太多書，生性浮誇的鐘錶匠。艾薩克後來跟一個地位比自己高的人結了婚，在日內瓦撫養盧梭，直到某天因為觸犯法律而拋棄了兒子，把尚—雅克．盧梭交給一位待他很差的親戚撫養。

盧梭早熟，十六歲出門闖天下，來到薩伏依（Savoy）擔任華倫夫人（Baroness de Warens）的管家。華倫夫人是個離經叛道的有錢人，跟前夫離婚之後拿走了大部分的財產，開始嘗試一些當時會覺得很怪的事業。例如其中一項工作是傳播天主教，專門讓新教的年輕男人改宗。她一開始是盧梭的老師，後來成為他的情人。之前從未受過正式教育的盧梭，在離開華倫夫人之時，文筆的羽翼已豐，哲學也初露鋒芒。他決定前往巴黎，希望成為眾人眼中獨一無二的天才。

當盧梭三十歲抵達巴黎，巴黎已是知識之都。他在那裡遇到了另一位壯志滿腹的年輕學者德尼．狄德羅（Denis Diderot），一起成為當時最有名的哲學家，激進地倡議民主、反對教會干政，一起成為理性時代的重要基石。狄德羅後來則與其他人共同編纂了《百科全書》（*Encyclopédie*），整理了人類知識與藝術的結晶，成為法國啟蒙運動最重要的作品。

但盧梭的名氣超越了狄德羅，也超越了當時其他所有哲學家。他是當時的巨星，在好一陣子裡靠著洋溢的文筆、編寫的曲子與歌劇贏得宮廷的仰慕。麥可．洛克．麥克萊頓說，「但他在巴黎似乎一直覺得不自在，最後甚至陷入了嚴重的疏離和自我厭惡。」[28]

其實這也不奇怪，因為說得好聽一點，盧梭是個可悲的王八蛋。他愛出風頭、是個渣男（cad）、偽善的程度讓人砸舌，許多行為甚至是背信棄義。他當然沒有湯姆．哈斯（Tom Hulce）在《阿瑪迪斯》（*Amadeus*）中扮演的莫札特那麼蠢，但鄙視社會習俗的程度卻跟片中的莫札特有得拚。盧梭有一大堆情婦，自己在《懺悔錄》（*Confessions*）中就承認跟一位名叫泰蕾茲．勒瓦瑟（Thérèse Levasseur）的女傭生了好幾個孩子。他一邊說：「世上最能打動我的事情，就是那些在適當的時機為了解放受迫弱者而挺身而出的勇敢行為」，[29]一邊逼自己的情婦把每個剛出生的小孩全都扔到孤兒院。他一邊撰寫最有名也最有影響力的教育著作，一邊拋棄自己的小孩。[30]

盧梭這種人在當代似乎蠻多的，而且要說起來，他就是這種巨星型知識分子的祖師爺。盧梭一方面一直不斷爭取更多名聲、引發更多爭議，另一方面又對其他知識分子自我矛盾、在意雞毛蒜皮小事的行為嗤之以鼻。所以這樣的人當時會被很多重要思想家鄙視，好像也不奇怪。伏爾泰讀完盧梭的《社會契約論》（*Social Contract*），寫信說：「我收到你那本反人類的新書了。寫這種書真是謝謝你喔，只有你這麼聰明的人，才能發現其實我們都應該變成野獸。讀著讀著，就好恨不得用四隻腳走路喔。」[31]至於盧梭跟英國哲學家大衛．休謨（David Hume）結的樑子，更是成為當時的國際肥皂劇。休謨努力幫盧梭安全地逃亡到英國，盧梭卻回以難以理解的指控，說整場針對盧梭的迫害行為就是休謨精心策劃的。[32]休謨後來在寫給好友亞當．斯密的信中，就這麼描述盧梭：

> 所以這個人啊，就是由妄想、做作、卑鄙、虛榮、不安組合而成的，可能還有一點點精神錯亂……除了上述主成分以外，最後加上一些忘恩負義、殘忍、說謊成性，至於強大的口才和無中生有的能力，就更不用我說了。[33]

盧梭是忘恩負義跟引爆公審的天才，一輩子就像是某種書信往來實境秀。但這可能也是盧梭的核心。他不在乎人們在意的誠實、正直這類傳統價值，所以能夠經常用醜聞跟衝突的方式引發大眾關注。在休謨中招之前，狄德羅就警告過他。狄德羅本人完全沒上過盧梭的當，甚至有人來問要怎麼處理醜聞公關問題時，他還回信說：「我的幸福我能自己掌控。那些忘恩負義、喜歡抹黑、誹謗名聲、見不得我好的渾帳，想奪走我的幸福就來試試看啊。」[34]這說的大概就是盧梭吧。在另一封信中，他則這樣說盧梭：

我瞧不起他，但也覺得他很可憐。他一天到晚都在悔恨跟羞愧，而且沒有任何朋友……至於我呢，國內外的人都喜歡我、尊敬我、甚至擁戴我。女皇陛下的賞賜讓她聲名遠揚，讓陛下和我的作為都廣受稱頌。那叛徒聽到這消息，只氣得說不出話。他白日哀戚滿腹，夜裡憂不成眠。我呢？在他悲傷焦慮，可能夜裡哭哭、空自消瘦的時候，我安心地一覺到天亮。[35]

在討論盧梭的時候，很多人都會說上述這些說法都是在因人廢言，都是在用盧梭個人的道德缺陷來詆毀他的思想。但我不僅不是想以此攻擊盧梭的思想，甚至反而認為他的思想正是因為他的悖德才能產生。這不是在說盧梭用哲學幫自己的行為找藉口（對啦，《懺悔錄》裡有很多這類內容）；而是在說盧梭正是因為無法融入這既時尚又市儈的社會，才能像外星人那樣一針見血地指出當時人類的偽善。

此外，對社會的疏離也在盧梭心中開了一個洞，使他的精神渴求新的事物。他認為錯亂的社會，會孕育出錯亂的靈魂，所以我們需要把社會打掉重練，讓外在的社會安排能夠符合人們的內在世界。盧梭似乎拒絕了年輕時候那種清教徒的貞潔與正直，只留下一些神學假設，認為我們所知的世界已經腐化，所有「介於」個人與上帝之間的東西，都讓我們看不見真理與神賜。

盧梭改宗的過程，簡直就像是保羅去大馬士革的時候遇到上帝的故事。盧梭三十七歲那年，去文森（Vincennes）拜訪因批評政府而入獄的狄德羅，而且因為窮到付不起買車的車費而直接用走的。走著走著，突然看到第戎科學院（Academy of Dijon）的論文競賽廣告，徵文題目是：「藝術與科學的復興，是否有助於道德淨化？」

他事後回憶道，「我讀到這句話時，彷彿看到了另一個世界，變成了另一個人。」這個浪漫的傢伙說：「就像是我的心靈被上千盞的燈光照得目眩神迷……有如喝醉酒那樣感到一陣頭暈。」盧梭聲稱自己當時倒在地上，陷入某種超然的狀態，醒來時外套浸滿了淚水。

蒂莫西．布萊寧（Tim Blanning）認為：「盧梭之所以會迸發這樣的情感，是因為他忽然發現第戎科學院並不是明知故問。」[36]不過這點我倒是不同意，第戎科學院那道問題，就跟歐柏林學院（Oberlin）在論文比賽問過的〈多樣性讓我們變強了嗎？〉一樣，幾乎肯定是明知故問。主辦單位想看的才不是辯論，而是誰能用最有創意或最為死忠的說法給出正面答案。

總之盧梭投稿了，而這篇《論藝術與科學的道德影響》（*A Discourse on the Moral Effects of the Arts and Sciences*）不僅贏得大獎，也成為日後他思想的基石。盧梭完全推翻了當時對文明的看法，把人類的所有進步都說成墮落，所有的改良都只是掩蓋腐敗的騙人糖衣。文明不但沒有解放人類，反而奴役了人類。《社會契約論》的那句名言：「人生而自由，但卻無處不在枷鎖之中」[37]其背後的思想，早在《論藝術與科學的道德影響》中就出現了：

> 政府和法律保障了人們日常的安全與幸福；至於雖然沒那麼專制卻可能更為強大的文學、藝術、科學，則在壓制人們的鎖鏈上灑上花環。這些東西都從一開始就扼殺人們與生俱來的自由感，讓人們愛上這種被奴役的狀態，成為所謂的文明人。[38]

某種意義上，盧梭所有作品都是在重述他的小說《愛彌兒》（Emile, or On Education）的第一句話：「所有東西從造物者手中出來時都是好的，但到了人類手裡，就都墮落了。」[39]盧梭自己也說《愛彌兒》「就是一部解釋人性本善的論文。」[40]

盧梭的整套政治哲學都跟洛克一樣，奠基在一套虛構的人類起源之上，這套說法就是我們之前提過的「高貴的野蠻人」（雖然盧梭本人從沒用過這個詞）。根據這套說法，人性本善，且生而孤獨。（不過盧梭用的詞都是「男人」，所以女人在哪裡呢）人類犯下的最大錯誤，就是捨棄了自給自足的（自私？）生活，共同建立一個社會。社會是腐敗的，把人類的天性與自然狀態從我們身上奪走。

洛克對原罪的看法有點複雜，他並不承認亞當的墮落能一直影響人類。洛克跟盧梭一樣，相信自然狀態中沒有罪，但他的理由卻是，無論以多麼鬆散的定義來看，所謂的法律在自然狀態中都完全不存在。法律不存在，罪自然也不存在。他認為人之所以會有罪，是因為上帝先把道德律賜給猶太人，然後又賜給了基督徒，所以違背這些律法的行為就構成了罪。盧梭的看法倒是完全相反，記得《愛彌兒》怎麼說的？「所有東西從造物者手中出來時都是好的，但到了人類手裡，就都墮落了。」洛克認為人類用理性與勞動創造了原本不存在的財富和財產，用自己的雙手推動人類進步；盧梭則認為所有人造之物都是墮落。洛克認為上帝的道德指引是祝福，盧梭則認為是腐化詛咒。盧梭甚至認為，打從人類走上發展之路的第一步起，腐敗就開始了。《論人類不平等的起源與基礎》最有名的一段話就是這麼寫的：

> 打從第一個人圈了一塊地，開始想說「這是我的」，而且發現大家都相信他之後，他就成了創立公民社會的人。要是沒有這些東西，多少犯罪、戰爭、謀殺；多少可怕與不幸的事情都從來不會發生？我們應該要告訴同伴「小心這個騙子說的話！你一旦忘記沒有人能擁有整片大地，忘

記地上的果實屬於我們每一個人，你就完蛋了。」[41]

盧梭認為：「在那之後踏出的每一步，雖然乍看之下都讓個人變得更完善，其實卻是讓全人類變得更衰朽。」[42] 他精準地發現，私有財產與勞動分工是推動文明與經濟發展的主要動力，但他就是討厭這些東西：

簡單來說，人們如果只做那些自己能獨立完成，完全不需要與他人合作的工作，他們就過得很自由、很健康、很誠實、很快樂，因為這些事情符合人的天性，能讓人在交流中保有彼此獨立，互相尊重的感覺。但只要你開始仰賴別人幫忙，只要局勢開始對那些能夠獨力獲取兩人所需糧食的人有利，平等就消失了，財產就出現了，工作變成了擺脫不掉的東西，廣袤的森林被砍成了風光明媚的田野，人們得用額頭上的汗水灌溉腳下的土地，而沒過多久，奴役和苦難就跟著地上的莊稼一起發芽長大。這樣的巨大變革，來自冶金和農業兩種工藝。詩人說讓人墮落的是黃金白銀，但在哲學家看來，鐵器和穀物才是先讓人類走入文明，然後走入毀滅的兩個禍根……[43]

不過雖然我這麼苛刻地批評盧梭，卻得承認自己越來越佩服他的著作。盧梭本人的行為令人反感，論述的前後不一和推出的結論則經常讓人火大。但他對於人類各種腐敗、偽善、假裝虔誠的洞見，卻和他描述這些現象的文筆同樣出眾。早在神經科學證實之前，盧梭就發現我們每個人都希望被社會當成獨一無二的重要人物，他稱這種願望為 amour-propre，法文字面直譯是「自愛」，但英文通常翻譯為「虛榮」、「驕傲」、「自尊」。amour-propre 跟另一個法文詞 amour de soi（對，也是自愛的意思，這很煩）不同，amour de soi 是指在被社會腐化之前，原始人類跟動物共有的一種照顧自己的自然衝動。這種衝動注定高貴而善良，因為盧梭認為自然狀態中的人，永遠不會用犧牲他人的方式來爭取自己的利益。當然啦，現實才不是盧梭講的那樣，很多動物都會為了自己的利益而傷害其他生命，掠食者更是如此，原始的人類當然也不例外。

至於 amour-propre，盧梭則認為來自小型部落或小群體的成員彼此競爭性伴侶或地位的衝動。他說現代社會的弊病來自 amour-propre 的「發炎」反應，而原因之一正是市場制度讓我們用財富來衡量社會地位。也就是說，照盧梭的精采分析，他稱為激情的這些衝動所造成的問題，其實比意識型態更嚴重——這部分他說對了。

盧梭在寫他那史上第一部現代自傳的時候，非常誠實地面對自己尋找自我、忠於自我的過程。但他同時也以更大的謊言，去掩蓋自己對上流社會的喜好。盧梭很喜歡上流社會的鎂光燈。他也許認為世上許多罪惡都源自於人們渴望地位與他人的尊重；但其實他自己也同樣渴望地位與別人的認可。盧梭有一種川普的特質，似乎認為惡名昭彰至少比沒沒無聞好。

盧梭在《論藝術與科學的道德影響》的結尾說，總有一天，人類會發現自己犯了一場大錯，回頭向上帝求饒：「全能的上帝，掌握人類心智的主！求你救我們脫離前人那些致命的藝術與科學，讓我們回歸無知、天真與貧窮！這些才真的能給我們幸福，這些才是祢眼中的珍寶。」[44]（等等，把規則還給上帝來決定，未免也太洛克了吧！）

盧梭會被稱為浪漫主義之父並不奇怪。浪漫主義無法理解現代世界，認為它令人疏離、閹割靈魂、與自然為敵。當代很多人高喊的：「體制被操縱了！」，其實就是一種最強烈的浪漫主義思想。

所有的激進主義，無論是激進左派還是激進右派，都是一種浪漫主義。人們會產生「把體制砍掉重練」的想法，一開始都是因為不滿現狀。雖然各種意識型態會用不同的方式包裝自己的野心，但意識型態背後其實都是本能。無論是列寧、希特勒、還是之後的模仿者，最初的呼籲都一模一樣：當代的文明高樓已經腐敗，不能繼續留著。這種思維走到極端就變成了激進主義，呼籲人們一起站起來把高樓推倒。

此外我們也可以說，盧梭是最早用現代的角度看疏離感的人。在啟蒙運動之前的人當然也會感到疏離，但當時的疏離感就跟其他激情和思想一樣，都被宗教所收編，只要找到正確的方法與上帝相處，人就不會再感到疏離，更不會擁有不應得的地位。

但啟蒙運動把上帝拉下神壇，讓人成為衡量人的標準。盧梭甚至可說是第一個主張要好好和自己相處的人，他認為照亮世上道路的東西是你、你的良心、和你內心的真理。它相信我們每個人的內心深處都住著，或至少曾經住過一個真實可靠的高貴野蠻人，我們只是被文明腐化，才會去追求地位、財富、名聲、敬重之類的人造之物。

盧梭認為，教會在啟蒙運動之前根本就是某種腐敗的同業公會，不是在滿足信徒或百姓的需要，而是在利用權力圖利自己。但啟蒙運動的英雄，卻跟他們推翻的那些王子或神父半斤八兩。這些野心勃勃的知識分子把自己打扮成哲學家和自由思想家，但其實跟之前的教會人士一樣「都只不過是盲信者，而且盲信的原因也一模一樣」。[45]

盧梭當時就預見了知識分子將在現代社會中扮演什麼角色；也預見了各種被意識型態洗腦的粉絲，例如知識分子、藝術家、教育家、以及各種知識工作者，會如何像過去的牧師那樣，掌握意義的定義權。盧梭認為所謂的理性時代（Age of Reason），只不過是用另一種方式壓迫人類的時代。洛克、孟德斯鳩、美國開國元勛用啟蒙思想所發展出來的民主制、有限政府，根本就沒有比它們想取代的體制好。

說到這裡，就可以知道為什麼我上面會說盧梭的個性決定了他的哲學。蘇格蘭作家詹姆斯・鮑斯威爾（James Boswell）說，盧梭和他聊天時曾說：「先生，我不喜歡這個世界。我無法忍受現實，所以活在想像的世界中……我認為人類噁心至極。我的管家說，我自己獨處的時候，心情比和他人共處的時候好很多。」[46]

這種一邊反對傳統專制、又一邊反對啟蒙運動的觀點，可能會讓人想到無政府主義或放任自由主義（libertarianism），這兩種思想的共通性就是認為系統會被操弄，統治者會利用體制為己牟利，當權者都不可信賴。但盧梭提出的方案，卻不是像這兩種思想一樣反對國家的強迫與操弄，而是要用國家的力量來追求更「純粹」的東西。

盧梭認為，個人和社會都偏離了本性，都破碎、錯亂、違反了自然。我們每個人都和天性作對，所以社會自然無法和諧。解決問題的唯一方法，就是打造一個新社會來填補內心的空洞，讓人們集合為一個整體，一同獲得救贖。如果我們無法離群索居，回到高貴的野蠻人，就只能建立一個高於個人善惡觀念的「共同意志」，在它的支配下一起生活，找到新的意義。

他用很聰明的方式重新包裝了部落本能。在盧梭的理想社會中，每一位公民的人生意義都注定來自於集體生活。這種社會有一種新的宗教信仰，它讓每個人相信自己活著就是為了服務整體。盧梭將斯巴達軍事國家，當成全新社會組織的範本，認為決策者在規劃的時候，可以把古希臘羅馬的公民宗教（civil religion）觀念引入現代社會中，藉此讓人民在情感上把共同意志和整體社會聯想在一起。

盧梭的公民宗教是一種徹底的極權主義。如果你拒絕接受公民宗教的教義，你就不該繼續留在社會裡。至於那些先公開表明接受共同意志訂出的法律，之後又違反的人「則應該處以死刑。因為他犯了最嚴重的罪：在法律面前說謊。」[47]盧梭認為之所以要這樣，是因為「雖然某些人認為文明的偏狹並不等於宗教的偏狹，但在我看來兩者沒有區別。我們不可能和那些該下地獄的人和平相處，如果我們去愛這些人，就等於去恨懲罰他們的上帝。我們必須主動要求他們受罰，主動折磨他們。」[48]所以在新的社會中，公共「審查員」和地方法官必須形塑公共輿論，並找出「不信教者」加以消滅。國家有絕對的權威為了讓人活得更美善，而提升人民的靈魂。也就是說，就連基督宗教在聖奧古斯丁（Saint Augustine）之後對於政治與宗教的分工差異觀念，盧梭也想要打破，用一個全新的神權政體將宗教與現世融為一爐。社會學大師羅伯．尼斯比（Robert Nisbet）認為這種觀念是要建立「政治哲學中力量最大的國家」，可能也沒有太過誇張。[49]

這種新的想像共同體，實際上的做法就是「國族主義」。盧梭思想最具體的實施例子，就是法國大革命尾聲的雅各賓專政（Reign of Terror），當時的公共安全委員會（Committee of Public Safety）真的進行思想審查，以建立偉大新法國之名把不相信的人全都殺死。這些革命運動者認為自己真的是在從零開始打造一個全新的國家，並將盧梭的社會契約論奉為「立法者的燈塔」。[50]

雅各賓專政的主謀，以及開創現代極權主義大屠殺的羅伯斯比（Maximilien Robespierre），據說每天都像禱告一樣捧讀盧梭的作品。[51]羅伯斯比用盧梭的思想，來證明自己的統治讓人類進入了更高的層級。他在一七九二年對法國各省領導人演講時說道：「各位兄弟朋友都知道，我們無黨無派，不為任何勢力服務。我們的意志就是人民的共同意志。」[52]

即使羅伯斯比因為做法太誇張而在熱月政變（Thermidorian Reaction）中被反對派所殺，其他革命運動者依然沒有捨棄盧梭。他們認為羅伯斯比的問題，在於背叛了盧梭的精神。革命政府在一七九四年提議挖出盧梭的遺體，搬到巴黎先賢祠（Panthéon）重新安葬，移靈的過程把一本《社會契約論》放在天鵝絨的墊子上，用十二匹馬拉的車搬運盧梭的塑像。[53]

洛克與盧梭的思想，以及我們所傳頌的這兩人的故事，不僅代表西方文明的兩大主流，更逐漸成為現代社會的兩大砥柱。我們的現代性，變成了這兩種觀念之間的鬥爭：第一種認為人類在脫離過去的自然狀態之後過得更好；另一種認為我們打造的世界違反自然，注定因此墮落。第一種認為外在的道德規範與代議政府可以讓人掙脫束縛得到自由；另一種認為真理不可能在外界的普世價值跟彼此寬容之中，我們只能從內心的感覺和自己在群體中獲得的意義去追尋。

我們可以用洛克和盧梭的差異來區分左派與右派，但兩者之間的差異不僅如此，更直接涉及人們的內心想法。許多左派比自己以為的更洛克，有些右派比自己願意承認的更盧梭。洛克代表人定勝天，而且不僅能夠征服自然，還能征服人類本性。盧梭則認為這種征服就是壓迫。這兩者之間的張力永遠不會消失，因為洛克的世界是一種外在框架，勢必要影響與生俱來的人性。我們每個人出生之時，都是一點也不高貴的野蠻人。高貴並不來自遺傳，只能來自教育。

第六章

（他們寫下的）美國奇蹟

The American Miracle: They Put It in Writing

我們認為下面這些真理是不證自明的：人人生而平等，造物者賦予他們若干不可剝奪的權利，其中包括生命權、自由權和追求幸福的權利……

——**湯瑪斯．傑佛遜等人，《美國獨立宣言》**

好吧，其實開國元勛搞錯了一些東西。

「造物者賦予我們若干不可剝奪的權利」並非不證自明的真理。在口語中，「不證自明」的意思是顯而易見，在辭典裡，如果一件事情是不證自明的，就表示不需要任何證明也知道它為真。我們不需要證明也知道萬有引力存在，真的想找證據也很容易。我們不需要證明也知道火很燙，如果你不信的話我現在就示範給你看看。

但「造物者賦予我們若干不可剝奪的權利」呢？好像不是這樣。人類幾千年來一直想證明造物主存在，但還沒成功。如果連造物主的存在都會讓人質疑，那要證明造物主賦予我們一些權利就更為困難。相信自然權利（natural rights）的存在不但就跟相信上帝存在一樣，需要某種信仰之躍；淵遠流長的歷史還一直提醒我們，人類很容易忘記自己有哪些權利，就連生命權也可以忘記。

美國建國過程中最初也最輝煌的成就，就是用白紙黑字寫明（既非主張也非暗示，這很重要）人皆生而平等，並由造物主賦予不可剝奪的權利。雖然有點牽強，但這項奇蹟會讓我們覺得古代的英國人很像猶太人。猶太人把一神論的道德框架引入世界，但那些框架原本只適用於猶太人；直到基督信仰出現之後，才把這些訓誡普及到全人類。權利與自由的狀況也是一樣，這些概念最初是英國人帶來的，原本只適用於英國人；但美國人出現之後，就把它變成了普世價值。

開國元勛的那些聲明，如今有很多人都認為只是說著好聽。他們認為開國元勛一邊說那些好聽話，一邊不承認奴隸、女性、無產者的權利，根本就是偽君子。但這種詮釋方式完全搞錯了問題，抹滅了每個人在當下時空中改善世界的勇氣。我們不能用現在的道德標準去評斷古人，而是應該用人類至今為止的進展來思考我們當下的步伐是否太慢。赫伯特．巴特費爾德（Herbert Butterfield）就說，「歷史上所有的罪惡與詭辯，都根源於以今非古；而最簡單的以今非古，就是無視事件原本的時空背景。我們說出那些乍看之下不證自明的判斷時，都很容易犯這種錯。而我們所謂的『毫無歷史素養』也都源自於此。」[1]

開國元勛以前所未有的加速度，推動「歷史巨輪」向前邁進。他們推廣洛克這些英國人提出的道德原則，開啟了人類歷史全新的篇章。《獨立宣言》的發展過程就是一個很好的例子。

大概在傑佛遜開始寫《獨立宣言》九十年前的時候，光榮革命讓英國人落實了他們的祖先認可的人權；同時也大幅影響了美國殖民地的政治和民意。專制主義不僅在母國受挫，在新世界也受到質疑，許多人開始自然而然地建立民意代表機構。[2]這些位於殖民地的英國人，會更加重視權利與自由的概念也很自然，因為在那之後，王權的枷鎖越來越緊，或至少更不合理。而當獨立的火苗逐漸滋長，權利與自由的適用範圍當然就會從英國人逐漸擴張到所有人。也就是說，這些事件讓英國殖民者不僅不再效忠英國王室，甚至不再認為英國人與眾不同。

就拿「每個人的家都是他的城堡」（A man's home is his castle）這句話的演變為例。這句話原本是「每個英國人的家都是他的城堡」（An Englishman's home is his castle），而且不只是讓男人用來逃避做家事的藉口。當時的意思是，在英國即使貴為國王，只要未經同意，就不能闖進別人的家。早在光榮革命幾百年前，英國就認為每個人都擁有這種權利和自由。一六二八年，愛德華・科克爵士（Sir Edward Coke）把這項習俗列入普通法：「每個人的家都是他的城堡，也是他最安全的避難所（*et domus sua cuique est tutissimum refugium*）」。一七六三年，威廉・皮特（William Pitt）又進一步寫明「城堡」的意思：「即使是最窮的人也可以在自己的草屋裡抵抗國王的權威。他的家可能很破舊，屋頂可能搖搖欲墜，屋子可能會被風吹穿、被雨打濕；但風能進，雨能進，國王就是不能進。」

當然到了現在，這句話不是說每個人只要在家裡面，法律就管不著、抓不到；而是說國家如果想進你家，就得事先準備好充分的理由。政府必須先向法官解釋理由，然後由法官簽署命令或搜索票，才能進你家搜查。《美國憲法第四修正案》中「人人具有保障人身、住所、文件及財物的安全，不受無理之搜索和拘捕的權利」就是源自於此。歷史的推移，讓這項原屬於英國的習俗，逐漸變成了人人不可剝奪的權利。[3]

《獨立宣言》也是這樣。乍看之下，整篇宣言從「生命、自由和幸福」到所謂人人不可剝奪的權利，都散發濃濃的洛克味；但實際影響《獨立宣言》最大的卻並非洛克，而是美國人民，而且當時的人才剛剛覺得自己是美國人，不是英國人。傑佛遜在發表《宣言》多年寫道，「它既不是為了陳述全新的原理或觀點，也不是沿襲任何過去的作品；而是在表達美國人的思想。」[4]事實上，最初的《獨立宣言》還真的不像學校教的那樣是單一文件，波琳・邁爾（Pauline Maier）發現它一開始大概有九十份，撰寫的團體來自各地，從各縣會議、紐約機械師公會、麻州市政廳都有。傑佛遜根本沒有在《獨立宣言》裡新增任何東西，而是到了截稿前一刻，才用洋溢的文采把美國人的普遍觀念整合起來。[5]

正如戈登・伍德（Gordon S. Wood）所言，《獨立宣言》發表時的重點是結論，是要藉此脫離英國而獨立。「人皆生而平等」這句話，是到後來才產生了哲學與形上學的意義。伍德說：「一開始當然不會有人認為《獨立宣言》寫出了經典的政治原則，是直到一七九〇年代，聯邦黨和傑佛遜領導的共和黨開始惡鬥，人們才開始把它奉為偉大的建國文件。」[6]然後這樣的認可，才逐漸演變為崇拜。

「我們應該要向《獨立宣言》致敬，」[7]亞伯拉罕・林肯認為「要重新落實《獨立宣言》的內容，讓我們的行為與政策符合它的精神。」[8]上面這段話來自《蓋茲堡演說》（*Gettysburg Address*），而且在這段話之後林肯又說「八十七年前，我們的祖先在這塊大陸上建立了一個新的國家，它是自由之子，致力於實現人人生而平等。」[9]其實林肯在這裡修改了開國元勛的意思，而且還用美國人的鮮血為《獨立宣言》祝聖。但這時候，無論南軍能不能合理地說自己才更了解《獨立宣言》都已經不再重要，因為它已經產生了新的意義。那些開國元勛很可能都相信洛克的自然權利概念，只不過正如大家所知，他們並沒有貫徹始終地去實行；而且以鮮血和榮耀去捍衛的，也是更世俗的東西。但林肯還是從這些故事中篩出一塊黃金，將其塑為一尊偶像，讓人人生而平等的理念更加深植美國人的內心。一百年後，馬丁・路德・金恩（Martin Luther King）做了完全一樣的事情，他在一九六三年的〈我有一個夢〉（*I Have a Dream*）裡說：

我們今天來到首都，某種意義上是為了兌現一張支票。那些打造合眾國的祖先，在草擬《憲法》和《獨立宣言》的那一刻，就簽署了一張美國每一個人都能繼承的期票。這張期票說，每一個人，無論是白人還是黑人，都享有「不可剝奪的生命權、自由權和追求幸福的權利」。[10]

林肯和馬丁．路德．金恩都用故事裡最棒的部分，來提醒我們自己是誰。這段故事之所以要從美國人沒有實現開國理念說起，並不是為了把這些理念貶為假道學，反而是要讓大家回想起美國這個故事的主軸有多麼崇高。在這個故事中，我們甚至不需要提及美國人讓全世界數十億人的物質生活改善了多少；因為即使美國人什麼也沒做，只是充分實現了開國理念，依然將人類的歷史向前推進了一大步。

接下來，我們就從故事的第一幕開始講起吧。

➤ ➤ ➤

很多人，尤其是某些美國保守派，始終堅定不移地相信洛克深深影響了美國開國元勛；幾個世代以來，大部分的歷史學家也都這麼認為。[11]但最近有些學者開始質疑，而且在我開始撰寫本書之時，質疑的聲音變得越來越有道理。例如我以為美國官方歷史紀錄上，應該有一大堆文獻都在讚揚這位英語世界的啟蒙之父、「帶來自由的哲學家」、「自由主義的創始人」；結果我去搜尋美國國家檔案館（National Archives）的線上資料庫，卻發現數量比預計的少很多。

也許最讓我震驚的，就是《聯邦論》裡面竟然沒有提到洛克（反倒是《反聯邦論》（*Anti-Federalist Papers*）簡短提到了他）。奧斯卡・漢德林和莉蓮・漢德林（Oscar and Lilian Handlin）發現，明明洛克曾經花一整章討論奴隸制，然而開國元勛在當時也花了很多篇幅辯論奴隸制，卻完全沒有任何一篇援引洛克。[12]

當時少數明確引述洛克的人之一，是起草憲法、簽署《獨立宣言》、並擔任第一屆大法官的詹姆斯・威爾遜（James Wilson）他在制憲會議上說「不可動搖、無法壓抑的最高權力，一直都屬於人民……我們得承認這件事情，才能讓國家受人尊敬。據我所知，目前還沒有任何憲法是根據這項原則制定的；但我們已經看見世界正在轉變，而且已經享受到它帶來的好處。而唯一指出這項重要真理的人，就是偉大而敏銳的洛克。」[13]我們都知道湯瑪斯・傑佛遜非常崇拜洛克。傑佛遜有一次寫信給班傑明・拉許（Benjamin Rush）的時候甚至還提到一件趣事，說漢密爾頓（Hamilton）拜訪他家的時候，看到牆上掛了約翰・洛克、艾薩克・牛頓、法蘭西斯・培根的肖像，就問這些人是誰。傑佛遜說他們是「史上最偉大的三位一體」。[14]不過有趣的是，從傑佛遜的作品實在很難看出他讀過洛克的《政府論》，他死後留給國會圖書館的藏書裡也沒有這兩本。

但另一方面，傑佛遜倒是從洛克的《論寬容》（*Letter Concerning Toleration*）中摘了很多重點，而且這本書也啟發了他起草《維吉尼亞宗教自由法令》（*Virginia Statute for Religious Freedom*）。

我們也可以從這項法令，再次看到理念如何化為真實的故事，故事又如何回頭修正舊理念，如何衍伸出更棒的新理念。洛克認為天主教徒和無神論者都無法真心地忠於國家，「因為那些投身於天主的人，本身就已經效忠於另一個君王，並乞求他的保護。」至於那些認為世上沒有神的人「則完全無視於人類社會中任何承諾、契約、誓言的約束」，根本就不值得信任。[15]

但傑佛遜起草《維吉尼亞宗教自由法令》的時候，卻將洛克的抽象原理推得更廣。他一開始就開宗明義說：

本法案之目的在於保障宗教自由。全能的上帝創造自由的心靈；凡欲以刑罰、重擔或限制人民之舉對其施以影響，將引起虛偽與卑鄙之習，背離我們的聖主旨意；聖主為我們身心之主宰，無所不能，然而卻不強制我們的身心……[16]

這項法令不僅讓英國國教不再是維吉尼亞州的官方信仰；更同時保障了新教徒、天主教徒、穆斯林、猶太教徒、印度教徒、甚至異教徒的信仰自由。

這就是一個並非由洛克本人造成，而是由我說的「洛克革命」造成的歷史轉變，類似的例子還有很多。那些喜歡玩思想連連看的歷史學家，往往忘了語言本身的巨大力量。在啟蒙運動的概念遍布歐洲和美國的時候，洛克就已經成了自由與自然權利的代名詞，即使從來沒讀過他著作的人，也開始對那些語詞朗朗上口。

不過毫無爭議的是，那些支持革命的牧師經常引用洛克的名字和思想，經常把它們編成小冊子（當時的小冊子中大約有百分之十是布道文件）。[17]洛克影響牧師，然後牧師影響人民的程度有多大呢？歷史學家克林頓．羅西特（Clinton Rossiter）是這麼說的：「即使當時傑佛遜、亞當斯、歐提斯的言論從來沒印成鉛字，即使在整場美國革命過程中都只有部長上台說話，革命的政治思想大概也幾乎會跟現在完全一樣——也許會多提到幾次上帝，但洛克的名字還是一次都不會少。」[18]

雖然有點違反直覺，但洛克對開國元勛的主要影響，其實並不是《政府論・下篇》裡面的政治思想，而是關於經驗論的哲學著作（而且當時的人們把它當成科學著作）。約翰・亞當斯（John Adams）在一七六〇年評論洛克的知識論作品時說，「如果說哥倫布發現了一座新大陸，洛克就帶我們打開了人類心智的未知之地。」[19]

正如之前所言，洛克的心智白板論動搖了貴族世襲的正當性，因為照他的說法，每個人出生時都完全無知，都同樣自由，也都擁有相同的自然權利。後來開國元勛又把這套說法推得更廣（雖然還是不夠廣），認為所有世襲而來的高下之分全都違反正義，全都該被打倒（可惜天生的奴隸制又成了例外）。洛克和光榮革命推翻了上帝賦予的君權，湯瑪斯・傑佛遜這些開國元勛則要消滅貴族一出生就高人一等的權利。如果人人生而平等，如果政府是人民建立的，不是上帝建立的，那麼政府就得用同樣的標準看待每一個人。湯瑪斯・潘恩（Thomas Paine）說得好：「美德不會遺傳。」[20]

開國元勛非常清楚，許多王公貴族都很平庸，許多傑出的人也都出身寒門。不過他們也認為，即使你有辦法證明自己比較優秀，也不表示法律就應該給你任何特權或權力。湯瑪斯・傑佛遜就說：「雖然牛頓爵士的學識高人一等，卻不會因此自動成為其他人的主人，也不會成為淪為其他人的財產。」[21]在新成立的美利堅合眾國，那些男爵或公爵可以拿著一張紙證明自己的身分，也可以拿著那張紙在酒館裡任意吹噓；但他們如果跟泥水匠鬧上法庭，法官會當成那張紙不存在。

開國元勛的偉大計劃，比洛克在英國所能想像的所有可能情境，都更有洛克的精神。

因為所謂的貴族制（aristocracy），嚴格來說並不是「由世襲貴族統治」的意思，希臘人最初使用這個詞的時候意思其實是「由最優秀的人統治」。之所以後來會變成權力集中在貴族身上，是因為人性腐敗，優秀的人會想把權力傳給自己的子孫，這個概念才逐漸帶有世襲的意思。所以開國元勛希望讓美國回歸希臘最初的貴族制，例如傑佛遜就希望「每年從垃圾堆中找出最優秀的天才」，讓這些「大自然選出的貴族來統治」。[22]

創立維吉尼亞大學的傑佛遜，認為公共教育「可以讓人發揮與生俱來的天賦與德行、顯露出博雅教育的價值、並使人有能力去捍衛其他同胞的神聖權利……所以無論貧富、出身、或各種外在隨機條件，每個人都應該能夠接受公共教育」[23]（所以博雅教育的英語叫做 liberal arts：讓人開明自由的技能）

獨立戰爭結束之後，傑佛遜開始把敵人轉向限嗣繼承（土地只能由指定的人繼承，不能出售也不能分割）與長子繼承（所有財產都必須留給長子），這兩項制度會讓土地產權逐漸集中，使某些人和他們的子嗣可以明明啥都沒做卻獲得一堆資源。傑佛遜認為他在立法過程中最大的成就之一，就是成功拆掉這兩根「過去與未來的各種貴族制……賴以存在的大地基」，讓美國的政府「可以……真正變得共和」。[24]

接下來幾頁會一直提到身分政治，不過在那之前我還是先說一下，貴族血脈的觀念就是一種非常古老的身分政治。所謂的身分認同主義（Identitarianism），就是認為每個人都會因為某些自己沒有做過的事情而獲得一些特殊地位。當然啦，雖然那些想要消滅這種觀念的開國元勛，碰到奴隸問題最後就縮了回去（很多人想要一併摧毀，但最後沒有成功）；但他們還是為後人埋下了一顆火種，使解放奴隸的運動之火至少延燒了好一陣子。

當代的人大概很難理解，在當時的世界要推行這些改革的難度比現在高多少。喬治・華盛頓原本可以成為國王，但他拒絕了，甚至還是別人不斷說服之下，才同意就任總統。班傑明・韋斯特（Benjamin West）從殖民地到英國去幫喬治三世畫肖像的時候，喬治三世問他華盛頓打贏獨立戰爭之後要幹嘛，韋斯特回道：「大家都說他會回家種田。」

英國國王聽得目瞪口呆，「如果他真的這樣做，就會變成史上最偉大的人。」[25]

不過開國元勛也知道，即使他們成功開創了一些新制度，也無法改變人性。人類本來就會拉黨結派，擁有財富、地位、權力的人本來就會變成小圈圈。他們知道自己無法扭轉這種機制，所以轉而設計政府體制，設法讓任何派閥的權力都無法集中持久。

我們在公民課上都有學過，聯邦政府分配權力的方式，是根據彼此制衡（checks and balances）、分立政府（divided government）、三權分立（separation of powers）。詹姆斯・麥迪遜在《聯邦論》最有名的一段中寫道：

但是最能夠防止好幾種權力逐漸集中在同一個部門手上的方法，就是一邊讓管理各部門的人有動機去抵制其他部門的侵犯，一邊讓憲法賦予這些管理者必要的防禦手段。而這種方法要能有效，就要跟其他類似的時候一樣，我們所賦予的防禦手段，必須要真正能夠阻止各種可能的侵犯。也就是說，要用野心來對抗野心；要把憲法所賦予的權利，跟那個狀況下的個人利益綁在一起。也許這表示我們必須利用人性，才能成功防止政府濫權。但政府本身，不就是為了防止人性的各種惡果，所打造出來的最巨大的東西嗎？如果人類是天使，就不需要政府了。如果掌管政府的是天使，也就不需要任何內外在的制衡措施了。可惜在現實中，掌管政府的是人類，所以最難的地方就在於，你要如何先讓政府能夠限制人民，然後迫使政府限制自己。當然，讓政府受到限制的主要方法，就是讓它必須仰賴人民；但歷史教訓告訴我們，還是必須做一些其他的預防措施。[26]

這個概念比洛克還厲害很多。洛克從來沒有成功地說明為什麼多數決的制度不會變成暴政；[27]反倒是開國元勛相當了解主流民意也可能傷害自由。雖然他們都沒活到拿破崙掌權的時代，卻早就知道拿破崙這類的獨裁者會帶來怎樣的威脅。[28]開國元勛都熟讀歷史，都知道凱撒和克倫威爾這種開疆拓土的將軍（話說《聯邦論》一天到晚出現這兩個名字）可以如何在群眾的擁戴之下奪取共和政府。《反聯邦論》的其中一位作者甚至把筆名取成殺死凱撒的布魯圖（Brutus），並在該書中指出：[29]

> 第一種可能的情況是，聯邦憲法任命的尤利烏斯・凱撒，拿到了軍權之後推翻了憲法，摧毀了共和。把這個原本因為自由共和……而享譽世界的國家，變成最專制的國度。[30]

美國憲法，尤其是其中的《權利法案》，把許多棘手的政治問題明定為政治人物不得碰觸的紅線。它規定政治不能侵犯言論自由、信仰自由、集會結社自由、持有武器的權利、擁有財產（包括智慧財產）的權利，藉此讓專制政權根本無法誕生。就連在關鍵的修憲案中也精心用詞遣字，刻意把條文寫成「國會不得制定」違反信仰自由權利的法律。也就是說，憲法刻意在限制國家的權力，並讓政府的所有權力，都奠基在人民的個體權利與集體權利之上。

簡而言之，這就是洛克和盧梭的差別。洛克認為個人高於國家，盧梭認為國家或共同意志高於個人。洛克的信徒相信我們的權力來自上帝，而非來自政府；盧梭的信徒認為，我們的權利與對國家的義務無法分開而論，甚至根本就是某種東西的一體兩面。

也許憲法最普通的地方反而最重要：它白紙黑字地寫在那裡，而且很難修改。寫在紙上的東西每個人都能讀到，所以憲法屬於每一個人，而且讓人們在解決政治爭議時陷入經濟學家所說的「路徑依賴」。它提醒我們，這個國家最基本的規則，不能被任何單一個人的權威所改變。它塑造一個環境，讓各種不同制度能夠並存。修憲的門檻很高，所以無論政治運動再怎麼熱血，只要碰到修憲都會大幅變慢。這樣一來，我們就不會因為一時的激情而放棄重要的自由，而最後能夠成功修憲的那些運動，也一定都具備了深刻的民主正當性。某些時刻我們可能會想把憲法拋在腦後，但憲法不會因此消失。它是國家的良心，超越了每一個特定的政治時空，它會一直在那裡盯著我們，警告我們又犯錯了。

美國的建國過程有著濃濃的自然神論（deism）味道。自然神論認為上帝或「造物主」就像一個鐘錶匠，把鐘錶造好，上緊發條之後，就再也沒有出手干涉過。有些開國元勛真的相信自然神論，其他則多多少少受其影響。而且某種意義上，他們也都像自然神論的造物主一樣，造好使人自由的機制之後，就離開了。

但我認為我們可以用一種更棒的方式去了解開國元勛的願景，以及這項願景與其他啟蒙時代運動（尤其是法國大革命）的不同之處。當時的美國人有很多思想都源自法國，但我們只擷取他們的精華，而沒有把法國人的世界觀整個照單全收。巴黎的哲學家與革命家，野心比他們在美國的同行大很多，也許是因為盧梭的影響，這些法國人都想打造一條引領人類的全新道路。他們明明痛恨宗教，卻忍不住想創造一種新的宗教，忍不住想為所有法國人奠定整套意義體系。[31]他們跟盧梭一樣都相信人是完美的，畢竟科學革命讓新的知識分子能夠打造完美的社會，以及完美的人。想想孔多塞（Nicolas de Condorcet）怎麼說的吧：「科學已經可以預見人類的發展，更能帶領人類進步，加速它的腳步」。[32]

那美國人呢？美國人認為人不可能完美，所以政府所能做的事情，充其量只不過是用某種方式讓每個人根據自己的天性，去做一些比較有建設性的事情。

李文（Yuval Levin）指出，光是從兩個陣營使用什麼譬喻來描述國家的使命，就看得出這兩種世界觀差在哪裡。法語不斷使用「運動」（movement）這個詞，表示國家的存在是為了推動「歷史巨輪」之類的東西，把人民送到某個地方。英語則認為國家（state）的存在是為了拓出一個狀態（state），讓人們能夠選擇自己的方向。[33]

我很喜歡用法國與英國的花園設計，來解釋這兩個國家在哲學與文化上的差異。凡爾賽宮的花園用華麗的細節，以及巧妙而違反自然的幾何空間配置，去顯示園丁成功地讓自然臣服於他的想像，顯示理性能夠讓自然屈服。但古典的英式花園則順其自然，讓每一株灌木、喬木、蔬菜都能長成最理想的自然狀態。園丁要做的事情只有除草、保養籬笆、趕走那些想來掠食的動物和偷摘花木的人。

美國開國元勛把自己當成園丁，而非工程師。他們在憲法中設想的政府雖然不只是「守夜人國家」，但也沒有差多少。憲法規定花園和園丁該遵守那些規則，政府可以干預社會和經濟，但只有在保護自由的情況下才可以。麥迪遜在《聯邦論》第十篇中就白紙黑字寫道：保護自由是政府的首要之務。[34]

重要的蘇格蘭啟蒙思想家亞當．斯密在於一七五五年寫道：

要讓國家從最原始的野蠻狀態發展成最富饒的社會，其實只需要維持和平、寬鬆的稅率、基本水準的司法而已，其他部分都可以交給自然規律。那些想要違反自然規律，強迫社會走向別的道路，或者試圖在過程中的某些時刻阻擋社會進步的政府，都是逆天行道，而且一定會為此壓迫人民、施行暴政。[35]

我覺得園丁的譬喻比鐘錶匠更精準，因為許多開國元勛都像華盛頓所說的那樣，在美國不斷做實驗。開國元勛打從謝司起義（Shays' Rebellion）、美國第一銀行（First Bank of the United States）、購買路易斯安那州、到一八一二年戰爭，都小心地照顧這個新花園，讓其中的萬物得以成長茁壯，趕走想來侵略的生物，甚至把花園越拓越大。

➤ ➤ ➤

說完了開國元勛，現在該回來說說花園裡的居民了。締造憲法的園丁不僅是花園的僕人，作風也深受主人影響。雖然殖民美國的人延續了許多英國文化，但他們到了這塊新天地上，卻也逐漸開始演變出專屬於美國的全新性格。

最初建國那代的美國人之所以可以從英國文化中去蕪存菁，其實跟他們遠離故鄉有很大的關係。他們從祖居已久的舊家園來到幾千里外的新天地，許多在倫敦或曼徹斯特栩栩如生的文化習慣，在波士頓和紐約全都變得有名無實、格格不入。而且就像現在的德州人碰到麻煩不會希望華府的官員一秒飛過來一樣，第一代美國人也覺得什麼問題都要拜託大西洋彼岸的母國根本毫無意義。

而且有個心理因素，也讓美國人不再那麼認同過去的祖國。我們之前說過，英國的長子繼承法把貴族的頭銜、土地、以及所有其他東西全都判給長子。那麼其他的孩子呢？難道就不用出人頭地？他們所受的教育、所享有的經濟與社會地位都優於平民百姓，卻不能擁有貴族的財產，而必須想辦法出門吃自己。丹尼爾．漢南（Daniel Hannan）就說：「維吉尼亞的大家族，包括華盛頓家族，都是當時的庶子。很多跑到新世界成家立業的貴族弟弟，都覺得明明自己沒有較差，只因為比哥哥晚出生，就失去了祖傳的土地。」看看《李爾王》（*King Lear*）裡面的愛德蒙（Edmund），就知道長子繼承制為什麼讓人難以接受：

> 大自然，我的女神啊，
> 我做樣樣事情都遵循你的規律
> 但你為何卻讓世上的惡俗將我鄙棄
> 任世人獵奇的眼光剝奪我應有的權利？
> 難道只是因為我比哥哥晚生了十二個月
> 或十四個月而已？……[36]

丹尼爾．漢南和馬特．瑞德利（Matt Ridley）都認為，大英帝國在十八世紀的興盛擴張，其實來自於一個有趣的歷史偶然。在工業革命之初，富裕貴族的死亡率顯然比其他人低，他們生病時比較可能去就醫，吃得比平民好，生活與工作條件也比一般人好很多。這種種原因，讓當時貴族的生育率遠超過低下階級，於是社會上就出現了一大批讀過書、有抱負、卻必須自己出門打天下的「庶子」。如果你有五個兒子，只有最大的那個能當公爵，剩下的都得去當官員、牧師、醫生、律師、學者、商人。

而且這除了成為一套抽象規則，甚至還影響到了文化和社會環境。當時英國和整個歐洲都充斥著階級觀念。喜歡這套制度的英國人就會經常回家，或者搬到加拿大；剩下留在美國沒走的人，則只保留了英國人對自然權利與人民主權的看法，而拒絕了階級與地位這些文化遺緒。此外，這些人都熱切地渴望自由。

政治社會學大師西摩・馬丁・李普塞（Seymour Martin Lipset），可能是繼詹姆斯・布萊斯（James Bryce）與托克維爾之後，把美國例外論研究得最好的學者。他對美國有一套很棒的看法（我聽他講了好幾次），他說在建國之初，如果你是個不想跟英國王室斷絕關係的守舊派或保皇派，你通常會搬到加拿大。但如果你相信開國元勛的建國原則，你通常就會搬到美國。所以當時出現了一個史上規模最大的自然實驗，兩群相同種族、相同宗教信仰、甚至大部分使用相同語言的人，因為理念上的差異而分成了兩個國家，產生了截然不同的政治文化。然後李普塞常說，在美加分流的兩百年後，兩國的政府都要求全民改用公制單位，骨子裡依然深深相信權威的加拿大人幾乎立刻照做，「所以在加拿大開車，到處都寫著公里」；但美國呢？美國政府也發出了要求，人民卻直接說「才不要」。

這表示美國的獨立催生了一段文化革命。我認為《獨立宣言》在當時的主要意義，的確就像戈登・伍德說的那樣不在前言，而在結論。而它的結論就是獨立。當然，這不表示美國獨立只是殖民地反抗帝國所造成的衝突而已。美國的獨立當時深深震撼了其他西方國家，歐洲各國的君王皇帝雖然嘴巴裡說支持美國是為了政治宣傳，卻都承認了獨立戰爭並不只是當時比比皆是的卑鄙叛亂。偉大的記者亨利．費爾利（Henry Fairlie）[37]日後寫道：「統治者擔心他們的人民不會把美國革命當成臣民在背叛他們應該服從的君王（當時歐洲有一大堆這種叛亂），而會像《獨立宣言》裡寫的那樣，把整場事件當成在公開宣告一種可以普世適用的革命原理。那些把美國獨立戰爭說成叛變的說法全都被鄙棄，統治者和人民都把這場戰爭當成了對全世界的呼告。」[38]

而且這場革命除了政治上的意義以外，也具有經濟上的動機，而且造成了經濟上的改變。經濟史學家羅伯．萊特（Robert E. Wright）說，「加入革命的美國人想要的，以及後來憲法所賦予的東西，就是我們現在所說的『經濟自由』。他們希望國家的法規和稅賦盡可能少，讓人民自由創業，並且保障人民能夠擁有創業賺到的所有財富。」[39]

當時的美國人認為，經濟自由和政治自由是一體兩面。這種對自由的看法，甚至比英國人的理解還要激進很多，英國人雖然嘴巴說追求自由，實際上卻往往回頭去守護貴族既有的經濟權利。此外，當時歐洲各國的統治者都發現商人和創業者正在逐漸削弱君王的政治權力，英王喬治三世正是因為如此才會哀嘆一群「雜貨店老闆」竟然可以威脅到他的統治。[40]馬克思也是因為這樣才會說「美國獨立戰爭為歐洲的中產階級敲醒了警鐘。」[41]

當時的丹麥外交部長貝恩斯托夫（A. P. Bernstorff）在一七七六年寫給朋友的信中說：「我們這裡的民眾非常關注北美的叛軍，但這並不是因為他們知道那邊的人為什麼要叛亂，而是因為爭取獨立的瘋狂思維變成了一種疾病，感染了所有人。這種毒素已經不知不覺地從哲學家的著作擴散到鄉下的學校。」[42]

當時的美國打造出了一種前所未有的自由平等文化。巴黎、倫敦、維也納都各自具備某種經濟、學術、藝術自由，但這些自由通常都是知識分子、藝術家、作家、貴族的專利。而美國的自由卻不限於菁英，而深入一般平民。或許這也是法國大革命跟美國獨立革命差那麼多的原因之一。習慣絕對權威的法國人很容易在推倒舊的專制之後搞出一種新的專制，嘗到自由滋味的美國人則是想爭取就連英國都給不起的自由。

在舊世界，你的衣著、你的口音、甚至你的姓氏，都顯示出你有多高貴或者多卑微。規定人們可以穿什麼衣服、使用什麼產品的反奢侈法（Sumptuary laws），在十八世紀大部分都廢除了，但在那背後的文化習俗卻留在了社會當中。當時即使是比較民主的英國，也都希望每個人身上的穿著符合自己的身分。

但美國卻不是這樣。這個前殖民地特有的平等文化，讓英國在一八四〇年代駐波士頓的領事湯瑪斯．格拉坦（Thomas Colley Grattan）不敢恭維。他說這裡的女僕「被這個國家招搖打扮的惡習嚴重汙染，走在街上的時候幾乎穿得跟自己的主人沒兩樣……」[43]匈牙利政治人物費倫茲．普爾斯基（Ferenc Pulszky）一八五二年到美國玩的時候，看到美國人不穿那些代表自己身分的衣服也很不能接受，他說：「歐洲的農家女孩，會在長髮上繫著華麗的緞帶，穿著明亮的束胸和充滿摺邊的襯裙。匈牙利的農民會穿著白色亞麻襯衫，肩上披著一件大羊皮。斯洛伐克人身上的緊身夾克，會有一整排亮黃色扣子。這邊有一位穿著匈牙利大衣，腳踏長統靴的農夫；那邊是一位穿著古代民族風黑色花邊帽的老婦人；穿著入時的年輕女士都帶著法式無邊帽。」他說「外國人一來到東歐，就會對各種職業和族群所穿的服裝印象深刻；但紐約卻沒有任何服裝可以看得出你屬於社會中的哪個群體。」[44]

丹尼爾．布爾斯丁（Daniel J. Boorstin）說，「早在十九世紀末之前，美國穿著打扮的民主程度就已經讓外國人嚇一大跳。當時的服裝已經成為一種凝聚共同體的方法，一種讓移民開始新生活的工具。美國人不需要像歐洲的祖先那樣一輩子穿著農夫的破衣服或者工匠的皮圍裙，他們在這裡可以跟別人穿一樣的衣服，告訴大家自己跟其他人一樣優秀，或者跟別人沒什麼差別。如果人們穿的衣服真的可以像舊世界說的那樣『決定你是誰』，[45]那麼新世界的穿著當然就更能讓人在這裡活出新的樣子。」[46]

布爾斯丁還說，新世界讓「收入」這個概念產生了新的意義。「十九世紀以前，『收入』在舊世界幾乎一點也不重要，它只不過是某種用來間接衡量你有多少財產、你對社會作了多少貢獻的方法，或者用來支持選舉改革的理由而已。」[47]當時無論是歐洲還是幾乎整個地球，最重要的都是財產，尤其是土地，因為國家和社會是根據你的財產與土地來決定你的地位。

但在美國，幾乎每個人都是移民或者移民的後代，你擁有的財富已經與你的血統和出身時的地位幾乎無關。「在這個由移民組成的國家，人們經常移動。每次從一個地方搬到另一個地方，社會地位就會往上爬或者往下掉。所以『收入』變成了最能代表生活水準的指標，看看你的收入，就知道你過得比一般人好，還是比一般人差。」[48]不僅如此，美國就連「生活水準」這個概念的意思都變得與歐洲不同，因為幾乎每個美國人的生活水準都在不斷飆升。

美國經濟之所以能夠爆炸性成長，當然跟幅員廣大、物產豐隆很有關係，但最關鍵的要素，卻一直都是人。而且這裡所說的人，是專指企業家和中產階級。當時整個歐洲都不信任企業家，甚至恐懼他們；而在十八世紀末至十九世紀初之前，只要一提到創新，歐洲和地球上絕大多數的地方都退避三舍。在整個舊世界，只有英國和荷蘭會尊敬那些開創商業和科學新天地的人，但新世界卻把這些人當成英雄。同樣地，中產商人在英國和荷蘭的地位比歐洲其他地方更高，但中產階級的世界觀到了美國卻是建國的核心原則。在中產階級，和那些努力擠身中產階級的人眼中，世界上終於有一個會反映他們利益的政府。

另外，在當時的舊世界，只有位高權重的人可以創業，開公司是一種特權，跟土地的所有權差不多。但在美國，「只要完成幾個簡單的程序、繳交一點點註冊費，每個人都可以開公司。公司簡直變成了某種標準化的商業產品。」所以正如布爾斯丁所說，當時的美國「不是商人排著隊等著開公司，而是各州競相爭取商人前來創業。那些想炒地皮的人、想推動都市發展的人、想建鐵路的人都想盡辦法推出誘因，吸引人們攜家帶眷過來成立法人。」[49]

在舊世界，階級、同業公會、國王都把經濟發展視為對自己的威脅。在新世界，這個鐵三角全都被推翻。

當然，由於奴隸制留下的禍害直到現在都還深深影響我們，如今發表這類言論都得明確加注美國當時的人人平等「並不包括黑人」，同時也得提一下「也不包括女性」。這些但書當然都完全合理；但我們之前也說過，自古以來，世界各地的人類社會絕大部分都有奴隸制度。如果用現在的標準（或至少西方這些自由民主社會的標準）去看過去，你會覺得世界各地的人類都很糟糕，而忽略了人類的自由其實在不斷增長。

我的意思並不是說奴隸制或《黑人歧視法》沒有大家想的那麼糟糕；而是說我們在回頭看歷史的時候，要注意事件發生的先後順序。歐巴馬說得好，美國革命讓人類開始辯論一項全新的原則，而當這項辯論得出邏輯可靠、道德合理的結論時，奴隸制和《黑人歧視法》就注定要終結。有人可能會說，這辯論出現得實在太晚，甚至這種黑白分明的原則根本不需要辯論。但別忘了，我們現在之所以知道這項原則黑白分明，甚至用它來譴責祖先，正是因為祖先花了很多力氣在這上面。

➤ ➤ ➤

在獨立戰爭之後的一百五十年裡，美國物質條件提升的速度超越了史上所有國家。光是從一八六〇年到一九〇〇年這四十年內，我們的人口就暴增了整整一倍以上，從三千一百萬變成七千六百萬。丹尼爾・韋伯斯特（Daniel Webster）於一八五二年去世時，美國人的財富只有英國人的三分之一；但在短短五十年後，卻變成了英國人的一點五倍。[50]從一八九〇至一九一〇年間，美國的國民生產毛額每年成長百分之六。而照歷史學家小柏頓・弗爾森（Burton W. Folsom Jr.）的說法，一八七〇年全世界的工業產品有百分之二十三來自美國，百分之三十來自英國，百分之十三來自德國。到了一九〇〇年，美國就以百分之三十拿下冠軍，英國掉到百分之二十，德國則上升到百分之二十。在一八七〇年，生產最多鋼鐵的是英國，但一九〇〇年光是卡內基（Andrew Carnegie）一個人名下的鋼鐵產量就超過整個英國。[51]

在一七七五年，美國的實質人均GDP是一九六八點二四美元，一八二〇年已達二一七三點七八美元，一九二九年更達到一一〇二〇點四八美元。[52]當時美國的平均壽命不斷突飛猛進，工時越來越短，營養越來越好。丹尼爾・布爾斯丁說，「牛肉在舊世界平常只有貴族和富人吃得起，普通人要得逢年過節才能吃到。但在美國，滿地都有平民百姓放肆大啖牛肉。」[53]

美國破除了困擾整個人類歷史的馬爾薩斯詛咒，一邊讓人口爆炸性成長，一邊讓人民的物質生活快速改善。如果你對相關的經濟統計數據有興趣，可以直接翻到本書最後的附錄，看看美國在做了一場人類史上前所未有的自然實驗之後，人民的財富、生活、健康提升得有多快。

當然，美國奇蹟雖然推翻了馬爾薩斯人口定律，卻還是無法改變人性。打從建國以來，美國人還是一天到晚拉黨結派、彼此鬥爭、建立同業公會、搞貴族小圈圈。但這些東西的傷害，通常都被我們的憲政體制加上經濟成長擋了下來。這點我們之後再回來談。

然後最後還要聲明一下，美國之所以能成功締造奇蹟，不只是靠經濟或法律。經濟當然很重要，因為它既是衡量人類物質進步的標準，也是很多鄙視謾罵資本主義的人，在道德上最顛撲不破的攻擊武器。不過無論他們怎麼說，我還是堅持自由市場是人類歷史上最偉大，甚至是唯一真正落實的脫貧方案，這點我可以說一百遍。至於法律體系呢？法律之所以重要，是因為它提供了保障，讓我們得以不斷進步。

但如果我們只看經濟，就會忘記一個更重要的東西：自己人生自己決定的精神。世界各地都有企業家精神，但沒有任何國家的這種企業家精神能比得上美國人。經濟成就並不是幸福的唯一標準，除了發大財以外，人生還有很多不同的方式可以得到幸福。美國之所以能成功，是因為它重視自由，以法律保障人們的自然權利，以及實現了最重要的驚人物質繁榮。這些條件讓每個人都能用自己的方式來定義幸福，在人生中追求自己想要的成功。當然，這是一把雙刃劍，因為我們一旦消滅了外在的權威，一旦讓每個人想怎麼做就怎麼做，那道堤防就消失了，人性的洪水就又能沖刷進來。

第三部

第七章

菁英
——脫韁的貴族

The Elites: Aristocrats Unchained

前面說過，美國的建國先賢們相信，專斷的權力乃是自由之敵。他們反對從柏拉圖的《理想國》開始，沿盧梭社會契約論一脈發展至今的種種意識型態——他們不相信可以把權力交付給一群「正確」、大公無私的人，又不加諸任何制衡。

在建國之初，喬治·華盛頓可說是美國最受尊敬的人物，當時的總統辦公室也在在反映了他高潔的名聲與人格。但其他建國先賢依然對總統的權力設下了諸多限制，因為他們清楚民眾屬意的人不會永遠都是華盛頓。

理論上，美國憲法已經事先預防了權力集中於個別或少數政客、望族、種姓、公會、星室裁判所（star chamber）*、祭司階級甚至「民選獨裁」手中的危險。只是並非每一位開國先賢都對這場民主實驗這麼樂觀。首先，他們相信這套制度要有效，大眾必須要能保持正

* 譯注：亨利七世、八世為強化君主專制所設的秘密法庭，位於西敏宮一間有星星裝飾的房間，審判過程不公開，全憑法官心證，亦有刑求的權力。該法庭於一六四一年英國內戰前由議會立法關閉。

直，因為最能保證法律可靠的就是人民的品行。但約翰・亞當斯擔心人民會受到民粹領袖的煽動，試圖顛覆有限政府（limited government）的原則。如果人民拋棄了美德，進而放棄自由，就更有可能發生這種事。[1]華盛頓也說：「當自由淪為放縱，就會成為專權最好的地基。」

亞當斯比任何一位開國先賢都擔心貴族階級重新崛起（當然他們或許會有別的名字）。因為要設計一個用野心抗衡野心的國家・幾乎就等於鼓勵人們為了達成自己的目標，不擇手段排除障礙。一個人的力量或許有限，但形成聯盟或陣營是人類的天性。誰能保證哪天不會有個聯盟拿到足夠的力量，推翻憲法所訂定的秩序？傑佛遜的理想是「人有才德，自然尊貴」。但這樣一群貴族靠著才德登上權力的雲端後，難道不可能從此斷絕天地交通嗎？

約翰・亞當斯所恐懼的正是這個。「自然的貴族」也許能培養出「自由政府中最有美德與才幹的一群人，成為國家最璀璨的光彩與榮耀、社會永遠的至福。」但他也強調這群人必須「受到憲法的審慎規範」。因為一旦憲法規範失靈，「他們必將成為最危險的一群人；屆時後果將不只是共和國毀滅那麼簡單」。[2]

亞當斯在寫給班傑明・拉許的信裡說道：「政府其實就是貴族階級」，有些成員的才華或許偉大卻也可怕。解決方法只有承認現實、設法應對。「守護自由的秘密，就在於找出方法限制（這些貴族的）權力，並控制他們的狂熱之情。」[3]

「我們必須對貴族施以枷鎖，這點再怎麼強調都不嫌多，」他說，「這些枷鎖不是為了傷害他們，而是要把他們變成適才適所的牲口。畢竟少了他們，什麼都做不成……接著我們還要幫貴族繫上韁繩，將他們栓進柵欄，好讓他們只能行善，不能為禍。」[4]

但如果你以為他是說要把貴族關進地牢，恐怕會大大失望。亞當斯說的「柵欄」指的是美國參議院。他參考了不列顛和古羅馬的作法，兩者都在混合式的政體中，為地位較高的貴族立法機構安排了獨有的角色與權力。雖然他不希望設立由世襲貴族組成的上議院，但也不排除哪天也許真有必要這麼做。

幸好我們從不曾覺得需要恢復世襲貴族。但亞當斯等人顯然認真相信貴族大有可能重返。理論上這並非不可避免，但開國先賢們認為儘管憲法徹底禁絕了貴族，人民也打從心底不相信他們，但熱愛自由的人民仍可能在某一天重新擁戴貴族。為什麼？

很簡單：他們說得對，**貴族存在本是自然**。

要弄懂這個道理，我們需要討論一下「貴族」是什麼，畢竟現代人聽到這個字眼就只會想到古代。雖然「伯爵」或「大人」都是中古歷史和《權力遊戲》裡才會出現的詞彙，但貴族不只限於這些類型。比較方便的做法，是直接把「貴族」和菁英或統治階級劃上等號。當然這些用語的意思不完全相同，但也比人們平常想得更接近、更適合相互代換。如果時光旅人或外星訪客來到北韓，第一時間多半會把享受特殊權利與榮寵、住在統治階級專區的勞動黨菁英當成王公貴族。老實說，共產國度的黨員根本就是現代的貴族種姓。

而在比較尊重法律的自由國家，狀況也比較好一點。不過要是有人集財富、權力、影響力、種族優勢，以及最重要的名望於一身，難道不算是某種只欠頭銜的世家貴冑嗎？每個人都看得出來這些和我們的不同，警察的勤務手冊上或許沒有白紙黑字規定，但這不代表碰到甘迺迪或卡黛珊家族的人時，警察不會給予一些通融。

說真的，人類天生就傾向服從地位較高的人，無論這份地位是不是他們自己爭取來的。這件事無關好壞，真正重要的是社會為什麼接受這些人**擁有**地位。

換句話說，菁英的出現很自然也很正常。而且事實和如今美國及多數西方國家的民粹認知不同，菁英不一定注定不好。多數人都會同意，傑佛遜口中那些追求卓越並取得成就的人值得尊敬。我們都景仰菁英運動員和軍人，也沒有人會希望替自己心臟手術主刀的醫生特別平庸。真正在文化上觸動美國人叛逆基因的，是菁英淪為一群勢利眼的傢伙，變成「菁英主義」（elitism）的代表。而我們在政治與經濟上對菁英主義的反感，也同樣是因為我們懷疑統治階級只會為自己的利益打算，不會考慮我們的福祉。這種健康的懷疑總是會發展成不健康的陰謀論，而且無論左派還是右派都有他們自己的反統治階級妄想。

但社會只要夠大或是複雜到某個程度，就會出現菁英階級。老實說，就連中等規模的組織都有菁英。德國社會學家羅伯特・米契爾斯（Robert Michels）稱此為「寡頭鐵律」（Iron Law of Oligarchy），認為就算是以推進民主為宗旨的組織，最後也必定由少數菁英統治。[5]公司、政黨之類的小型組織，或是部落及遊獵群體等社會，大致還能靠共識做出決策。但隨著規模漸增，要周密無遺地進行決策就會愈發困難；在軍隊中，一個班（八到十五人）的火力組幾乎不用靠上下層級就能運作，但整個陸軍少了上下層級就什麼也做不了。這也是寡頭鐵律的諷刺之處：當寡頭鐵律開始生效，就代表這份事業的魅力能吸引到大量的人一起投入。

社會群體的成員會發展出各式各樣的專長，其中也包括領導和管理的專家，這些領導者和管理者就是所謂的菁英。就算是在最強調合作或共識的組織裡，也會出現菁英，不然組織就會被自身的規模壓垮。菁英需要承擔更多責任，不過在此同時，他們也會得到權力，並更容易習得有關組織運作的專業知識。米契爾斯將這些知識稱作「管理機密」（administrative secret）。他們能利用這些「機密」提昇自己的地位，並蒐集資源犒賞同伴、懲處異己，藉此鞏固自己的權力。

米契爾斯的研究是從自己參加德國社會黨（German Socialist Party）的經驗出發，以民主社會主義工會為主要研究對象。但他的洞見適用於每一類需要分工的人類活動。如果曾加入過某個規模不大的志工團體或俱樂部，應該會注意到整個組織的責任最後都會由屈指可數的人在承擔。慈善活動、高中畢冊委員會、迷你足球聯盟都會這樣，人類的文明當然也是這樣。當我們從小小的漁獵採集部落，進入大型的定居農業社會，統治階級菁英就必定會誕生。

如果每個社會和組織都必然出現菁英，為他們的存在擔憂就大可不必。特別是在自由社會裡，每個人都有權追求自己認定的幸福，並不是每個人都渴望發大財、或是擔任政治或軍事領導人。但總有人想做這些事。當一個人非常渴望一樣東西，總是會比完全不渴望的人更容易得到。擔憂自由社會中的政治、社會或經濟不平等，就等於是在擔憂自由本身的問題，因為自由一定會導致某種不平等。

所以該問的並不是「如何避免菁英產生？」而是要問：「我們的菁英該是什麼樣子？」接著要問的是：「我們該如何讓菁英遵循法治原則，防止他們用違背法律、自由和公共利益的方式來追求私利？」

三百年來有許多國度先是轉型為正式的民主政體，又眼睜睜看著民主被民粹浪潮給侵蝕，或是被野心勃勃的菁英給摧毀。不過開國先賢們在建立美國時，就已經有了可以參考的先例。他們引以為誡的包括英格蘭落入克倫威爾的統治，羅馬共和的終結，還有盛極一時的貿易帝國——威尼斯共和國。

一一七一年，威尼斯設立了大議會（Great Council），成員除了貴族之外，也包括了顯赫的商人、法官和其他國家官員。大議會在當時有幾個特殊之處。首先是採取共和制，也就是領導者是人民的代表。每年會有一百個人被提名進入議會。為了防止舞弊，提名委員會是由抽籤決定，這樣不只能替議會加入新血，政權也能在新興富商之間獲得正當性。另外，大議會也藉著許多機制，建立了最初的制衡機制與分立政府。威尼斯的行政長官稱為總督（Doge），由大議會選舉產生，權力也遵循大議會的規定。

戴倫・艾塞默魯和詹姆斯・羅賓森（James A. Robinson）在《國家為什麼會失敗：權力、富裕與貧困的根源》（*Why Nations Fail: The Origins of Power, Prosperity, and Poverty*）一書中寫到：「這場政治改革造成一連串的制度創新：在法律上，這包括獨立的地方法官、法院、民間契約與破產法。威尼斯這些新的經濟制度，讓新的商業模式合法化，也讓新的契約類型得以誕生。當時威尼斯的金融創新非常快速，已經可以看到現代銀行業的雛形。威尼斯徹底走向廣納性制度（inclusive institution）的勢頭已經看似不可阻擋。」[6]

但最後，威尼斯的繁榮還是碰了壁。這份繁榮不但「是依靠威尼斯的廣納性制度，」同時也「帶來了創造性的破壞。每當有一批積極進取的年輕人靠著康孟達契約（commenda，一種早期的股份有限公司）或類似的經濟制度致富，既有菁英的利潤和經濟地位往往也隨之受挫。這些年輕人不只損害了老人的利潤，也挑戰了他們的政治勢力。」[7]

到了一二八六年，既得利益菁英終於受夠了。他們通過了一條法律，大議會成員從此改為世襲。一二九七年後，大議會更是完全對外封閉，並隨後編纂了《金冊》（*Libro d'Oro*），在書中列出威尼斯貴族階層的正式成員。如果你的名字不在書中，你就無法加入大議會。而如果你、你的父母或是祖父母名列本書，又是大議會成員的話，你就會自動進入大議會。這些法律也取消了任期限制。簡單來說，原本支持共和制、鼓勵追求功績的大議會，從此變成了世襲的貴族階級。

這段修法被稱為「大議會閉鎖令」（*Serrata del Maggior Consiglio*）。阻斷新貴參政後，大議會接著也出手扼殺了新貴們的經濟模式，立法禁止了《康孟達契約》，以及和其他平民實創家賴以致富的經濟創新。一三一四年，威尼斯政府為了保護菁英的利益，開始將貿易收歸國家——或者說收歸社會所有，對貿易活動課徵重稅。「長程貿易變成了貴族的專利，威尼斯的繁榮也就此走入黃昏。」艾塞默魯和羅賓森寫道，「隨著主要事業線被日漸收縮的菁英階級壟斷，衰微也在所難免。威尼斯距離世界上首個廣納性社會曾經只差臨門一腳，但最終還是在政變之中殞落。」[8]

美國的開國先賢很清楚這段歷史。他們知道人民總會形成不同陣營，社會也永遠都會有菁英階級。關鍵是要防止任何陣營佔據國家為自己的野心所用，就算是社會中的多數派也不行。詹姆斯・麥迪遜認為要防止政府屈服於多數派陣營的意志，「唯一的解方就是擴大共和國的疆域，讓社會分裂成許多不同的利益集團和黨派。首先，多數派的共同利益不大可能同時背棄社會全體，又背棄少數派人民。其次，萬一他們有了這樣的利益，也不容易合作追求。」[9]

麥迪遜對「擴大疆域」的看法在十九世紀得到了驗證。美國人口在一八〇〇年僅有五百萬出頭，到了一九〇〇年已經成長到超過七千六百萬；[10]在人口成長五倍的同時，人均國內生產毛額也成長了超過三倍。[11]在這段時間裡，美國還完全征服了後來的「本土四十八州」（雖然有些地方要到二十世紀初才正式升格為州）。芝加哥、丹佛、聖路易斯等城市從小小的交易據點，成長為繁華的大都會；在大西洋沿岸以外的地區，也紛紛湧出了數以百計的新大學。美利堅的建國理念進一步擴展：奴隸獲得解放，西部的懷俄明、猶他等領地也有了婦女選舉權。（懷俄明領地於在一八六九年通過婦女選舉權。猶他領地於一八七〇年獲得選舉權，一八八七年被國會剝奪，又在一八九五、一八九六年間升格為州時恢復。）

物質生活的繁榮加上政治自由，促進並深化了美國的自由文化。生活在這種環境，一定有某些人可以大發利市。蓋蒂（Getty）、洛克斐勒（Rockefeller）、梵德堡（Vanderbilt）或是古爾德（Gould）等人紛紛白手起家，建立了自己的事業版圖。這些經濟巨人不是投資者，而是實創家。他們發明了新產品、新服務，或是用低成本、大規模的新方法生產老東西，將從前的奢侈品變成人人可以負擔的物質享受。

不同於封建歐洲靠著剝削窮人累積財富的舊貴族，新的商業大亨是靠著幫助窮人來致富。他們是創造財富的人。棉花大亨愛德華．阿特金森（Edward Atkinson）解釋得最為清楚：「在資本家的競爭下，資本的生產效率一年高於一年，有愈來愈多的人隨之富裕起來。多虧了競爭的成果，上一代人的奢侈品紛紛變成這一代人的享樂品，再變成下一代人的必需品……雖然所謂舒適生活需要的東西愈來愈多，但隨著一年一年過去，卻有愈來愈多人的生活達到這個水準。」

阿特金森曾在一八八六年向一群工人發表演說，想要解釋自由市場如何讓每個人都獲得好處。根據他的計算，康尼留斯．梵德堡（Cornelius Vanderbilt）的鐵路每運一桶麵粉，賺取的利潤其實只有十四美分。消費者購買麵粉的價格卻因而大幅降低。阿特金森質問：「梵德堡每運一桶麵粉，就可以幫你們省下兩塊七十五分，自己卻只能賺十四分錢，難道這就是他剝削你們的秘訣嗎？」[12]

更何況，窮人從自由市場得到的好處比這更直接。只要開車去看看美國，數數有多少圖書館、學校、博物館和公園是因為所謂「掠奪成性」的有錢人慷慨捐獻才會存在的就可以了。沒有摩根、卡內基、蓋蒂、洛克斐勒、古爾德和梵德堡這些家族，我們所有被視為理所當然的偉大文化機構，根本沒幾個可以屹立到今天。卡內基投資了數百萬美元在全國各地的公共圖書館，這不是正吻合傑佛遜「提供梯子讓有志氣者往上爬」的精神嗎？[13]

德國社會學家維爾納・宋巴特（Werner Sombart）曾提出一個有名的問題：「為什麼美國不流行社會主義？」史學家和政治理論家的答案往往是：因為美國不曾經歷封建時代。在歐陸和世界各地，財富地位等階級差異，根本就是封建時代遺留的觀念：富者必貴，貴者必富。但美國的開國先賢們希望的，正是從此斷開兩者難分難捨的連結。

雖然富人天生就容易成為新貴族或組成壟斷的公會，但從美國開國時期到二十世紀初，這種傾向都大致受到幾個因素制衡。首先是經濟成長太快了。只有當經濟體死氣沉沉，創新者難以獲得資本，同業公會才有辦法囂張。其次是當時的美國太大、太多變、太分歧了。一家賓州的老字號零件製造商，在當地也許會有不小的政治勢力，足以妨礙自家後院發生激烈競爭。但他們對依利諾、科羅拉多或是加州卻毫無辦法。技術更好的競爭廠商也許能在丹佛之類的地方爭取到當地的資本、自然資源和市場。

再者，當時的憲法仍大致遵循最初的設計在運作。各州政府無法設立國內貿易關稅或其他貿易障礙來阻止新產品乘著火車越過州境，這點十分重要。當時國家機器的權力和干涉能力都沒那麼大，無法直接決定長期競爭下的贏家和輸家（只有鐵路業顯然是少數的例外）。就算傳統產業挾持了監理機構，監理機構本身也沒有足夠的能量或權力阻撓新興產業。

最後就是美國的文化本身就活力十足。說這是躬耕自立、自強不息的傳統美德也好，是清教徒傳統或新布爾喬亞主義大獲全勝也罷，甚至直說這就是美國夢都無妨，總之進取的實創精神，就是美國人心目中的貴族品行。不只美國人相信這個神話，懷抱相同信仰的外國人也數以百萬計地湧入美國，相信著自己伸手就能碰到天。如此一來，只要妨礙一個人施展手腳開拓命運，就是在威脅所有人實現自我的權利。

簡而言之，美國曾有個運作正常的政府，卻沒有國家機器。這句話聽來奇怪，但箇中差別非常重要。史學家威廉．洛希滕堡（William Leuchtenburg）認為在整個十九世紀和二十世紀初，美國「幾乎沒有歐洲人說的『國家』這種體制結構。」[14]美國固然有政府，但這和國家機器是兩回事。

在政治學上，國家和政府之間存在一個技術性差異：國家包含了所有的人民和領土，而且是永久的，但政府可以來來去去。舉例來說，法國經歷過五次共和政府，但一直都是同一個國家。而在英國，政府的代表是首相，國家的代表卻是君王。

不過在此處，這並不是最主要的差異。

對於保守主義者和部分自由意志主義者來說，政府和國家之間就算無法一刀兩斷，也不該密不可分。美國憲法承襲洛克的理念，創立了一個為保衛人民自由而存在的政府，這個政府簽下的社會契約，是承諾自然權利優先於一切。由於這個定義，除非碰到非常極端、異常的情況，否則政府無權侵犯整體人民，或是任何個人的權利。然而，國家卻是一個無所不包的體制，有其必須優先考量的權利與利益。在艾爾伯特．諾克和弗朗茲．奧本海默（Franz Oppenheimer）等思想家看來，國家是一種比政府古舊許多的現象，依靠著壓迫與征服茁壯——也就是本書前面所提到的「坐匪」。[15]

對諾克這樣的自由意志主義者來說，國家的惡與政府的善，都是不言可喻的必然。「政府的本質與意圖……是社會性的。為保障自身所依據的自然權利概念，政府會嚴格謹守消極干預的原則，以最沒有代價、最容易達成的方式確保正義；除此之外，它哪裡也不去。」諾克這麼比較，

「另一方面，國家的誕生和一開始的意圖都是反社會的。它的基礎概念並非自然權利，而是除非國家暫時允許，否則個人沒有權利。它永遠都會選擇代價高昂、難以達成的路徑來追求正義；而且要是攸關國家本身的利益，它就會凌駕於正義和道德常理。」[16]

不過並非所有人都和諾克一樣，認為國家和犯罪集團沒有區別。至少國家本位主義者（statist）就不會這樣想。這些人同意法國啟蒙運動的觀點，認為國家可以積極參與社會，引導社會的走向。當然，他們不會自稱國家本位主義者，而是偏好「進步派」、「自由派」或是更極端的「馬克思主義者」等說法。就像上一章說的一樣，政府是英式花園的園丁，而國家則是法式花園的總管。無論從政治、文化還是從哲學上來看，國家都要反映全體人民的價值觀與民族性；而一個強而有力、處處干涉的國家，更是要依賴所謂的「共同意志」和國族主義論調為基礎。所以萬一「人民」整體不想要民主、資本主義或言論自由，國家大可禁止這些事物，因為國家最能自然、完整展現出「人民」的真心。每個獨裁政權的自我辯護，大抵都不脫這個基本論述。但許多「社會民主國家」也是從這個基礎出發，一面維持某些自由，又一面限縮某些（主要是經濟上的）自由。舉例來說，國家應大力消除收入不平等的觀念，就完全符合盧梭一脈的國家本位主義，也徹底違背洛克這派的政府概念。不過既然幾千年來，整個歐洲大陸的君王都同時身兼宗教和社會領袖，對人民發號施令，那現代國家繼續干預人民的生活，倒也再自然不過。只是對美國人來說，這完全是屬於遙遠異國的觀念，我們甚至曾發動革命，推翻這種觀念。

多數史家都認為美國一直到羅斯福新政時期，才終於出現國家。的確，大體上來說，國家是在新政過後才正式成為美國人生活的一部分。小羅斯福時期的財政部高官，已故經濟學家愛德華・伯恩斯坦（Edward M. Bernstein）就注意到：「在新政之前，公民和政府之間唯一的聯繫就是郵局。當然，有時候他也會碰到陸軍或是海軍士兵，但政府和一般大眾真的沒什麼關係。而在小羅斯福時代過後，政府就不斷出現在民眾的日常生活裡頭。」[17]

但其實國家在更早一點的進步時代（Progressive Era），特別是在小羅斯福曾服務過的民主黨威爾遜政府時期就已經成形了。在下一章，我們會探究國家如何重新萌芽，以及什麼是「第二次美國革命」。

第八章

進步時代
——活憲法的誕生，自由的死亡
The Progressive Era: The Birth of the Living Constitution and theDeath of Liberty

美國那種讓人目瞪口呆的經濟大爆發，以及那群照理來說應該要能主宰經濟的新階級，引起了很大的心理問題。美國各地都有成千上萬的人告別老家的農村文化，來到城市工作，在毫無規範的資本主義社會中遊蕩，他們備受剝削、深感孤絕、舉目無親。沒錯，一般人的確變得更有錢，也形成了熱鬧的新街區，但在這紙醉金迷的世界中，人們只覺得心底空空的。資本主義似乎太過自由、太過混亂、無法讓人滿足，而且對於那些沒有金融或社會資本的人有時候甚至相當殘酷。所以人們開始懷念過去，開始懷念那些想像中的安全感與精神滿足。渺小的「個人主義」無法給予人們歸屬，也無法告訴你生命的意義；人們甚至覺得自己要拚死拚活才能賺到第一桶金，換來安全的小確幸生活，而那些位高權重的人卻能什麼都不缺，實在太不公平。

於是美國出現了一群新的哲學家，跟盧梭一樣認為應該要讓人類過得更好。他們認為需要用一個新的公民宗教，讓美國成為一個新的想像共同體，這種宗教就像盧梭的一樣，表面上聲稱自己基督教，骨子裡卻是斯巴達式的國族主義。這些自封為哲學家的現代新牧師，希望建立一套新的原則來改造美國，他們希望創造一個新社會，填補美國人的心靈空缺。

當時有很多不同的思想都想做這樣的事，這些思想可以統稱為進步主義（progressivism）。雖然並不是所有的進步主義都對當時美國制度的所有細節恨之入骨，但它們都想讓人們拒絕既有的制度，改信它們的新制度。普林斯頓大學歷史學家湯瑪斯・雷納德（Thomas C. Leonard）說，進步主義知識分子有兩個核心假設：「第一，現代政府應該根據科學，而非根據政治來作事；第二，應該要讓現代行政國家這隻看得見的手，來監督、審查、管理這個工業化的經濟體。」[1]

如果說美國開國元勛的觀念來自於蘇格蘭啟蒙運動，那麼這些思想家就是受到德國新一代文藝復興，也就是德國新興社會科學的影響。當時許多開創新學派、新領域的美國社會學家、哲學家、經濟學家都在德國讀過大學，或者是有一個留學過德國的老師。例如美國經濟學會（American Economic Association）在一八八五年成立時，創會的六位高階成員中就有五位留學過德國。美國前二十六任總統則有二十位在德國讀過書。一九〇六年，耶魯大學有一位教授調查了一一六位美國頂尖的經濟學家與社會科學家，發現至少在德國留學過一年的人超過半數。[2]

十九世紀的德國，到處瀰漫著馬克思、黑格爾、赫爾德（Herder）的味道。這些思想家的世界觀稱之為「歷史學派」（historical school），認為沒有放諸四海皆準的經濟原理，所有的經濟現象都是在當地的時空範圍內演化出來的。它們延續德國浪漫主義的精神，把國家當成用來展現人民精神（Volksgemeinschaft，即「民族共同體」）的東西，所以國家不但有權利建立新的共同意志，甚至還有義務這麼做。

美國經濟學會第一任主席理查・伊黎（Richard T. Ely）說，他們那一代的知識分子「腦中的兩大核心，就是演化以及相對性」。伊黎師從於經濟歷史學家卡爾・克尼斯（Karl Knies），在海德堡大學獲得博士，後來在美國建立「威斯康辛學派」（Wisconsin School），在二十世紀前三十年的進步時代中培養出很多相關學者和思想。對於伊黎這樣的人來說，演化和相對性就是質疑資本主義的最好武器。[3]

真要說起來，影響這些德國知識分子最嚴重的東西就是達爾文主義。達爾文的演化論，讓反啟蒙的國族主義和身分認同變得似乎很科學。它不僅幫種族歧視找到生物學的理由，更摧毀了自然權利賴以存在的基礎；此外它幫人找到一種新說法，主張國家不僅應該表達人民的精神，還應該進一步主動引導社會的「進化」。這種觀念認為民族、國家、以及其中的所有制度總是一起演化，因為它們都是某個巨大的生物的一部分；國家的角色，就是負責控制管理其他器官的大腦，至於個人在整體政治中的意義，則比細胞大不了多少。創辦《新共和》雜誌的賀柏・克羅利（Herbert Croly）說，社會只不過是一個「放大版的個體」。當時可能最有影響力的社會學家愛德華・羅斯（Edward Alsworth Ross）也說，社會是「一個有生命的東西。它就像所有高等生物一樣，都會本能性地想要活下去。」[4]根據這些人的想法，資本主義之所以會一團混亂，就是因為違反了這項原理。生物體內的各個器官必須同心協力，怎麼能彼此競爭？

不過我並不想把美國當時的中央集權，說成是德國實驗室洩漏出來的病毒感染的結果。除了上述德國思想以外，美國知識分子也打造出了一些新概念，其中最重要的兩個，莫過於重新詮釋古代基督教義的「社會福音」（social gospel）；以及認為國家應該要把不健康的雜草修剪乾淨的優生學。

社會福音跟盧梭一樣，認為社會應該給予人們精神救贖，如果過去沒做，現在就該做。但逐一拯救每個人的靈魂，就永遠救不完，必須要直接改變國家。伊黎認為國家不僅是「一個有道德的人」，[5]同時也是上帝的工具。「國家比任何其他機構，都更能讓上帝的旨意普及世間，」因此是「祂最重要的工具」。[6]社會福音的牧師山謬・贊恩・巴頓（Samuel Zane Batten）認為，他那個時代最需要回答的問題，就是國家「能不能讓人們攜手合作，尋找上帝的國和上帝的義」（他自己當然希望可以啦）。[7]而在當時要實現社會正義，首要之務就是推倒資本主義、破除個人主義。當時社會福音運動最重要的知識分子沃爾特・勞申布施（Walter Rauschenbusch）說，「我們必須停止毫無章法的彼此競爭，轉為有機的互助合作。[8]但如果理想的社會制度沒辦法比現在的經濟制度，更有效地讓人舒舒服服地吃飽穿暖，我們還不如回到資本主義算了……」。但他當然不想要這樣的結果，所以他說「哪個上帝能夠降低糧食價格，我們就崇拜哪個上帝。」[9]

就是有這種神學思想，優生學才會蔚為流行。我們這裡不需要詳述美國優生學的歷史，只需要知道當時的人們把優生學當成尖端科學，而且即使有少數不同意見，大部分的人也都認為要把花園中的雜草拔除，社會才能進步就可以了。賀柏・克羅利在美國進步主義的聖經級著作《美國生活的應許》（*The Promise of American Life*）中說，國家有義務「為了真正最優秀的人去改變社會」。理查・伊黎也認為進步主義必須承認「人擇優於天擇」。[10]自由生育照理來說是幸福的必要條件之一，他卻認為不應該讓每一個人都能自由生育，因為很容易生下不健康的人。伊黎說，由科學家專業規劃出的社會「會讓我們擁有理想的下一代。最偉大的詞將不再是天擇，而是社會選擇。」[11]

雖然我在上面把重點都放在美國與德國；但進步時代所提出的思想，當時在世界各地都相當受到知識分子歡迎。例如當時很多人都相信法國人孔德（Auguste Comte）提出的實證主義，認為人類已經進入了歷史的第三階段，也就是「科學時代」。孔德進一步延伸孔多塞的思想，主張應該讓進步開明的專家來引導社會的道路，將人類帶向完美之境。這項過程從本質上就注定要走集體主義，而且個人主義根本就是「西方世界所患的病」。[12]孔德為此創造了「社會學」這個名詞，還把它打造成一門學科，後來甚至創立了一個完全世俗的宗教：「人類教」（Religion of Humanity），把科學家當成聖徒。賀柏・克羅利在一八六九年出生的時候，他的父母就幫他受洗，讓他加入孔德的「人類教」。[13]

因此，人們對傳統的民主更加鄙視。十九世紀末，專制的「鐵血宰相」俾斯麥（Otto von Bismarck）引進了「由上而下的社會主義」，把普魯士交到專業公務員手中。而這樣的方式，被當時新一代的美國學者當成治國典範。其中一位學者就是伍德羅・威爾遜（Woodrow Wilson），他曾師從伊黎，而且是美國第一所重要的德式研究型大學：約翰霍普金斯大學剛創校時第一批博士。他日後寫道，俾斯麥用一個「令人欽佩的體系」治國，把普魯士管理成「世上最完美，而且被研究得最透徹」的國家。[14]

威爾遜曾在一八八〇年代說，「由明智的政治家管理的最專制國家，比被蠱惑民心的政客操弄的最自由國家，還來得好」。不過美國畢竟是民主國家，所以威爾遜試圖把政策和民意分開，防止「人們用投票來決定太多不該那樣決定的事情」。他希望「政府研究出最佳的方法，讓公共輿論得以控制某些事務，同時完全無法干涉其他事務。」[15]因為「所謂的自治，並不表示要讓人民決定每一件事。管理家務的人未必需要親自下廚，而是應該信任廚師，把爐火跟烤箱交給廚師來處理。」[16]威爾遜在一八九一年寫道，「政府應該擁有行政上的彈性和裁量權。組織從上到下都不應該死守權力制衡的舊觀念。」[17]

威爾遜以高傲的態度蔑視開國元勛制度的方式，用什麼方式形容都不算誇張。他不僅抱怨

「要先說服數百萬人才能推動改革，實在太誇張了」。[18] 甚至還在其他地方說：「很多人都愛胡扯所謂個人不可剝奪的權利，但其中有一大部分根本就是模糊不清的感覺和說得好聽的幻想，根本不是原則。」[19]

當時有很多人對於民主與憲政的看法都比威爾遜還誇張，但威爾遜的說法已經掌握了進步主義的基本精神。

威爾遜之所以認為憲法可以丟進垃圾桶，主要是因為達爾文，他這麼說：

憲法是根據萬有引力制定的，它認為政府之所以要存在、之所以能順利運作，都是因為「權力制衡」。但問題是，政府不是冷冰冰的機器，而是有生命的東西。它遵循的不是天體的定律，而是生物的定律。它服從的不是牛頓，而是達爾文。它會受到環境影響、它有任務必須完成、而且現實的殘酷壓力會決定它的樣貌。沒有任何生物的器官會彼此制衡彼此對抗，那樣根本活不下去。[20]

於是出於現實考量而崇拜「活憲法」的邪教，就在美國誕生了。威爾遜說「現實中的憲政，在結構與實作上都必須符合達爾文主義。社會是一個活生生的生物，必須遵循生物的定律而非機械的定律，必須不斷與時俱進。」[21]

鄙視開國元勛，在進步時代變成了一種證明自己思緒夠縝密的方法。當時最重要的哲學家約翰・杜威（John Dewey）認為，開國元勛最天真的地方，就是以為他們訂出的原則可以適用到日後的千秋萬世。他在《自由主義與社會行動》（*Liberalism and Social Action*，1935）中說「開國元勛欠缺歷史感，對歷史也沒有興趣」。[22]洛克那種政府只要守護人民的權利，然後就放任人民自由發展的想法，根本是過時的胡說八道。就連「個人權利」這種觀念都已經不合時宜。他說「自然權利與自然自由，都是神話般的社會生態才會有的東西。」[23]如果真的要保障每個人的權利，其實反而必須「讓社會為了守護百姓的利益，去控制經濟」[24]。在杜威的眼裡，單一個人「毫無價值」，[25]一切都得看共同意志。

美國政治學會（American Political Science Association）首任主席，影響力卓著的哥倫比亞大學行政法教授法蘭克・古德諾（Frank J. Goodnow）說，「每個人可以在哪些事務上自由行動，並不是自然權利決定的，而是社會權宜折衝的結果。」[26]他還說：「如果要讓社會順利地運作下去，就必須改變它對個人權利的看法。」[27]

請注意，上述觀點都是真心為了黎民社稷。但一旦付諸實行，那些應該「大公無私」的專家學者，卻會混入自己的利益。他們不僅主張專家應該幫社會掌舵，更直接跳出來說自己就是那個「專家」。例如伍德羅・威爾遜就大聲疾呼：「什麼都要制定憲法的時代已經過去了，我們已經進入了新時代，需要用行政管理的新方法來帶領國家。」[28]

我們之前就提過，早在進步主義之前，就有人認為為了社會的整體利益，應該要讓一群官員在人民的共同意志授權之下，不受法律規範地任意施政。進步主義那種想把國家交給專家階級統治的想法，只不過是人性中陰魂不散的反動思想再次回歸而已。傑佛遜早就警告過，「在完全不加干涉的情況下，局勢的自然進展就是政府逐漸壯大，自由節節敗退。」[29]這句話唯一的缺點大概只有選錯了詞，這樣的改變才不是什麼「進展」，根本就是「墮落」。

總之，如果你認為應該讓一群特殊的管理階級奉天承運施行仁政，完全不受法律、選民、以及任何政治因素的牽制，你想要的國家是什麼樣子呢？

答案就是**行政國家**（administrative state）。

所以行政國家是什麼？

簡單來說，就是**第二次美國革命**的結果。當時的進步主義，希望把憲法中的「牛頓原理」換成「達爾文原理」。希望將新的政權交給「大公無私」的社會科學家或行政官員來管理，而這些人之所以可以統治國家，並不是因為得到「我們老百姓」的同意，而是因為目光卓越，並且具備威爾遜所謂的「專業知識」。*

威爾遜認為要先獲得人民同意才能推出改革，實在太荒謬了。你都掌握了顛撲不破的「科學」事實，為什麼還要把同樣的問題拿去問選民？他說

> 政府的功用，其實是完全獨立於立法，甚至獨立於憲法之外的，因為這些功能和政府一樣古老，而且是政府內建的本質。我國目前的法律，是用極為龐大複雜的細節，盡可能白紙黑字地規定行政當局碰到每件事應該怎麼做。但它讓我們忘記，如果要讓國家正常運作，政府就不能什麼都先等法律訂好之後才動手，有些時候必須在沒有得到明確授權的情況之下先斬後奏。[30]

這種理論可不是只有威爾遜喜歡而已。當時的科學與科技像狂風掃落葉一樣征服自然，工業則實現了人類夢寐以求的生產效率。工程師這種新職業的魅力無人能擋，因為無論是商業、醫學、基礎建設、還是食品生產，只要有工程師去介入，就會立刻今非昔比。在此同時，達爾文的著作也讓專家相信自己已經明白人類的運作原理。所以既然如此，為什麼不把政府交到「社會工程師」

的手中呢？這樣一來，政治不就會像工業和公共工程那樣，進步得一日千里嗎？而且一般百姓哪懂什麼「社會科學」，哪知道社會是怎麼運作的呢？

當時最有力地批評民主已經不合時宜的人，就是記者兼公共知識分子沃特・李普曼（Walter Lippmann）。他說：「在大多數狀況下，選民都只能用那種自我中心，專屬於某時某地的觀點去看事情。因為每個人都有侷限，很難輕易跳脫。選民很容易認為那些顯然對自己有利的事情，一定也對國家有利，而且在上帝眼中一定也是好的。」[31]根據選民的智慧來執政，是徹頭徹尾的錯誤。「現代民主的關鍵問題，就是因為奠基了這個錯誤的前提。」[32]

李普曼擔任過威爾遜的顧問，威爾遜把他的理念付諸行動。雖然開國元勛麥迪遜認為「自利的種子早就種在人性的土壤中」，[33]威爾遜卻相信行政管理的科學，還是可以讓執政者超越自己的本性以及百姓的愚昧。只要根據每個任務目標打造正確的官僚體系，就可以讓人類進入自古以來夢想的完美之境！羅納・佩斯托（Ronald J. Pestritto）說：「威爾遜的想法跟黑格爾的《法哲學原理》（*Philosophy of Right*）一樣，認為只要讓官員的職位夠穩定、任期夠長、薪水夠好，就可以讓他們超越與生俱來的自私傾向，全心全意去促進整體社會的利益。」[34]

---

* 威爾遜在這方面實在很像是埃里克・沃格林（Eric Voegelin）所說的諾斯底主義者（Gnostics）：最後，科學從十七世紀以來的巨大進展，難免讓人懷疑這種認識世界的全新工具，會給予我們諾斯底式的真理。而且自從實證主義的科學信徒拿孔德來代替基督之後，更讓人忍不住猜測科學主義根本就是一種諾斯底主義。直到今日，科學主義依然是西方社會中最強大的諾斯底運動之一；而且科學那種真理無所不在的自豪感，更是讓人覺得物理、生物、心理、經濟、社會學好像都能用各自的方式給予我們救贖。出自，Eric Voegelin, *The New Science of Politics: An Introduction, Walgreen Foundation Lectures* (Chicago: University of Chicago Press, 1987, Kindle edition), pp. 127-28.

我在這裡要再次強調，每個知識分子都是在當下的時代中形塑思想，並試圖改變當下時代的。美國之所以獨立是為了實現傑佛遜所說的「美國精神」；人們之揭竿反抗英國與浪漫時期的國族主義，是因為看到了拿破崙與德國的啟蒙思想有多糟糕；同樣地，進步主義之所以能崛起，也是因為資本主義引起民眾反彈。在那個時候，資本主義與民主乍看之下把社會搞得一團混亂，所以古老的部落心態開始在美國人的心中復甦。

所謂的部落心態，當然不是說美國人在二十世紀的前三十年拿起了長矛，在臉上塗抹戰鬥油彩。每個時代的人都會被當時的語言和象徵所影響。例如在二十世紀初，大型運河代表你有高超的工業科技，所以當珀西瓦爾・羅威爾（Percival Lowell，後人靠他製造的望遠鏡發現了冥王星）看到火星上又長又直的溝槽，就以為那邊有什麼先進文明。[35]在進步時代，人類的工業、工程、醫藥、科學全都突飛猛進，所以即使知識分子和一般美國百姓認為科學與科技可以解決現實世界的老問題，也毫不令人吃驚。畢竟工廠的經理都可以用全新的組織架構來提升效率，為什麼專家不能讓政治運作大幅升級？當時社會科學才剛誕生，「社會工程」這個詞毫無負面含意，人們相信政治即使當下還沒有像物理化學那麼科學，未來也一定可以。

不過，理論和思想說這麼多已經夠了，行政國家實際上是什麼呢？最簡單的說法，就是政府規模大幅擴張。但這沒有抓到行政國家的概念核心，因為行政國家的關鍵，就是建立一套獨立於憲政以外的監理與稅務體系，建立許多人所謂的「政府第四部門」（不過這個名字沒有切中要害，我會在下一章解釋為什麼）。傳統體制把政府分為行政、立法、司法，政策由國會制定，然後交由總統領導的行政機關來執行。但行政國家的出現，卻讓決定政策的權力開始落到官僚手裡。

威爾遜第一任總統結束時，行政國家已經大抵建立。聯邦政府直接向個人、公司、財產徵稅。大企業被拆成小公司。全新成立的聯準會管理整個美國的貨幣、信貸、金融。聯邦貿易委員會（Federal Trade Commission）監理國內產業，新建的關稅委員會（Tariff Commission）則負責監理國際貿易。各州與聯邦都有法律規定勞工的賠償辦法、禁止使用童工、學童必須接受義務教育；都規定了最低工資與最長工時、也都為養育幼兒的單親媽媽設立了退休金。政府還聘了一大堆人去檢查工廠、干預企業、規定許多類型的工作都必須領有執照。[36]

我們當然可以說其中有些改革很好，而且有其必要；但那是完全不同的問題。行政國家與過去的關鍵差異，是它認為應該讓國家來決定社會需要哪些東西。它讓古德諾所謂的「社會的權衡折衝」，變得比憲法和民主還重要。

而且上述改變甚至都還發生在一戰之前。在威爾遜把美國拉進一戰之後，美國政府干預經濟、甚至干預政治的幅度都更為巨大。

威爾遜總統的外交政策，當然也充分呼應他「為了守護民主而捍衛世界安全」所打的這場戰爭，尤其是推動進步主義，認為威爾遜太過溫吞的小羅斯福一派更是大力支持。但那些相信社會工程的人，並不認為外交事務可以照著規劃進行。對他們而言，一戰的價值在於杜威所謂的「社會改變契機」。杜威希望這場戰爭能夠迫使美國人「放棄大部分的經濟自由」，因為「我們不能再溫文儒雅地各自為政，必須步調一致攜手前進。」他希望這場戰爭能夠削弱「一直以來的個人主義」，讓美國人相信「整體社會所需，比個人財產更重要」。另一派進步主義人士說得更是露骨：「自由放任已死。社會控制萬歲。」[37]

政治立場與他們不同的進步主義人士藍道夫・波恩（Randolph Bourne）則說過一句著名的諷刺：「國家要打仗才能健康」。當時幾乎只有他注意到「這些人跟戰爭的默契未必也太好了吧，彷彿雙方一直在等著會合一樣。」[38]

在一戰期間，美國人肆無忌憚地用部落心態對待彼此。在威爾遜口中，那些歸化的美國人（hyphenated Americans），例如德國裔、義大利裔、以及來自其他種族群體的美國人，都沒有全心相信「百分之百的美國精神」，都是躲在我們之中的「異己」。他說：「這些歸化的傢伙都隨身帶著一把匕首，只要一有機會就會刺進合眾國的心臟。」[39]威爾遜政府建立了全球第一個現代宣傳部：公共資訊委員會（Committee for Public Information），[40]讓成千上萬的人因為思想或言論而鋃鐺入獄。[41]同時又建立一個半官方的法西斯軍團：美國保衛聯盟（American Protection League）去毆打抗議人士、審問那些「歸化的美國人」、強迫他們向國家效忠。[42]

威爾遜政府的經濟政策通常被稱為「戰爭社會主義」（war socialism）。他讓大企業組成壟斷聯合（cartelized），成為戰爭的後援。政府沒有直接將各種企業收歸國有，而是推出「新公會主義」（neo-guildism），要求所有經濟活動都要用來實現國家的整體目標。政府設立了超過五千個「動員機構」，讓全國上下每一隻槳都划向同一個方向。羅伯・希格斯（Robert Higgs）說：

> 政府將海運幾乎完全收歸國有；鐵路、電話、國內電報、以及國際電報用的電纜則完全收歸國有。勞資關係、證券銷售、農業產銷、煤炭與石油的配銷、國際貿易、原物料與工業產品市場，全都被政府深深干預。政府發行的自由公債（Liberty Bond）主導了整個金融市場，新成立的聯準會則大力推動通膨，藉此餵飽政府在貨幣與信貸上永無止盡的需求。[43]

一九一八年，共和黨在期中選舉奪回國會，兩年後又靠著「回歸常態」（return to normalcy）的旗號奪回白宮。當時美國人不僅厭倦了戰爭，更厭倦了威權政府，而那些想要藉著戰爭來讓國家拓劃大局的進步主義者，只覺得美國人民背叛了他們。

所以這些人就像我之前在《自由法西斯主義：美國左派秘史——從墨索里尼到政治變革》（*Liberal Fascism: The Secret History of the American Left, from Mussolini to the Politics of Change*）裡說的一樣，開始崇拜那些繼續推動社會工程、繼續用「科學」方式管理社會的「先進」國家，也就是法西斯義大利以及蘇聯。

在整個咆哮的二〇年代，美國進步派都有志難伸地哭嚎：「我們在打仗的時候都能規劃國家了，為什麼打完仗反而不行？」

威爾遜卸任十二年後，小羅斯福入主白宮。當時的經濟問題明明有一部分是政府干預造成的，一九二九年漫長的大蕭條卻依然讓政府獲得了滿地的藉口和大量的民意，去反對自由放任的資本主義。小羅斯福比威爾遜更為激進，直接把威爾遜的戰時機構變成國家的常態設施。之前一度位於聯準會旗下的股票發行委員會（Capital Issues Committee），變成了正式的證券交易委員會（Securities and Exchange Commission）。在一戰時期金援企業的戰時金融公司（War Finance Corporation），變成了復興金融公司（Reconstruction Finance Corporatio）。就連小羅斯福的公共住宅計劃，都是由一戰時期設計居住政策的人來實行的。

當然，小羅斯福的改革幅度遠遠不僅如此。在國會的協力和人民的認可之下，他直接把美國聯邦政府（American government）變成了一個中央集權政府。

至於行政國家變成怎樣了呢？我們下一章就來看看。

第九章

行政國家
——影子政府

The Administrative State: The Shadow Government

川普政府早期的時候，時任白宮資深顧問史蒂夫·班農（Steve Bannon）提出了三項政府優先事項：第一，「國家安全與主權」；第二，「經濟國族主義」；第三，「拆解行政國家」。[1]對許多記者和關心政治局勢的人來說，第三項尤其令人頭痛。但是保守派的知識分子卻都對此樂見其成。[2]

行政國家過去有時會被稱為管制型國家或是「政府的第四部門」，現在則變成一個由官僚、監理者以及他們使用的規範所組成，獨立於憲政體制運作的複雜網絡。他們會做出「裁決」，卻往往不需要經過選民或甚至當選官員的同意。（制定規則時會有一段「公眾評論」期，卻往往只是形式、做做樣子，而非真正的民主。）行政監理機關的力量，大到連民選官員都開始自願助紂為虐。國會這個體制不再壟斷立法責任，法院不再堅守維護分權的義務。到了後來，兩黨選出的總統也開始不能或不願意削減官僚機構。

在大多數情況下，國會不再像開國元勛原先規劃的那樣制定法律。他們將繁重的工作外包給官僚機構。早在詹姆斯·伯納姆一九四一年出版《管理主義革命》（*The*

Managerial Revolution）談論這個問題的時候，這個現象就已經存在。伯納姆寫道：「今日美國的法律，確切來說，今日美國大多數的法律，都不再是由國會制定，而是由國家勞資關係委員會（NLRB）、州際貿易委員會（ICC）、美國會計學會（AAA）、美國證券交易委員會（SEC）、美國聯邦貿易委員會（FTC）、美國聯邦通訊委員會（FCC）、生產管理局（Office of Production Management）（光看名字就知道是在做啥的吧），以及其他主要的「行政機關」來制定。這種事律師應該都很懂吧！」[3]

對歐巴馬的《平價醫療法案》（又被稱為「歐巴馬健保」〔Obamacare〕）有深入研究的記者菲利普・克萊因（Phillip Klein）發現：

> 在健保法中，有超過兩千五百個地方提到了（美國衛生及公共服務部）部長的名字，大多數情況下皆以「部長」簡稱。進一步分析發現，有七百多個地方要求部長「應該」做某件事，另外兩百個地方則允許部長「可以」自己選擇要不要進行某項監理行動。還有一百三十九個地方提到「由部長裁決」。有時候，同一句提及部長的次數多到非常荒謬，例如某一節寫道「部長根據第（d）條規定向其提供資料的所有人，均需以部長指定的方式提出報告。」[4]

要量化國會究竟授予了衛生及公共服務部部長多大裁量權，實在不太可能。克萊恩說：「因為賦予部長的新權力和新責任，有時候複雜到連衛生及公共服務部本身都搞不清楚；有時候這些權力和責任則過於專斷，〔衛生及公共服務部部長〕賽比留斯（Sebelius）可以自行選擇如何遵守。」[5]

但這還只是行政國家問題的表象而已。**一個機關是否受到政治控制，跟這個機關會不會影響到政治，是完全兩碼子事**。舉一個例子就好。憲法規定，只有國會可以徵稅，而且這不只是徵稅程序的問題而已。而是因為開國元勛相信，只要某個地方沒有民意代表，國家就不能對當地徵稅。而且當時美國與英王喬治三世之間最大的爭議，就是代表跟納稅的問題。正因如此，美國憲法第一條就要求「有關徵稅的所有法案應在眾議院中提出」，眾議院的意義就是「人民的議院」。

但隨著時間過去，國會的立法權力越來越弱。一九九六年，法律允許聯邦通訊委員可以在它認為合適的時候加稅。普及服務基金（The Universal Service Fund）對長途電話徵稅，原本的稅率是百分之三，但十年來卻在未經國會批准的情況下，將「費用」逐漸增至百分之十一。[6]（在歐巴馬政府時期，聯邦通訊委員會也開始對寬頻網路服務徵收類似的稅，原因之一是人們開始少用固定電話而導致稅收銳減。）[7]這筆稅收表面上是為偏鄉提供網路，為貧困學校及圖書館提供電腦，但卻爆出不少醜聞，例如濫用稅金、分配不當，經費沒有補助真正需要的人，反而流進了有政治關係的人的口袋等等。[8]當然，會發生這種事一點都不令人意外。

➤ ➤ ➤

二〇〇二年公開發行公司會計監督委員會（Public Company Accounting Oversight Board）根據《沙賓法案》（*Sarbanes-Oxley Act*），在必要時候有權向上市公司徵稅來增加委員會的經費。經濟學家狄繆思（Christopher DeMuth）寫道，「委員會制定年度預算，……並且按各家公司的市值加權，寄給每家公司一份帳單，讓各家公司共同分擔該預算。」二〇〇四年的預算為一點〇三億美元，二〇〇五年，會計監督委員會自行將預算提高百分之三十三，增至一點三七億美元。[9]自那之後，預算又幾乎翻了一倍，至二〇〇七年已高達二點六八億美元。[10]這項預算的確有經過美國證券交易委員會的審核，但看看憲法就會知道，美國證券交易委員會可不是國會，徵稅的權力應該要掌握在國會手中才對吧？國會怎麼自己把這項權力和權威拱手讓給別人？

說到這裡你應該也會覺得，光是把行政國家稱為「政府的第四部門」甚至還太輕描淡寫，可能得改稱「影子政府」、「國中之國」，甚至「帝國中的帝國」（imperium in imperio）。因為如果行政國家真的只是政府的第四部門，其實根本沒有任何問題，畢竟政府的權力只是開國元勛拆分的，如果他們當初真的認為有必要，也可以把國家設計成四個部門而非三個部門，反正只要確保各權能夠分立就好，不是嗎？

所以真正的問題是，行政國家其實並非什麼「政府的第四部門」，**而是一個照不到光，民主無法監督的「平行政府」**。最明顯的一點，就是行政國家的成員並不像我們其他人一樣受同一套司法體系所規範。查爾斯・莫瑞（Charles Murray）曾寫過一段話，精準呈現了這個體制的荒謬：

> 如果哪天你因為違反了環保局、職業安全衛生署、衛生及公共服務部、能源部或任何其他聯邦監理機關頒布的法規，而受到起訴，你得跑一趟行政法庭，面對坐在台上的行政法官（administrative law judge，ALJ）。行政法官通常是由該案件所屬機關挑選出來的人，之後也拿該機關的薪水。聯邦人事管理局會先挑選出前三名評價最高的候選人，讓該機關從中挑選自己屬意的人。雖然行政法官不需要經過該機關的績效評估和其他監督，但還是有可能被該機關的首長否決。到時候行政法庭上不會有陪審團；除非你花錢請律師，否則也不會有律師。一般法庭使用

的大多數證據規則在這裡也不適用。律師在行政法庭上提出辯護時，承擔的法律責任只包括「證據優勢」，而不包括「證據是否清楚且具說服力」，而且更不需要在證明你有罪之前先「排除合理懷疑」。即使行政法官認為證據有利於起訴的比例是五十一比四十九，最終還是會判你有罪。如果行政法官的判決對你不利，在大多數情況下你也只能把該判決上訴給該機關的其他部門。[11]

釐清行政國家到底是什麼當然很重要，但我之所以這麼重視這件事，是因為這個問題顯示了我們目前的體制已經墮落，已經偏離了開國元勛的願景。

憲法寫得很清楚。在聯邦層級，只有國會可以立法，然後由行政部門來執行法律——所以英文的「行政」（executive）才會刻意跟「執行」（execute）一樣。約翰．亞當斯曾說總統擁有「所有行政權力，但這樣的權力就是我們以前所說的政治特權。」[12]如今捍衛行政國家的人和那些進步派卻認為，要有這種無法課責的權力，才能有「現代化的」良好治理。他們口中的權力，其實就是那些還沒現代化的國家所擁有的權力，這根本就是在開倒車。

著名的法律歷史學家、哥倫比亞大學教授菲利普．漢伯格（Philip Hamburger）是這方面的權威學者。他在重要著作《行政法違反法治精神嗎？》（*Is Administrative Law Unlawful?*）中指出，行政國家的崛起是一種反動的力量，是要讓國家拿回過去曾有的「自由專斷權」（arbitrary power），回到過去那個毫無法紀，因而被開國元勛改掉的狀態。漢伯格所謂的「絕對權力」（absolute power）就是我在本書所說的「集中權力」（concentrated power）和「自由專斷權」，都是指政府在不需要合法監督和公眾同意的情況下，就能行使的權力。我比較喜歡使用「自由專斷權」，因為這個詞更能讓人看出它讓官員隨心所欲，漢伯格使用的「絕對權力」則是以法律的演變脈絡把這種權力跟國王的特權連在一起。

漢伯格認為行政法違憲，理由有三：「首先，行政權力就跟過去的絕對權力一樣，是獨立於法律的，」它既不是直接對憲法、立法或司法權威負責，又沒有源自這三個權力。[13] 其次，行政法「不僅不受法律支配，甚至超越法律」。「超越法律」聽起來很玄，其實意思就是「可以凌駕法律」。行政國家之所以能運作，都是因為法官要聽命於它的權威，它就像是封建君主政體的國王或女王，統治高於普通法，讓整個司法制度實際上分為兩種，一種為人民，另一種為國家。第三，「行政體系在一個政府部門中同時握有不同的權力，但照憲法規定，這些權力必須分散在不同部門」[14] 這根本已經直接違反了我們共和國採行的麥迪遜架構。麥迪遜在《聯邦論》中這麼寫道：「凡集立法權、行政權和司法權於一身……都可以直接視為獨裁暴政。」[15]

克拉倫斯·湯瑪斯（Clarence Thomas）對這種狀態深惡痛絕，也是少數對此出言批評的人，他譴責法院「放任行政體系不斷膨脹，這個行政體系把制定法律和執行法律的權力集中在一個無法究責的巨大行政機關手上，跟我們的憲政體制完全不相容。」[16]

美國行政國家的法律淵源在法律學者之間仍未有定論，不過傳統說法是，它源於一八八七年的州際商業委員會（Interstate Commerce Commission），然後先是在威爾遜時期、後來又在羅斯福新政及大社會計劃時期大行其道。不過這些都沒有說到重點。漢伯格寫道：「行政法的歷史，可以追溯到好幾個世紀以前。這個權力名稱雖然是新的，但實際上只是用新的形式**呈現了歷史上不斷重複出現的老問題**（粗體為筆者所加）。因此也難怪它會跟很久之前中世紀和近代早期的英格蘭以「特權」之名興盛起來的治理方式非常相似。事實上，行政官員的行政權力，在很多細節上都跟昔日國王享有的特權一樣。也就是說，行政法並不是現代社會才出現的，只是過去某些麻煩的權力以新的形式捲土重來而已。乍聽之下「行政」這個詞比「特權」好很多，其實兩者同樣危險。」[17]

英美國家認為，政府官員應該與其他人一樣遵守相同的法律。但行政國家違反了這條原則，它讓行政官僚獨立於法治之外，兩者河水不犯井水。如果某家公司被發現必須為河流汙染負起責任，不僅該公司要受到民事和刑事的懲罰，而且——至少在某些情況下——該公司的負責人也要承擔責任。但是二〇一五年，美國環保署不小心讓一百萬噸含重金屬和化學物的有毒廢水流進了科羅拉多州的阿尼瑪斯河（Animas River），卻什麼事也沒發生。[18]

人們在幫華府常設文官制度辯護時，經常會說這個文官制度「實質上」具有某種代表性。其中一種說法是說，總統由民選產生，所以總統的任命都有民主正當性。對啦，通常政府裡的四千名機關負責人及委員都是總統任命的，不過光是這一點就很奇怪，用數千名委員來代替總統對全民負責，這樣真的好嗎？而且美國並不是議會制，正如漢伯格所言，總統不是美國國會或英國議會那樣的代表機關，而是負責執行法律的行政人員。他真的可以制定法律嗎？

而且重點是，絕大多數透過行政裁決制定法律的人，都不是由總統或其他民選政治人物直接任命的。漢伯格寫道，「他們既不是由人民選舉出來的，又不是由民選出來的政治人物所選，反而是由其他行政人員任命的。也就是說，他們的權威並沒有什麼實質代表性，而僅僅只是一個自我延續的官僚階級。因此，認為他們的立法有實質代表性的說法根本不切實際。」[19] 另一方面，照民主的說法來看，國家本身也不會是什麼負責推動進步之輪的東西，這種想法甚至根本就是神祕主義。

雖然漢伯格的切入角度不同，但正如前述引文所言，他其實戳到了一個在意這類問題的讀者都會擔心的問題：**管制型國家的出現，營造出了一個新的貴族階級，一群凌駕於法律之上的男男女女**。而且那些進步派當初在建立行政國家時，其實要的就是這個。

可想而知，只要我們不去制衡影子政府的權力，其權力範圍和規模就會不斷膨脹。然後就會有越來越多原本應該要對大眾公開透明的東西，全都不再留下紀錄。不過即使這樣，一九六〇年的聯邦法規就已經多達兩萬兩千八百七十七頁，在一九六三年大社會計劃推出之後更是大幅增加，到了詹森任期結束之時，法規平均每年增加五千五百三十七頁。[20]到了二〇一二年，頁數已經高達十七萬四千五百四十五頁。[21]

如果要解釋這種疊床架屋、極其繁複的拜占庭式（byzantine）官僚體制，如何織成盤根錯節的網，纏繞住整個國家，還可以講很久很久；但現實中到底有多少人會去注意官僚機構的規模越來越大？幾乎沒有。因為許多人都認為這是理所當然。所以在討論行政國家時，必須撕掉它現代化的假面具，揭露它的本質。行政國家其實就是一個階級、一群貴族、一個寄生在國家之中，只守護自己利益的部落。「寄生」這個詞當然說得有點重，但很精準，例如很多人都說，官僚體制就像我們身體裡的益生菌，為我們做了很多好事，如果它們消失了，國家就無法運作。這沒說錯，但它沒有否認官僚體制就是國家的寄生蟲，而且他們做好事並不是為了幫助國家社稷，只是為了保護自己的利益。

此外也有人說，十九世紀、二十世紀已經實行了各種公務員制度改革，解決了美國政府內部一些很棘手的腐敗問題，如今任命公職已經是選賢與能，不再是透過政治關係。**但是這樣的改革，卻也同時用一套神祕難解的知識，把政府團團圍住，讓外人不得其門而入**。它把官僚機構變成了某種行會，入會規則由裡面的人來定，入會之後將終生為他們服務。漢伯格就寫道：「公務員制度改革雖然確保了只有合適的人才能進政府，卻也讓那些直接對人民負責的政治人物，無法把公務員踢出政府。」[22]進步派的改革，不光是想讓腐敗政客無法決定公職分配，而且還要讓那些誠實、會回應人民聲音、會想讓政府對人民負責的政治人物，也同樣無法干涉政府官僚。

更重要的是，人只要拿到權力就會腐敗，即使是品行正直的行政官僚也抵不住人性的誘惑。過去的土耳其跟中國都已經把宮裡的官僚閹掉了，腐敗還是發生，就更不用說豐厚的薪水和不錯的養老金，能夠達成多少防弊效果了。當然，我們大多數的官僚都正直、忠誠、又專業，但人類的悠久歷史告訴我們，無論是怎樣的族群，只要不需負責，就勢必走向腐敗。[23]退伍軍人事務部（Department of Veterans Affairs）鬧出的醜聞就是最佳例證，那些用公文手段偽造紀錄殺死病人的人，全都繼續待在位子上，反而是挺身而出讓人注意到這類違法失職行為的人，卻被踢走。美國特別檢察官辦公室負責人卡羅琳・勒納（Carolyn Lerner）就說：「這件事最糟糕的地方，就是揭露不當行為的吹哨者反而面臨了莫須有的罪名；那些危及退伍軍人健康的人卻沒有付出代價。」[24]

無論進步派有意無意，他們創造的官僚體制都變成了一個新的社會工程師（social engineer）階級。這種機構根本就是一種常設的立法、行政和司法部門，雖然聲稱自己是為人民服務，但卻可以無視服務人民時必須遵守的原則。洛克就說過「只要立法權一直掌握在某個常設的組織手中」，就會變成一個未爆彈，因為「這個組織在乎的利益，會開始變得跟社會的其他成員不一樣。」洛克除了擔心常設立法機關會試圖「增加自己的財富和權力」以外[25]，更擔心機關裡的人會把自己的利益看得比人民的利益更重要。

這個問題非同小可。政府官員也是公民，不是封建領主；但他們跟其他公民有個關鍵差異：

法律允許他們基於自衛以外的原因使用暴力。從這個角度說，就連美國國稅局或美國環保署的小嘍囉，權力都比科氏兄弟（Koch's）還大。弗里德里希．海耶克說得好：「即使我的鄰居或甚至我的雇主是百萬富翁，他控制我的能力也不如那些握有政府強制力、可以規定我們如何生活與工作的底層公務員。」[26]

此外，這個新興的官僚階級還有很多特殊的權利和特權。首先，幾乎沒有人可以解雇這些公務員。《今日美國報》的調查發現，「像環境保護署、小型企業管理局、住房和城市發展部、行政管理和預算局，以及其他十幾個聯邦政府機構這類職位，無論是表現太糟、行為不當、還是必須裁員，都不會失去飯碗，要讓他們離開既有職位，大概只能等他們自己死掉。」二〇一〇年，華盛頓特區大約十六萬八千名聯邦工作人員，薪酬相當豐厚，工作保障率高達百分之九十九點七四。一位住房和城市發展部的發言人對《今日美國報》表示，「該部門員工的工作穩定率達百分之九十九點八五，解雇率低，員工們工作熟練、認真負責。」[27]

如果官僚是神職人員，公部門的工會就是耶穌會，這類比一點也不誇張。工會本質上就是以工會成員的利益為優先。私人公司的工會最重視的通常既不是消費者的利益，也不是雇主的利益，而是該部門勞工的利益；公部門的工會也一樣，他們不會把公民的利益放在第一位。教師工會裡面當然有很多人會關心學生的困境，不過經驗證據很少顯示，這些教師思考制度的時候會把孩子的利益看得比自己的利益更重要。

我已經盡量不針對任何政黨，但在討論官僚問題時還是必須提到，民主黨和政府工會之間暗藏一種公權力自肥關係。代表美國國稅局的財政員工工會（National Treasury Employees Union）在二〇一六年大選期間，把百分之九十六的政治捐款都給民主黨候選人。[28]二〇一六年，美國政府受雇者聯盟（American Federation of Government Employees）也向民主黨候選人提供了其百分之九十三的政治捐款，這兩者都不是偶然。[29]既然都有人說，有錢人會出於自身的經濟利益投給共和黨（不過我還蠻好奇證據在哪裡），我在這裡說勞工階級會為了自己的經濟利益而投給民主黨，應該一點都不奇怪吧？不過麻煩的是，這個新階級無論在經濟、意識型態、還是心理，都必須讓政府的地位保持至高無上。所以新階級的成員在保護自己利益時，很容易就會支持政府裡面的官僚組織，也就是影子政府。

南斯拉夫領導人兼理論家吉拉斯（Milovan Djilas）寫了一本書，將共產黨領導階層稱作「新階級」，他說：「這個官僚體制新階級拿到權力之後，並未致力於建立新的經濟秩序，反而開始建立自己的規則，藉此確保自己掌握社會的權力。」[30]蘇聯的新階級跟美國的新階級當然不一樣，但無論兩國的意識型態和文化差多少，都同樣顯露出一個**恆常不變**的人性事實。官僚這個概念，本身並不會告訴我們，官僚在怎樣的條件之下可以盡量去做他們認為對的事情。即使是最務實的官僚，也永遠不可能認為，自己這個職位消失了之後，大家或許會過得更好。

還有一點，我前述提過，這裡再強調一次。之所以有人會想讓民選的政治人物無法直接干預那些「不涉及利益」的常設官僚，最合理的說法是，只有這個方法才能防止私人利益妨害公共利益。但這樣的說法，光是從表層就漏洞百出。

有一個經濟學分支稱為「公共選擇」，它已經詳盡地證明，在一個利益集中、成本分散的體系中，那些人數較少卻有大量利害關係團體，經常都會壓倒多數人的利益，甚至可以不斷維持優勢。[31]民主國家在討論許多問題時，都會自然而然特別重視某些群體或某群選民，因為只有這些群體特別在意與此相關的利益，一般公眾並沒有那麼在乎。但隔了一段時間之後，這些群體就會開始把這些「尋租空間」視為理所當然，並且積極維護，但很少有選民會致力於消滅這些尋租空間。然後時間過得越久，特殊利益就更有利可圖，相關政府部門也變得更肥大。但為什麼沒有人要解決問題？因為這是一種公有地悲劇，這時候每個團體都知道，只要用這種方法就可以獲得特殊利益。這也是過去四十年來遊說活動急遽暴增的原因之一。[32]到了最後，政府的工作目標就愈來愈偏向照顧利益團體，也就愈來愈無法處理新的挑戰或是更急迫的問題。因為他們把大量心力花在滿足客戶的需求，沒有餘裕及時處理重要的公共問題。簡而言之，政府這時候「硬化」（sclerotic）了。「硬化」這個詞出自於喬納森．勞赫（Jonathan Rauch）在一九九四年出版的同名著作中，創造的「民主硬化症」（Demosclerosis）。勞赫將「民主硬化症」定義為「政府逐漸喪失適應能力」，而這個過程幾乎出現在每一個先進的民主國家。

勞赫寫道，來求情的人「並非是因為貪婪或墮落，而是他們發現了某種在這個世界求生的原動力。」[33]很多立法者都說，美國聯邦通訊委員會（Federal Communications Commission）常常收到來自商人和政客的遊說，但經濟學家羅納德．寇斯（Ronald Coase）認為「會發生這種事一點都不奇怪。」他補充說：「當某個商人獨得了一筆天價的合約，其他沒標到的人當然就會變得超級焦慮，於是用盡所有可能手段，包括政治上的或其他方面的影響力來搶生意。而且如果他們沒有辦法確定其他人有沒有出手，他們就更可能出手。」[34]

最著名的例子就是馬海毛（mohair）補貼。這項補貼早在六十年前就開始實施，除了馬海毛生產商以外，沒有任何人能從補貼中獲益。結果，在人民關心其他更重要的事務時，馬海毛遊說團體只在乎要把握機會，趁著大家都不注意的時候去遊說政府，想辦法讓這項補貼延續至今。

持平來說，馬海毛補助跟糖或是其他產業的補助一樣，都表示國會失職，但國會至少還是人民選出來的，官僚機構就更糟糕。官僚機構照理來說應該完全不涉及利益，但事實上這些人因為不需要面對選民，反而變得更好拜託。國會議員要是膽敢向捐款者提供專款或是其他好處，老早就會被轟下台，但如果是官僚做了同樣的事，我們能拿他怎樣？

政府官員接受賄賂的確會被解雇，而且這種解雇的確時有所聞。但這種貪腐其實是最不重要的。因為最嚴重的腐敗，是某些監理工作讓相關官僚握穩鐵飯碗，這種時候監理官員一定會出於人性，而想讓這種工作繼續留下來。研究公共選擇的大多數經濟學家，通常稱之為「管制俘虜」（regulatory capture）。管制俘虜可以區分成很多種，在經濟學和政治學領域也有許多不同的名稱。已故的著名政治學者威爾森（James Q. Wilson）在《官僚：政府機構做了什麼？為什麼這麼做？》（*Bureaucracy: What Government Agencies Do and Why They Do It*）中寫道，「當某個計劃大部分或全部的成本都由大多數人（例如所有的納稅人）分攤，但利益卻落入某個單一或相當少數利益團體（以及產業、職業或地區）時，」就會形成「客戶政治」（client politics）。[35]

我不反對使用「管制俘虜」這個詞，但我真正在意的問題，還是得用「行會經濟」這個詞才能凸顯出來。我們看到在中世紀的經濟中，政治和經濟利益都源自於既有的經濟安排。行會討厭創新，因為創新不僅擾亂經濟秩序，更擾亂社會秩序。而行會經濟的存續關鍵，是國王授予行會特權。行會擁有的這種特權，就跟今天很多「許可證」一樣。

在過去的歐洲、亞洲、中東國家，從事幾乎所有製造業、貿易和工藝產業的許可，都握在國王、女王、皇帝、沙皇、蘇丹……這些統治者手中，是統治者給予的特權之一。這些許可證很多時候都跟文化，甚至跟神學有關。米爾頓・傅利曼（Milton Friedman）就說：「許可證的普遍程度跟管轄範圍，其實都比我們以為的更大。在很多國家，你都必須滿足國家當局規定的條件，才可以從事特定的經濟活動。例如中世紀的行會，就明確規定了只有哪些人才能從事某些活動。印度的種姓制度也有相同的效果。而且無論是大至全國的種姓制度，還是較小規模的行會，都是社會約定成俗的不成文規定，而非政府明文撰寫的法律。」[36]

在歐洲，擁有這些權利和特權的人形成了行會，創業者一旦侵犯了這些權利，就可能面臨各式各樣的懲罰，甚至丟掉小命。行會和統治貴族都從這個體系中受益，也都不遺餘力地共同鞏固這個體系。英格蘭在發展出「現代化」的商業烘培和啤酒釀造之後，就跑出了一道「麵包和麥酒法令」（*Assize of Bread and Ale*），由巡迴法庭負責執行。從進步的角度來看，這是保障食品安全的濫觴，由貴族政府來訂立商家必須符合的最低品質標準。

但研究中世紀歷史的學者詹姆斯·戴維斯（James Davis）認為，這類法案在現實中就是一種「實質的許可制度。事實上，領主或企業都從商家的利潤中抽成，獲得一定比例的利益。」用黑手黨的說法就是「分一杯羹」（a piece of the action），這是在特定的社會文化環境下形成的某種既定、傳統的規範模式（customary right）。十三世紀的「農業總管」（Seneschaucy）提議，「所有莊園都必須先獲得領主的授權，才能烘培和釀酒。」而在十三、十四世紀的許多地方，商家也的確必須獲得領主直接授予的許可證或繳交費用，才能從事釀造。[37]

麥克隆斯基指出：「十四、十五世紀的德國，就連小鎮的詩人都有行會。蘇格蘭的格拉斯哥，還為了避免競爭，拒絕了年輕的詹姆斯·瓦特（James Watt）申請開設修理店，結果瓦特就轉往大學，在那裡工作得很快樂，後來還發明了分離式冷凝器（separate condenser）。」

麥克隆斯基繼續寫道：「只要行會不認可，人們就無法使用新的方式生產織物。而且除非你可以像英格蘭那樣在鄉下設廠賣給當地，否則你的東西一定賣不出去。如果你現在想在荷蘭開一家新藥局，你也得先向鎮上的藥劑師委員會提出申請。所以你猜猜看，荷蘭有多少家藥局？」[38]

像這樣產業成員自己就是監理者，這種球員兼裁判的作法，完全就是管制俘虜和行會經濟的形式。這樣的體系至少從十三世紀就存在了，一直到今天還隨處可見。美國著名法律學者沃爾特．蓋爾霍恩（Walter Gellhorn）在他一九五六年的著作《個人的自由與政府的約束》（*Individual Freedom and Governmental Restraints*）中，率先做了有關特許業的研究。他寫道，「如今，這個國家所有仍在運作的職業許可證委員會，有百分之七十五是完全由各產業中獲得許可證的從業人員所組成。」[39]

近年來，這個問題變得愈來愈嚴重。一九五〇年代，不到百分之五的勞工工作需要政府的官方的執照，如今卻有百分之二十九的美國勞工必須拿到執照，才能從事想做的工作。[40] 歐巴馬政府進行了一項政府研究發現，專業執照需求暴增「是過去幾十年來非常重要的經濟趨勢之一。今天，四分之一的美國勞工必須取得州政府發放的執照才能工作，這個比例自一九五〇年代以來增加了五倍。無論是聯邦政府還是地方政府發放的執照，現在擁有專業執照的勞動力比例比以往更高。」這份報告指出，由於政府的規定，「發放執照會讓勞工更難進入某個行業，但同時也會減少就業機會，壓低了被排除在外的勞工獲得的工資，還讓消費者的成本變高。」[41]

職業許可的制度讓數百萬的低技術、入門等級和未受教育的勞工無法進入勞動市場，卻也帶來了嚴重的負面影響。非營利組織「司法研究所」（Institute for Justice）一直以來都在深耕這塊議題，詳細記載各種相關案例，協助那些因為這個趨勢而權利受損的人。該組織經手過最特殊的案例，大概就是黑人女性的「編髮」（hair braiding）竟然需要專業執照。真髮編髮並不需要特殊的化學物，不需要剪刀，不需要加熱，也不需要任何危險的設備。這是一種由母親傳授給女兒的傳統技藝。然而，卻有十三個州要求店家必須要有美容執照才能提供這項收費服務。要拿到編髮的執照，你必須先上兩千一百小時的課程，付出高達兩萬美元的費用。另外十四個州對編髮執照的要求則稍微寬鬆一些。[42]

但是，這還只是這類爭議的冰山一角。司法研究所列出了一大票需要許可證才能從事職業，各種職業，例如木匠、理髮師、美甲師、化妝師、擠牛奶工人、漁民、火警設備安裝師傅等收入都很低下，這些職業歷來都是靠獎勵良好職業道德來把關品質，而且提供了低收入的工人未來能過中產階級生活的途徑。在這個問題上，你不需要是擁抱自由至上主義者，也會對當前的整體趨勢感到憤怒。或許一個負責消滅害蟲的工人有必要接受一些州政府批准的培訓，但他們真的有需要像田納西州要求的那樣，接受四年的教育，或是先在另一個有執照的工人底下工作兩年嗎？[44]

一般人很常有個誤解，以為大多數的企業會認為把工作做得很爛，可以為自己帶來利益。雇主需要有技能的員工，而且大多數情況下，你可以信任這個雇主會依照規定培訓他的員工。雇主比大多數人更了解營造口碑跟職業名譽的重要性。麥當勞會培訓經驗不足的員工，讓他們有辦法為數以百萬的顧客提供食物。難道你真的會相信，一群年輕人去參加個州政府規定的課程，他們做出來的大麥克品質就會大幅提升嗎？此外，現代有許多線上評論和評價系統，例如 Yelp、谷歌等等，或是直接上臉書、推特等常用的社群媒體寫下心得文，消費者比以往任何時候都更有辦法讓企業負起責任。

一個行業如果總是仰賴監理機關給予的好處，亦即集中的利益，最終將必然且無可避免地與該機關形成寄生關係。行會支持國王，因為國王支持他們，反過來也行得通。美國經濟學家喬治．吉爾德（George Gilder）指出，「監理機關像是某種寄生蟲，它可以長得比它原來寄生的行業更大，然後大到反過來變成宿主，而原來是宿主的行業則淪為寄生蟲，仰賴著這個削弱它力量的政府機關給予的補貼和保護。」[45]

舉計程車行業為例吧。在紐約市，計程車業是個利潤豐厚的行業，因為黃色計程車（Yellow Cab）擁有政府授予的壟斷權，黃色計程車甚至有一個看起來很中世紀官方徽章的牌照動章（medallion）。幾十年來，計程車牌照動章的價格超越了道瓊的股票指數，甚至超過了黃金。

牌照動章價格之所以如此高昂，是因為紐約市限制了牌照的總數，而且在紐約人口和來訪的遊客數量暴增之後，依然沒有增加，政府阻止增發牌照，從而讓計程車行會有巨大的利益可圖。二〇一三年，紐約市的計程車牌照和相關資產的總價值高達一百六十六億美元。（在芝加哥是二十五億美元。）[46]這種行會變成了壟斷集團，在不同城市鞏固著它們的壟斷地位。直到某一天Uber崛起，一切才發生了變化。Uber 公司以及其他新興的共乘平台如 Lyft 的出現，開始挑戰行會的優勢，而且通常都成功了。於是計程車牌照的價格有史以來終於穩步下滑，而且幾乎從此再起不能。

這個例子之所以值得一提，原因有三。首先，這個例子剛好證實了，行會經濟是一種違反公共利益的陰謀。其次，它告訴我們，即使創新會讓某些人丟掉飯碗，但對總體來說社會還是有利，不僅對乘客有利，對其他成千上萬被毫無理由排除在外的司機也有利（這部分稍後再細談）。第三，它也讓我們看到了像紐約市計程車與禮車委員會（New York City Taxi & Limousine Commission）這樣的機關，如何從一個寄生在社會中的官僚體制，變成了一整個產業的頭頭。在共享車業進來之前，計程車業為委員會帶來了可觀的利益。但等到共乘平台出現之後，計程車業就跑去找委員會要求保護，幫它排除競爭者。但這件事本身不是重點，真正的重點是，行會跟官僚在歷史上從來無法阻止競爭者打倒整個既有產業。

雖然所謂的零工經濟（gig economy）的創造性破壞所帶來的正向變化，或許讓人看到未來還有一線希望，但真正的希望少之又少。雖然「創造性破壞者」可以在管制型國家的高牆上劈出一道裂縫讓我們看到高牆的另一邊有什麼，但高牆變厚，厚到無法穿透的速度，卻比破壞者誕生的速度多好幾倍。

在中世紀的行會時代，大家都知道，給一個沒有經驗的勞工當學徒入門學習手藝，是一件非常難能可貴，價值非凡的事。學習成為鐵匠、石匠或皮匠的機會，比做這些事情的薪水更重要，因為技能是通往富足的第一步。而如今，對那些還沒掌握技術也沒受過大學教育的年輕勞工來說，第一份工作的意義也是如此。比方說在麥當勞好了，你努力地工作，努力學習工作上的待人接物，很可能一年後可以升為副理，這個經驗相當寶貴。無論是將最低工資提高到雇主無法承受的程度，還是提高到雇用 ipad 還比較划算的程度，都是不道德的，因為這相當於對那些入門級工作（entry-level job）徵稅。**想一想就知道，對這種初階工作徵稅，只會讓這類工作愈來愈少**。那些把最低工資看做「餬口工資」的人，有沒有想過這等於是逼雇主花更多的錢去找那些經驗不足的人來工作？這顯然無法永續。

如今的工會變成了中世紀行會的翻版，他們拼命遊說提高最低工資。其中一些工會支持提高工資，是因為工會合約本來就保障最低薪資，只要最低薪資調升，那他們原來就不錯的薪水也會調漲。但除此之外，工會積極推動最低薪資還有其他目的。例如加州服務業雇員國際工會（Service Employees International Union）和其他工會的遊說目標，是讓最低薪資法劃出「例外」（carve out），允許有加入工會的企業用低於最低薪資的工資來聘請工會成員。《洛杉磯時報》

（*Los Angeles Times*）寫道，「批評者認為，這些大都市勞工團體跟政客狼狽為奸，實在反諷至極，他們藉由這些條款，讓工會變成幫企業降低工資的廉價好朋友。他們刻意讓工會成員可以不受最低薪資法規規範，就是為了吸收更多會員，收取更多會費，而這犧牲了勞工權益。」[47]說得好，雖然工會總是為了幫成員爭取更多權益，但前提是，他們得先有成員。

工會的角色很重要，在社會中也有正當性。但我要說是，工會跟其他任何機構一樣，一旦開始想要叫國家來實現自己的目標，就會開始變調。這時候，工會就變成過去的行會，某些時候甚至會變成某種過去的世襲貴族。例如墨西哥大部分地方的法規和習俗，都允許教師工會讓教師把自己的職位傳承給別人，或拿來販賣。根據《異議雜誌》的報導，在瓦哈卡（Oaxaca），「百分之三十六的教師直接從親人那裡繼承教師職位，每年開學都有將近一半的新老師是這樣來的。」這就像中世紀的黑市一樣，只是拿來交易的是教師職位。「一些教師的後代如果不想接續父母的路子，就會把職位拍賣出去，價高者得。」[48]政府曾試圖想改革，結果激進的教師工會開始罷工，甚至出現暴力衝突。「自古至今，」一位罷工的教師二〇〇八年告訴《休士頓紀事報》（*Houston Chronicle*），「木匠的兒子也成為木匠，政治家的兒子也當了政治家，那為什麼我們的孩子不能擁有同樣的權利呢？」[49]

這是一種**「硬化」**（**sclerosis**）現象，它在社會中就跟腐敗、腐爛、衰敗或熵一樣。在自然界的硬化以及其他隨之而來的病症，都會讓人類和其他動物自然步向死亡。我通常不喜歡將社會比喻成一隻生物，不過在這裡就很貼切。行會經濟是國家開始腐敗或衰敗的病徵。而前述的硬化，則是古羅馬或蘇聯帝國加速滅亡的關鍵。

如今，同樣的力量也在蠶食著歐盟和美國大部分地區。世界銀行曾統計過不同國家執行一項業務各自需要多少時間，二〇〇六年，希臘執行一份合約需要八百一十九天，二〇一六年則增加至一千五百八十天。二〇〇九年歐巴馬政府剛上任，在美國拿到建築許可需要花費五十九天，二〇一六年，所需時間增加至八十一天；在此同時，執行合約所需的時間也從原來的三百天增加至四百二十八天。這段時間中，資產登記的成本佔資產總額的比例增加近五倍，從原來的百分之零點五上漲到二點四。[50]自古以來，新興企業都會創造許多就業機會，但近年來這些機會卻一直在減少。[51]金融業的監理制度一直都在偏袒大銀行，其他較小的社區銀行為了符合法規而被成本壓得喘不過氣。

前述大量的案例、統計數字、可怕的故事，都顯示近來盛行的統合主義和行會經濟，對國家經濟造成巨大的影響。但我們社會面臨的問題，其實是一個更常見、更簡單的困境。美國社會學家丹尼爾·貝爾（Daniel Bell）解釋道，「說到底，階級並不是指某個特定的群體，而是指一種把權力的獲取、持有、轉移方式，以及隨之而來的特權，都變成一種制度的體系。」[52]研究新階級的先驅詹姆斯·伯納姆認為，「自古以來，每個社會群體跟經濟群體無論規模如何，都會努力提高自己的社會地位，鞏固自己在社會中所持有的權力和特權。至今沒有明顯的反例。」[53]

中上階級和那些真正的有錢人就是個好例子，他們有意無意地利用國家和文化，讓社會變得越來越複雜。查爾斯·莫瑞與理查·赫恩斯坦（Richard J. Herrnstein）的共同著作《鐘形曲線：美國社會中的智力與階層結構》（*The Bell Curve: Intelligence and Class Structure in American Life*）一出，便飽受抨擊汙衊和誤解。這兩位作者認為，傑佛遜式那種**任人唯賢**的社會只是搬磚砸了自己的腳，因為這個社會沒有讓那些本身能力好、品德好和毅力高的人獲得成功，反而養出了一群很會考試的「認知菁英」（cognitive elite）。結果他們獲得利益以後就跟其他階級的人一樣，為了自己的利益而改寫遊戲規則。[54]

無論你同不同意兩位作者的整體論點，似乎都無法反駁上述說法。這個國家的上層階級正在把遊戲規則變得更加複雜。因為簡單來說，事情變複雜，這些人就更有利。政府把社會搞得愈複雜，就愈需要一些資源去解決複雜問題，而有資源的人就愈有優勢，沒有資源的人就愈慘。法官理查·波斯納（Richard Posner）在退休時，發表了一串很棒的告解。「大約六個月前」，波斯納法官在二〇一七年九月告訴《紐約時報》，「我從三十五年的沉睡中醒來，赫然發現，那些請不起律師的人，反而受到法律制度的侵害。」[55]他指出，窮人和教育程度低的人的確陷入困境、滿腹委屈，但是法律體系卻只尊重那些請得起昂貴律師的人，那些沒有律師辯護的人就變成了「垃圾」。波斯納是很特立獨行，但每個人只要認真去看，都可以看到相同的社會規律。

➤ ➤ ➤

所以到底哪些資源或「資本」是讓生活順心美好的關鍵呢？是政治資本、財富、社會地位、遺傳、教育、專業、聰明才智，還是單純靠運氣？（雖然運氣嚴格來說不是資本）善良的老百姓對此看法各自不同，但無論是怎樣的看法，實質上都沒有差。因為你只要缺乏上述任何一個無形資本，這個社會的規則對你來說都會更複雜，你也更容易遇到障礙。聘了優秀律師或者社會關係良好的愚蠢富翁，總是比缺乏良好律師或社會關係的愚蠢窮人，更容易跳過政府設置的各種障礙。在封建社會中，有錢有勢家族的子孫，無論資質如何駑鈍，都很容易在社會上找到立足點，因為社會規則就是為他寫的。

當然，我們不可能完全克服某些人類劣根性。例如之前提過，人類一定會先幫助親朋好友，才幫助陌生人；而長得好看的人，也總是比長得醜的人佔優勢。我們只能設法降低這些優勢帶來的影響，無法完全消除它們。如果真的要完全消除，很可能會直接走向暴政，因為國家因此獲得的權力遲早有一天會屈服於潛藏在人類心中的劣根性。

美國評論家大衛・布魯克斯（David Brooks）寫道：「過去幾十年來，美國中上階級都把大多數的資源拿來栽培下一代，他們一賺到錢，就轉去投資小孩。」這麼做完全合情合理，也確實是每位家長該做的事。但我們發展出來的社會系統，卻讓能用這套策略栽培小孩的家長越來越少。「自一九九六年以來，」布魯克斯指出，「富人階級的教育花費增加了快百分之三百，但其他群體的教育經費卻幾乎沒有變化。」[56]所以問題來了：有錢人家的孩子一邊學習聽說讀寫樣樣精通，一邊學會怎麼用這套系統繼續鞏固自己的既得利益。換句話說，我們把學生教成了濫用體制的高手。我沒有說那些前段班的高中有刻意安排課程教學生經營人脈，或者正確打入菁英階層；但是整體的教育環境，就是讓他們學到這件事。同時，我們的教育還讓他們用一種煞有其事的說法，從心底認為這個國家給他們的一切都是理所當然。

伍德羅・威爾遜搞出的行政國家更是把這個歪風推波助瀾。結果這種教育愈成功，教出來的這些進步派就愈目中無人。因為當你認為人民根本搞不清楚什麼東西對自己有利，你就會繼續把整個社會的決策流程搞得愈來愈複雜，結果就形成了一個弔詭：你愈努力想改善社會，社會中的其他人就愈搞不懂該如何獲得利益。結果就造出了一個自我實現的預言，讓你以為一般人真的像你想的那麼笨。

很多受過教育的自由派都無法理解為什麼那麼多美國勞工會投給唐納・川普，這些自由派真的該好好反省。因為如今美國有非常多人，都認為現行體系讓他們的生活更加艱辛，讓他們更難實現自己的成就。但這些人在抱怨抗議的時候，卻被當代的進步派嗤之以鼻，而現行體系就是這些進步派建立的。

碰到什麼都把問題指向川普，說美國的政體從上到下都爛透了，當然很簡單。但現在真正的問題，是系統性的腐敗。民主要能邁向成功，就必須能夠課責。但當代新階級的影子政府，卻不但讓政府變得無法課責，也讓民主變得不可能。

第十章

今日的部落主義
——國族主義、民粹主義和身分政治

Tribalism Today: Nationalism, Populism, and Identity Politics

昔日的美國理想高呼著，人人生而平等，是自己命運的主人，是自己靈魂的船長。用歐巴馬的話來說，這是「寫進建國文件的信條，宣告著一個國家的命運。」[1]但是卻有好長一段時間，婦女、黑人和其他邊緣團體都沒有被包含在內。而婦女和黑人之所以後來成功改變憲法，扭轉美國人想法，其中一個原因就在於他們訴諸了這樣的理想。如果你能很誠懇地告訴你的對手，他抱持的信念是正確的，只是實踐的方式用錯了，這種時候通常更容易說得動對方。

但是美國還有其他理想，而有時候這些理想會彼此衝突。美國人堅信每個人都是掌握自己命運的主人，這個信念的另一面，是相信每個美國人都是「美國人」。這兩個原則其實會彼此拉扯。十八、十九世紀的德裔美國人遠渡重洋，希望成為美國人，但另一方面並不想就此全盤放棄自己的文化和語言。幸運的是，他們踏上的是自由的天地，而不是充滿壓迫的猶太人區。這裡的所有人同心協力，一起打造美國偉大的民主實驗；在這裡，沒有人需要為自己出身於某個民族、種族或信仰某個宗教而被排除在外，也沒有人應該為此被迫放棄自己的根源。

要讓那兩個原則不要彼此拉扯，關鍵就是自由和時間。要給予個人自由，讓人們根據自己的條件來權衡自己的抉擇；要給予社會時間，讓這個大熔爐發揮它神奇的力量。這**個魔法必須仰賴許多東西才能存在，其中最重要的就是做事要有分寸**。其他社會的文化深度和豐富程度並不輸給美國，但是美國人自己卻不這麼想。當他們到國外旅行時，時常與其他文化發生摩擦，而沒有發現，這其實是因為他們下意識地覺得全世界的文化都應該要跟美國一樣。在美國，一個有禮貌的人必須將每個接觸到的個人都當成他這個人，而不是某個群體或階級。如果你能做到這點，你才足以稱得上是美國人。自古至今，世界上的其他地方，通常都會理所當然地把每個人視為某個部落的一分子。但是在美國，你應該要將每個人視為獨立的個體。

這種文化規範跟我們的憲法一樣，都是啟蒙運動的產物，甚至可以說同等重要。美國建國背後的整個啟蒙思想認為，美國可以把法國人、義大利人、德國人、中國人、阿拉伯人等不同民族的人都變成美國人，形成一個新的民族，願意共同遵循建國原則，並守護它孕育出的自由文化。這樣的願景吸引了來自世界各地無以計數的人們，他們渴望逃離壓在自己身上的母國歷史、階級和種姓重擔。我一位才華洋溢的朋友、已故的政治學家彼得·施拉姆（Peter Schramm）很喜歡講他家人在匈牙利為反對俄羅斯共產黨而發起革命失敗後，逃離匈牙利的故事：

> 我問我爸，「我們要去哪裡？」
> 我爸說，「我們要去美國。」
> 我不解，「為什麼是美國？」
> 他回說，「因為啊，兒子，我們其實生來是美國人，只是生錯了地方。」[2]

教育教導我們，當美國偏離了這個理想，就是一種可恥的背叛，背叛了我們最好的自己。例如，當年政府認為中國人「在這片土地上一直是陌生人，總是自成一區地生活，」而且他們不太可能「跟我們的人同化，也不太可能改變他們的習慣」，最高法院同意了這類看法，在一八八九年支持《排華法案》（*Chinese Exclusion Act*）。[3]從我懂事以來，那段時間一直被視為美國歷史上的黑暗時刻。

當然，今日我們依然這樣教導美國的學生，我們依然深信政府不能基於一己的偏見，而排斥某些群體。但除此之外，大熔爐的其他部分正以三種方式在逐漸瓦解。首先，很多人開始說，政府應該要給予某些群體特殊待遇。第二，文化的整體走向讓我們越來越傾向用人們所屬的群體來作為判斷他們為人的依據，同化現在變成了貶義詞。第三，我們也被逼著去鞏固自己的群體身分。

多元文化主義和身分政治這類意識型態中，本身就充斥著無數的矛盾和不一致，但就整體來說，無法否認我們的文化一直都很執著於種族、性別和民族本質。政治理論家馬克・里拉（Mark Lilla）寫道：「我們從小就鼓勵孩子談論自己的身分認同，甚至早在他們產生身分認同之前就鼓勵他們這麼做。於是等到他們上了大學，許多人就以為政治論述只剩下族群多元，反而對於那些有關階級、戰爭、經濟和公共利益等一直存在的問題都一無所知。」[4]

甚至於當前的論戰已經不再聚焦於身分政治是否存在，而已經在爭論身分政治到底是好事還是壞事。如果你連這樣都還沒注意到問題，那我也只能說你該去看看眼科了。也因此，我不會大費周章地一條一條詳述，美國校園和媒體那些左派如何製造出恐怖又荒謬的問題，但我會舉幾個例子來說明我的論點，讓讀者更清楚身分政治的部落主義傾向將對美國奇蹟帶來巨大的危害。

（如果你還是好奇的話，你可以參考我放在注解的一些文章列表，雖然只是一小部分，但我想說明已足夠了。）[5]

在我繼續這一章的主題之前，我先整理一下這本書的論點：首先，人類天性的鏽蝕正在吞噬西方文明的奇蹟和美國民主實驗。第二，這種腐敗不是什麼新鮮事；大自然只要一有機會就想把事情打回原始狀態。只是這種腐敗在不同的時代各有不同的形式，就好比浪漫主義的精神，就是要打破人為成規，無論是以什麼樣的形式都要抵抗回去。第三，一旦我們刻意忘恩負義地背棄那些最初把我們從人類歷史泥沼中拉拔出來的原則，就是真正腐敗的開始。最後一點是下一章的主題，我到時候會談這種腐敗如何蔓延到右派，而且這場災難不僅發生在美國，還擴及整個西方。

但西方世界最優秀的原則，已經毀壞了一整個世代以上。因為許多知識分子一直把這個體系的優點改造成缺點。**「功績」**原本是傑佛遜那些人用來反對貴族社會的核心，現在卻成了種族主義的代名詞。《黑人校園運動：一九六五年至一九七二年，黑人學生與高等教育的種族重建》（*The Black Campus Movement: Black Students and the Racial Reconstruction of Higher Education, 1965-1972*）的作者伊布拉·肯迪（Ibram H. Rogers）就說，「只要聽到有人用『功績』來辯護，無論辯護的人是白人還是黑人，都是種族歧視。」[6]美國有線電視新聞網（CNN）評論員范·瓊斯（Van Jones）曾說，那些希望實行不分膚色菁英政治的共和黨人有種族「盲點」。[7]他的同事安娜·納瓦羅（Ana Navaro）是自由派共和黨人，她堅持認為以功績來評斷移民的制度是「完全的種族主義」。[8]照這樣說，加拿大跟澳洲是全球種族歧視最嚴重的國家？

事實上，無視膚色不只是在實現用人唯才，更是在體現人人平等。馬丁·路德·金恩最著名的那句名言正是在說，他夢想未來有個世界，人們彼此評價的方式不再是根據你的皮膚是什麼顏色，而是根據你做了什麼事。這樣的呼籲既道德又充滿力量，成功地讓非裔美國人民權運動（civil rights movement）邁向高峰。但是數十年來，身分政治一直在試圖推翻這個無視膚色的偶像。有人說，「無視膚色是新的種族主義。」[9]又有人說，「無視膚色帶來了適得其反的後果。」[10]甚至還有人說，「當你說『不看種族』，你不但沒幫忙解決問題，還是在迴避種族歧視的問題。」[11]這十幾年來長期關注並談論種族議題的知名作家塔納哈希．科茨（Ta-Nehisi Coates）曾寫道，「（美國）夢仰賴的是同化，是阻止人們提出更多問題，是偏好那些短多長空的解決方法。美國夢是一切藝術的敵人、是勇敢思考的敵人，也是誠實寫作的敵人。」[12]他接著說，美國夢是一種「似是而非的希望，」[13]建立在「那些相信自己是白人的美國人所推動的進步」上。[14]他說，白人的進步是以掠奪為手段的剝削和暴力。[15]「『美國白人』這個集團，一直在維護自己支配和控制我們身體的專斷權力。」[16]科茨罵的對象不是憲法或功績的概念，而主要是白人，但他對白人的這番控訴，基本上許多美國體制都無一倖免了吧。

女性主義者對功績的說法各自不一，而且常常難以理解，他們經常利用女性的特殊處境，成功的時候就說是自己的功績，不如人的時候就說是環境不平等。在成為最高法院大法官之前，索尼亞．索托馬約爾（Sonia Sotomayor）就不斷表示，聰明的拉美裔，會得出「比白人男性更好的結論。」[17]早在大家開始爭論跨性別之前，女性的身分認同已經跟生理特質脫鉤了。去批評前阿拉斯加州州長莎拉．裴琳（Sarah Palin）是個有問題的政客，這完全沒有問題，但有人可能認為，只要指出她是一名「女性」，大概很多人就會原諒她吧。然而，當二〇〇八年約翰．馬侃（John McCain）挑選她當他的競夥伴，女性主義者卻沒有因為她是女性而支持她。全國婦女組織的一位發言人表示，裴琳不是女人，反而比較像男人。芝加哥大學的女性主義學者溫蒂．多尼格（Wendy Doniger）甚還罵裴琳說：「她最大的虛偽在於，她假裝自己是一個女人。」[18]

每一個乍看之下雙重標準的說法，其實背後都隱藏著單一標準沒說出來，而在幾乎所有的身分政治運動中，這個標準就是**權力**。只要是對我的群體或同盟者有利益的東西，都能促進社會正義。所以舉例來說，我們討論同工同酬，女性主義者堅持認為從統計上的差異來看，就可以初步斷定體制對婦女有偏見。他們引用的原則是正確的，但他們指出的差異卻不足以當成理由。[19]這些主張用男性和女性報酬之間的總體差異來證明歧視存在，但這都只是數據。有關女性在科學領域的爭論也存在類似的問題。女性走入理工科領域的往往不是很多。二〇一六年的一項研究發現，主修計算機科學的學生中，女性只佔了百分之十八。[20]許多女性主義者或支持多元化的運動人士認為，這種差異只能歸諸於系統性的偏見。這類的偏見當然可能存在。但如果拿其他許多領域來說，女性的比例卻遠遠超過男性。大約百分之六十的生物學博士後和百分之七十五的心理學博士後是女性。難道有合理理由可以說，這些領域已經成功消除了性別歧視，而只有電腦工程界依然冥頑不靈，繼續充斥著重男輕女的偏見？身為精神科醫師同時也在經營科學部落格的史考特・亞歷山大（Scott Alexander）寫道：

> 隨著女性主義運動越來越強勢，女性一個一個征服了許多領域。法律系學生有百分之五十一是女性，醫學院有百分之四十九點八，數學系百分之四十五，語言科系百分之六十，新聞系百分之六十，心理系百分之七十五，生物學博士後百分之六十。然而出於某些原因，工程學科的女性只佔了百分之二十。然後每個人就會說：「抓到了！這一定是因為負面的刻板印象！」[21]

《新亞特蘭帝斯》期刊作者駱思典（Christine Rosen）則說：

一方面，這些人認為，如果沒有歧視的話，女性和少數族群在不同領域的人數都會完全反應人口比例，因為這些族群的能力，跟在科技與工程這類領域有長期優勢的白人男性的能力沒有明顯差異。但另一方面，主張多元的人又說，女性和少數族群會為工作帶來特別的觀點和獨特的經驗，能讓公司獲得更多利益。換句話說，他們之所以更有價值，就是因為他們與眾不同，所以在聘雇的時候值得選擇他們。[22]

就本書來說，去問那些選擇是否有生物學跟文化的基礎，其實都搞錯了重點。更簡單的答案是，每個女性都做出了個人的選擇，去追求自己感興趣的職業。當大量自由的人民做出選擇時，去說這些選擇的總體結果能完全代表某種性別（或種族或民族）的傾向，不僅很荒謬，而且才是真正的性別歧視（或種族歧視），因為這個想法假定了整個群體的人的才能、興趣和對人生的動力有一致性。

除非說，你就是靠這些差異在謀生的人。很少有女性主義者抱怨清潔隊員的女性太少，但他們很樂於指出谷歌或公司董事會的男女人數差異來證明公司有性別歧視。他們爭論這件事所採取的方式跟目的都是同一回事：為了爭奪權力，而非政策。有一本著名的女性主義教科書就這麼寫道，女性主義者衡量性別平等的標準是，「男性和女性在權力、地位、自主權和權威方面要旗鼓相當。」[23]平權倡議組織ＥＲＡ聯盟（ERA Coalition）的創辦人及主席潔西卡・紐沃斯（Jessica Neuwirth）堅持認為，「即使創造一個公平的競爭環境，也無法消除歷史上根深蒂固的性別不平等，因為男女本身就處於兩個不同的層次」[24]換句話說，國家必須出手干預才能確保女性獲得平等待遇，因為以功績為標準是行不通的。無論是雇主或政策制定者的意圖，還是個別求職者的資歷或性格，都不重要，因為真正種族歧視（或性別歧視）的腐敗之物是「體制」本身。他們提出來的補救辦法總是歪曲規則，無視客觀標準，選擇性採納標準，武斷地指定某些群體有權獲得特殊待遇。這種現象再次顯示，人們妄想替天行道的時候，很容易直接跑去叫國家來解決問題。

➤ ➤ ➤

我們即使不用全盤否定這些論點，也能看出這類看法有哪些問題。許多南北戰爭後激進派的共和黨人曾說，被解放的奴隸確實應該擁有四十英畝土地和一頭騾子（至少！）在《民權法案》（*Civil Rights Acts*）之後，早期專門針對黑人的平權行動計劃，也確實能夠提高人們的能力和道德。當然，功績和無視膚色的觀念，很可能會讓人看不到雇主、管理者和其他人有意識或無意識的偏見。美國的法律和文化中，確實存在一些結構性的問題，很值得探討。例如刑事司法改革的問題，左右派應該就有初步共識。但是那些忠貞的激進派，卻不只是呼籲切實可行的改革，同時還試圖推翻那些無視膚色，以功績來判斷人的理想。

這項倡議的先驅史丹利．費許（Stanley Fish）就很誠實。這位文學理論家和法律學者很清楚地表明，他認為客觀和中立的標準、公平的遊戲規則是一種幻影，讓人看不見其背後白人或系統或歐洲人的權力意志。甚至理性也是一個話術。無論誰在爭論中獲勝，都可以聲稱他的立場是理性的。他寫道，「跟『公平』、『功績』、『言論自由』一樣，理性是一個很政治的東西」，是

「一個有明顯政治意圖」的「意識型態色彩」產物。[25]維吉尼亞大學（University of Virginia）法學教授亞歷克斯・強生（Alex M. Johnson）認為，「大家目前在討論規範性論述時所以為的中立，其實只不過是以歐裔美國男性出發的觀點」[26]

強權政治跟政治一樣古老。自古以來每一個政治體系中，不同的利益群體都在互相爭奪權力。我們可以很容易就說，這些種族、性別和民族的身分政治的對抗，只不過是美國自古以來，甚至人類自古以來不同族群間的政治小打小鬧。例如，德國人對非拉美裔的美國白人、農民對城市居民、天主教對新教徒、所有人對猶太人。當然，一些大吹大擂的人例如阿爾・夏普頓，並不像史丹利・費許那樣狂熱，而是更像十九和二十世紀早期大城市政治中常見的那種跟競選者遊說的搧風點火者。但是現在有些政治對抗已經不只是激烈而已，而是開始變成特殊的類型，它們不是在對抗某個特定的種族或特定性別認同，而是去對抗某個不可質疑的永恆抽象目標，它們之間唯一的共通性就是推翻「白人男性特權」。他們相信，只要是跟白人創造的體系相關的東西全都不可信；至於仰賴理性的論述，則本身就是一種壓迫的工具。這些認為凡是「社會正義」就正確無誤的想法都已經膠掉，變成了一種部落意識型態。

名聲顯赫的法國自由派理論家雷蒙・阿隆（Raymond Aron）在一九五七年曾評論道，「自由主義的本質，也就是尊重個人自由、要求政府有所節制，如今已不再是某個政黨的專利，而是變成了所有政黨的共同擁有的信念。」[27]但現在已經不是這樣了。左派有一大堆人捨棄了自由主義的精神，大搞部落政治，而右派這樣的人也越來越多。

➤ ➤ ➤

這種極其所能讓古典的自由主義失去正當性的做法，我們每天都可以在大學校園裡看到。斯沃斯莫爾學院（Swarthmore）曾邀請左派哲學家康乃爾・韋斯特（Cornel West）和保守派哲學家羅伯・彼得・喬治（Robert P. George）來學校演講。這兩位彼此在普林斯頓大學是好友兼同事。該學院的許多學生卻對他們的到來感到非常憤怒。艾琳・秦（Erin Ching音譯）告訴學校報紙《每日公報》（*Daily Gazette*）說：「大家都認為在一所文理學院，我們需要聽到各種不同的看法，但我認為這個想法才是最糟糕的。我不認為我們應該容忍保守派的觀點，因為他們那些主流文化在社會中鑿下了許多嚴重的不平等。」[28]一位學生在《哈佛校園報》（*Harvard Crimson*）上撰文，哀嘆「言論自由」和「學術」自由的理想造成了各種系統性的壓迫。「如果學術界發現自己的研究會促進壓迫或是合理化壓迫，就應該馬上停止這種研究。」[29]

我在《國家評論》的同事凱文・威廉森和言論自由倡議者葛瑞格・路加諾夫（Greg Lukianoff）在耶魯大學某個座談會上為言論自由辯護，許多學生怒不可遏。其中一位學生甚至聽到一半就大吼道，「所以你把那些受苦受難的同胞放在哪裡？」有些與會者還遭到學生吐口水。[30]

究竟各個菁英大學裡有多少這類的荒謬行徑，我想是罄竹難書，可能至少得花好幾本書來寫。[31]我實在很難想像任何思想成熟或深思熟慮的人會說出這種話，而且更重要的是，早在大學生這麼說之前，這些想法就存在了。所以他們是從別人那裡學來的。

話說回來，這些教授、學生、社運人士、民主黨人這麼努力想把進步派的理想推上王座，其實跟權力慾望脫不了關係。我們前述提過，無論是什麼樣的群體，只要聚集並組織起來，總有一天就會像行會一樣，因為害怕失去自己的地位而立起壁壘。許多教授什麼都不碰，整天專門研究種族和性別問題，此外還有各種協助促進多樣性的顧問（diversity consultant）、行政人員，和各種校外的運動團體，全都在強調種族和性別不公有多嚴重，原因很簡單，因為他們就是靠這些東西吃飯的。女性研究並不是很熱門，無怪乎相關的教職人員要這麼努力利用甚至創造各種爭議，讓大家覺得這個學科很重要。這也不意外，畢竟如果你是記者，一輩子都在寫種族歧視的報導，那你當然不會想聽到有人說，種族歧視並沒有你說的那麼嚴重。過去曾經大幅幫助美國社會的民權組織南方貧困法律中心（Southern Poverty Law Center）長期追蹤全國極端組織以及各種歧視和不公的政策，但如今，它卻為了將傳統的保守主義者列入它的黑名單，發明了一個新的類別來標示「仇恨」團體，藉此聲稱自己有多重要，然後對外募款。[32]

但除了做大事賺大錢以外，權力慾望還有別的意義。對人們而言，權力更有吸引力的地方，在於可以讓自己擁有權威，並且凌駕於他人之上，可以讓你高高在上地說某些事情是對的，其他事情是錯的。自農業革命以來，每個社會都創造出自己的祭司階級，由他們來訂立一套標準，規定人們應該怎麼思考，應該怎麼做事。幾千年來，這個權力一直握在教會的神職人員手上。如今的現代社會，出現一群新的知識階層（clerisy），越來越多學者、運動人士、作家和藝術家開始聲稱只有像自己這麼正直的人，才能指導政治。他們光靠自己的說法，就直接說某個人的思想有問題，必須跟他絕交，甚至要公審。而大學校園就是他們最堅實的聖殿堡壘。

要說起來，言論自由確實會讓一些人感到痛苦，如坐針氈，而且還會對主流的意識型態造成威脅。身分政治一直跟權力政治和權力慾望有關。這些新的知識階層揮舞著手中的權杖，說某些思想不能容忍，某些問題連問都不能問。他們聲稱這是在為一些邊緣族群創造「安全空間」（safe spaces），但其實只是為了掌握文化的戰場要開在哪個地方。

這群知識階層的做法跟當年毛澤東紅衛兵恐嚇自己長輩的方式沒兩樣：什麼話可以講，或話要用什麼方式講，都變成他們說了算。耶魯大學現在可能沒那麼誇張，但如果哪天有些學生逼著意識型態跟他們不一樣的教授戴著紙帽遊街示眾，我覺得也不會有任何人發現不對勁。根據反誹謗聯盟（Anti-Defamation League）的調查，猶太保守派政治評論家班・夏皮羅（Ben Shapiro）名列極右派發動的反猶社群媒體攻擊的頭號對象。（我排第六名）[33]二〇一七年他到柏克萊大學演講，被人抹成白人至上主義者，自稱是「反種族歧視策略人士」的社群媒體評論員塔里克・納西德（Tariq Nasheed）在推特上發文稱，「班・夏皮羅本人現在在柏克萊大學。他明明就是白人至上主義者，卻用猶太人的身分來掩蓋自己的種族歧視言論。」[34]阿亞安・希爾西・阿里（Ayaan Hirsi Ali）小時候曾在自己的祖國索馬利亞嚴重受創，長大後改持無神論。她跟來自英國的前自由民主黨政治家馬吉德・烏斯曼・納瓦茲（Maajid Usman Nawaz）一樣，都堅定不移地大聲反對伊斯蘭極端主義。但兩人反而都被南方貧困法律中心列為反穆斯林的極端分子。[35]南方貧困法律中心為了不讓學生接觸到兩人有害的「仇恨言論」，還禁止學校邀請他們進校園演講，一旦出現相關活動，要嘛有人去抗議，要嘛要求直接取消。

我有一次受一個名叫「誰說學習很舒服」（Uncomfortable Learning）的組織邀請，到威廉斯學院（Williams College）演講。這個組織很清楚，如果他們跟來聽演講的學生說，這場活動會出現保守派或自由意志論的觀點，學生一定會跳起來抵制，所以他們就把自己叫做「誰說學習很舒服」。這個名字聽起來很叛逆，吸引了很多自以為夠叛逆、不會少見多怪的學生來聽，結果他們在台下的反應，只讓我想起我家小狗以為我要載牠們去公園玩，結果後來才發現是獸醫院時的傻眼反應。

這一切最諷刺的是，身分政治之所以盛行，並不是因為他們提出什麼令人信服的論點，而只是利用了美國人民固有的正直而已。舉個超級荒謬的例子，就連在自由開放的大學任教的教授，都很害怕自己被人冠上種族主義者的名號，無論罵他的人是不是愛冷嘲熱諷的機會主義者、懦夫，或是幼稚的牆頭草都一樣。

這種事情當然沒有絕對，簡單的二分法往往很容易讓我們看不清楚問題的真實面貌，你必須有能力去分辨每件事情的差異，並且了解為什麼會有這些差異，你才能夠認真地思考這類議題。罵某人為「黑鬼」或「猶太佬」根本沒道理，所以即使懲罰這樣罵人的學生，某種層面來說會限制言論自由，校方還是有權力這麼做。然而，越來越多學生把這種用充滿種族歧視的綽號罵人的行為，比做「往某人臉上揍一拳」，其實這完全是兩回事。[36]而且這跟提出一些別人不會想聽的言論，更不是同一回事。耶魯大學出了一件醜聞，有位學生自稱受到耶魯大學宿舍的舍監「大人」（Master）的壓迫，因為那個人一直想跟她辯論，為什麼不可以限制人穿什麼萬聖節服裝。「他一直不懂我想說什麼，」她寫道，「而且我也不是要說誰對誰錯。我只想抒發我的痛苦。」[37]在那之後，這位舍監「大人」被踢出校園，耶魯大學為了避免學生繼續受到傷害，開始禁止使用「大人」這個詞。（誰叫管理奴隸的人也叫「master」〔主人〕呢。）[38]

如果你聽過那些耶魯大學社運人士的說法，你可能會覺得這所學校是充滿白人壓迫的溫床，怎麼隨隨便便就把少數族群排除在外。二〇一五年秋天，萬聖節爭議爆發的時候，我去查了那年耶魯大學的課程表。我粗略統計了一下，耶魯至少開設了二十六門關於非裔美國人研究的課程，六十四門關於「族裔、種族和移民」的課程，四十一門跟「女性、性別和性研究」相關的課程。這都還是很保守的估計，沒把其他獨立研究的課程算進來。同時，我還找到了兩門跟憲法有關的課程。跟美國建國時代有關的課則有三門，全是同一位教授在教。至於教室和宿舍以外的安全空間我算了一下，有一個非裔美國人文化中心、一個美國原住民文化中心、一個亞裔美國人文化中心、拉丁美洲文化中心和LGBTQ資源辦公室。另外，有將近八十個組織用各種不同的方式在維護特定族群的權益。[39]耶魯並非特例，大多數的菁英大學都一樣。而這告訴我們：只要一味迎合身分政治，讓搞身分政治的人予取予求，就是在採取綏靖政策，而對方也一定會得寸進尺，要求越來越多。

➤ ➤ ➤

當然，大學校園只是這場大戰爭中的一條戰線。幾十年來，來自不同群體的意見領袖，一直揮著他們手中的權杖，決定某些議題該怎麼處理，甚至怎麼談，這不僅充滿了意識型態，而且根本是圖利自己。因為只要人們一直搞不清楚種族歧視的意涵，那些所謂「多樣性顧問」（Diversity consultants）和其他類似的專家就愈有利，才能繼續從自己的職位獲得權力、地位和收入。像是社會科學已經證實，推行雙語教育可能讓學生學不好英語，也無法讓學生認同美國文化。[40]但如果這句話是由某個政客來說，他就會被「西班牙裔社區」的意見領袖罵說是種族歧視，或「沒心沒肺」（insensitivity）。為了不被同化，他們直接把同化打成太偏執，讓這件事無法討論，我找不到其他比這更狠的方式了，而且買單這種說法的人不在少數。但如果你知道支持推動雙語教育業務的官僚和教育工作者從審查競爭觀點中獲利，你大概也不會太意外。

政治正確最大的貢獻，在於找出一套規則說明我們在多元社會中應該採取怎麼樣的行為舉止。我們非常在意要保持行為端正，卻經常忘記為什麼要保持。從史前時代一直至今，人類的各種儀式、習俗、禮節等等，都是一種彼此表達尊重的機制，尤其是對待陌生人的時候，可以減少不必要的衝突。像是有人會說，人類之所以跟彼此握手，是為了證明手上沒有拿武器。所以照理來說，政治正確就是一種向其他人表達尊重的方式。如果黑人不想被叫「黑鬼」，那麼最合理正確的方式就是你不要叫他們黑鬼。如果亞洲人討厭跟「東方」（Oriental）這個詞扯上關係，那麼無論這個詞表面有沒有惡意，你都不應該用這個詞去形容他們。

問題是，政治正確的版圖一直擴張，運動人士不斷地改變可用詞語的範圍。這些知識階層想要壟斷我們的語言。**如果我們有一套明確的普世原則，能夠判定怎麼樣的行為舉止是可以接受的，那麼行為舉止的標準就不再由這些知識階層來訂**。所以他們才不斷地改變我們的修辭基礎。我曾經是我母校的受託人，開董事會的時候，一位多樣性顧問說，「寬容、包容」（tolerance）已經不夠好，因為當我們說自己很寬容，其實表示我們帶有某種優越感。所以我們應該要改說「接受」（Acceptance）。到了今天，「接受」又不夠好了，必須改說「為你感到高興」（celebration）。但是，「寬容」、「接受」、「為你感到高興」三個意思並不一樣。「寬容」和「接受」甚至在某部分意義上是衝突的。而要求所有人都要為彼此感到高興，相當於必須放棄自己的信仰，更像是某種心理霸凌。認為一個自由的社會應該接受同性婚姻，或應該允許每個人用完全不是根據科學的術語來定義自己的性別，是一回事。但要求所有人都為其他人的生活方式或決定感到高興，或假裝高興，卻是另一回事。然而，後者正是那些反「仇恨言論」支持者主打的旗號。他們把不接受這種正統思想的人，全都打成兇手或共犯。為了促進寬容而打響的聖戰，最後反而容不下其他的聲音。

這股部落權力政治的歪風，甚至開始認為民主是他們的敵人。整個西方，支持民主的人越來越少，尤其是年輕人更是不相信民主。其實這在很大程度上跟近來世界各地盛行的民粹主義開始反對「全球化」有關。但是，人類的部落天性對民主造成負面影響已經好長一段時間了。我想到拉妮·吉尼爾（Lani Guinier），她是哈佛大學的法學系教授，曾受柯林頓總統提名為司法部民權司的負責人，後來提名因故被撤回而一度聲名大噪。吉尼爾在她的著作《多數暴政：代議制民主中的基本公平》（*The Tyranny of the Majority: Fundamental Fairness in Representative Democracy*）以及其他法律評論文章中主張，必須丟掉「一人一票」的原則，改支持一種**「真正的」（authentic）**的民主形式。她說兒子尼可拉斯（Nikolas）四歲的時候跟她講過一個點子：「輪流」。[41] 那時候尼可拉斯跟一群朋友在討論要玩什麼遊戲，卻一直沒有共識，最後他們想到大家應該要輪流來決定。同理，她認為少數族群**「真正的領袖」**即使無法贏得多數人的選票，這群「真正的少數」也應該要輪流當代表。

吉尼爾非常強調「真正的」這個詞；意思是僅僅是個黑人還不夠，還必須代表黑人社群真正的精神，或者德國人所謂的「民族精神」（Volksgeist）。而怎麼樣才算真正的精神，就是由像吉尼爾女士這樣投入大量心力在思考特定定義的人來訂。「要看真實性，必須從特定社會群體的群體意識、群體歷史和群體視角去看」。[42] 要能稱得上是「真正的領袖」，不光是要「得到大多數黑人選民的選票支持」，還必須「在政治上、心理上和文化上獲得黑人群體的認可。」[43]

「要以社群為基礎並且具備深厚的文化認同，才是真正的領導。根據這個概念，由少數族群支持的黑人候選人，與白人支持的候選人是不一樣的。」她解釋道：「基本上，一個人能多麼真正的代表黑人，是根據黑人社群在心理上覺得他多重要。也就是說黑人參與政治的程度有多高，必須看本質。」她拒絕接受無視膚色的原則，因為這個原則「會讓黑人忘記歷史上發生過什麼事情」，而且「沒有看到黑人社群本身的團體認同」。[44]

她在文章中大篇幅闡述這類觀點。如果照她的說法，那些獲得大量白人選票而當選的黑人，比如民主黨的維吉尼亞州前州長道格拉斯·威爾德（Douglas Wilder）可能就不算真正的黑人了。這種時候，種族本質主義和那些政治左派就很有共識了。因為許多擁護身分政治的左派人士都認為，只有左翼激進政治出來的黑人，才是真正的黑人。也就是說，在所有黑人運動者中，大法官克拉倫斯·湯瑪斯*並不能算是黑人。因為只有照著某種方式思考的黑人，才能算是黑人，其他人全都只是「湯姆叔叔」（Uncle Toms）**而已。

這些超級浪漫主義的部落觀點，實在讓我們聯想到很多糟糕的想法。例如：馬克思認為，猶

* 譯注：第九章出現過。他是美國史上第二位非裔法官。他反對平權運動主張黑人給予優惠待遇，因為他認為是在過度簡化問題，將黑人視為需要幫助的人反而強化了他們的弱勢，對黑人有害。湯瑪斯被視為法院中最保守的法官。

** 譯注：出自美國作家哈麗特·史杜威（Harriet Beecher Stowe）一八五二年發表的著名反奴隸制的小說《湯姆叔叔的小屋》（Uncle Tom's Cabin）。故事主人翁湯姆是個善良忠心的黑人僕人，被小主人暱稱為「湯姆叔叔」。後來，原主人因為負債而不得不把他賣掉，湯姆在新主人那邊受到虐待，依然逆來順受，最終悲慘的死去。這本書對當時的廢奴運動影響深遠，當然也受到反廢奴人士的抨擊。近來，「湯姆叔叔」也被衍伸為那些投靠白人、對白人卑躬屈膝，甚至幫著白人欺負自己人的黑人。

太人（和黑人）在心理、歷史和文化上，都具備某種真正的本質，黑人甚至還有生物學上的本質。約瑟夫・德・邁斯特也這麼認為。而德國國族主義者更是認為，每一個族群都有自己的本質。德國國族主義知識分子，比如赫爾德和費希特（Johann Fichte）以極大量的篇幅敘述，德國民族（Volk）在心理和文化上有哪些獨一無二的特性。但是大概最反諷的是，這些平權人士的觀念，竟然跟終其一生捍衛南方奴隸制的約翰・卡洪（John C. Calhoun）很像，卡洪認為，只要多數人的決定違反少數人（即蓄奴的白人）的核心利益，就不能「只靠人多」推翻少數人。吉尼爾認為卡洪的協同多數（concurrent majority）理論，很適合拿來解決「一人一票」會引起的問題。[45]

但無論是上述的哪一種，都顯然違反自由主義。

真要說起來，這些擁護身分政治的左派觀點甚至比吉尼爾還要激進。近來，有一整個學術部門專攻「白人研究」。可是這門學科無法拿來跟「黑人研究」或「西班牙研究」或「女性研究」相提並論。因為這些學門都在建立自己的身分認同，頌揚自己身分的獨特性，而且本質上就是在培養某種民族意識。白人研究則是致力於羅列白人壓迫其他族裔的不正當行為，甚至白人之惡。某所大學的教學大綱將「批判性白人研究」描述為：藉由理解「白人」在社會中建構和展現的過程，拆解白人至上的迷思。[46]

這種觀點已經滲透到主流文化之中。當時邁斯特認為，國家民族有本質，而如今的人則認為種族跟性別有本質。之前推特有一名黑人記者發了一篇推文：「沒錯，白人全都種族歧視。而且男人全都性別歧視，然後所有順性別都恐跨。這就是我們要解決的問題啊！」[47]

當然我不是說，每次這些族裔群體或少數族群在多元社會中展現自己的時候，我們都要去反對。因為自古至今，每個社會都有人這麼做。但我要說，這些團體中有一些人，做這種事不只為了爭取他們的利益，也不只是要聲稱自己爭取更多利益有正當性，而是要推翻某些觀念。但美國最初就是靠這些觀念才得以成功。一方面，他們跟當年婦女參政運動者和非裔美國人民權運動一樣，都喊著要這個體制對得起它立下的那些平等理想，但同時另一方面他們卻又說，那些理想本身就沒有正當性。

諷刺的是，啟蒙時代的人會提出自由主義，其實是要幫人們擺脫身分政治的壓迫。幾千年來，世界上幾乎每一個社會都會用各種類別把人分成三六九等，比如種姓、階級、農民和貴族、男性和女性。但洛克認為，無論哪一種出身，每一個人在上帝眼中都是平等的，所以在政府的眼中也應該是平等的。這樣的原則打破了暴政的枷鎖，帶來了比其他任何思想都更深遠的影響。

所以美國沒有實現那個理想嗎？的確沒有。事實上，每個人和每個人類建立的體制都未能實現這樣的理想。所以我們才把這種東西稱為「理想」，必須不斷努力爭取。每一對許下結婚誓言的妻子和先生，都可能在某些時刻打破了自己的誓言，但你不會因為這樣就說，所以我們從一開始就不需要發誓。虔誠的基督徒都會說自己沒有做到基督訂下的規範（《聖經・哥林多前書》十一：一），但我們不能因為自己做不到，就說耶穌講得不切實際。同理，慈善家無論付出多少心力，都會覺得自己做得還不夠，但他們做的善行並不會因此變少。史蒂芬・史匹柏電影《辛德勒的名單》中那位家喻戶曉的奧斯卡・辛德勒（Oskar Schindler），很自責自己在大屠殺中沒有挽救更多猶太人的生命。但他已經冒著巨大的個人風險，拯救了一千多人的性命。難道我們會因為他沒有救下所有人，就認為他是一個壞人嗎？

最早擁護多元的理由，其實來自於洛克式的自由主義。過去，菁英大學的入學機會都掌握在盎格魯撒克遜新教徒白人（WASP）手中，猶太人、黑人、亞洲人和女性的機會很少。而我們之所以要提高大學入學的族群多樣性，也是因為美國認為要包容各個族群，並且把機會給有能力的人。結果到了今天，許多大學為了保有學生的多樣性，捨棄了用人唯才的原則，在錄取入學的核心政策及行事規定上，壓抑亞洲人、猶太人和白人的入學比例。結果加州大學在強大的反抗聲浪下，被迫放棄種族優惠性差別待遇，然後亞裔入學人數就激增。現在在加州，亞裔人口只佔了該州總人口的百分之十五，但亞洲學生人數卻佔了總學生人數的三分之一之多。二〇一二年，亞洲學生在加州大學柏克萊分校佔學生總數的百分之四十，在加州理工學院則佔了百分之四十三。[48]反觀其他州的菁英大學，要求亞洲學生SAT成績，平均必須比白人學生高一百四十分，黑人則只需要比白人低三百一十分。（SAT滿分為一千六百分。）[49]

知識階層為了捍衛這種體制性歧視，都說種族有所謂真正的本質。美國哥倫比亞大學校長波林傑（Lee Bollinger）曾說過一句名言：

> 多樣性是完善的教育不可或缺的一環。它的重要性不亞於中世紀文明、國際政治和莎士比亞。為了讓我們的學生更了解這個國家和世界的多元文化，他們必須從在學校的時候就開始沉浸其中。他們要能夠與來自不同文化的學生一起學習、討論、交朋友。這會開拓學生的心胸和視野，而這也是教育的根本目標。[50]

這番話聽起來非常美好，但它掩蓋了現實的「骨感」。大學認可的多樣性，都只侷限在一小部分。現實世界中只要一進入執行細節，就一定會碰到很多知識、意識型態、宗教的觀念差異，但大學往往把這些東西放在很後面的位子，甚至覺得完全不重要。實際上的結果，就是鼓勵學生去念超出他們能力的學校，結果讓很多人入學之後，因為求學太辛苦而輟學，造成了很實際的教育困境。此外，種族配額在哲學上和道德上也有很大的問題，它會讓人們一直相信，種族有所謂的本質。原本推動平權法案的初衷，其實是為了彌補過去種族歧視造成的不公，而不得不做的差別待遇。詹森總統在一九六五年霍華大學的畢業典禮上說了一番很著名的話：「你不能解放了一個多年來一直被鎖鏈束縛的人之後，馬上就把他放在跑步比賽的起跑線上，說『你自由了，你可以跟其他所有人一起比賽』，然後相信這樣就已經做到完全公平。」[51]有鑑於非裔美國人歷經了長久以來的壓迫，以及當時的條件，一九六五年要求個人功績對此妥協其實蠻很合理的。但是如今的做法，卻變成為了多樣性而多樣性。這不但無法消除歧視，甚至違背了原本的理想。

從這點我們也看出了語言具有多麼大的力量，以及這個新階級知識分子如何利用語言來改變或破壞體制。新階級的官僚讓多樣性的定義變得更廣，廣到包含了其他不曾當過奴隸或經歷過黑人歧視法的族群，但同時又稱自己有獨斷權可以定義什麼是「好的」多樣性，就像他們聲稱該用什麼語言才合適一樣。當國家的代理人和其他官員有單方面的權威可以根據自己的政治、審美或文化偏好來改變理想，他們就是在用自己的自由專斷權，用從地位延伸而來的權威，來取代客觀標準。

➤　➤　➤

無論哪個政黨，多多少少都會跟其他政黨有過結盟，但一直以來，民主黨比現在的共和黨更常與其他政黨結盟，自高華德（(Barry Goldwater)）的保守主義興起，共和黨的意識型態就愈加鞏固。從局外人的角度來看，小羅斯福的新政聯盟也包含三K黨、黑人和社會主義猶太人，確實非常奇怪。甚至數年前，人民直覺上也無法理解為什麼支持同性婚姻的政黨也該支持國際卡車司機兄弟會（Teamsters）。

在心理上和意識型態上，進步派的菁英們認為之所以這些人會結盟在一起，是為了保護受社會偏見影響的無助受害者。從浪漫主義的角度來看，這確實有些道理，浪漫主義認為，傳統文明都在倒行逆施並且充滿壓迫，凡是不想成為一分子的人都會受到壓迫。這類論調在歐洲的人權運動人士很常掛在嘴邊，他們一方面大力抨擊傳統習俗和傳統體制，一方面卻又認為要盡可能讓非西方的宗教和文化少數族群能夠自由。於是它們面對實踐伊斯蘭法的人，就說「我們都沒有資格去評斷」；但面對傳統基督徒，就說放眼所見的全都值得改革。

大體來說，擁護並實踐身分政治的人以及它們的盟友與他，都讓這個國家變得不再正直，而且失去了憲政秩序的優勢。如果你把他們破壞規則的程度，跟他們尊重規則的程度相比，就會知道他們根本就是在過河拆橋。只要社會是自由的，我們就有辦法避開那些不自由的誇張言行和要求，而民主政府必須不斷面對的大難題，就是去判斷那些不自由的東西是不是已經讓社會開始變得越來越不自由。

但寬容是雙向的。一個像樣的社會，少數人尊重多數人，多數人也應該尊重少數人。這種雙向的關係如今已然破裂，尤其在歐洲更為嚴重，而在身分政治日益壯大的美國，大概也相去不遠。如今出現了一套敘事，把多數人描繪成壞人，認為他們沒有想要跟少數人和諧共處。

二〇一七年八月，賓夕法尼亞大學法學院教授艾美．維克斯（Amy Wax）及聖地牙哥大學法學院教授賴瑞．亞歷山大（Larry Alexander）共同發表了一篇專欄文章，認為資產階級文化崩潰，造成當代社會出現種種社會問題和亂象。一九四〇到一九六〇年代的資產階級文化制訂了一套「我們所有人都該遵循的生活準則」：要先結婚再生小孩，然後為了孩子努力維持婚姻；為了找到好工作，你得受教育，然後努力工作，不懶散；盡可能為你的雇主或是客戶多做一些事；當個愛國者並且隨時準備好為國效力；當個敦親睦鄰又慈善的好公民；避免在公開場合使用粗俗的語言；尊重權威；避免藥物濫用和犯罪。

維克斯和亞歷山大承認那個時代也有弊端，但他們也指出，這些資產階級生活的準則幫助弱勢族群的成效比幫助富人還大，因為富人即使走偏了路也還承擔得起。但他們也正確地指出，「並不是所有文化都是平等的，」資產階級文化有許多其他文化沒有的好處。[52]想當然，這篇文章引起軒然大波，學生和校友們聯合起來批評，維克斯和亞歷山大正在兜售「以異性戀父權階級和白人至上為主的惡性邏輯，而這樣的邏輯如今折磨著我們的國家。這些文化價值觀和邏輯深深受到反黑人和以白人異性戀父權為尊的影響……」[53]這樣的抗議聲浪維持了好一段時間。

在我看來，這都是無稽之談。因為你不禁要問，如果一九四〇年代和一九六〇年代猶太教─基督教和資產階級文化真的那麼惡劣，竟然抱持著種族歧視和性別歧視，那麼當初民權運動和女性主義運動是如何成功打響的呢？一九六〇年代的美國比你想得還要以白人為尊，政府和主管機關大多都是由白人男性主導，整個社會也比現在來得更虔誠。然而，《民權法案》通過了（這幾乎要完全歸功於國會中白人男性的投票，其中大部分是共和黨人），大學開始開放男女同校，社會也變得更寬容、更友善。馬丁・路德・金恩並沒有妖魔化白人或開國元勛；他訴諸的理想，反而如今卻被視為不具正當性。他沒有詆毀資產階級的價值觀，反而在公開場合以這些價值觀為榜樣。他沒有譴責猶太教和基督教的傳統，反而發自內心地稱頌他們為牧師大人。噢還有，為什麼爭取同志結婚的運動也可以成功通過呢？因為它訴諸的不是激進主義，而是資產階級最重視的家庭價值。

重點是，我必須要說，這些問題不單單只是用詞上的問題。我們怎麼使用語言，都會影響到現實。只要不符合新階級要推動的價值，無論什麼宗教或是資產階級的價值觀都必須退讓。歐巴馬健保的設計者堅持連修女——沒錯！修女！——也要為避孕跟墮胎保險買單。在麻薩諸塞州，波士頓的天主教慈善機構關閉了收養服務，因為該州政府說，如果要幫孤兒找家，就要將孩子安置在同性戀家庭。[54]還有其他像是跨性別廁所、烘培師被迫要為同性婚禮製作蛋糕、海軍被迫接受女性入伍等等，例子太多了我就不一一贅述。

無論人們怎麼看這些個別政策帶來什麼正向的影響，更大的問題依然沒有解決。在國家推動的進步價值中，寬容只有一個含意，那就是屈從於單一的文化願景。當社運人士說：「如果你不跟著解決問題，你就是問題的一部分」，他們的意思是，文化沒有一個能讓你置身事外的安全港（safe harbor），每個人都必須一起追求「社會正義」。納粹借用了工程學的詞彙「一體化」（Gleichschaltung），來形容每一個體制、每一個保守主義之父柏克所謂的「社會小單位」（little platoon），都必須跟國家協調一致，否則就會被打壓。我在這裡指的不光只是國家的力量，還包括背後那個更大的強權政治力量。

正如托克維爾最著名的那個論點所言，我們的自由秩序仰賴各種**中介體制**，或者他稱之為**「結社」（associations）**，它們創造並豐富了個人與國家之間的空間。相較於國家是一個大社會，裡面的家庭、教堂、企業、學校、運動隊、慈善機構、男童軍、女童軍等等全都是一個個的小社會，而人們生活的意義都來自於這些小社會。所以這些小社會本來就必須在文化上有獨特之處，才能產生「黏著度」，讓人繼續留在裡面。而這些文化的獨特之處，通常是顯現在神學觀點、習俗或使命上的奇妙之處，所以只會吸引一些人，給予他們歸屬、意義、同在一起；但其他人不會有感覺。

非裔美國人毫無疑問了解這一點，每當談到他們過去重要的體制性物質遺產或文化遺產，他們通常都會大方承認。在美國，傳統黑人大學有著豐富傲人的歷史。黑人教堂一直是某種典範精神的堡壘，文化和政治的避風港。猶太人的狀況也很類似。猶太人對自己的宗教以及賦予他們生命意義的無數習俗，皆有著無人能比的強大凝聚力，讓他們獨特的文化和宗教得以在數千年的歷史長河中繼續維持下去。無論是同性戀、阿米許人（Amish），還是聾人，幾乎每一個少數民族和身分族群都是如此。大致上來說，這些並沒有什麼問題，甚至很多時候是正確的。文明社會繁榮的關鍵在於體制的多樣性，讓不同的群體找到自己合適的歸宿。

這裡唯一的小問題是，你必須要有「退出的權利」。每個人都必須要有能力可以離開那些不符合他們利益的社群，或是不適合他們的體制。例如要讓不幸被家暴的妻子有辦法離開婚姻；讓不信教的人可以走出他的教堂、清真寺或廟宇；讓工人有權離開目前的工作。當然，退出的權利也有但書。比如士兵要離開部隊，就得付出一些代價；法官判定離婚之前，可以設一個冷靜期讓雙方能夠審慎考慮；小孩鬧脾氣也不可以就這樣直接跑走；既然受雇於人，就必須為自己簽下的合約負責。但是無論如何，每個人都必須保有對不合適的事物說不的權利，體制要能夠正常作用，也必須要有一些文化上的黏著力。這種黏著力來自於該文化的獨特性，所以多少會跟主流文化相牴觸。嬉皮公社和同性戀合唱團就是如此，天主教的女修道院和男童軍也是如此。

其實過去有一段時間，人要退出並沒有問題，反而是加入才會碰壁。黑人歧視法、性別和宗教差別待遇政策的排他性很不道德。美國曾對這些障礙有過一系列大型的民主討論，這些爭論其實跟西方文化傳統是一致的，並沒有違背。

只可惜，進步派對結果並不滿足。這個世界只要沒有一夕之間達到所有人都完全平等，他們就認為這是在證明古典自由主義、無視膚色的政策還遠遠不夠。喊得最大聲的就是那些平權運動核心人物，這些人最愛把問題搞大搞複雜，他們以此來正當化自己的地位和權力。這些人徹底獻身於反抗壓迫，從心理上來說，這種浪漫的慾望讓人的胃口愈養愈大，這一次成功了依然不滿足，還要繼續征戰下去。社會正義本身已然成為一種產業。如今已經沒有什麼原則可以約束進步派在政策和社會上的行動。他們永遠有更多的事要做，認為——或是想像——社會上還有更多的不公需要指認，然後糾正。《平價醫療法案》成功保下來的時候，進步派一陣歡騰，民主黨參議員克里斯．墨菲（Chris Murphy）說：「如今只要人們感受到的焦慮、悲傷或恐懼，都可以用政治行動來治癒。」[55]很難想像政治人物會說出這種跟傳教沒兩樣的話。

這些社會正義戰士在追求的，不是單純去破壞現有的傳統西方文化（或它留存下來的東西）；他們更想創造一種新的文化，或希拉蕊．柯林頓口中的「意義的新政治」。完全理想的情況下，這大概體現了社會民主、多元文化主義和世俗主義的願景。但這樣的願景只存在於理論上。事實上，除了蘇聯之外，這套信念的擁護者從沒有在任何地方真的實行過。而且歷史上發生過的現實慘劇告訴我們，任何人只要想用一個抽象的新系統，來取代既有的文化規範和傳統，他打開的門都不會通往新的烏托邦，而是通往人類最深層的黑暗本性。

舊有體制的最大優點是其歷史悠久，就好比一棵樹，夠老的樹更能經得起狂風吹襲，而不會被連根拔起。任何體制在經過很長一段時間的歷練，都會逐漸適應演進，學會如何應對危機。天主教歷經了兩千多年的洗鍊就學習到不少東西，而猶太教的歷史大約是它的兩倍，完全可以說猶太人能夠生存至今，靠的就是歷史累積的智慧。

日本的君主制可以追溯到西元前六六〇年。日本現行憲法把天皇描述為「國家和人民團結一致的象徵」，是有來由的。[56]即使是在二次世界大戰的廢墟之中，日本人依然把天皇視為令人安心的公共意義象徵。

無論是國家這個大社會，還是各種小社會，都有同樣的特性。任何陷入困境而仰賴教會或家庭支持的人都了解，一個根基穩固的體制或機構，不僅為我們提供物質上的庇護，而且更重要的是提供情感、心理或精神上的庇護。你可以把文化想成是一座森林，我們每一個人都住在這座森林中。那些以建設完美社會之名去砍掉這座森林的人，實際上就是在摧毀森林，因為即使你打掉了現在這個文化棲息地，也無法讓其他生活在其中的人馬上接受新的世界觀，你反而是讓他們變得更激進。

在談美國外交政策的時候，許多左翼明明就很清楚這一點。當有人打出民族或帝國主義的旗幟，他們都是第一個跳出來說，這會引來其他國家的反彈。伊拉克戰爭就是這樣。他們認為這場戰爭最終沒有帶來民主，反而是激出了伊斯蘭國。

但如果現在談的是國內的文化帝國主義問題，這群人就不是這麼想了。他們不覺得強迫天主教體制接受同性婚姻或墮胎有什麼問題；也不認為國家強迫小商家接受他們不贊同的觀點有錯；甚至認為那些拒絕男性使用女廁的家長和體制都是在歧視。這些人不斷地改變我們的語言規則，只為了剷除那些不信教的人，並且拿來當嘲笑的對象。二〇一七年六月，參議員伯尼・桑德斯投票反對川普政府提名羅素・沃特（Bernie Sanders）出任行政管理和預算局副局長，原因是沃特曾在一篇文章中寫道，穆斯林不會得到「拯救」，因為他們不接受耶穌基督。[57]這並不是什麼基督教的激進詮釋，它**就是**基督教一直以來的想法。桑德斯在會議上回應，「主席先生，我只是想說，這位候選人真的不是這個國家應有的樣子，我投反對票。」換句話說，照桑德斯的說法，一個虔誠的基督徒不能在政府中服務。明明穆斯林對基督徒也抱持著同樣的觀點，但他卻對此隻字不提。[58]

桑德斯的辦公室後來發出一份聲明，闡明他的立場：「在一個以宗教自由的原則為基礎而建立的民主社會，我們都可以對問題抱持分歧的看法，但像是因為信仰不同就譴責整個族群的種族主義和偏見，不能成為任何公共政策的一部分。」這番話乍看之下並沒有說錯，任何公共政策的確都不能因為一個人的信仰不同而歧視他。可問題是，我們並沒有任何證據可以看出，沃特會在行政管理和預算局的辦公室中歧視穆斯林吧。反而照桑德斯自己的說法，任何虔誠信仰基督教教義的人都無權參與政策制定。

同年的夏天尾聲，民主黨參議員范士丹（Dianne Feinstein）和杜賓（Dick Durbin）也在聽證會上針對過川普提名的大法官候選人巴雷特（Amy Coney Barrett）的天主教信仰。他們一次又一次地暗示，一個人不可能既是虔誠的天主教徒，又是法官。「教條和法律是兩個不同的事情，」范士丹說，「我認為無論是什麼宗教，都會有自己的教條，但是法律就完全不是這樣了。我想，就您的情況來說，當您宣讀判決的時候，人們同時會想，你的信仰一定嚴重干擾你判斷，而這很令人擔憂……」[59]

你當然可以同意桑德斯、范士丹和杜賓的看法，但你一定也很清楚，基督徒將會對此作何反應。你想，當他們聽到像這樣完全顛覆憲法詮釋的說法，是會馬上接受呢（這意思是，我們歷任的每一位總統都不及格），還是會認為桑德斯正在試圖奪走他們參與自己國家的權利？當然，即使是最純正的那群基督徒，每個人怎麼看待桑德斯的觀點都是見仁見智，但如果有人說他覺得自己被冒犯了，我想也很合理吧？

➤ ➤ ➤

左派常掛在口中的「認知即現實」，在我看來是胡扯。這麼說吧，現在上百萬的美國白人基督徒認知的現實是，無論是國家還是個人，他們在體制中的歸屬正一個接一個的被夷為平地。他們並不喜歡社會提供的其他選項。這些人之中，確實有人是種族主義者、恐同者或恐伊斯蘭者，但大多數的人都只是單純不喜歡眼前的一些事物，無論這些事情他們是懂還是不懂，總之他們都比較喜歡自己熟悉的事物。然而，像桑德斯這些人卻堅持認為，凡拒絕接受的人都是錯誤的，而且還是邪惡的。

最危險的狀況我們已經看到了，就是白人和基督徒紛紛對這種偏見表達強烈不滿，甚至創造出他們自己部落的身分政治。我並不認為一般的美國白人會像左派說的那樣執著於種族問題，更不用說繼續拿著「白人至上」的大旗去亂戳人。但是你愈去妖魔化他們，然後愈去說「白人就是怎樣」，白人的防禦心態就築得愈高，並且愈覺得自己這樣並沒有錯。有些自由派已經開始認為光是自己的存在就是罪惡。但這跟羅伯特．弗羅斯特（Robert Frost）的說法背道而馳，他認為自由派是心胸開闊的人，不會在爭論的時候先入為主。可惜大多數白人並不是這樣。而是去接受那些身分政治的說法，認為白人有一種固定的樣子。那些說「在自己的土地上感覺卻像是陌生人」

的白人勞工階層，把票投給川普的可能性要比其他族群高出三倍。[60]二〇一六年，愈去擁護自己白人身分的選民，愈有可能去支持川普。[61]

最後，我認為有一件事很關鍵。今天這些問題既不是左派也不是政府，而是很大一部分都來自資本主義，資本主義的創造性破壞不斷地打掉既有的安排和傳統體制。一些地方先是因為鋼鐵和煤炭產業而繁榮起來，然後又被市場力量剝削殆盡。從這裡就可以看出，資本主義的創新總是會擾亂原有的秩序。

每當不幸降臨到我們頭上時，我們本能地傾向於認為這背後一定有某種力量，然後就大喊著有人要出來負責！都是政府官員的問題！老闆就是黑心！全球化是萬惡根源！去你的新階級！移民滾出去！（以及自古至今一直有人罵：猶太人就是貪！）雖然這之中確實有人是被罵活該，但從某種意義上來說，大家都沒有注意到，上面那些事情都是變革本身造成的。民粹主義的煽動者各個都拍胸脯保證，自己有辦法緩解變革帶來的陣痛（「我們要自由鑄銀！」「提高關稅！」「有福同享！」「蓋高牆！」），而且會懲罰那些罪魁禍首。這些支票每個都講得天花亂墜，殊不知都隱含著危機，讓人們以為過去都是美好的，開始妖魔化跟自己不同陣營的人，並且到處找人當替罪羔羊。

無論是技術專家還是煽動者，大家都在唱和這些操弄人心的話術，而這些基本上都是資本主義帶來的副作用。一邊是追求創新和效率最大化，一邊是堅持既有做法，兩邊永遠都互不相讓。活在資本主義底下的人，經常會以為以前人過的生活更好，無論這些過去是不是想像出來的，我們都認為過去都更加美好，每個人的工作和身分都緊緊相連，每個人在廣大的社會中都有一個自己的位子。

啟蒙時代之後，社會一直存在著某種拉扯。像家庭、信仰和社群這些非常理性的體制，都不斷地對抗變革的力量，牽制個人的主導性。我們內心一方面像盧梭一樣，渴望社群和群體帶來的意義；一方面又像洛克一樣，要求每個人要掌握自己的命運。因為資本主義一點都不自然，（廣義上的）政府才是自然的，我們就不斷地指望政府去解決資本主義破壞過程中，必然出現的現實問題和焦慮。

沒有人希望自己被機器取代，也沒有人希望聽到自己的工作不再有價值。在這部分，左派通常有更好的論述，因為它們至少注意到那些落在後面的人會受到市場的強力傷害。川普並不是第一個出來呼籲要照顧「被遺忘的人」。但他當然也不會跟你說，第一個這麼喊得其實是富蘭克林・羅斯福。羅斯福認為：「一個本著慈善精神的政府偶爾犯點錯，也好過一個總是冷漠的政府一直對問題置之不理。」[62]

盧德運動（Luddite）*的興起，正是為了抗議工業革命徹底摧毀了英國人原本的生活方式。我們現在可以有這樣的生活，工業革命確實功不可沒，但我們也可以理解，為什麼當年直接受到衝擊的人並不覺得這是好事。完全可以理解為什麼這些人會這麼憤怒，因為整個新系統像龍捲風一樣將他們的家夷為平地。

* 譯注：盧德運動出現於十九世紀工業革命初期，當時紡織工人為了抗議自己的工作被機器取代，開始破壞新出現的紡織機器設備，後來還與政府發生大規模的暴力衝突。到了當代，「盧德主義者」的意思被延伸為反對各種形式的新科技的人，這些人擔心未來的新技術會對現在的生活有負面的影響，這種思想亦被稱為「新盧德主義」（neo-Luddite）。

羅斯福的觀點確實說得有道理，但我們也不可以忽視其中潛藏的問題。這個問題不僅僅是現實問題，還是一個哲學上的問題。你要到什麼時候才能確定自己不會因此受害？同理，無論是後來又興起的新盧德主義（neo-Luddite）還是技術官僚自由派，要到什麼時候才能確定，這些創造性破壞的力量到底會不會為人類或國家帶來好處？到目前為止，絕大多數的證據都支持創新。那麼我們什麼時候該適可而止，凍結技術變革？如果盧梭回到過去，阻止第一個在某塊土地上立起圍籬並聲稱自己是地主的人，現在的我們會不會過得更好？我想應該不會。那麼拜倫時代呢？直到一八五一年，都還有超過三分之一的十歲至十四歲男孩都在工作，大約五分之一的女孩也在工作，[63]而英國人平均壽命是四十歲，[64]我們應該要在一九五〇年代凍結經濟發展嗎？當時的工資不錯，但平均壽命是六十五歲，[65]而且許多致命的流行病都還沒有藥醫。

更大的問題是，無論是國家或憤怒的民粹主義運動試圖壓制創新，還是以更人道或更理性的方式規劃經濟，都無可避免地會限制我們的自由。當然，有些限制是容易接受的，甚至會很受歡迎。（例如，政府對兒童色情施加管制，讓消費者更難找到這類商品，我舉雙腳雙手贊成。）但經濟的自由最終會影響到個人自由。哲學家羅伯特．諾齊克（Robert Nozick）有句名言是這麼說的，「即使成年人之間的交易是自願的，社會主義也一定會禁止資本主義的各種行為。」[66]

在美國和整個西方，到處都在高舉保護主義，只不過是文明弊病最顯眼的病兆之一。我們活在一個不知感恩的時代，不僅忘記了資本主義帶來的果實，也忘記了民主的真諦。我們的心中燃起熊熊的浪漫怒火，我們反對機器，卻不去看問題的本質。資本主義造成的問題，我們把矛頭都指向是政府的錯。而國家造成的問題，我們則都怪給資本主義。無論走到哪裡，每個人都會說，「如果當初怎樣，現在就不會這樣」，然後把罪都推給另一個部落的人，要他們負起責任。我們開始聯合其他部落，鐵了心要把那些為我們帶來不幸的人趕下台。

川普打贏選戰的故事，以及「極右派」興起的故事，都是這麼開頭的。瑪琳・勒龐崛起、英國脫歐方取得勝利，以及「反全球化」反到成為一個新的全球運動，也是在這樣的背景下形成的。無論人們如何斥責進步派的偉大目標，進步人士依然手腳並用地跪在這一片他們製造出來的斷垣殘壁中，撿拾那些他們在掌權時太高興而捨不得粉碎的理想。

第十一章

大眾文化政治
——哥吉拉、搖滾樂和浪漫主義精神

Pop Culture Politics: Godzilla, Rock & Roll, and the Romantic Spirit

然後他們的子女哭泣，在
荒涼的土地上堆起陵墓，
製作了周密的律法，稱那是
真神永恆的律法。

——**威廉．布雷克，《烏里森一書》**[1]

我們這個時代的宿命，便是一切都化為知識與理智；
最重要的是，整個世界的神秘都將被驅除。

——**馬克斯．韋伯，《學術作為一種志業》**[2]

「不要碰浪漫主義。」

寫這本書時有不少人這麼建議我（雖然原話未必如此）；其中包括我妻子（一名才華洋溢的作家兼編輯）、我的編輯本人（把我的原稿砍了一半），還有好幾個我很信賴的朋友。另外有些人只是用眼神警告我。光是提到「浪漫主義」，就會有人在心裡翻白眼大退三百步。**那到底浪漫主義是什麼？**我以前在學校聽過，但從來沒搞懂。

學術著作也幫不上忙，這個字眼早就像太妃糖一樣被扭得歪七扭八了。就連「法西斯」都沒有比「浪漫主義」更難定義，而對這件事最頭痛的當然就是研究它的學者了。[3]首先，每個國度都有自己的浪漫主義，因為浪漫主義都是以各地的語言和文化來表現。所以浪漫主義無處不在，也無處可尋，端看你問的是誰。更大的問題是，浪漫主義本身的姿態，往往就是對定義、區別與分類的激烈反叛。就像浪漫主義者常說的：「不要貼我標籤！」

一九六五年，以撒・柏林（Isaiah Berlin）曾受梅隆講座（A. W. Mellon lecture）之邀，講過〈浪漫主義的根源〉（*Roots of Romanticism*）這題，但他一開頭就聲明自己不會處理這個簍子：「也許有人期待我先定義，或是嘗試定義浪漫主義，最起碼提供某些寬鬆的定義，方便各位理解我在說什麼。但我才不要跳這個坑。」[4]一九二三年，哲學家亞瑟・羅孚若（Arthur O. Lovejoy）也在美國現代語言學會（Modern Language Association of America）的年會上，發表了一篇題名為〈論浪漫主義的區別〉（*On the Discrimination of Romanticisms*）的演說。他先將一堆南轅北轍的人物——包括柏拉圖、聖保羅、培根、康德等等——列為「浪漫主義之父」，搏得哄堂大笑，接著又舉了各種不同的浪漫主義，才說「就算只是想籠統定義一段特定時間內的浪漫主義都很傻，更不要說是整個『浪漫主義』了。」[5]

保守派評論家大衛・布魯克斯也在他倍受讚譽的《BOBO族：新社會菁英的崛起》（*Bobos in Paradise: The New Upper Class and How They Got There*）一書中主張，美國的現代文化正透出浪漫主義的光澤。但或許是編輯的建議奏效，他用了「波西米亞主義」（bohemianism）這個詞來取代浪漫主義。「嚴格來說，波西米亞主義只是浪漫主義精神呈現在社會上的樣貌，」布魯克斯如是說，「但為了明確起見，也因為浪漫主義這個詞的意思實在有太多分歧，本書主要會用波西米亞來指稱其精神，還有其帶來的舉止等影響。」[6]

考慮到這本書的成功，也許我也該聽從警告遠離浪漫主義。但我偏偏要這麼做，因為無論要討論歷史還是社會現象，這個用詞都比較好，沒有人會說什麼「波西米亞國族主義」。因此我會提出幾個重點，幫浪漫主義確定一個方向。

前面討論盧梭時有提到，浪漫主義常被描述為對理性的反叛，許多時候也的確如此。有些人則會強調浪漫主義推崇情緒與**感受**。我認為這又更接近了一點。強調感受這點無疑解釋了為什麼浪漫主義最早、最強烈的影響是發生在藝術界。

理性時代不只顛覆了人類的心靈，也顛覆了過去的社會；在許多人看來，這簡直就是侵略。說實話，日耳曼地區和歐洲許多地方的人會這麼想也完全沒錯。熊彼得指出，浪漫主義「只是在一連串的革命和拿破崙戰爭過後，對十八世紀理性主義所興起的一場反動」。[7]無數的詩人、畫家和小說家都站上前線，為了人類的靈魂向啟蒙運動發起反攻。比如偉大的浪漫詩人威廉・布雷克就憎恨著洛克和牛頓留給世界的一切。他曾吶喊「知更鳥兒籠中囚／天堂怒火永不休」，[8]此處的鳥籠就是在說啟蒙運動。浪漫主義不只是人在對抗機器，更是靈魂的鬥士在抵禦機械思維的推動者。

這讓我覺得浪漫主義其實有些道理。雖然我承諾過不在這本書裡討論上帝，但我相信生命裡有些角落是無法用圖表、函數或其他數學方法化約的。而這些角落對我們非常重要。我們對什麼投以重視，它就值得重視，而我們所施予的意義，本身也有其意義。

因此我在這章要說的是，我們的文化，包括我們所謂的大眾文化，其實從未脫離浪漫主義時代。當然，它的影響有起有落，但它一直主宰著我們所謂的大眾文化。時至今日，我們的共同文化（shared culture）已經是浪漫主義的形狀了。其實，與其叫做大眾文化，毋寧說是「共同文化」更為恰當，因為大眾文化傳統上是屬於平民百姓的，但如今無論貧富貴賤，幾乎每個人都會上電影院、都有追一些電視節目，說不要說幾乎每個人腦子裡都有些流行歌在不斷重播。階級差異對人們娛樂品味的影響，遠遠不如年齡差距。

我之所以認為浪漫主義時代從未結束，是因為浪漫主義並非一個時代，而是一種反應。在科學革命和啟蒙運動之前，世間原本沒有世俗與宗教、個人與政治、理性與迷信的分別。在人類大部分的歷史上，科學和魔法都是同一回事。古羅馬的祭司會從禽鳥內的臟預測未來，但他們這麼做不需要信仰之躍，因為這既是科學，也是魔法，當然也是宗教。許久以來，學者們一直在爭論著魔法與科學之間奇異又美妙的關係。中世紀的魔法到底是理性、反理性（anti-rational）、還是非理性（non-rational）的？鍊金術士算不算最早的化學家？[9]

人們普遍認為是宗教改革、啟蒙運動和科學革命讓這世界變得更世俗化、更少迷信。這種看法大致上是對的，但整個過程要複雜得多。啟蒙運動最重要的意象就是**光明**，光明象徵著科學和理性驅逐了無知的陰影，但人類的心靈世界就不適用這個比喻了。在心靈的世界，啟蒙運動更像是一把拆解萬物的利刃。在中世紀以前，科學、魔法、宗教、迷信與理性或多或少是混在一起的，一直到宗教改革，這些事物才開始出現分別，魔法和宗教也才有了分界。接著科學和宗教也漸行漸遠，到了啟蒙運動，傳統宗教和政治活動也一分為二。

人類的心靈就像是一座巨大的冰山，乘著歷史的潮流漂入前現代（pre-modern）的海域；隨著現代逐漸臨近，冰山也開始四分五裂，只是冰山崩裂之後並沒有溶解，至少沒有完全溶解，只是變成一座座小小的冰山。科學革命沒有完全消滅宗教，理性時代也沒有完全驅逐迷信。只要看看生活周遭，就知道宗教與迷信有多麼堅韌（請注意，這兩者並非同一件事）。理性雖然大獲全勝，我們卻沒有因此而淪為冰冷邏輯的奴隸，變成《星艦奇航》（*Star Trek*）中的瓦肯人（Vulcan）。啟蒙運動只是讓我們在法律、公共論證和大部分的體制上，都愈來愈優先考慮理性因素而已；至少大部分的時候是這樣。（而且說實話，瓦肯人也有情緒，他們只是盡力不讓自己失控而已。）

所以有時候看到早期浪漫主義者對牛頓的痛恨，竟然僅次於洛克，實在讓人忍不住失笑。在布雷克、柯立芝（Samuel Taylor Coleridge）和其他浪漫主義者眼中，牛頓竟敢剝去寰宇繁星與地球的神秘面紗，將宇宙推上由機械驅動、沒有靈魂的軌道，簡直就是不可饒恕的大罪。但是對科學有這麼多貢獻的牛頓，內心裡其實是個神秘學家。比起重力，他更有興趣的是探索玄學與鍊金術的奧秘，復興失落的上古神秘魔法。凱因斯說得好，牛頓不是第一個科學家，而是最後的魔法師。湯瑪斯．愛迪生和亞歷山大．貝爾（Alexander Graham Bell）也有參加降靈會的雅好；前者投資電話的目的，就是想和鬼魂交流。古列爾莫．馬可尼（Guglielmo Marconi）會發明無線電，也是想拿無線電波做一樣的事情。

現代的神經科學家和心理學家花了大量時間，紀錄了人類心靈不理性（irrational）的活動，[10]讓我們知道人類的大腦和動物相差無幾，裡頭大大小小的程式都是為了維持生命，而非判斷真相。理性思考對於求生固然有用，但真要說起來，恐怕比不上恐懼、憤怒或是忠誠。別忘了對原始人來說，求生是一份合作事業，只靠理性無法成功，於是我們發展出了各種複雜的認知工具。舉例來說，就算沒有任何薩滿、祭司或父母知道微生物或病菌是什麼，一個強調清潔很重要的迷信或禁忌也可以相傳千年。無論有沒有相關知識，任何群體只要嚴格禁食不乾淨的食物，在演化上就有很大優勢。同樣地，如果群體會使用應報式的正義對付內部叛徒和外來異客，也就更容易將基因傳遞下去。更進一步來說，如果群體對宗教、政治、社會等內部價值有清晰一致的觀點，就會更容易順利合作——而人類適應環境的核心手段正是合作。

啟蒙運動並沒有改造我們的大腦，這些程式至今仍在繼續運作，對各種事件和想法產生情緒與直覺反應；有時我們會承認這些事物來自本能深處，有時又會誤以為它們源自某種高層次的理想。而浪漫主義這麼重視情感和非理性、強調這些無法靠科學理解或解釋，卻能憑直覺感受的事物，其實是反映了人類的心靈不斷想讓部落意識再度成為生活的中心。我認為，大眾文化恰好是一扇清晰的窗戶，讓我們能看見自己所生活的世界有多麼浪漫。為了證明這點，我接下來會深入剖析幾個浪漫主義的經典特徵。不過我也要重申，大眾文化會有濃厚的浪漫主義色彩，並不是因為某些作家或詩人的影響深遠（儘管有些人的影響確實重大）；之所以如此，是因為當社會建立在啟蒙運動的基礎上，自然就會引起浪漫主義的反動，因為我們都在追想著失落的意義統合體、嚮往著先民日常生活中曾經充盈的魔法。

◆我只要搖滾樂（這就夠了）

我相信搖滾樂可以解釋這一切，而且只要靠搖滾樂就夠了。我不是說搖滾樂中有浪漫主義的元素，我是說**搖滾就是浪漫主義**。不過說實話，我猜類似的話用在嘻哈、鄉村樂或是整個流行音樂上，大概也可以說得通。那麼搖滾樂和這些音樂類型的核心主題是什麼呢？不管由誰來說，都一定少不了這些要素：否定權威、推翻「大人物」的枷鎖、真愛、管他什麼後果、追憶幻想中的美好過去、青春萬歲、鄙視出賣理想、疏離、真誠萬歲、異教主義、泛神論。不過真的要說有什麼元素最重要，那一定是個人感受高於一切。

從最商業化到最生猛的類型，搖滾樂都標榜著「體制外」（outside the system）的精神，訴諸某種發自內心、更高層次或是更真誠的權威，令人想起幾個世代以前那些拒絕被數字與計算機統治的詩人。還有一些更浮誇的捍衛者把搖滾拱上更高的層次，和那些與體制內苛暴眾神永世征戰的泰坦或神祇相比肩。約翰藍儂就曾向我們保證：「基督教會完蛋的，它會枯萎直到消失……我們現在比耶穌更受歡迎——你說誰會先完蛋？是搖滾樂還是基督教？我還真的說不準。」[11] U2的吉他手 The Edge 也告訴我們：「我實在告訴你們，搖滾不是職業，也不是興趣——搖滾是一種生命力，是生命的精華。」[12]

羅伯．帕帝森（Robert Pattison）在《流俗得勝：搖滾樂在浪漫主義中的倒影》（*The Triumph of Vulgarity: Rock Music in the Mirror of Romanticism*）一書中談到，無論從相對於古典樂的角度，還是從社會中高階層自命不凡的角度來看，搖滾樂都是流俗之音。而流俗的英文「vulgar」來自拉丁文的 *vulgus*，意思是群眾或俗夫。搖滾樂的聲音屬於人民，它既不假裝自己是高尚文化，也沒有什麼高尚的理想，只是朝著我們的內心深處歌唱，呼喚著每個人心中信奉泛神論（pantheistic）的那個原始人。本書讀到這裡，想必各位都很熟悉這位原始人了，但我大概還是要解釋一下什麼是泛神論。泛神論一詞來自希臘文的 pan（泛）和 theos（神），意思是相信整個現實都具有神性，而上帝或眾神就存在於我們以及周遭的一切事物之中。換句話說，凡間就是天國，天國就是凡間。

我想應該每個人都有過這種在音樂中羽化飛升的經驗。維克多．雨果也說：「無法訴諸言詞，卻又無法默不作聲的事物，便只能藉著音樂表達。」[13] 這樣說來，世界上還有哪一種藝術比音樂更能像韋伯說的一樣，讓魔法重新回到人間（re-enchanting）嗎？

尼采有句箴言：「在聽不見音樂的人眼中，跳舞的人就像瘋子。」[14]雖然這句話其實是別人亂塞給他的，但每當有人聽著 iPod 裡的音樂走過我們身邊，或是我們自己戴上耳機，讓繁忙的城市陷入律動之海，這句話就不再是隱喻，而是一種全新的寫實白描。也正是藉著這種感受，電影才能利用音樂將我們帶往那種與世隔絕的一體感之中——最近的電影《玩命再劫》（*Baby Driver*）就是這方面的傑作。

也許我們可以想像一下，人類最早是怎麼享受音樂的。大概是有個原始的樂隊坐在營火旁邊拍著鼓，唱著寶貴的民謠與頌歌。古人這麼做固然是為了娛樂，但同時也是為了和神靈或同袍交流、緬懷祖先、奠祭英靈，或是抵禦邪靈，當然也有可能同時結合好幾種目的。音樂既是全民的，也是個人的；既是神聖的，也是世俗的。

搖滾樂就是把這些原始人的鼓聲接上超級音箱，我們被教導要分別的事物，全都被搖滾樂繫成一團；我們被告誡要壓抑的本能，全都在搖滾樂之中解放。它用傑叟羅圖樂團（Jethro Tull）的歌聲呼喚著：「讓我們回到叢林廝混／回那裡做自己。」

要說有什麼最能證明搖滾樂是泛神論、原始主義（primitivism）和感受至上三位一體的浪漫主義，莫過於它對內在權威與真誠的崇尚。儘管我們的扭腰擺首已經在音樂中，與周圍數以千計的歌迷合而為一，主唱還是要我們追隨心中的節奏。在黑格爾看來，浪漫主義雖然複雜，但一言以蔽之就是「絕對的向內性」（absolute inwardness）。藝術家就像一個奴隸，全心全意服侍他沒有理性的繆斯女神。這種說法雖然古老，但是到了現代，依然能在尼采早期的浪漫主義哲學中找到共鳴。音樂史學家瑪莎·拜爾斯（Martha Bayles）就說：「尼采對浪漫主義的強烈觀點深有共鳴，他同意理性在藝術中唯一的用途，就是面對、克服不理性，最後與不理性合為一體。」[15]

搖滾和藥物都能帶我們遠離日常事物和理性權衡，逃脫勞神的案牘與當下的枷鎖，所以在大眾的想像裡，這兩者總是密不可分，也就不讓人奇怪了。古人讚頌的是酒、女人與詩歌，而現代人的真言則是「性愛、藥物、搖滾樂」——只要我們還是人類，這點就永遠不會變。

搖滾樂的客群幾乎都是青少年，這點也絕非巧合，因為這是文明秩序和內心原始人最頻繁交戰的年紀，也是本能慾望最強烈、最無法憑理性思考抗拒各種誘惑的年紀。只要經歷過青春期焦慮的人——也就是任何老到可以合法抽菸喝酒的人——都一定很清楚浪漫革命和啟蒙之光在青少年內心的征戰有多麼激烈。

不過，「青少年」的形象其實也有很大一部分是二戰過後社會承平、繁榮、順從所創造的產物。因循守舊的五〇年代讓青少年有了反叛的對象。而如今四十多歲的一代人，也是在冷戰後的和平與繁榮中長大的，這種舒適的繁榮生活也應驗了熊彼得的警告，開始反噬既有的秩序和中產階級價值觀。

談完搖滾樂，我們來談談更普遍的大眾文化。這種浪漫主義式的衝動不只造就了搖滾樂，也決定了大眾文化的其他面向。

◆此處有怪物

就從最簡單的怪物開始好了。原始人相信世界上有各式各樣的怪物。像我這種熱愛《龍與地下城》的阿宅，還會想把怪物分類成龍族、靈體、獸人等類別。不過這裡談的是最廣義的怪物，也就是令我們害怕的超自然造物。這些怪物在原始人的心靈中誕生，它們是有了名字的恐懼，而恐懼是人類生活在自然狀態時最強大的一種防禦機制。當我們聽見背後的山洞深處傳來咆哮，最可怕的發展就會立即浮現心頭，因為「小心駛得萬年船」這句話是烙在每個動物DNA深處的信條。任何人都有這種天生的脆弱感，所以我們才要再三教導小孩，床底下沒有怪物潛伏。但就算長大成年，我們還是恐懼著怪物，只是這份恐懼多半表現為對未知的焦慮。這也是為什麼中世紀的地圖繪師總在尚未探索的邊界標上「此處有龍」。

一直到今天，我們都害怕著如果我們越過已知世界的邊境，或是侵犯上帝的權柄，就會遇到，或是創造出怪物。而浪漫主義對科學和理性的控訴之一，就是傲慢（hubris）。傲慢的意思不只是傲慢，希臘人當初在用這個詞的時候，指的是妄圖挑戰眾神和祂們計劃的傲慢。我們怎麼能妄圖馴服自然、破解世界上的魔法呢？於是，怪物就成了滿足人們在幻想中報復「體制」的工具，因為怪物的本性就是將一切撕毀。

在德魯・戈達德（Drew Goddard）和喬斯・溫登（Joss Whedon）合寫的恐怖片《詭屋》（*The Cabin in the Woods*）中，兩個厭世的千禧世代受夠了這世界的虛偽，決定召喚「上古邪神」摧毀世界，拒絕為世界奉獻自己的人生。當他們聽到如果不在八分鐘後的日出之前自殺，就會有五十億人死亡，其中一個年輕人只是回答：「聽起來不錯，如果這世界要殺掉我所有朋友才能活下來，錯的大概就是這個世界吧。」也就是說，對這個唯我獨尊的千禧世代來說，全球大屠殺只不過是這世界違背他心意的後果而已。

不過古往今來最有影響力的怪物故事，當然還是《科學怪人》（*Frankenstein*）。瑪麗・雪萊根據猶太傳說中藉著魔法獲得生命力的魔像（Golem）傳說，創造了科學怪人。雖然書中的主角法蘭根斯坦博士不是魔法師而是科學家，但故事的道德主題還是一樣：傲慢、扮演上帝、玩弄自然、在世俗的事物中尋找神聖的火花。因此「瘋狂科學家涉足自己理解範圍之外的強大力量」這樣的故事，能在十九世紀初俘虜數以百萬計的讀者，其實一點也不難理解。

盧梭對世界進步提出的浪漫主義控訴，也呼應了人類墮落的聖經故事。亞當和夏娃正是因為抗拒自然法則，也就是違背上帝的指示，吃下智慧之樹的果實，才害人類被逐出伊甸園，從此生活在罪惡之中。在盧梭看來，人類也是在開始累積財產和專業分工之後，才失去了高貴野蠻人那種與自然和諧相處的幸福生活。科學怪人的故事也遵循一樣的套路。

不過雪萊原本取的書名《法蘭根斯坦：現代的普羅米修斯》（*Frankenstein; or, The Modern Prometheus*）已經沒什麼人記得了。在希臘神話裡，普羅米修斯用土和水做出了人類——正好魔像也是用陶土做成的。這位泰坦神還違背宙斯旨意，盜取天火送給人類。後來祂受到的懲罰也很有名：宙斯把祂綁在一塊巨岩上，每天派出一隻老鷹啄食祂的肝臟，又讓祂在午夜長出新的肝臟。

法蘭根斯坦博士和普羅米修斯間的相似之處，實在明顯得無須細說，這也是瑪麗・雪萊直接在書名破題的原因。但有趣的是，讓科學怪人活過來的電力對當時的人來說，就像遠古時代的火焰一樣，仍是一種魔法般的現象。而「現代的普羅米修斯」，最早其實是齊克果用來形容富蘭克林的話。[16]因為他的閃電實驗不正像是摘下天神的權杖，扭成科學的韁繩嗎？而這難道不是一件恐怖的傲慢之舉？

事實上，當富蘭克林的閃電實驗從新大陸傳回舊世界，引起的震驚並不亞於第一次原子彈試爆。[17]

既然講到原子彈，就不能不提被核能炸出來的新一代怪物：怪獸之王哥吉拉。這頭怪物不只在日本，還在全世界都成了一面最歷久不衰的大眾文化招牌。不過當第一部哥吉拉電影在一九五四年上映時，距離長崎廣島的核爆還不到十年，離美國結束佔領日本也只過了兩年，同年還發生了第五福龍丸事件——一艘日本漁船在馬紹爾群島捕魚時，受到美國的比基尼環礁核測試波及，二十三名船員全數遭到輻射傷害。哥吉拉正像是英文「怪物」（monster）一詞的化身：這個詞來自拉丁文的 *monstrum*，有警告、凶兆、展現、顯示等意涵。

不過最重要的是，哥吉拉也和科學怪人一樣，是由核輻射這種魔法般的無形力量所創造的。核彈爆炸最明顯的後果之一就是突變與畸形，當時全世界的人們也確實對此充滿擔憂，害怕原子時代將會出現匪夷所思的怪物，只不過日本有這樣的恐懼特別能夠理解。正好「怪物」一詞最初所指的警告與凶兆，正是突變與畸形。

常岡千惠子（Chieko Tsuneoka）在《華爾街日報》的文章上寫過：「一直以來哥吉拉電影就是日本人內心的鏡子。這頭怪物最初是核子試爆下的突變產物，反映著日本在二戰中遭到原子彈轟炸的創傷，還有對戰後美國在太平洋進行氫彈試爆的焦慮感。到了日本飽受工業污染摧殘的一九七〇年代，哥吉拉電影中的大反派變成了公害怪獸黑多拉（Hedorah）；而在美日貿易衝突加劇的九〇年代初，哥吉拉要對抗的則是被一群長著外國面孔的『未來人』派回二十世紀，準備阻止日本成為經濟霸權的三頭怪獸王者基多拉。」[18]

至於二〇一六年的《正宗哥吉拉》（*Shin Godzilla*），則是呈現了日本在面對中俄威脅的同時，又普遍認為美國不可靠，因而日益苦惱是否應該重新武裝化的國族主義情緒。之所以這麼糾結，是因為日本人在二戰過後，已經為了和平、自由市場和民主制度而放棄了軍國主義。（別忘了六十二年前的元祖哥吉拉是部反戰電影。）日本人一方面害怕國族主義和武裝化會喚醒過去的惡魔，但另一方面也害怕不這麼做，日本就無法生存下去。在《正宗哥吉拉》裡，哥吉拉從護國神獸變回最初的反派，而片中的英雄則是政治家和軍人這些傳統上就算善良，最後還是只會被怪獸踩扁的角色。這一次，他們的形象雖然沒變，最後卻挺身面對挑戰，找回擊敗怪獸的意志。當然，下一集又會怎麼演又難說了。

經濟史學家威廉．筒井（William Tsutsui）在二〇〇四年的《我心中的哥吉拉：記怪獸之王誕生五十週年》（*Godzilla on My Mind: Fifty Years of the King of Monsters*）一書中寫到：「在《正宗哥吉拉》裡，日本面對的最大威脅無疑是來自國內而非國外。陳腐老朽的政府官僚無法果決行事、拿出決心面對外來壓力。說實話，這部片如果改叫《哥吉拉VS老派政治》也完全沒問題，因為相較於東京這片由內閣會議、政治內鬥和各部會僵持不下所形成的沉悶泥沼，摩斯拉、拉頓和王者基多拉根本都只是可愛的小怪物。」[19*]片名的「正宗」，日文寫作「シン」，漢字可以寫作「新」、「聖」或是「真」，但製作團隊不願明講——顯然三個都是他們想表達的意思。[20]

當然除了哥吉拉和科學怪人之外，大眾文化裡還有很多怪物，背後的寓意更是不可勝數。老實說，甚至有一個子類型就在討論科幻片中的邪惡怪物究竟代表什麼。

就拿我最愛的一部恐怖片《大法師》（*The Exorcist*）來說好了。我喜歡的恐怖片不多，而喜歡這部也是因為它不完全算是恐怖片。《大法師》說的是一個純潔女孩遭到惡魔附身摧殘的故事，

---

* 譯注：此處可能誤植。該書出版於二〇〇四年且未改版，不太可能寫到二〇一六年上映的正宗哥吉拉，可能是引述到不同代的哥吉拉。

對神學和心理學也有很精彩的見解。

電影一開始，我們看到科學家和醫生正想辦法弄清楚麗肯這個小女孩身上到底發生了什麼事，就可以感覺到現代科技的貧瘠與限制。接著我們當看到神父努力驅逐惡魔，就忍不住覺得邪惡的事物真的存在。片中的年輕神父達米安．卡拉斯也是一名心理學家，他在之前就幾乎失去了信仰，投向世俗的懷抱；面對這起事件，他忍不住問：為什麼是這女孩？老神父梅林回答：「我想是為了讓我們絕望，讓我們看見自己的醜陋與獸性，還有讓我們拒絕相信上帝會愛我們。」[21]不過我更喜歡梅林神父在原著小說中的回答：

我想惡魔的目的並不是附身，而是我們這些旁觀者……是這棟房裡的所有人。我想它真正的目的是為了讓我們絕望，讓我們否定自己的人性。達米安，它的目的是讓我們以為自己不過是野獸，讓我們以為自己的本性卑劣腐敗、毫無尊嚴、醜陋、沒有價值。而最重要的，或許就是要我們相信自己沒有價值了。因為我認為相信上帝這件事，最重要的並不是理智；我認為最重要的是愛，是接受上帝愛我們的可能……[22]

《大法師》的主題很豐富，包括理性與科技的限制、信仰的力量、邪惡的存在。最重要的是威廉．彼得．布拉蒂（William Peter Blatty）在小說和劇本中都非常巧妙地榮耀了宗教信仰。附在麗肯身上的怪物，其實是在警告虛無主義、世俗主義，還有走上邪路資本主義有多麼危險。

《大法師》當然有超自然驚悚的部分，不過更好的詮釋方式，其實是把它看成在回應一九七〇年代初期美國電影的墮落。隨著自由戀愛和反抗大人物的代價愈來愈高，一九六〇年代的理想主義已經成為泡沫。人們對政治失去信念，加上國內外處處動亂，一切都使得美國電影儘管發展蓬勃，卻布滿灰暗的氣氛。跟《大法師》同年上映的大片包括《美國風情畫》（*American Graffiti*）、《殘酷大街》（*Mean Streets*）、《衝突》（*Serpico*）、《最後行動》（*The Last Detail*）、《超世紀諜殺案》（*Soylent Green*）、《勢不兩立》（*Walking Tall*），以及《緊急追捕令》（*Dirty Harry*）的續集《緊急搜捕令》（*Magnum Force*）。[23] 隔年最賣座的電影則有《猛龍怪客》（*Death Wish*）、《唐人街》（*Chinatown*）、《教父II》（*The Godfather: Part II*）、《視差》（*The Parallax View*）和《連尼》（*Lenny*）。再隔一年則有《飛越杜鵑窩》（*One Flew Over the Cuckoo's Nest*）和《超完美嬌妻》（*The Stepford Wives*）。包括《大法師》在內，這些電影的共通點是什麼？是當代生活的失衡、失常、虛假或高壓，菁英和整個體制已然崩潰、腐敗，沒有辦法帶來美好的生活。

◆「這世界怎麼會這樣？」

自從啟蒙時代以來，我們的世界出了問題、失去平衡、虛假、險惡、違背自然的想法，就一直是藝術作品最重要的主題之一。這也是浪漫詩人奮起的原因，因為在他們看來，自然生活正在變成一台機械，科技化的壓迫制度像寄生蟲一樣蠶食人性。這不但是《駭客任務》（*Matrix*）系列最核心的構思，許多講述嬰兒潮世代中年危機與焦慮的電影和影集，也都以此為主題，一九九一年勞倫斯·卡斯丹（Lawrence Kasdan）執導的《大峽谷》（*Grand Canyon*）就是一例。這部片常被說是「九〇年代的《大寒》（*The Big Chill*）」——事實上發行商當初就是這麼行銷的——故事講述一群大相逕庭的角色如何迷失在美國現代生活的混亂之中，缺乏共同的生命經驗，彼此難以感同身受，卻又亟欲找到生命的意義或是控制感。丹尼．葛洛佛（Danny Glover）在片中著名場景裡的台詞：「老天，這世界怎麼會這樣？」就是最好的注腳。

平心而論，每個世代都有這種比喻。X世代電影也充滿這種世代焦慮。一九九〇年代的薇諾娜．瑞德（Winona Ryder）和伊森．霍克（than Hawke）有一大堆作品都在控訴體制像魅魔一樣，吸乾了年輕的靈魂與生命中的真誠。比如霍克在《四個畢業生》（*Reality Bites*）中就有段台詞：

一點意義都沒有。生活就像……一場樂透，只不過頭獎是毫無意義的悲劇，而小獎是一次一次的死裡逃生。從此我就學會了享受那些生活的小細節。像是我的最愛……塞滿起士的四盎司牛肉堡，還有像是下雨前十分鐘的天空啦，聽別人笑到發出豬叫啦。然後我會坐下，抽我的駱駝香煙，就這樣自由自在。

而在另一場戲裡，霍克還直接對著電話說：「吾等不滿之冬已經降臨，說出你的來意！」[24]有趣的是，九〇年代可以說是這一類電影的全盛時期。原因不難推測。一九八〇年代的日子開始變得繁榮順遂。冷戰走入尾聲，西方民主和資本主義大獲全勝，許多忍受已久的藝術家都被嚇壞了。

一九九八年的大爛片《歡樂谷》（*Pleasantville*）就是在隱喻生活順遂的恐怖，一九九九年的《美國心玫瑰情》（*American Beauty*）也是，而且更爛。凱文．史貝西（Kevin Spacey）飾演的萊斯特．伯恩罕說：「我覺得自己好像昏迷了二十年，直到現在才醒過來。」這個穿法蘭絨灰西裝的老不修一心只想著要打破常規生活的道德，好好反叛一下消費文化。於是他開始了一系列的「自我提昇」療法，主要內容包括：對性的執迷、抽大麻，還有朝大人物比中指。

他在晚餐時告訴女兒：「乖女兒，我今天炒了我老闆，叫他滾回去吃自己，還跟他勒索了六萬塊，所以麻煩幫我拿個蘆筍吧。」[25]

在一九九一年的《驚爆點》（*Point Break*）中，有一小團離群索居的衝浪客（就像部落一樣）滿心想向體制討回公道，於是選擇戴上過世總統的面具到處搶劫銀行。但派崔克・史威茲（Patrick Swayze）飾演的伯帝解釋：「對我們來說，重點從來不是錢。重點是對抗體制，對抗扼殺人們心靈的體制，這就是我們的理想……有些人早就已經死了，他們這一生都忙著全速衝進墳墓。我們得讓他們看見人類的心靈還有著活力。」[26]二〇一五年糟糕的重拍版本在這方面處理得又更拙劣。

浪漫主義在表達對資本主義和自由市場的憎惡時，往往都這樣毫不保留。好比說史坦貝克就在《憤怒的葡萄》中寫到：「銀行跟人不一樣。有時候就連銀行裡的每個人都恨透了銀行做的事情，但銀行還是照做不誤。這是因為銀行比人更強，銀行是個怪物。人們造出了這頭怪物，卻控制不了它。」[27]

最近的優秀影集《駭客軍團》（*Mr. Robot*）也把這些主題呈現得不錯。故事發生在當代的紐約，雷米・馬利克（Rami Malek）將心理不穩定的程式專家艾略特詮釋得非常深刻。艾略特的生

---

* 譯注：出自莎士比亞《理查三世》開場：「吾等不滿之冬，已被約克的紅日照耀成光榮之夏」（Now is the winter of our discontent, made glorious summer by this sun of York）。英國《太陽報》以此形容一九七八年冬天的一連串罷工。

活彷彿半夢半醒，整天都在跟亡父的幽靈說話（這還是比較好聽的講法），卻又像盧梭一樣整天想推倒體制。他對心理治療師這麼說：

唉，我不知道。到底是我們大家都知道，賈伯斯明明是靠童工發財的，卻還覺得他很偉大？還是我們的英雄都是冒牌貨？我覺得整個世界就是一場騙局。大家忙著對垃圾發表意見、假裝自己很有見識、在社群上裝作很熟的樣子。還是說，這是我們自己選的？只不過不是用虛假的選票，而是用我們的行為、我們的財產、我們的錢選出來的。我知道這樣講沒什麼新意。我們都很清楚自己為什麼要這樣做。《飢餓遊戲》沒有多好看，但我們只想逃避而已。就連停止假裝都太痛苦了，我們就是一群懦夫。肏你媽的社會。[28]

（不過之後我們就會知道，他根本不是在跟治療師講話。這些都只是他內心真我的獨白。）

艾略特和他的駭客部落「反社會」不但決心要扳倒「E企業」，後來還直接不演，改叫他們「邪惡企業」。這個設定很容易流於說教，甚至變成政治宣傳，不過主創山姆．艾斯梅爾（Sam Esmail）卻巧妙避開了這個陷阱。整部影集就像一部盧梭寫的寓言，一心想找回什麼更有人性、更自然的東西，希望能「拯救世界」，寓言中的資本家就像尼采一樣，靠著意志的力量掌控體制，視一切道德為無物。但雙方陣營倒是都浪漫地相信，真理的唯一來源在於人的內心。在第一季中，平步青雲的企業家泰雷爾．韋利克殺了一個人，接著他這麼描述內心的感受：

前兩天，我掐死了一個女人。感覺很奇怪。這麼可怕的事情，原來這麼簡單。剛開始的十秒鐘很不舒服，讓人不安。接著我感到我的肌肉開始緊繃，她也開始掙扎和反抗，但這一切都好像都跟世界上其他東西一樣，變成背景裡的噪音了。那一刻，整個宇宙裡只剩下我，還有絕對的力量，除此之外什麼也沒有。我本來以為殺人會讓我內疚，但我沒有。我從此停在了那瞬間，美妙的瞬間。[29]

這部影集最特別的地方之一，就是它體現了科技時代的浪漫精神。浪漫主義往往離不開當代的語言。這也是我們以為浪漫時期已經結束的原因之一，因為它所用的語言會隨著時代變化。但說到最駭人的新浪漫電影，莫過於《鬥陣俱樂部》（*Fight Club*）和《春風化雨》（*Dead Poets Society*）。《鬥陣俱樂部》和《美國心玫瑰情》在同一個月上映，愛德華．諾頓（Edward Norton）在片中飾演一名被現代資本主義牢籠逼瘋的年輕職員。這部片就像是把盧梭和尼采兩人的話揑在一起，仿造出原始的反叛之聲，控訴年輕人明明生於自由，卻居於枷鎖，最後慘被體制遺忘、剝削、壓迫、淪為孤雛。諾頓在片中說：「我早就像許多人一樣，被 IKEA 訓練成只想築巢的奴隸了。」

想要找回被體制洗去的自由與人生意義，唯一的方法就是從彼此對打開始，重燃內心的野性火花、重新建立部落，最後對體制揭竿起義。

諾頓的另一個人格泰勒．德頓說：

老兄，鬥陣俱樂部裡有史上最強、最聰明的人。看到他們的潛力，我就覺得真是可惜。幹他媽的，我們一整代人都是白領奴隸，整個人生都浪費在加油站和餐廳打工了。那些廣告一直要我

> 們買車買房，讓我們拚命做著可恨的工作，買那些我們根本不需要的狗屁。我們是歷史的老二。沒有目標也沒有分量。我們沒碰過什麼大戰，也沒碰過大蕭條。我們的大戰是心靈之戰，我們的大蕭條就是自己的人生。我們被電視機養大，相信自己有天會變成富翁、電影巨星或搖滾天王。但我們不會。我們都慢慢了解了現實是怎麼回事，我們非常、非常憤怒。

另一個成員建議鬥陣俱樂部應該「否定文明社會的基礎，特別是物質財產的重要性。」[30]至於《春風化雨》的故事，說的是一群就讀古板寄宿學校的年輕男孩設法打破傳統的枷鎖，挑戰他們注定繼承的壓迫體制。而他們的作法竟然是讀兩百年前那幫對啟蒙運動宣戰的浪漫派超驗主義詩人（transcendentalist）！

電影一開始，學生正在學習詩歌的標準答案，將「詩人的藝術性沿圖表的橫軸排列」，並將「重要性」縱軸排列，就能「衡量詩人的優劣」。德國浪漫詩人奧古斯特·威廉·施萊格爾（August Wilhelm Schlegel）曾問過：「一首詩能證明什麼？」看來片中的體制已經找出了沒有靈魂的答案。接著由羅賓·威廉斯（Robin Williams）飾演、充滿魅力的新老師約翰·基廷要學生撕掉詩歌鑑賞課本的前言。

然後，他告訴班上學生不要再聽從課本，要向內在尋找意義和指引：「各位，你們必須努力找到自己的聲音，因為你愈晚開始尋找，就愈難找到。梭羅說過：『多數人都在寧靜的絕望中過活。』但你們不能屈服，你們要打破這種命運！」

當學生在從前的校園年鑑上發現，基廷先生曾是一個「作古詩人社」的成員。基廷告訴他：「不，歐佛史崔先生，我們不是你想的那種『兄弟會』，我們不是什麼嚴密的組織，只是一群浪漫主義者。我們不只是讀詩，而是讓詩從舌尖滴落，像蜜糖一樣。我們讓心靈翱翔，讓女人癡迷，我們創造眾神，一起度過了很多美好的夜晚。」

在他的啟發下，學生們惹上了各式各樣的麻煩。小團體的領導者尼爾對梭羅的格言深信不疑：「將不屬於生命的一切全都擊潰，以免在生命終結之時，發現我從未活過。」他決定要違抗父親的安排，放棄成為醫生，改當一名演員。「我這輩子第一次知道自己想做什麼，也是第一次想做些什麼！我不管我父親同不同意，我都要把握現在！」

結果事情並不順利，而認為自己必定被賣給體制的尼爾最後也因絕望而自殺了。基廷先生被開除，但剩下的學生還是站上課桌，高呼著惠特曼的詩句：「喔，船長！我的船長！」對他表達敬意。

每當我們在電影中看到爭執，大概都會站在基廷這邊。比如當古板的校長指責他不正統的教學方式時，基廷立刻反駁：「我一直認為教育的意義是讓學生懂得為自己思考。」而校長則回答：「在這個年紀？約翰，絕對不行，記得我們的傳統和紀律，我們只要幫他們上大學，剩下的自有安排。」[31]

觀眾看到這大概都會翻白眼。但校長說得對，至少說得不比基廷差。基廷先生確實能教那些守舊的老師如何讓教育更有趣。但他所做的，並不是教學生如何替自己思考。他是在教學生跟隨浪漫衝動，去追尋內心的真理——至少是追尋唯一重要的真理。換句話說，他並沒有教學生替自己思考，而是教他們放棄思考。《春風化雨》就像是一首搖滾樂，只是少了搖滾的元素。

上述問題的重要之處在於電影不只反映了我們的文化，也會形塑文化的樣貌與聲音，博取人們的認可。而被票選為有史以來最偉大「校園電影」的《春風化雨》影響力之大，不只改變了一般人對教育的看法，更改變了教育者對自己的看法。[32]

我也要指出，雖然這種把政治或經濟秩序比作吸血鬼、不斷奪走人類生命力的比喻常讓我們想到左翼，就連好萊塢的鏡頭也往往如此描寫；但在其他文化或是其他時代，浪漫精神仍曾經採取，或是自述為不同的樣態。在美國南方，重農派（Southern Agrarian）的詩人與作家都是堅定的保守主義者，但他們對資本主義、民主制度和大眾文化的批評，很顯然都有浪漫主義的成分。蘇聯也有些作家與知識分子盼望找回「俄羅斯母親」（Mother Russia）的浪漫與虔誠，但他們未必都熱愛自由市場。他們想要的是找回土地、自然、教會與傳統，這些被馬克思主義抹消的榮光。納粹不但深受浪漫主義影響，甚至迷戀於返回條頓人先祖在基督教傳入以前的迷濛神話。而在印度，雖然印度教國族主義（Hindu nationalism）很難放進我們的左右派光譜中（至少就我的認識很難），但從以前到現在，他們所渴望的也都是用古早的族群、風俗、國家等觀念，壓下資本主義和社會主義等「外來的」概念，因此看起來也很適合歸入浪漫主義裡頭。另外，就像我們會在後面章節看到的一樣，浪漫國族主義雖然有害，卻也在美國右派的瘴氣中蓬勃盛放。

◆很拜倫不是嗎？

浪漫文學裡最經典的角色就是拜倫式英雄（Byronic hero）。拜倫勳爵（George Gordon Byron）寫過許多詩作，其中最有名的當數《哈羅德公子遊記》（*Childe Harold's Pilgrimage*）；在他的作品中，主角往往有著叛逆的靈魂，受自己過往的錯誤所苦，又一心想撥亂反正，或者至少試著彌補。我想這樣的敘述應該可以讓人想到非常多電影和電視影集裡的角色。好比說《夜行天使》(*Angel*)、《噬血Y世代》(*Vampire Diaries*)、《暮光之城》(*Twilight*)等作品中有靈魂、會生育的吸血鬼。《另類殺手》(*Grosse Pointe Blank*)中的馬丁・布朗克也是個典型的拜倫式人物,他在金盆洗手之後,就一直想做正確的事。另外像布萊德・彼特、克林伊斯威特、梅爾・吉勃遜等演員,也都在《真愛一世情》(*Legends of the Fall*)、《怒火特攻隊》(*Fury*)、《殺無赦》(*Unforgiven*)、《致命武器》(*Lethal Weapon*)等作品中飾演過拜倫式的角色。

拜倫式英雄的主要特徵之一,就是他「有自己的遊戲規則」。這個主題幾乎已經成為我們對英雄的定義了。浪漫時期人們對穆斯林先知穆罕默德的看法的改變就是一個例子。在基督教歐洲,殉教一直受到高度敬仰。但為真理,尤其是為基督教信仰中的真理犧牲,又能讓生命更進一步昇華。(當然,為國捐軀也很受敬佩,但這也常被看作是另一種宗教上的自我犧牲。詳情可參考聖女貞德的故事。)然而以撒・柏林指出在一八二〇年代,「你會發現人們認為心理狀態和動機比結果更重要,意圖比影響更重要。」[33]

柏林指出,在伏爾泰的劇本《穆罕默德》(*Muhammad*)中,先知崛起的姿態「就像是一頭迷信、殘忍、狂熱的怪物。」[34]不過伏爾泰應該不怎麼在乎伊斯蘭教的信仰;他只想迴避審查機構,攻擊宗教組織,特別是攻擊法國信奉的天主教。到了一八四〇年代,也就是浪漫主義的高潮,穆罕默德卻成了意志堅定的英雄人物。在蘇格蘭作家湯瑪斯・卡萊爾(Thomas Carlyle)的《論英雄與英雄崇拜》(*On Heroes, Hero-Worship, and the Heroic in History*)中,穆罕默德是一個「從自然的偉大懷抱中迸發出的一團熾熱生命」。他完全不在乎《古蘭經》裡的信條,只敬仰穆罕默德激烈的熱忱。這名穆斯林先知在卡萊爾筆下,只不過是用來譴責這「凋萎……二手的世紀」的工具。[35]

今天的文化到處都是這種對力量的片段化崇拜(fetishization)。這也解釋了為什麼有這麼多人崇拜川普、運動員和嘻哈名人，或是對穆罕默德的極端追隨者懷抱不情願的欽佩。[36]

從五〇年代的經典電影《養子不教誰之過》（*Rebel Without a Cause*）到如今的烹飪節目，唯我獨尊的男男女女無論善惡，都已經成了美國大眾文化中的定型角色。儘管黑暗騎士蝙蝠俠並不邪惡，但他也是一個唯我獨尊的義警。更不要說漫威角色「金剛狼」的角色自述：「在幹這行的人裡頭，我是最好的一個，但幹這行的都不是什麼好傢伙。」而在邪典漫畫大作《守護者》（*Watchmen*）中，羅夏的格言就是：「就算面臨末日之戰，也永遠不要妥協。」[37]流行小說《夢魔殺魔》（*Dexter*）和改編影集的主角，根本就是個殘忍的連環殺手，只不過他信奉著亡父的「哈利準則」（而這名亡父的角色一直在影集中徘徊不去）。根據這套準則，只要他殺的也是連環殺手就沒有問題（雖然不多，但可能將他繩之以法的人，有時也會淪為刀下亡魂）。而在 HBO 的影集《火線重案組》中，奧馬．利特也堅持他只會搶劫或殺死其他藥頭和幫派分子，因為「人必須有自己的信條」。另一部影集《權力遊戲》中的「魔山」也說，雖然他不介意殺害無辜，但他絕不偷竊，因為「男子漢必須有所不為」。結果他後來還是偷竊了，觀眾一點也不在乎。

在被評為有史以來最優秀的電視影集《絕命毒師》（*Breaking Bad*）中，[38]製作人文斯．吉利根（Vince Gilligan）講述了一個正派男人如何從《萬世師表》（*Mr. Chips*）裡的奇平先生，淪落成《疤面煞星》（*Scarface*）裡的東尼。[39]吉利根大獲成功，但他也引誘觀眾走入腐化的深淵：當故事走到結局，粉絲們已經不再關心主角老白是不是變成濫殺無辜的毒販了。無論如何，他們都會站在老白這邊。

這些為內在自我或個人信念奮鬥的騎士，在故事最後往往都不得好死。他們堅持「自己的道」，也樂於殉道。對於早期的浪漫主義者，還有他們對內在英雄的看法來說，這樣的發展再自然不過。

⋯

在過去，英雄之所以為英雄，是因為他們有追求外在善的崇高志向；而如今成為英雄的條件，已經變成像愛爾蘭哲學家大衛・通德（David Thunder）說的一樣，要符合「純粹形式上的正直論述」（purely formal accounts of integrity）。根據通德給的定義，「純粹形式上的正直論述意味著主體的慾望、行動、信念和判斷，在形式或結構上應當維持本質性的內在一致。」他還補充，只要一個人的人格具備純粹形式上的正直，「就代表他可以獻身於邪惡的目標或準則，也可以信奉自私自利的準則，甚至當道德規範和慾望相違背，他們也可以不受道德規範。」[40]

換句話說，只要你堅持自己的道，無論你做什麼都可以被當成英雄。電影《沉默的羔羊》（The Silence of the Lambs）裡殘暴的食人謀殺犯漢尼拔・萊克特，也是因為這種想法才會被當成某種英雄人物。這頭充滿魅力的怪物可以泰若自然地吃下人肉，卻說出「粗俗無禮是無法言喻的醜陋」這種話。而在影集《雙面人魔》（*Hannibal*）中，他更以吃人的品味、對中產階級道德觀的不屑、叢林法則與陰森美食主義的結合，還有恪守吾道、兇殘又高貴的野蠻人形象擄獲了觀眾的心。

◆部落式正義的誘惑

為什麼電影和其他現代神話能在我們的想像中生根呢？只要在高中修過戲劇課，大概就會知道「自願擱置懷疑」（willing suspension of disbelief）這個概念。這個概念最早是由詩人柯立芝在他和威廉・華茲渥斯（William Wordsworth）合著的巨作《抒情歌謠集》（*Lyrical Ballads*）中提出，這本書也普遍被認為是英語浪漫主義運動的開端。根據柯立芝的解釋，自願擱置懷疑可以分成兩個部分。他最大的貢獻是讓我們非理性想像力的「內在性情」（inward nature）有了自己的聲音，使得超自然的角色在讀者眼中變得更可信。而華茲渥斯則從反面執行這個計劃。他的任務是「將新奇事物的魅力拓展到每一天的生活中，激發可以和超自然體驗相比的感受。」[41]

換句話說，柯立芝的作法是讓超自然顯得逼真，而華茲渥斯則是讓現實變得超自然。這兩個方法結合起來就會得到一種泛神論的世界觀，而這就是浪漫藝術的全貌：平凡之中有魔法，魔法就在我們周遭。

但自願擱置懷疑這件事有趣的地方在於，它其實**並不是**出於自己的意願。沒有人是在理性思考後，決定擱置自己的懷疑才走進戲院、打開書本或播放歌曲的。「詩的信仰」（poetic faith）原本就是我們內在性情的其中一個面向。不過這樣說來，詩的信仰和其他信仰並沒有差別。當信眾走入教堂、清真寺或者猶太會堂，他們不會用理性證明自己相信神；信仰的程式原本就在，而且不停運作。信仰就像我們的視覺、觸覺或是聽覺，像一枚不斷運轉、無法開關的引擎，如此原始，無法斷絕。

➤ ➤ ➤

我一直想知道，我們對藝術界的道德期待，和我們對現實世界的期待為何會有這麼大的落差。無論在職場還是雜貨店，我們碰到的人都遵循一套基本上由人類打造、屬於文明的規則。但是在這些遵守禮儀、習俗和法律的人背後（或是身邊），卻住著一群不同的存在。人們常說自己受到某些電影、小說或音樂作品的「鼓動」。但這個說法或許不對，說是「解放」應該更接近。喜劇演員和大眾心理學家常會提到我們「內在的穴居人」。這個哏這麼受歡迎，就是因為我們都覺得它有一定的道理。在文明的表象底下，我們的內心還活在原始時代，周圍的一切都太複雜也太人為了。這個原始自我雖然不是什麼高貴的野蠻人，但的確讓人覺得比那些努力工作、遵守現代社會規則的人更真誠。

電影中的道德觀有時的確會反映真實世界，但銀幕上的演員所呈現的道德觀，往往更像是我們內心的野蠻人。這就像某部科幻電影演的一樣，主角在洗底片時發現自己拍的人，和他用肉眼看到的完全不一樣。[42]藝術能捕捉到我們往往在「現實世界」中否認的真相。相較於現實社會裡的道德語言，小說、電影、電視、饒舌音樂、電玩遊戲，乃至於共同文化幾乎每個領域裡的道德敘事，都彷彿是另一種完全不同的方言。

比如說，我們都被教導打人、偷竊、使用酷刑是不對的。幾乎所有算得上正派的文明，都是以類似的規則為基礎。但我們每次打開動作片，都會為觸犯這些規則的人喝采。我自己就非常迷一部劫盜電影（heist movie），但我並不覺得搶銀行值得讚賞。整體來說，我也非常反對用暴力解決爭端，或是回應冒犯。但如果約翰・韋恩（John Wayne）沒有把冒犯他的人打到媽媽都認不出來，就不是約翰・韋恩了。

➤ ➤ ➤

再來說說酷刑這個極端的例子。過去二十年來，美國社會上一直充滿緊張、激烈的相關論戰。批評者稱之為酷刑，但支持者卻稱之為「審問升級」（enhanced interrogation）。許多反對酷刑的人都暗示這比殺人更惡毒。畢竟幾乎不會有人質疑國家在什麼時候有權殺人。但酷刑就絕對不行了。就算定時炸彈正在倒數還是一樣。為了堅守這種極端的立場，反對者就不得不主張酷刑「一點用都沒有」。

這種說法在所謂的現實生活中頗為可疑，但在以自由派稱著的好萊塢，倒是沒有人信這一套。史迪芬・布奇柯（Steven Bochco）的《紐約重案組》（*NYPD Blue*）打破了許多電視禁忌，但這部影集最飽受批評的地方，就是裡頭常光明正大地將嫌疑犯屈打成招。在電影《愛國者遊戲》（*Patriot Games*）中，哈里遜・福特選擇朝對方膝蓋開槍，以逼出他要的情報。在《第一夫人的保鏢》（*Guarding Tess*）裡，尼可拉斯・凱吉飾演的特務用他的軍用手槍打碎了綁匪的腳趾。在《火線衝突》（*Rules of Engagement*）中，山繆・傑克森處決了一名囚犯，好逼另一名囚犯開口。在看《黑色追緝令》（*Pulp Fiction*）時，我們都因為強暴文・雷姆斯（Ving Rhames）的犯人將「渡過短暫痛苦的一生」而喝采。（「我要把你的屁眼炸回中世紀！」）在影集《24反恐任務》（*24*）裡，只要能阻止即將發生的威脅，基佛・蘇德蘭（Kiefer Sutherland）就會毫不猶豫展開刑求。而每一次看到這些畫面，觀眾都會喝采。

當我們擱置懷疑，我們也擱置了對外界習俗和法律的遵從，改為使用腦中更原始的部分，用「我們」與「他們」來理解對錯。古時候的神話仍留在大銀幕上，刺激著我們部落式的正義觀。走進電影院時，我們還是屬於此世的公民；但是當我們坐下，就回到了靈性的叢林之中；而當電影院的燈光熄滅，我們的道德觀也返回了部落裡頭。

第十二章

家庭輸給了野蠻天性

The Family's Losing War Against Barbarism

在本書的第一部分，我們探討了體制在多元化社會中扮演的重要角色。體制指的是在國家力量不及的地方，一群人自我組織和共同工作時所遵守的規則和習俗。這延伸出了「中介體制」這個詞，指的是一套正式和非正式的組織、習俗與規則，可以發揮中介或調節的作用，讓人能夠在個人與國家之間的空間中轉換跟生活，而這個空間通常就是所謂的「公民社會」。這個世界是由我們的工作、信仰和社群所組成，大多數文明世界做的事和我們個人的生活都是在這個空間中進行。

無論以何種標準衡量，任何社會中最重要的中介體制就是家庭。一個社會要能成功，一開始就得先有功能正常的健康家庭。家庭失能或不健康，社會就將走向衰退。我們在家庭這個體制之中，從天生的野蠻人，慢慢長成了體面的公民。家庭，是我們走向文明的關鍵。在我們融入某個社群、抱持某種信仰、成為某個階級或一個國家之前，我們先降生於家庭。這個家庭如何塑造我們，決定了我們成為怎麼樣的人。

健康的家庭，是文明社會的基石。許多非常重要的中介體制光靠個人是打造不出來的，還需要靠背後許多家庭的支撐。我們可以看看那些發展得欣欣向榮的學校、小鎮、體育聯盟、教會、清真寺、猶太教堂，或任何非政府組織的公民運動，或傳統，它們之所以可以順利運作，幾乎都是因為有某些家庭參與的關係，這些家庭都有一些意志堅定的女性在主導，他們順從的先生或父親會在旁給予強力的支持。

熊彼得說，「資本主義的意思，不光只是家庭主婦要選擇豌豆還是豆子可能會影響生產；或是年輕人要選擇在工廠還是在農場工作；或是工廠經理有沒有發言權去決定他要生產什麼和怎麼生產。而是說，它是一種價值觀，一種對生活的態度，一種文明……」[1]這種價值觀，這種對生活或文明的態度，都從家庭開始。傳統上家庭的意義是，一個男人和女人結婚生下小孩一起組成家庭。

這個系統正在崩潰。家庭這個文化引擎，目前正深陷困境。某種意義上，家庭的崩潰是「奇蹟」危機的縮影。許多批評資產階級道德觀的人都說，一男一女結婚組成的「核心家庭」根本就不是自然產物。這個說法確實沒錯，但核心家庭雖不是自然產物，也沒有那麼不自然。從歷史和人類學的紀錄來看，家庭的類型確實百百種。在爭論何謂家庭的時候，很多人都會犯自然主義謬誤，也就是假設某件事如果是「自然的」，它就是對的或是好的。許多堅持傳統的人認為，核心家庭是自然的，「是神的旨意」。提倡家庭有新的組織方式和新的思考方式的人則列出了所有家庭的組織方式，並說許多形式都一樣自然。

但是，無論是自然還是不自然，我們都忽略了更重要的事：核心家庭**對人類的用處**。

在進一步探討這一點之前，我們先快速並簡要地回顧一下，我們的世界是怎麼樣開始出現家庭的。

人類以外的靈長類動物的性互動關係（sexual dynamics）各不相同。在大猩猩的家族之中，雄性首領可以與所有的雌性交配。但黑猩猩則更偏向自由競爭，雄性會為了與更多雌性交配而彼此競爭。這兩個物種的雄性和雌性在體型上的差異，可以反映各自的性別政治。雄性必須打敗其他雄性，才能成為領袖，或是搶到族群中最美的雌性。大約一百七十萬年前，我們的人類祖先開始走上不同的道路，雖然性別之間仍有體型差距，但是差距縮小了不少。尼古拉斯・韋德在《黎明之前：基因技術顛覆人類進化史》中寫道：「這種的體型變化讓我們幾乎可以確定，雄性之間的競爭因為人類轉向配偶制而開始變少。」[2]這種配偶關係可以說是自然的或是原始的一夫一妻制。

不過，黑猩猩其實也有一種秘密的一夫一妻制。雌性可能有義務與所有雄性交配，但是一旦履行完責任，她們通常會挑一個自己最喜歡的「配偶」（consort），花更多時間在一起。甚至他們會跑去森林裡幽會個幾週，藉此推遲排卵時間，這樣也能增加跟心儀的伴侶結合的機率。

我們人類祖先用配偶制改進了這套系統，這樣的改變帶來許多好處，所有的男性——或者至少是更多的男性——都有機會繁衍後代，如此一來原始社會也愈和平、穩定。這樣說來，原始的一夫一妻制可能會讓人類這個物種邁向成功的驅動力。男性不需要為了找伴侶而去跟其他男性戰鬥，而是轉而照顧群體，尤其是照顧自己的後代。男性之間變得更加合作，願意為自己的部落，或更精確的說是為了自己的團體或軍隊，而犧牲生命。就演化來說，配偶關係對女性則是禍福兼有。韋德寫道：「女性，不再能與社群中最理想的男性結合，而且還只能讓自己的生殖能力侷限在單一個男性的基因。但另一方面，他們和孩子的生命則必然獲得保護與生活上的物質供應。」[3]

但問題來了：這種配偶關係並沒有像「戰或逃的本能」一樣，完全融入我們的本能機制（instinctual programming）。一夫一妻制是自然的，但有些時候就會變得很不自然。因為它其實是一種傾向，不是某種顛撲不破的定律。我們的文化、法律、物質環境，甚至有時候只是運氣，都能輕易地淩駕這些真實但薄弱的演化驅動力。況且，在一個很少有人活過三十歲的世界，其實很難想像與一個人綁在一起五十年、六十年、七十年。

無論是何種形式的婚姻，本身都是一種社會建構，一種人為的制度和文化適應。比如說，許多資源匱乏的社會，都發展出一妻多夫制，這種作法在中國山區和西藏相當普遍。更常見的是一夫多妻制，根據一項普遍引用的研究估計，歷史上大約百分之八十五的人類社會正式施行一夫多妻制，也就是說，許多社會允許男人妻妾成群。[4]這種作法在穆斯林世界和非洲大部分地區仍很普遍。

所以一夫多妻制是自然的，除非有人說它不是。聖經中的上帝就表明，亞伯拉罕、雅各、大衛和所羅門這些人都違背了上帝的旨意。（與此同時，耶穌幾乎很少談這個話題，不過有少數的跡象顯示他反對一夫多妻。）

現在我們談回來一個更重要的事。核心家庭的那種一夫一妻制，對社會來說更有用（雖然我不敢說是不是對每位成員都更有用）。以一夫一妻制作為規範的社會，往往在經濟上更有生產力，政治上更民主，社會更穩定，也更重視婦女的權利。

一夫一妻制社會中的男性，比一夫多妻制社會中的男性在經濟上更有生產力，因為社會中的家庭數量會變多，而每個已婚男性都會為了自己家的利益而努力。而如果整個社會都是一夫多妻制，貧窮的年輕男性就無法發展性關係，很可能引發男性的不滿。三位以色列經濟學家艾瑞克．D．古爾德（Eric D. Gould）、奧默爾．莫阿夫（Omer Moav）和艾維．西蒙（Avi Simhon）在他們的論文〈一夫一妻制的奧秘〉（The Mystery of Monogamy）中指出，一些高度不平等的社會發展出一夫多妻制，這些社會的財富主要取決於自然資源，尤其是土地。在財富來自於人力資本，例如巧思、創新等等的社會，無論男性女性，婚姻市場首重的是品質，相較之下，那些財富來自於擁有多少土地的社會，婚姻市場則是完全是由男性來定義，著重在數量。論文寫道：「特別是在現代經濟中，有技能的男性愈來愈看重有技能的女性，認為這樣他們更有辦法養出有能力的小孩，從而讓婚姻市場中能力好的女性價值變得更高，因為與其選一群沒有能力的妻子，有能力的男性更喜歡一個有能力的妻子。」[5]

這講起來當然過度簡化。這個體制遍及全球大部分地區，並且以不同形式存在於幾乎每個古代社會，當然也會受到不同的歷史、宗教和文化因素影響而有變化。不過正如古爾德及其兩位同事所說，每個經濟發達的民主社會都以一夫一妻制為規範，並非偶然。我們無從知道傳統的核心家庭對過去三百年來社會民主穩定和經濟成長有多少貢獻，但我們可以確定這個體制扮演著非常重要的角色。我們所知道的婚姻制度，無論在社會層面還是個人層面的經營都需要下功夫；前面提過我們如何談論資本主義，會影響資本主義如何延續下去，婚姻也是如此。

就實務上來說，我覺得把一夫一妻說成自然的，或說成符合上帝的意思，其實沒什麼問題，因為文明總是會用這類說法來敘述那些大家好不容易找到的答案。雖然照理來說，每個人都得知道自己在做什麼，但我覺得把一夫一妻制講成為神聖不可侵犯的教條，是個好主意。人們現在都會譴責謀殺和強暴，說這些行為違反自然，但我們之前就講過，兩者其實都根源於人性。通姦也完全出於人性，我們譴責它，只是因為有個社會規範叫我們盡量不要這麼做。人類學家羅賓·福斯（Robin Fox）在《部落的想像力：文明與野性的思維》（*The Tribal Imagination: Civilization and the Savage Mind*）中寫道，「很多時候，我們譴責一些事情『不自然』，是因為我們知道，如果我們不去管，它們就會變得一發不可收拾。」[6]一夫多妻就是這樣，我們禁止並且譴責這種行為，只是因為我們知道這樣才能阻止男人變得跟大猩猩或者遠古的人類祖先一樣，在家裡養三妻四妾而已。

換句話說，當我們說傳統婚姻是「自然的」，我們的意思其實是（或應該是）這樣才能讓社會維持穩定。在文明花了不知幾百年嘗試了各種方案，無數古聖先賢觀察思考之後，人類發現傳統婚姻是對社會的最佳解，於是把它當成常態。然後又過了不知幾百年，人類在婚姻體制上堆砌了一層又一層的法律、傳統和習俗，然後婚姻就變成了一個教條，大家完全忘記了過去的前因後果。結果到了現在，我們因為看不到——或記不得——婚姻體制對社會到底有什麼用，就覺得它一定沒有理性基礎，於是決定一刀砍掉，說得好像人類社會長久淬鍊出來的結果都是屁一樣。

無論是從形式上、功能上還是理想上來看，家庭在極短的時間內發生了很大的變化。很多社會開始不再認為離婚是一種恥辱，也開始可以接受非婚生子。某些社會階層還能接受通姦和「開放婚姻」，波西米亞式的菁英甚至相當讚賞。《紐約時報雜誌》（*New York Times Magazine*）的某篇文章就提了這樣的問題：「開放婚姻會讓婚姻更幸福嗎？」[7]美國一個很受歡迎的醫療資訊網 WebMD 也刊登過關於開放婚姻的文章，聲稱「那些實行開放關係或一夫多妻制的人很常說自己這麼做『只是遵循本能』（hardwired），而且建立一些多重關係的基本規則，可以讓每個人免於傷害和失望。」[8]

沒錯，開放婚姻絲毫沒有問題，只是它忽略了一個重點。自一九六〇年代以來，我們談論婚姻的方式發生了重大的變化，而這本身就帶來了很重大的影響。婚姻是怎麼樣的體制，取決於這個社會如何談論婚姻。無論是男人還是女人，人們平時怎麼談論婚姻，會影響婚姻有多吸引人。當一個社會開始問「誰需要婚姻？」，問題就來了。無論是法律上，還是整個社會氛圍讓人們期待怎麼樣的生活才是完滿的，都會受到影響。當主流新教教會開始屈服於資產階級文化民粹主義那種「唯我獨尊」的思潮，消除或放寬許多與離婚有關的恥辱、規則和習俗，他們正在降低婚姻的地位。

我在美國企業研究院（AEI）的同事，也是維吉尼亞大學社會學教授的布萊德・威爾考斯（Brad Wilcox）是美國研究婚姻家庭議題首屈一指的學者，他寫道：「一九六〇年代以前，美國人更傾向透過責任、義務和犧牲的稜鏡去看待婚姻和家庭。一個成功、幸福的家庭雖然也會認為親密關係很重要，但不是唯一。社會普遍認為婚姻和家庭生活要追求的，是一份體面的工作、一個良好的家庭、夫妻相互扶持、共同養育孩子以及擁有相同的宗教信仰。」

威爾考斯將這種婚姻稱為「體制化模式」的婚姻。[9]這種觀念認為，必須要結婚之後才可以有性行為。當然，生養小孩也等結婚之後才有正當性，或至少可取。總而言之，舊有的觀念是認為一個人的人生要以成就婚姻為目標；而新興的觀念則認為，婚姻應該要用來實現自我價值。一九六二年，大約有一半的美國女性同意「當家裡有了孩子，即使父母彼此處得不好也應該要繼續在一起。」到了一九七七年，只剩下五分之一的女性還這麼認為。[10]

當然，文化走到哪裡，國家就跟到哪裡。一九六九年，時任加州州長羅納德・雷根簽署了美國第一部無過錯離婚法（no-fault divorce law）。*然後就跟其他類似潮流一樣，加州開第一槍之

＊譯注：傳統上如果要離婚，必須證明某方有通姦、家暴或遺棄等嚴重破壞道德的行為，才能構成離婚的理由。「無過錯離婚法」則只需要其中一方聲稱存在「無法調和的差異」導致婚姻破裂，無須證明對方有不端行為或過失，也無須雙方都同意，即可獲取法庭的離婚判決。

後，全國大部分地方都陸續跟進。

在接下來的十五年內，美國幾乎每個州都跟加州一樣制定了自己的無過錯離婚法。當時美國掀起了一股離婚革命，法律上的轉變只是眾多較為明顯的跡象之一：自一九六〇年至一九八〇年，離婚率增加超過一倍，從每千名已婚婦女中九點二人離婚上升到每千名已婚婦女二十二點六人離婚。這意味著，一九五〇年結婚的夫婦中只有不到百分之二十以離婚收場，一九七〇年卻有百分之五十離婚。一九七〇年代出生在已婚夫婦家庭的孩子，大約有半數都見證了父母分離，這種情況在一九五〇年代出生的孩子則只有百分之十一。[11]

施行無過錯離婚法只是國家加速某種文化趨勢的一種方式。在大社會計劃之下，聯邦政府出於完全的善意，開始資助非婚生子女。舉例來說，有一項名為〈失依兒童家庭補助〉（*Aid to Families with Dependent Children*）的計劃，最初是為煤礦工人的遺孀提供適度的養老金，後來變成依據家中嬰孩數量廣泛發放給所有單身母親。最大問題出在該計劃訂的一條規定，如果受助者結婚了，就不能繼續領這份補助，變相在懲罰那些想要更穩定家庭生活的單身母親。一九九六年的福利改革解決了其中一些問題，但沒有完全消除。根據美國華府智庫「城市研究所」的經濟學家史杜雷（C. Eugene Steuerle）所做的一項研究指出，某位全職從事最低工資工作的單身母親，如果嫁給了從事同樣全職低薪工作的男性，將會失去八〇六〇美元的現金福利，以及其他非現金福利。[12]

為什麼人們對婚姻的態度和作法會發生如此深刻的轉變？這種時候我們不該尋找單一原因。因為我們生活在一個巨大而多樣的社會，我們看到的現象也同樣巨大而多樣，這些現象背後一定也有各式各樣不同的因素。不過話雖如此，我們從一些數據資料依然可以看出一些端倪。像是，大約十個黑人兒童裡面有七個是非婚生子女。不過一九六五年，社會學家莫尼漢（Daniel Patrick Moynihan）發表了一篇著名（或者說惡名昭彰）的研究報告《黑人家庭：提供國家行動參考的一個案例》（*The Negro Family: The Case for National Action*）指出，白人的非婚生育率（百分之二十九）如今比黑人（百分之二十四）還要高。[13]

自一九七四年以來，每年大約有一百萬名兒童經歷了家庭的崩解，這些兒童「罹患嚴重社會或心理疾病的機率，是家庭婚姻完整的同齡人的兩到三倍。」[14]

當然，我們必須承認，婚姻觀念的轉變帶來了一些好處，並不全都是悲慘的故事。無論你對各種形式的教條主義或激進的女性主義再怎麼不滿，婦女權利運動所達成的核心貢獻，即使是大多數社會保守派也樂見其成。例如女性的選舉權，以及後來大家也普遍認同，女性也跟男性一樣擁有追求幸福的平等權利。我自己當然也不想回到過去，過去的女性只能從事少數「女人的工作」，比如教書、零售業、護理、電話總機小姐。我身為「職業婦女」（好有年紀的說法）的兒子和丈夫，以及一位青少女的父親，我期待我的女兒也跟她的母親和祖母一樣擁有自己的事業，我非常樂見這些社會的變革。再說，我也不希望有任何人被困在一個行不通的婚姻之中。

換句話說，我們一方面承認這是社會很重要的進步，但我們也必須注意到，婚姻的體制化模式如果內部出了大問題，就會對社會，特別是兒童，造成很深遠的影響。

無論單親媽媽或單親爸爸有多麼偉大，一般來說家裡有兩個家長還是比一個好。但這樣的言論讓許多美國人感到不安，他們認為這種說法很不公平，會汙名化單親家長的孩子。人們可能同情心大爆發，認為社會不應該去加重原本就過得很辛苦的人的擔子，但是，事實就是事實，才不會管你的感受如何（這也是為何近年來各方一直在爭執怎樣才算是事實。）[15]

普林斯頓大學和中間偏左的智庫布魯金斯學會（Brookings Institution）最近一項研究報告指出：「大多數學者現在都認為，由婚姻關係穩定的親生父母所養育的孩子，在很多方面都比其他家庭形式的孩子表現更好。」[16]

社會學家莎拉・麥蘭納（Sara McLanahan）和蓋瑞・山德佛（Gary Sandefur），指出離異家庭的青少年高中輟學的可能性（百分之三十一）幾乎是正常家庭（百分之十三）的三倍。他們還發現，父母離異的少女中有三分之一後來成了未成年媽媽，父母未離異的少女則只有百分之十一當未成年媽媽。離婚家庭出來的男孩子有超過十分之一在三十二歲之前吃過牢飯，相較之下，來自完整家庭的男孩則「只有」百分之五曾入獄過。[17]

長久的演化，讓我們很容易偏愛自己的親人。這是人類的天性，但理性既不能解釋也無法接受，所以只要一說，大家就很不舒服。社會學家安德魯・切爾林（Andrew J. Cherlin）的研究指出，即便離婚之後再婚，很多人也覺得不夠理想。在《婚姻的旋轉木馬：今日美國的婚姻與家庭狀況》（*The Marriage-Go-Round: The State of Marriage and the Family in America Today*）中，切爾林寫道，「父母再婚的孩子並不比單親家庭的孩子更感到幸福。」[18]

切爾林認為問題出在搬家帶來的變動，以及與繼父母和兄弟姊妹相處（無論親不親近）帶來的壓力。這些當然是都是問題，不過肯定也有其他根深蒂固的生物因素在影響。史迪芬・平克指出：「父母對繼子女的耐心通常比不過對親子女的耐心，有些嚴重的還可能發生虐待。」[19]美國家庭研究所（Institute for Family Studies）的心理學研究者尼古拉斯・齊爾（Nicholas Zill）有項調查就很令人沮喪，明明養父母的經濟狀況往往更好，甚至比傳統父母更願意投入時間和精力養育孩子，但他發現被收養的孩子在學校的生活，比親生父母養育的孩子來得辛苦。[20]

齊爾的研究告訴我們，傳統家庭說不定真的就是比較有用。領養小孩很好，而且因為領養必須跨越很多門檻，沒有人會去說被收養的孩子面臨的問題會比沒被收養更大，畢竟被遺棄在孤兒院或被困在受虐家庭的孩子，情況都更糟。同樣的，許多研究都公認，沒有血緣關係的父母和子女常常發生衝突，但這不表示有孩子的人就不應該再婚。真正該面對的是，這樣的婚姻需要付出額外的努力來對抗人類天性的私心。[21]

當然，我相信這已經超過了經濟學的爭論，但透過經濟的角度來看待家庭，也可以讓我們看到現實世界的後果，這不是拍桌子大聲講一些幹話，或是用一些「我們以前就是這樣做的」這類懷舊話術就可以辦到的事。想想父母年老時無法再照顧自己，許多家庭面臨的那些壓力。這些壓力已不光是跟經濟考量有關，雖然成年子女對父母和對自己子女盡義務時的情感，不能輕易地或完全地用經濟的方式去化約，但我們可以從中看見一些問題。蘭德公司的一項研究發現，沒有孩子的老人在退休之後留下的錢，遠遠無法支付養老院的花費。為什麼會這樣呢？因為他們在養老院待了更久。有孩子的人，尤其是有女兒的人，花費比較少，因為有孩子來照應自己就不需要去養老院了。[22]這些資料都沒有處理情感需求的層面，但可想而知，這部分要補上並不難。

我們如何照顧老人是很重要的議題，但我們如何養育孩子對國家的未來更是重要。布魯金斯學會資深經濟研究員邵希爾（Isabel Sawhill）是個不拿聖經亂噴人的右派，她發現自一九七〇年代以來，貧困兒童的數量不斷增加，其中百分之二十是因為家庭破裂。[23]布萊德．威爾考斯的研究指出，離婚率低的州在一系列的經濟指標上表現更好，貧困兒童有機會向上流動，貧困兒童的比例也比較少。[24]《華盛頓郵報》就寫道，大多數經濟指標上，「比起種族構成和教育程度，從一個州婚姻穩定的家庭佔多少比例，更能預測該州的經濟健康狀況。」[25]

在談論這類話題時，也很常忽略了婚姻會為男性帶來多麼不可思議的經濟利益。在其他條件不變時，已婚男性的收入比單身男性高百分之四十四。[26]法國時事評論家高布里（Pascal-Emmanuel Gobry）指出，結婚提升薪資的幅度跟大學文憑差不多，甚至更高；[27]但經濟學家總是說上大學有多重要，卻不願強調，甚至不願談論婚姻會帶來多少好處。[28]

同樣來自布魯金斯學會的海斯金斯（Ron Haskins）有一套他所謂的「成功的人生順序」（success sequence），至少完成高中學業，找到一份全職的工作，然後等到二十一歲的時候結婚生子。「如果年輕人只做這三件事，並且完全按著這個順序做，他們幾乎肯定能夠擺脫貧困。「我們的研究顯示，在遵循這套簡單規則的美國成年人中，處於貧困狀態的人只有百分之二，將近百分之七十五的人都進入了中產階級（年收入約五萬五千美元或以上）。」[29]毫無疑問地，只要訴諸冷靜的理由，一定可以說服一些青少年遵循這些步驟。當愈來愈多家庭是靠著這套模式成功的，到最後整個社會就愈來愈容易說服愈來愈多的孩子遵循這套成功法則，就一點都不奇怪了吧？如果還有其他名人或菁英公開宣揚這些生活方式呢？或者他們只要對非婚生子以及「小爸爸」的文化抱有一點點不以為然呢？

種種這些現象，確實看得出我們文化中的菁英有多麼失敗和偽善。關於結婚率下降的討論有很多，但大多忽略了一個重要的趨勢：菁英階層的婚姻狀況都還不錯。美國有錢人的離婚率在一九八〇年代末趨緩，並大幅下降，至少白人的狀況是這樣。二〇一〇年，擁有大學學位的年輕白人女性結婚的比例才剛突破百分之七十。這跟一九五〇年代的狀況差不多。[30]二〇一一年，上過大學的白人女性未婚生育的比例不到百分之九，跟一九五〇年代女性的資料很接近。[31]皮尤研究中心分析了美國人口普查局最新調查資料後發現，婚姻與社經地位的相關性達到了史上最高點。[32]受過大學教育的美國人通常都按部就班地先拿到學位，再結婚，然後再生小孩。但其他美國人卻在這段時間開始走上婚姻以外的路，而且勞工階級特別明顯。（查爾斯・莫瑞在《分崩離析：美國白人處境（1961-2010）》〔*Coming Apart: The State of White America, 1960-2010*〕中詳盡記錄了這些趨勢。）

受過大學教育的專業人士，想當然大都和同樣受過大學教育的專業人士結婚，而這使得菁英和其他階層之間的差距愈來愈大。切爾林接受《紐約時報》採訪時表示：「結婚的都是享有特權的美國人，而結婚可以讓他們繼續保有特權。」美國的不平等加劇，最多可能有百分之四十的幅度來自於婚姻模式改變。普林斯頓大學社會學家莎拉・麥蘭納說道：「教育程度高的人往往家庭結構很穩定，他們的父親忠誠且很投入家庭。而教育程度低的家庭更容易因為家庭中的男性來來去去，陷入複雜且不穩定的情況。」[33]威爾考斯將這些趨勢歸因於體制化的婚姻愈來愈弱化，後來愈來愈時興的是「靈魂伴侶」模式的婚姻。人類尋找靈魂伴侶的浪漫理想有很深的歷史淵源，但自古至今大部分的時間，婚姻是一種政治、宗教和經濟體制，基本上跟「真愛」和靈魂伴侶搭不上邊。這種情況在洛克革命的經濟奇蹟之後不久開始有所改變。靈魂伴侶並不是美國獨有，但卻是在美國發揚光大，堪稱美國最偉大的文化輸出。在非西方世界的許多地方，為愛結婚還是很少見。[34]

布萊德・威爾考斯指出了婚姻在近年來最顯著的改變。找到一個真正的人生伴侶一直是重要的考量，但並不是「唯一」的標準。由父母安排好的婚姻，如果年輕人彼此看對眼當然是最好，但無論有沒有，清單上還有其他要考量的事。即使後來社會不再接受這種婚姻安排，結婚的條件清單依然存在。女人以及他們的父母對於眼前的對象是不是個「好姻緣」依然有一套標準，而不僅僅侷限找到「真命天子」。種種期許包括這個男人有辦法養家糊口嗎？這個女人會是個好母親嗎？這個男人或這個女人出身自一個好家庭嗎？待人處事有沒有端正？幾個世代以前，純粹為愛而結婚主要是有錢人的奢侈品，某種層面上，我們現在就是這種情況，只不過以前的窮人也同樣期盼結婚，現在的窮人卻沒有。

今日許多人認為，在茫茫人海中一定會有一個靈魂伴侶，讓你成為你想要的自己，這種模式是以自我為中心，但未必是一種自私。社會出現這種新的追求幸福的定義，當然是好事，尤其對女人來說更是一種進步。我當然也不希望回到過去那個跟誰結婚不完全由雙方決定的時代（不過誰想動我女兒的主意，可沒那麼簡單！）。男人或女人有權選擇自己的人生伴侶，這是好事，但是現在的文化限縮了我們做選擇時要考量的範圍。這遲早會出問題的。

首先第一個會引發的問題大概就是離婚。如果婚姻只是在實現個人的浪漫想法，那麼當婚姻不像你原本希望的那樣時，你的立基點就垮了。尤其假設你一味地叫窮人不要放棄尋找命中注定的那個人，其實是愈可能讓他們無法透過婚姻這個最佳體制去撫養孩子、擺脫貧困，並且找到某種超越個人的意義。你仔細去看就會發現一件事，在所有談到不平等加劇會帶來多大絕望的討論中，幾乎沒有人提到婚姻破裂的問題。

你未來將成為什麼樣的人，都跟你的家庭息息相關。我認為家庭正是通往文明的大門。家庭讓人們脫離野蠻，變得文明。我們在家庭中學習語言、習俗、價值觀，以及期望社會該如何運作。如果文化是一種對話，那麼家庭就是所有對話的開始。當然，其他的體制也有辦法做到跟家庭一樣的功能，一些研究者聲稱，同儕對孩子的影響比父母更大。也許吧。但是孩子要遇到什麼樣的同儕，還是掌握在父母手中，例如他們要住在哪裡、要送小孩去哪間學校上課，以及他們會養成什麼興趣，還有跟哪些人交往。總而言之，無論你去問哪個老師，他們都會跟你說，家庭是一切關係和發展的源頭。

二〇一二年，《華盛頓郵報》專欄作家科特蘭・米洛伊（Courtland Milloy）曾提了一個很好的問題：為什麼非裔美國人加入職業棒球的比例前所未有的低？[35]如果你用經濟學去看，很難得出合理的解釋，因為在所有職業運動中，職業棒球球員的報酬是最高的。但文化的影響很大，雖然這很難量化。再者，棒球是一種速度沒那麼快的運動，電視轉播起來沒那麼精彩。相較之下，籃球和足球就更受歡迎，更有魅力。此外，跟公共政策也多少有關係，地方政府發現棒球活動的花費並不便宜。

然後有人提出了一個觀點：跟爸爸有關。某個地方少棒隊的主管傑拉爾德・霍爾（Gerald Hall Jr.）告訴米洛伊：「如果你真的去調查，就會發現水準以上的棒球球員最大的共通性，就是身邊有爸爸。棒球在本質上是一項父子運動。如果你小的時候沒有人可以扔球給你，沒有人陪你一起聊，沒有人拿棒球的那套規則和方法來訓練你，基本上你就不太可能好好接觸這項運動了。」

某個地方教練托尼・達文波特（Tony Davenport）很認同這樣的說法。他說：「你必須盡早就讓小孩子從最基本的開始學，學如何握球棒，學正確的投球動作，還有學會用手套接球而不是徒手。如果你一直不斷地指導他們，很多孩子都會玩得很開心。」

你可以從同年齡的人那裡學到大部分的籃球技巧，足球也是一樣。但棒球就不行了，它裡面太多眉角需要有人跟你解釋、陪你練習。即使你不覺得爸爸陪你練棒球能給你多大的情感支持，還是會同意爸爸能讓你在練球時少走很多冤枉路。但這對單親父母太難了，你不可能在下班之後一邊準備晚餐（或者去打第二份工）一邊跟孩子練習接球，也不能跟孩子一起坐在沙發上看好幾個小時的棒球賽，解釋每個動作背後的技巧跟謀略。傳統家庭的價值就在這裡。棒球是這樣，練習樂器是這樣，學習職業技能是這樣，培養良好的生活習慣也是這樣，凡是一整套的技能、工作、人生課題，傳統家庭的孩子學起來都會有優勢。

無論是沒結過婚還是離婚，單身父母養育孩子的時間都比雙親家庭的父母少。而這會引發許多後續副作用。單親父母分身乏術，所以更容易把孩子交給電視、iPad、Xbox，同時也更沒有時間去關注孩子有沒有從朋友那邊學到壞習慣。而且許多單親父母都不斷更換交往對象，或者被困境搞得脾氣暴躁，這些行為都變成孩子的壞榜樣。

當然，世界上還是有很多單親父母把孩子養得很棒，但其中有很多例子，都有祖父母或其他親戚大力協助；再不然就是強大的單親媽媽一個人擔下所有工作。對，有些單親媽媽**真的就是這麼厲害**，但要所有單親父母都這麼做實在過於強求，對社會來說也不夠理想。

這類的爭議，說到底都會回到討論、感恩、回憶。社會重視什麼，人們就容易在乎什麼。但當代的社會已經不再大量討論婚姻、家庭、為人父母的重要性。如今的氛圍當然比以前好，現在沒有人像貝蒂・傅瑞丹（Betty Friedan）那樣說家庭主婦都被關在集中營，也沒有偏激的激進分子高喊「打倒一夫一妻制！」，只要認真思考的人，都已經不再說：「男人對女人的意義，就像腳踏車對一條魚的意義一樣」。但凡是談到婚姻與育兒，我們還是看到一大堆左派說這是一種身分上的壓迫，然後看到一大堆右派說這是一場政治上的文化戰爭。在兩者中間什麼都沒有，只有一堆騙人的勵志書，以及對現狀毫無幫助的 DIY 生活小祕方。

如今明明都有了同性婚姻，那些站在文化制高點希望世界大同的人，依然不願意大方承認資產階級婚姻的優點，至少在公開場合並不願意承認。反倒是那些過度崇尚婚姻的人，在知識分子和社運人士口中都成了毒蛇猛獸；那些鄙視或汙名化濫交、離婚、非婚生子的人，更是被這些有識之士集火砲轟。那些文化菁英認為，副總統丹・奎爾（Dan Quayle）批評電視劇《風雲女郎》不該鼓勵非婚生育，是衛道人士的大驚小怪，但從公共政策的角度來看，丹・奎爾才是對的。[36]

那些不想承認文化意義的人，經常只著重家庭的物質層面，他們說過去由大規模工會撐起來的「家庭薪資」現在已經消失，所以現在沒有必要組成家庭。當然，人們在決定要不要組成家庭時，都多多少少會考量經濟層面，但把家庭當成純粹的物質工具，實在太過偏頗。

唯物論者說得沒錯，經濟條件當然很重要，但這個世界不是只有經濟。社會一定得有夠高的支持，才能讓人願意去花費大量心力養育子女，而且在這個各種娛樂活動俯拾皆是的資本主義社會，父母為了養育子女所犧牲的生活更是驚人。熊彼得認為，家庭這種體制，是自由民主資本主義不可或缺的。父母在這種體制中做出的犧牲「超過了金錢能夠衡量的範圍」。[37]父母付出了很多無形的東西，包括時間、情感、以及捨棄自己的慾望去滿足孩子的需要，我們應該公開熱情地歌頌這種重大的犧牲。

我在這章的開頭說過，我認為家庭的困境是全書論點的縮影。不過也許上面說得不夠清楚，所以我整理一下。這本書要說的是，資本主義跟自由民主都不是必然的，而是在我們不斷試錯的過程中，碰上一連串偶然與好運，才終於發現的。市場體系仰賴的資產階級準則、理念、習慣、態度，都不是市場體系創造出來的，這些價值觀一旦消失就無法復得。而要讓這些價值觀傳承下去只有兩種方法：示範跟解釋，也就是讓後人看見正確的行為，並告訴他們為什麼這樣正確，藉此將他們導向正軌。但溝通和獎勵的工作，主要並不是由政府來做，而是由各種體制來做。此外，我們在現代社會中一定得同時效忠很多不同的東西。其中之一是自己，我們有權追求自己眼中的幸福；但除此之外，我們也得效忠家人、朋友、宗教、社群、工作等等。而我們可以說，當代的問題源自於我們把「奇蹟」視為理所當然，不再重視那些讓「奇蹟」得以存續的制度和習俗。我們不再認為「奇蹟」有多重要，不再願意用心維持「奇蹟」，於是開始出現各種不滿，對現況萌生敵意。其實很少人**討厭**傳統核心家庭，也很少人討厭核心家庭在社會中扮演的角色；可是很多人完全不在乎。但光是夠多人不在乎，我們就會失去各種重要的體制，被大自然打回原形。

漢娜・鄂蘭曾說，每個世代的西方文明都面臨蠻族的入侵，這些蠻族指的就是我們的小孩，而抵擋蠻族的第一道防線就是家庭。這個比喻不夠精準，畢竟父母沒有跟自己的小孩開戰。但父母跟另一種東西開戰：人性的黑暗面，每個父母都不斷讓小孩遠離黑暗天性，長成正直、公平、有為有守的好人。父母沒有把孩子教好的時候，其他體制，甚至政府，會適時出手相救；但每一個老師、顧問、社工、牧師、神父、拉比、伊瑪目、警察都知道，只要家庭教育失敗，他們怎麼補救都事倍功半。這當然不是說每個失敗的家庭都會養出罪犯，或者養出四處燒殺擄掠的野蠻人。但是家庭一旦失敗，要養出恪守原則、具備良好習慣的公民的確更為困難，而良好的公民一旦變少，「奇蹟」就難以存續。

第十三章

川普時代
——民粹主義的威脅

The Trumpian Era: The Perils of Populism

我們從上一章的結尾開始講吧。

文明是一場不斷發展的對話，如果你能改變對話，就能改變世界。今天出生的嬰兒跟五萬年前出生的嬰兒一模一樣。這個嬰兒之所以不會長成野蠻人，只是因為現在跟五萬年前的環境不一樣而已。本書說了這麼多，都只是要說這個。

經濟學家麥克隆斯基認為美國人使用的語言、美國人討論的方式，締造了美國奇蹟。他認為：「沒有語言的支持，經濟什麼都不是。民主就是不斷、不斷、不斷地述說。資本主義也是一樣。」[1*]

* 「我認為之所以會發生工業革命，人類之所以會進入現代世界，是因為大部分人改變了對於市場和創新的看法。這件事發生在十七至十八世紀的歐洲西北部。在某個時刻，荷蘭人與英國人突然開始重視「中產階級」，認為這些人擁有尊嚴與自由，後來又影響了美國人和法國人。最後的結果就是締造了現代的經濟成長。也就是說，我們的生活是因為思想，或者說是因為「修辭」而改善的。語言是人類最偉大的成就。當時的社會變化，一開始並不是因為經濟或物質條件的改變，既不是因為哪個階級崛起，也不是因為哪條貿易路線開始繁榮，更不是因為剝削了哪個族群。或者再換句話說，我們之所以獲得富足，並不只是因為我們謹慎不

而且不光經濟，就連政治、家庭、宗教、還是其他所有人類行為也都一樣。人類是一種彼此合作的生物，我們之所以可以在食物鏈裡越爬越高，是因為可以讓彼此知道自己心裡在想什麼。不過在這裡不要被語詞卡住了。溝通中最關鍵的部分，不是你用哪個詞，而是你以什麼方式使用那些詞，以及用那些詞傳達哪些概念。我想不用說也知道，凡是對話能夠創造的，都能夠被對話摧毀。要讓假日的晚餐心曠神怡，還是變成一場惡夢，都取決於你在餐桌上說了些什麼。晚餐是這樣，我們的文明也是這樣。光榮革命與美國獨立，都代表新興中產階級的世界觀開始崛起，都來自人民，而非來自統治階級。這種世界觀，來自中產階級跳出來爭取自己的權利。而他們成代表人們越來越重視自由、自主、商業、創新、努力工作，以及家庭。而且這種世界觀絕大多數功搶到了之後，這些權利就變得越來越普遍，因為一旦你開始說人皆生而平等、開始說造物主賦予我們若干不可剝奪的權利，你就很難說「不過某些人例外」，因為這會讓對話走不下去。你一旦開始說政府必須獲得人民同意才能正當統治人民，就很難把話再收回去。

真要說起來，直到最近為止，就連那些想要聲稱自己正當掌權的獨裁者與極權統治者，都全都得披上民主的外衣，假裝自己相信民主。蘇聯、納粹德國、還有墨索里尼統治的義大利，全都一邊拒絕西方政治那些「呆板」的制度，一邊堅稱自己代表人民的意志，搞一些作作樣子的選舉來證明人民支持自己。二戰後的東德自稱為「德意志民主共和國」，北韓至今則都叫做「朝鮮民主主義人民共和國」。敘利亞的阿薩德（Bashar al-Assad）跟伊朗的那些掌權穆拉（mullah）全都為了面子而一直舉行選舉和公投，就像之前的海珊（Saddam Hussein）、穆巴拉克（Hosni Mubarak）、甚至更早的拿破崙一樣。都要搞獨裁了還得費心說這些謊，民主還真是有夠強大。

西方世界左右兩派的爭議，通常都是社會福利跟經濟自由的邊界各自在哪裡，以及邊界該怎麼劃。除此之外他們大概就只會去討論哪個政黨比較願意落實民主、言論自由、個人自由。進步派從老羅斯福到歐巴馬，都認為賦予人們「經濟權利」，就能讓人們更自由。例如老羅斯福就說過「貧窮的人無法自由」。[2]至於相信古典自由主義的保守派，則認為這種做法曲解了自由，最後反而會限縮自由。這兩派一直激烈爭論至今，但雙方都認為自己對自由的詮釋才正確，而且都用同樣的方法來討論自由。

但到了二十一世紀，局勢有了變化。

過去二十年來，西方世界的菁英對民主、言論自由、資本主義越來越不友善。原因之一就是有一大堆人覺得，威權社會發展得比自由市場的民主社會更快更好。這種思維由來已久，每個世代都會死灰復燃。以前就有人說，墨索里尼讓火車終於準點。林肯・斯蒂芬斯（Lincoln Steffens）拜訪蘇聯回國之後，則說：「我看見了未來，那會成真」。[3]還有人說拿破崙的計劃經濟很好，所以更早之前大概也有人說漢謨拉比的制度很好吧。人類一不小心就會覺得，社會還是交給一個強而有力的父親，或者一群明智的專家來統治比較好。

而且那些覺得自己就是專家的人，更是容易這麼想。他們一天到晚在其他國家身上尋找治理社會的「正道」，然後說我們也應該效法。一九二〇年代至一九三〇年代初，美國就有滿坑滿谷的知

躁進，畢竟老鼠或草葉也不會躁進。我們的物質與精神之所以能夠成長，其實是因為我們在商業社會中，開始用不同的方式去思考什麼是謹慎，去思考人類還有哪些美德。從此之後，中產階級的思維方式就在世界各地不斷使人脫貧，不斷擴大人類的精神領域……」Deirdre N. McCloskey, Bourgeois Dignity: Why Economics Can't Explain the Modern World (Chicago: University of Chicago Press, 2010), xi.

識分子去崇拜歐洲的法西斯政權和共產政權，然後這種事情最近又發生了，真是狗改不了吃屎。[4]

當代最傑出的發展經濟學者之一的威廉·伊斯特利（William Easterly）曾解釋當代的國家發展學界，以及引述這些學者的記者為什麼很容易崇拜威權。[5]其中一個原因，就是他們很愛拿「成功」的專制國家當範本。但這根本是某種統計騙術，過去五十年來經濟發展最快的十個國家中，的確有九個都是專制國家，但他們卻光靠這個數據，就說專制最能讓國家發大財，完全忽略了這段時間中的專制國家總共有八十九個。把數字除一除就知道，專制國家即使狀態好到爆炸，發大財的機率也只有九分之一；而且即使成功發了財，這些國家施行的政策也往往會讓它們逐漸遠離專制。[6]

世界各地的菁英在討論專制的時候最喜歡的例子，就是新加坡的開國總理李光耀。原因不難想像，畢竟他的確為新加坡帶來經濟奇蹟。但他是怎麼做到的？他消滅了新加坡的貪腐，而且是把傳統所謂的貪腐和我之前所說的貪腐一同剷除。他經常用野蠻的方法實施現代化，雷厲風行的「新加坡模式」把這個國家搞成一九九〇年代全球人均死刑率最高的地方之一；[7]但也成功地禁止了貪污和各種形式的賄賂；同時還用同樣不留情面的方式保護了財產權，以及根據英國普通法所訂立的商業契約。此外，李光耀本人認為國家應該減少管制、降低稅率、自由貿易。

也就是說，新加坡的經濟奇蹟其實不是因為專制，而是因為國家強迫社會接受市場機制，強迫社會落實英國殖民政府留下的某些制度。當然，新加坡之所以能成功，一部分是因為李光耀掌權之後沒有腐化，而能夠讓新加坡不斷走向現代；但另一個原因，卻是新加坡本身就是一個很小的島國。更重要的是，世上每出現一個李光耀，就會出現好幾個查維茲、卡斯楚、穆加比（Robert Mugabes）。希望國家走向威權的人，根本是用幾百萬人的性命玩大樂透，去賭當權的那個會是李光耀。

而且崇拜威權還有一個更嚴重的問題：它在道德上完全說不通，無論怎麼講，最後一定會變成在崇拜力量。例如在《紐約時報》開專欄的暢銷書作家湯瑪斯．佛里曼（Thomas Friedman），過去二十多年來大部分時間都在說中國的開明專制資本主義有多麼厲害，不斷在一篇篇文章、一場場演講、一本本書中叫人向中國看齊，而且從頭到尾都只談「最佳政策」。

向中國看齊是吧，那就來看啊。無論是幾千年來的各朝皇帝還是後來的毛澤東，殺死或迫害的人都不計其數。直到一九七〇年代末，中國終於引進最基本的市場經濟跟財產權制度，然後經濟怎麼就突然起飛了？成千上萬的中國人怎麼就突然吃得起肉、用得起電、擁有一大堆在我們這邊理所當然，在他們那邊是奢侈品的東西了？然後美國跟許多已開發國家，竟然把中國的成功說成「威權統治就是這麼厲害」，不太合理吧。

佛里曼在很多方面都是吹捧中國的第一高手：

> 如果你看過國會都怎麼討論醫療保險政策，以及氣候／能源政策，你大概一定會說，世界上只有一件事比一黨專政更糟糕，那就是美國現在的一黨民主。一黨專政當然有其缺點，但只要領導團隊夠開明，它就能像今天的中國那樣帶來許多優勢。許多會讓政治陷入困境的重要政策，一黨專制都可以順利推行，這樣社會就能在二十一世紀順利前進。[8]

這邊得先解釋一下佛里曼的「一黨民主」是什麼意思：在他寫下那段話的時候，參眾兩院跟白宮都掌握在民主黨手裡。所以佛里曼的「一黨民主」在罵的並非執政黨，而是拒絕屈服的在野黨。如果走向專制，執政黨就不需要說服在野黨了，可以直接施行最優秀的政策。

佛里曼那本《世界又熱、又平、又擠》（*Hot, Flat, and Crowded: Why We Need a Green Revolution—and How It Can Renew America*）裡面有一章的標題就叫「如果美國能變成中國一天」（China for a Day〔but Not for Two〕），公然呼籲美國可以學學中國：學一天就好，試試看在某一天捨棄一切法治、一切憲法保障、一切民主辯論，讓「開明的」專家去制定最棒的政策——嗯，就是佛里曼支持的那些政策。

佛里曼使用語言的方式根本就是典型的修辭陷阱。他寫專欄的時候，就很愛用達沃斯會議跟TED演講才會出現的酷炫用語，比如說：「如果能變成中國一天」？這跟「如果能恢復王權一天」、「如果能獨裁一天」、甚至「如果能變成納粹一天」到底有什麼差別？把這個問題叫做「中國」是會讓人有一種特別的感覺，但也只是感覺而已，內容根本沒變。而且過去一千年，甚至一萬年以來的歷史都告訴我們，人類一旦獲得無法制衡的權力「一天」，就會想盡辦法讓那一天變成很多天。無法制衡的權力就像跟神燈精靈許願，第一個願望一定是「再給我三個」。

不過最重要的是，希望美國「能夠變成中國一天」根本就是希望把政治變成某種「道德戰爭」。不過福里曼本來就很愛用戰爭來譬喻，他另一句常說的話，就是我們應該要用打贏二戰的方法解決全球暖化，「綠色，就是這個時代的紅白藍」。[9]我們的天性，就是一碰到威脅就會不顧繁瑣的標準程序。政府的技術官僚都很懂這套機制，所以歐巴馬政府才很愛說：「在危機發生時什麼都不做，後果非常可怕」。所以川普競選時期以及白宮團隊才會把美國描述成一個屍橫遍野的地獄，總統才會在就職演說裡高高舉起拳頭說，「美國的這場浩劫，現在就要立刻結束」。[10]

不過我們嘴巴怎麼說，其實只是反映出心內怎麼想。就是因為這樣，西方的公共討論環境才令人沮喪。如今大部分年輕人不僅不再認為民主「不可或缺」，[11]甚至越來越不支持自由。一九三〇年代出生的美國人，有百分之七十五認為民主政府「不可或缺」，同時期出生的歐洲人也有百分之五十三這麼想。但一九八〇年代出生的那群，還相信民主政府不可或缺的美國人已經只剩百分之三十出頭，歐洲人剩百分之四十出頭。那七、八年級生呢？他們只有百分之三十二認為：「一定要守護每個人的公民權利，讓每個人擁有自由」。[12]

政治學家羅伯托・史蒂芬・福阿（Roberto Stefan Foa）和雅沙・芒克（Yascha Mounk）在《民主期刊》（*Journal of Democracy*）上說：「照理來說，北美和西歐國家應該都會很在意民主；但這些地方的人民不但對政治領袖越來越不滿，甚至開始對民主冷嘲熱諷，開始認為民主完全無法讓人民去改變公共政策，所以威權可能還比較好。」[13]

許多證據都指出，人們越來越不支持讓自由秩序得以存在的那些核心權利，而且年輕人特別明顯（不過也許川普的上任，會讓一些年輕人回頭重視公民自由吧）。證據指出，年紀越小的人越不支持言論自由，皮尤民調發現，十八至三十四歲的人之中，有百分之四十認為應該禁止發布那些冒犯少數族群的言論。[14]二〇一五年的一項調查則指出，大部分的大學生都希望控制老師和學生所使用的辭彙，其中有超過六成的人，希望教授在提出一些可能會讓學生反感的材料之前先「預警」；三分之一的人不知道憲法的《第一修正案》保障的是言論自由；百分之三十五的學生認為《第一修正案》不適用於仇恨言論（其實適用）；就連說自己是自由派的學生裡，都有百分之三十認為《第一修正案》已經不合時宜。[15]

此外，支持自由主義的年輕人，應該大部分都不會覺得自由市場、民主、言論自由是「仇恨言論」；但在許多社運人士的說法裡，這些概念都變成了「暗語」（code words），只要你支持這些東西，就表示你帶有仇恨思想。例如《哈佛校園報》長年以來就一直以此為由，指責哈佛碩果僅存的保守派學者哈維．曼斯斐（Harvey Mansfield）發表「仇恨言論」。杜克大學歷史學家南希．麥克林（Nancy MacLean）在《被鍊住的民主：激進右派摧毀美國的秘密計劃史》中認為，自由放任經濟政策，尤其是其中的公共選擇學派，根本就是為了挖空美國的民主，而幾乎毫不掩飾地施行種族歧視的行為。杜克大學的另一位學者麥可．蒙格（Michael C. Munger）痛批該書刻意用劣質的論述誤導讀者，簡直就是「虛構的歷史小說」，應該要撕碎丟進垃圾桶；但在此同時它卻入圍了國家圖書獎決選。看來這種說法的魅力，真的已經高到讓人不會去查核事實了。[16] 不信的話，去大學裡面討論一下個人主義、不平等、貢獻之類的東西吧，看看多久之後就會有人跳出來說自己被冒犯。在這種地方，那些搶佔了文化高地的新階級，經常把言論自由說成一種侵犯，把侵犯說成一種言論自由。[17]

班加西事件發生後，自由派的那些社論、電台、電視全都在說我們應該「修好」《第一修正案》的漏洞，限縮美國的言論自由，直到有人踢爆歐巴馬政府以不實方式回應事件才終於結束。說得好像美國人必須先想想地球對面的野蠻人會有什麼反應，才能決定自己可以說什麼不能說什麼一樣。

當我們的思考方式開始改變，開始用不同的方式討論事情，我們的政治生態也注定不再相同。這十幾年來，歐洲各國反對自由主義的運動浪潮越來越高。瑪琳．勒龐（Marine Le Pen）的民族陣線（National Front）勢不可擋，厲害到傳統保守派和社會主義必須組成聯盟來阻止該黨掌權。後來馬克宏（Emmanuel Macron）雖然擊敗了勒龐，還是得重新組一個共和國前進黨（La République en Marche）。本書撰寫之際還無法確定馬克宏到底是怎樣的人，但他似乎有點拿破崙的味道。他曾說要繞過法國國會，直接下令推動改革；而且已經延長了法國在二〇一五年遭受恐怖攻擊之後所宣布的緊急狀態。[18]

奧地利也用一個類似馬克宏的聯盟，勉強擋住了諾伯特・霍費爾（Norbert Hofer）成為二戰結束以來西歐國家首位右派國族主義領導人。不過隔壁的匈牙利總理維克多・奧班（Viktor Orbán）倒是常說要把該國改造成俄羅斯、土耳其、中國那種「不搞自由民主的民族國家」，[19]因為「自由民主會讓國家失去競爭力」。[20]奧班的勁敵尤比克黨（Jobbik，意為「更好的匈牙利運動」）則是一個反對資本主義，極端國族主義的左派政黨，大幅助長了該國的反猶聲浪，一項統計指出，目前匈牙利已經有五分之一的人極度反猶。[21]保加利亞的社會主義民族政黨艾塔克（Ataka，意為「攻擊」）也成功地把以守護經濟和守護民族為由的傳統社會主義（這兩個理由自古以來就經常是同一個意思），跟反對移民的民粹思潮結合在一起。

希臘議會目前由極左派國族主義政黨激左盟（Syriza）主導，右派威權政黨金色黎明（Golden Dawn）則位居第三。金色黎明的旗幟，是整片鮮紅背景中央的一條蜿蜒的黑色河流，實在讓人很難不想起納粹。[22]該黨甚至把一九三六至一九四一年執政的法西斯獨裁者梅塔撒斯（Metaxas）當成他們的思想燈塔。[23]

英國的脫歐雖然整體來說對該國有利，但它之所以能成功，卻可以說是排外主義跟國族主義暗暗發酵的結果（某種意義上，甚至還是普丁的網軍煽動出來的）。此外，工黨黨魁傑瑞米・柯賓（Jeremy Corbyn）對自由主義的敵意更是麻煩，東尼・布萊爾（Tony Blair）希望工黨能跟自由民主資本主義求同存異，這位頑冥不靈的左派人士卻一直從中作梗。雖然身為民粹左派，強烈反對一切「猶太復國主義」的柯賓一直努力躲開反猶標籤，但還是一直跟那些明顯反猶的盟友交好。

土耳其的艾爾多安（Recep Tayyip Erdoğan）在短短幾年內成功結合了阿塔圖克（Atatürk）不容異己的狹隘政策，和鄂圖曼不容異己的狹隘神學，迫害的記者以及監禁的政敵多達數千人。而在本書撰寫之時，統治委內瑞拉的尼可拉斯・馬杜洛（Nicolás Maduro）更是再次證實，民粹社會主義的獨裁政府，糟糕程度永遠沒有底線。盛產石油的委內瑞拉，明明陷入了威瑪共和等級的惡性通膨，馬杜洛卻把該國的經濟困境歸咎於「資產階級寄生蟲」，最後的結果就是父母只能忍痛把自己的孩子送走，因為收入太少根本養不活。[24]

川普總統在二〇一七年訪問波蘭華沙時，發表了一篇振奮人心的演講，點出西方文明的價值。雖然那篇演講的內容我大抵同意，但卻也帶有國族主義的味道，而且讓日益威權的波蘭政府能藉此作些文章。波蘭當權的法律正義黨（Law and Justice）正在推動一項稱為「再極化」（repolanization）的運動，設法讓「媒體、司法獨立、軍人不得干政」等體制失去正當性。[25]

更悲哀的是，那些專制國家的自由之夢也在一個個凋萎。伊朗的「綠色革命」不僅被上面的當權者鎮壓，底層的參與者也失去活力。索哈布・阿馬利（Sohrab Ahmari）說：「那些年輕的讀書人曾經撐起了綠色革命，現在卻都意興闌珊，跟其他三十幾歲四十幾歲的人一樣對事情漠不關心。這樣的發展跟中國實在很像，在一九八九天安門大屠殺之後，那裡的民主就無以為繼。」

「而且阿拉伯世界的狀況也一樣糟糕，」他說，「除了突尼西亞以外，二〇一〇年至二〇一一年掀起阿拉伯之春的其他國家，全都陷入內戰、國家失靈，或者回到之前的高壓統治狀態。」民調顯示「這些地方的年輕人都覺得穩定比政治自由更重要」。[26]當然，在阿拉伯之春的夢想凋萎之後，阿拉伯年輕人的士氣當然高不起來，但我們還是不得不懷疑，他們之所以會陷入絕望，跟全球各地的人都越來越不相信民主也有關係。

◆川普時代

當然，美國也有美國的問題，就是川普。川普總統在許多重要地方都跟極右派和新法西斯分子差很多（然後左派的知識分子跟記者都不提這件事），但其他地方卻出乎意料地類似。我們先從他跟極右派和新法西斯的差異開始談起。

勒龐、霍費爾、奧班這些人都沉迷於國族主義意識型態，但川普沒有，而且真要說起來，他根本不追隨任何意識型態。無論川普是怎樣的人，都絕對不會是知識分子。當然，這不表示他不聰明。除了那些死忠支持川普跟堅決討厭川普的人以外，沒有人知道川普的智力到底有多高，至於川普本身則一直堅稱自己毫無疑問是個天才。他是不是天才呢？他的狡猾確實令人敬畏，經常讓對手措手不及；但同時他對美國政治的歷史也極為無知，而且他的政治魅力剛好源自於此。

例如他最常說的那些「沉默的大多數」、「被遺忘的人」、「美國優先」、「讓美國再次偉大」，其實都來自一些他似乎並不喜歡的人。「美國優先」是一位《紐約時報》記者在問川普抱持哪種政治思想的時候所提到的詞彙，後來被川普拿來用。[27]但在懂美國政治的人眼裡，這句話的形象很微妙，因為它其實是好幾群在二戰時期希望美國不要管歐洲閒事的不干預主義者（non-interventionists）共同提出的戰鬥口號。而在歐洲戰局逐漸演變之後，這句話也變成了支持納粹德國的人最喜歡的說法，自然而然整個黑掉。《華盛頓郵報》採訪川普時跟他說，「沉默的大多數」是尼克森總統一九七二年競選時提出的；[28]但我至今都不知道有沒有人去提醒他，「被遺忘的人」卻是老羅斯福在經濟大蕭條時期安撫不滿民眾的口號。就連他的「讓美國再次偉大」都不是他想到的，那是雷根總統一九八〇年競選時說了好幾次的話，而且意思跟川普差超遠。

川普的意識型態立場也一樣幼稚。過去三十年來，他只有在少數幾個問題上前後一致：貿易保護主義、從我們跑去入侵的中東國家那裡「拿石油」、以及一些撤除管制的空洞陳腔濫調。如果談到槍枝、移民、墮胎、徵稅、醫療保險，他就變得幾乎什麼立場都支持過。傳統的美國保守派支持限制政府規模、謹守憲法、保障個人自由、尊重傳統價值觀；但這些堅持川普一個都沒有，而且證據似乎顯示，他連對這些概念的理解都很膚淺。他從來不靠這些東西，而是一天到晚高喊「勝利」跟「強大」，跟選民說他會讓美國「再次勝利」，讓領導者不再「軟弱」。有一次接受《華盛頓郵報》採訪時甚至說：「只要贏了，很多問題就都解決了」。[29]

應該所有人都知道「勝利」與「強大」都跟道德無關吧，不過現在好像越來越多人不知道了。如果你只在意贏，那騙子跟殺人犯都「贏」了。所以善良的父母不會教小孩為達勝利不擇手段，不會讓小孩以為強大比正直更重要；重視道德跟思想的人也都不會把「贏」當成最高尚的價值。

但對川普而言，商場、電視收視率、政治上的「勝利」反而最重要。所以他批評對手的策略，才會說其中一個人是戀童癖，另一個人的爸爸是刺殺甘迺迪的共犯。他甚至把贏不了的抱怨當成帶來勝利的工具，說什麼「反正我就一直抱怨，然後我就贏了」。[30]這也難怪只要沒有把他描寫成贏家的新聞報導，在他眼中全都有偏見、全都不公平、甚至全都「造假」。

但事實證明，對政治的一無所知反而讓川普獲得巨大的優勢。既有的政治菁英階級都有一大堆不能說的語言和禁忌，而且那些極度傲慢的中間派被綁死的程度，更是比左派跟右派還嚴重。所以川普只要用他的「有話直說」，就可以把這些人全都輾過去。當然，我們這些重視用詞遣字的人會覺得川普是個無知的鄉巴佬；但在數百萬選民眼中，這樣的人是個血性漢子，而且他是鄉巴佬反而好，因為他就不會是那些把美國推進現在死胡同的「建制派」。他就是這樣打敗克魯茲參議員（Ted Cruz）的，克魯茲太建制了，即使完全了解要怎麼煽動民粹，最後講出來的時候調性還是不對。

川普那些反政治的言論，也同樣讓人想到大西洋兩岸在一九三〇年代盛行的東西。川普在就職演講中大喊：「空談的時代結束，行動的時刻到了！」，後來在二〇一七年二月保守派政治行動會議（Conservative Political Action Conference）又講了一次。[31]此外，他還很愛使用「愛國志士的熱血」這個詞。

在一九三〇年代，世界各地都有人迷信政治就是要「做出行動」。當時的人們相信西方資本主義已經墮落，「曼徹斯特自由主義」已經無法應付當下的挑戰，而老羅斯福、墨索里尼、希特勒等等數之不盡的領導人，都試圖利用這種想法改變政局。老羅斯福趁這個機會推出「大膽而持久的實驗」，試圖用不那麼資本主義的方式守護民主。可是進步派直到現在（我已經很收斂了）都沒有搞懂在政治上做「實驗」到底意味著什麼。因為如果真的要做實驗，就必須完全捨棄每一項會限制研究方法的規則。老羅斯福的「找個方法試試看」聽起來是很合理，[32]但這就表示我們完全不能用民主、財產權、公民權利之類這些東西，來限制政治行動。問題是，我們的整部憲法就是為了刻意阻止統治者和選民做出某些行動，因為這種所有選項都可以試試看的「實驗」，正是威權主義的特性。川普完全不管這個，他在加州共和黨大會上說：「我是個保守派，但在這部分幹嘛管這麼多？我們該把國家整頓好啊。」[33]

已故的約翰．派崔克．狄金斯（John Patrick Diggins）說，「法西斯首先訴諸的，就是務實的實驗精神。」[34]綁手綁腳的意識型態，會妨礙國家發揮真正的實力。希特勒認為，那些整天呼籲遵守原則跟規矩的學者是妨礙進步的「墨水騎士」，他相信「知識已經毒害了我們的人民」，德國需要的是勇於挺身「對抗理性」。[35]

不過重點並非川普是不是希特勒，因為如果他真是希特勒的話，早就把歐巴馬健保廢了！川普也不是老羅斯福或墨索里尼，川普的出現，代表人們開始回頭喜歡那種用過去的部落方式來思考、講話的自然領袖。整件事的關鍵不在川普想了什麼說了什麼，而在竟然有那麼多美國人會吃這套，其中甚至還有很多是照理來說會死守憲政、會堅持限制政府權力的人。

在很多方面，川普都是個徹頭徹尾的浪漫主義人物。他不相信上帝、憲法，不相信任何抽象的規則，只相信自己的直覺：「我做事很憑直覺，但事後證明都是對的。」[36]「經驗教會我幾件事，其中一件就是無論紙上把事情說得多漂亮，都要相信自己的直覺。」[37]他在很多次採訪中都提到，他的直覺比事實更可靠，如果他感覺對了，就是對了。也難怪他會在宣誓作證的時候說，他這個人的價值有多高，跟他每天早上醒來覺得自己是怎樣的人很有關係。[38]同樣地，這也難怪他很愛欺騙生意夥伴、濫用土地徵收權、做一大堆法律罰不到他的事情。

而在川普當上總統之後，他的感覺，尤其是不安全感與狂妄自大之類的東西，也決定了他絕大多數的決策。從他在競選期間不顧勸阻，一直攻擊某位遇害穆斯林美軍士兵的父母，就可以知道他做人的基本態度：那些反對他或批評他的人，被他侮辱攻擊都是活該。而他攻擊一位墨西哥裔法官的事情，也看得出禮節和民主規範跟他的感覺相比根本無足輕重。

而且川普把所有衝突和人際關係都當成是在批評他的這種思維模式，不只影響到他自己，更帶來了很多政策和政治後果。他在競選時期鼓動支持者把反對他的人「打得屁滾尿流」。[39]當上總統之後則是容忍，甚至讚揚那些執法過當的暴力警察。[40]大家都知道他崇拜普丁，而且只要有人叫他承認自己崇拜一個草菅人命的獨裁者，他就會說美國也做了很多可怕的事，沒有資格批評人家。[41]此外，他走到哪裡都會想辦法提高自己的政治身價或算別人的舊帳，就連在童子軍或軍人面前演講都不例外。

如果川普能夠駕馭自己的本性，用直覺以外的方式思考問題，他煽動民眾的功力絕對更強大。幸好他做不到，所以我們政府的憲政架構，以及他大部分屬下的愛國之心，才有辦法限制這位總統的權力意志。但儘管如此，上面我們提到的那些個性依然讓他極為吸引人。川普只要脫掉西裝，摘掉那條太長的領帶，其實就是一個標準的前現代男人，整天只想著怎麼在自己的小圈圈裡稱王。他沒有任何前後一致的意識型態，通常也拒絕維持良好的品性，所以從很多角度來看，他都是資本主義的完美範例：一味追求慾望，無視任何的外在道德束縛，只被最基本的人類本性所管束。川普在乎性、在乎權力、喜歡支配他人、希望自己的地位獲得肯定。對他而言，家族比什麼都重要，而且家族的利益只等於擁有多少錢，以及別人有沒有把他們當王公貴族。除了家族以外，其他人都只是他的工具，價值高低取決於你有多忠心，而且忠心通常不會得到回報。當有人問他，別人送孩子出去為國捐軀，你又做了什麼，川普連自己為國家貢獻過什麼都想不起來。[42]他是尼采定義的那種騎士，他的道德他自己說了算。

唉，而且很多選民不但不覺得這是川普的問題，甚至還把它當成川普的優點。川普那種想到什麼說什麼，甚至可說是「動物性」的政治風格，加上他對民主規範毫無歉意的無知，以及對菁英的極度仇視，讓他成為人民怒火的完美出口，不僅吸引了共和黨的基本盤，甚至也吸引了成千上萬原本不投共和黨的民眾，甚至是歐巴馬的支持者，只要是覺得自己失去政治發言權的人，川普都吸引得到。反倒是堅守基本教義的保守派，現在變成了最不可能支持川普的人。而且人們經常忘記這件事，因為現在實在有太多保守派的擁護者跟知識分子轉過頭來幫川普說話，覺得川普主義合情合理了。

總而言之，川普是美國史上最成功的民粹政治人物，大概僅次於安德魯・傑克森（Andrew Jackson）。很多保守派批評家都開始說服自己，認為川普是靠著強大的政治天才，而當上了總統。但這種說法幾乎毫無證據支持。我這麼說未必是在鄙視川普。玩政治最重要的就是時機，在錯誤的時刻推動正確方向的人，幾乎注定會輸給在正確的時刻推出錯誤方向的人。川普在二〇〇〇年曾以改革黨（Reform Party）的名義參選總統，二〇一二年又做了一次類似的事情，但兩次都很快放棄了機會，原因之一就是當時不可能勝選。如今他能夠入主白宮，其實是因為時機已經成熟，而且即使如此他也贏得很勉強。[43]

聰明的人會在缺水的時候開始兜售自己存好的水，機靈的政客當然也會在大眾喜歡民粹的時候開始訴諸民粹。不要忘記，二〇一六年總統大選過程中不是只有川普搞民粹，佛蒙特州參議員伯尼・桑德斯也這麼做。許多跡象都顯示，如果民主黨當權派沒有把所有籌碼都賭在希拉蕊・柯林頓身上，桑德斯這位典型的進步派技術官僚就很可能贏得初選。而且即使桑德斯輸了，美國的左右兩派依然都落入了民粹主義的掌控之下，而且其他國家也一樣。

◆民粹主義的威脅

民粹主義根本不是什麼「主義」，只是打著人民的旗號招搖撞騙而已。它是一種傾向、一種衝動，理論上它會說人民有多重要，但它所說的「人民」實際上根本只是一小部分人。它跟國族主義一樣不斷美化群體，說得好像神聖不可侵犯。於是群體裡面的個體就淪為整個部落、整場

「運動」變革、或者我們之前提過任何可以觸發整個「聯合本能」機制的小螺絲釘。這樣一來，高呼這些口號的人就代表了「我們」，變成我們引頸仰望的救世主。此外，那些「人民」都會踩在受害者的位子上，說自己比加害者更優越，更應該掌握權力。例如有人明明沒有代表「百分之九十九的人」，卻會高舉這種旗號，藉此說自己百分之百重要。揚—威爾納．穆勒（Jan-Werner Müller）就說「這個等式對民粹主義者永遠成立，只要不站在自己這邊的都有道德問題，他們不是人民，意見不需要納入考慮。也正因如此，民粹主義一定是某種形式的身分政治（但身分政治未必都是民粹主義）。」[44]

在我直言不諱批評川普總統之後，就幾乎一直被川普支持者砲轟鄙視，甚至連一些之前對我敬佩有加的人都因此開始惡言相向。（真要說起來，這兩年我最痛苦的事情之一，就是發現竟然有這麼多人會因為我沒有照著他們想要的方式生活，就對我感到失望）我之所以要提這件事，是因為看到一大堆川普支持者竟然開口閉口「我們人民」（We the People）。這句話很妙，因為它琅琅上口，而且不符事實。支持者口中的「我們人民」只不過是在證明穆勒對民粹的說法，川普不但輸掉了普選，支持度在本文撰寫之時也只有百分之三十五左右，無論用哪種客觀標準來看，他代表的都不會是大多數人民，而是他的支持者眼中唯一看得見的人。

民粹主義跟國族主義往往相伴而生，但民粹主義未必是國族主義，國族主義也未必民粹。威廉．詹寧斯．布萊安（William Jennings Bryan）在開始想選總統之前，的確靠著民粹主義稱霸內布拉斯加。喬治．華萊士（George Wallace）也同樣靠著「阿拉巴馬州人」（實際上的意思是支持《黑人歧視法》的阿拉巴馬州白人）的名義叱吒風雲。而阿爾．夏普頓（Al Sharpton）之所以能用煽動民粹的方式成名，也是因為他說除了代表自己，還代表紐約哈林區的一群黑人。至於川普呢，他常說自己代表「美國人民」，但這個詞的意思只限於支持他的美國人。他在二〇一六年春天的一場造勢大會上就說過：「唯一重要的事就是讓人民團結一心。因為除此之外的人都沒有任何意義。」[45]

美國的民粹運動通常都是左派，而且如果他們不幸公開發表種族歧視或反猶的立場，自由派的歷史學家和政治分析師還會竭盡全力把進步派跟他們切割乾淨。至於歐洲，則因為上層階級已經用菁英官僚論取代了血統優越論，建立了新的貴族，民粹主義往往讓人想到蠱惑民心、迎合群眾的落後思想。在歐洲的銀行家和官僚眼中，那些抵制全球化浪潮的小人物只不過是可悲的失敗者。

當然，這種說法也有部分屬實。民粹運動經常都是失敗者大聯盟，而且這是事實，我沒有不敬的意思。因為光從定義就知道，那些每天都過得很舒服，覺得社會對待自己很公平的人，幾乎不可能發動民粹運動。民粹的燃料是憤恨，參與者通常都認為「真正的老百姓」一直被菁英或當權派剝削壓迫，甚至在某些極端的例子中還會相信人民被檯面下的陰謀家操弄。穆勒說：「陰謀論的種子不是外來的，它一開始就埋在民粹主義誕生的土壤之中」。[46]

老羅斯福之所以也使用「被遺忘的人」，不是因為他要搞民粹，而是因為他必須把支持度從當時一大堆民粹主義者那裡搶回來。這個詞很適合用來代表民粹主義的怒火，覺得被遺忘，就是覺得不受尊重、被社會拋下、被人們捨棄。覺得被遺忘，你就會覺得世風日下人心不古，如今的小子忘恩負義，過去的時代古道熱腸。歐洲那些浪漫主義的國族主義者就是利用了人民的這種情緒，我們都知道自己在被群體剔除的時候會多快地開始疑神疑鬼，多快就會妄想出一大堆理論去說敵人刻意陷害我們，就連朋友也背叛我們。[47]民粹主義往往就是這樣誕生的，只不過陷入妄想的不是你一個人，而是千百萬人。

美國最早的民粹運動大多誕生於鄉村。農民這種職業，當然不會出現在時代變革的第一線。所以美國在快速工業化、快速都市化的過程中，農村也逐漸覺得整個國家都捨棄了他們。而且隨著年輕人紛紛前往大城市討生活，被扔在村子裡的人就更加憤恨不平，而離鄉背井的人也逐漸疏離無依。在此同時，發展得越來越複雜的金融資本主義，更是讓許多人覺得自己只是別人的棋子，生死進退全不由己。

歐洲的民粹運動就是因為這樣，才經常帶有「生產者主義」（producerism）性質，把經濟活動分為「好的」跟「壞的」，把那些親手製造的或從土裡種出來的經濟活動說成「好的」，光靠調控資本而獲益的經濟活動則是「壞的」。像是威廉．詹寧斯．布萊安就認為，挽起袖子做東西的人跟「不事生產，只操弄閒置資本」的人不一樣。[48]雖然生產者主義常常是站在「右派」民粹運動那邊，但還是明顯帶著馬克思主義對於勞動的價值與資本剝削人們的影子。當年墨索里尼從社會主義轉為法西斯主義的時候，就不再稱他創辦的那份《義大利人民》（*Il Popolo d'Italia*）報紙為「社會主義日報」，而改稱為「生產者日報」。[49]那麼川普呢？照川普的說法，除了製造業跟建築業以外，其他的產業全都不重要。他一天到晚都在講貿易逆差，卻完全不提美國在服務業的巨大貿易順差，更不提美國之所以會有貿易逆差，其實是因為外國人在美國投了大量的資本。

這種把「閒置資本」妖魔化的說法，過去就催生出了歷史最悠久的陰謀論：反猶主義。喬治亞州的民粹名人湯瑪斯．華生（Thomas E. Watson）一開始是從守護窮人起家的，希望窮人團結起來對抗有錢的利益集團，但因為民粹主義無視任何規範，只在乎煽動仇恨，原本沒有種族歧見的湯瑪斯後來就逐漸變成一個白人至上、反天主教、反猶太的人。一八九二年的人民黨（Populist

Party）黨綱甚至直接寫說：「一場侵害人類的巨大陰謀已經在歐美兩大洲站穩腳跟，正在快速侵蝕整個世界。」[50]

但為什麼反猶主義這麼容易吸引民心？因為無論是一九三〇年代的歐洲還是當代的大部分阿拉伯世界，人們都普遍相信猶太人或猶太復國主義者，是世界上所有問題的幕後黑手。

克里斯多福・希鈞斯（Christopher Hitchens）說：「民粹主義者……總是相信有人用各種秘密交易『在幕後』操縱世界。這種想法很像是小朋友扮家家酒，麻煩的是，玩家不是小朋友，而是大人」。[51] 希鈞斯也許沒有發現自己說出了真理，民主會腐敗都是因為人類天性，而小朋友總是比大人更接近自然狀態。照理來說，大人會守規矩，小朋友則是天生的野蠻人，無論哪個時代都帶著相同的天生本能。當民主社會的大人像小孩一樣野蠻地四處大吼，民粹主義就誕生了。[52]

川普很喜歡說「體制被操弄了」（等等，掌握體制的不就是他嗎），這句話不僅跟主流的民粹主義思想如出一轍，與伯尼・桑德斯的說法也很像，甚至也蠻符合伊莉莎白・華倫（Elizabeth Warren）。川普的被害妄想症有時候很妙，他一天到晚在推特上抱怨政府怎麼不做這個、怎麼不做那個，可是他是總統耶，這些事只要直接去問他的屬下就可以了吧？但儘管如此，他那套「全球主義」密謀傷害「美國人民」的陰謀論，還是導致了不少問題。

在二〇一六年總統大選前的最後幾周，川普的競選言論完全捨棄了下限。他在十月十三號的演講中直接指責「跨國利益集團完全不管你的利益」。[53] 又在另一則被吹捧為打出「致命一擊」的廣告中說世界各國的「建制派」像吸血鬼一樣「榨乾了我們的國家」。他秀出許多跨國集團重要人物的臉（大部分都是猶太人），說這些人組成了一個邪惡的陰謀集團。他指著高盛執行長勞爾德・貝蘭克梵（Lloyd Blankfein）的照片，說：「這個橫跨各國的權力結構，從我們的勞工手裡搶走了錢，把我們國家的財富，放進幾個大企業和政治團體的口袋裡。」[54]（等等，他的組織有很大一部分就是高盛／華爾街／達沃斯的人在經營的耶。他到底是在意識型態上自我矛盾，還是根本邏輯有問題？）

這則言論引發嚴厲的反猶指責，有人甚至把他比做十九世紀的反猶人士虛構出來《錫安長老協議》（*The Protocols of the Elders of Zion*）。這些指責也許太過苛刻，但如果你知道他那個公開承認自己支持國族主義的競選總幹事史蒂夫・班農（Steve Bannon），是怎麼唱和川普養出來的那群偏執極右派網軍，這種指責大概也不會太意外。其實我並不覺得川普和班農真的反猶，但他們很喜歡在民粹言論上玩兩面手法，而且實在太愛跟那些種族歧視的反猶網路白目站在一起，這讓人實在太難幫他們說話。*

不過這裡的重點，依然不是川普小圈圈（或者歐洲類似的其他小圈圈）倒向民粹與排外立場，而是這類立場竟然可以聚集政治能量。無論哪個時代哪個國家，都有投機政客想用民粹方法奪

* 在這方面我自己就有一些經驗。有一些反猶的極右派，毫不保留地集火攻擊我這個批評川普的保守派人士，而且連最基本的偽裝都沒有。他們用修圖軟體把我的臉貼進毒氣室，讓川普在旁邊露出微笑按下按鈕，然後貼在推特上。再不然就是在圖片中把我的屍體吊在直升機的起落架上，意思是在川普任內我遲早會變成那樣。當我在推特上提到我哥哥死於毒癮，這些極右派問說他是變成了一個燈罩還是一塊肥皂。反誹謗聯盟統計了二〇一六年總統大選期間猶太記者受到反猶攻擊的數量，我是第六名，我朋友班・夏皮羅是第一名，我的同事傑費利・戈德堡（Jeffrey Goldberg）是第三名。參見"ADL Report: Anti-Semitic Targeting of Journalists During the 2016 Presidential Campaign: A Report from ADL's Task Force on Harassment and Journalism," p. 6. 不過比起這些攻擊，許多保守派的沉默更讓我沮喪，他們大概覺得不需要公開阻止這些偏執狂用他們總統候選人的名義攻擊別人吧。

權，但只要體制健全、社會正常，各式各樣的開放互動就會淹沒這些煽動人心的花言巧語，而這些民粹政客就會像感冒病毒一樣被踢出去。這個時代真正讓人沮喪的，其實是民粹的需求太高，而且左右派都一樣。

煽動修辭（Demagoguery）的歷史相當悠久。這個詞出自古希臘，原意是領導平民的人；後來變成了利用激情，讓群眾在本能之下不假思索地行動，或者不假思索地痛恨既有體制的修辭方式。煽動當然會跟浪漫主義一起出現，畢竟這兩者都認為情緒與感覺比事實和理性更重要。但早在浪漫主義誕生之前，人類就會煽動了。煽動基於我們的本能，在原始社會，陌生人通常都是敵人，如果部落要能存續，就必須能夠點燃族人的護國熱血和殺敵仇恨。黑白二分的世界觀，在當時是一種競爭優勢；而喚起激情的才能以及被激發激情的能力，在當時是力量的泉源。畢竟我們只要熱血衝腦，就會團結一心。換句話說，煽動其實是某種人類天性。我們是擁有文明之後，才學會怎麼彼此包容，怎麼疏導或消弭危險的群眾激情。憲法最主要的功能之一，就是盡量讓那些煽動群眾的政客和傾聽這些煽動的人民，無法集結出巨大的力量。以前的保守派都知道這件事多麼重要，現在卻沒那麼多。

然後我要再說一次，如果川普能夠駕馭自己的本能，他一定會變成一個更難對付的總統，一個更強大的煽動家。如果他對局勢的判斷更敏銳，他的就職演講就會很不一樣，例如可能會推出一些大型基礎建設之類的財富共享計劃，爭取民主黨的支持；或者吸走一些桑德斯競選所需的民粹能量。但川普就跟很多剛上任的總統一樣誤讀了大選結果，繼續討好死忠支持者，同時跟民主黨正面對幹。身為一個美國的保守派，我當然樂見川普犯下這種大錯，因為這至少在短期內會讓更多人跳出來阻止他，鞏固我們的權力制衡體制。但長期我就沒那麼樂觀。川普的出線，至少已經證明即便是保守派（或者即便是共和黨與堅貞媒體盟友這些保守派）也無法倖免於強人政治的部落渴望。

川普不是右派墮落的原因，而是右派墮落的衍生物。他利用我們的墮落，然後讓我們墮落得越來越快。如果文明是一種對話，那麼川普就是一位非常重要的總統，因為他深深改變了民主的對話方式。

第十四章

四分五裂
——岌岌可危的美國民主實驗
Things Fall Apart: The American Experiment at Risk

川普在政壇上驟然崛起，讓美國人多數進步派，和為數不少的保守派及自由意志主義者都不由得想問：**這頭怪物怎麼跑出來的？**

當然，這麼說對川普和很多支持他的人都不是很公道。對很多選民來說，唐納・川普並不是怪物；他是被時代召喚的英雄，為人民帶來救贖。儘管這份救贖有不少缺陷，但他就像這個時代的「正宗哥吉拉」一樣從海中升起，前來摧毀當權派的建築，喚醒美利堅民族的真我。而對其他人來說，他也是兩顆爛蘋果裡面比較好的那顆。選戰期間的大量民調都指出，投給川普的人有很多都覺得自己是在對抗希拉蕊，而非支持川普。[1]而對保守派選民來說，如果你最關心的是最高法院的將來，那投給川普更是當時最正確的選擇。

無論你認同哪一種觀點，最重要的還是，川普並非憑空從海裡鑽出來。他的當選與任內作為，都是長久以來的趨勢所造成的。關於川普如何成功篡奪整個共和黨，至少得花一整本書的篇幅來解釋。所以我只會著重在我認為最重要、和本書關聯最直接的因素。

我花了一整本書來說明人類的本性從未改變。這世界在過去三百年來發生的巨變，並不是因為我們進化、脫離蒙昧了，而是因為我們不小心發現了一種思考和討論社會組織路線的新方法。這種思維的改變與革命無異，但革命成果需要有許多體制來維持和保護，這些體制包括各種規則，也包括更具體的組織和團體，而這些組織和團體就是我們常說的「公民社會」。舉凡教會和學校，乃至於保齡球聯賽和四健會（4-H Club）等社區組織，都是公民社會的一部分。這些老式的公民社會並未死絕，但確實正像酸性海域中的珊瑚礁一樣逐漸白化凋零。

這不是我隨口亂說的比喻。我一直認為公民社會就像一大片海域裡的珊瑚礁。珊瑚創造了豐富的生態系統，讓各式各樣的生物居住，這也是為什麼有時候珊瑚礁會被稱為「海中雨林」。這些珊瑚所佔的面積還不到全球海域的百分之零點一，卻孕育了百分之二十五的海洋物種！[2]

在史前時代，人類唯一擁有的體制就是部落或遊獵團隊。這些體制也許還能細分成家庭、獵人與採集者等更小的單位，但基本上都是部落的一部分。

農業時代的分工產生了許多空間，讓更多體制得以發展，其中有些體制還會彼此衝突。有些「空間」則位於國家力量鞭長莫及之處。在這些空間裡，體制會隨著時間慢慢發展，就像珊瑚一樣。生態系的變化往往規模很小，而且非常緩慢，這讓人類有時間慢慢適應。這時的珊瑚礁裡只有少數幾種珊瑚：家庭、在地社群、教會、相對較少且往往受各種同業公會監管的行業，還有國家與其軍隊。接著，由於本書前面討論到的種種原因，體制多樣性突然不可思議地大爆發，人類進入了難以置信的繁榮時代，各種天才橫空出世，讓這場大爆發不斷擴張延續。

創造一個能培養中介體制的環境也是一種社會工程（social engineering），甚至可以說是人類史上最偉大的一場社會工程，只不過這和我們平常說的社會工程不太一樣。其中差異就像是前文說的英國花園和法國花園之間的差異。英國花園創造了一塊自由的領域，讓人們和體制能夠自由地蓬勃發展。人類就像蜜蜂一樣，在各種體制之間來往，一邊獲取資源也一邊給予資源。這種社會工程唯一的目的，就是讓整座花園欣欣向榮，別無他求。

請原諒我不斷拿一堆比喻來折磨大家，不過現代的公民社會就像是建設人工魚礁一樣：我們將一大堆水泥塊或鑽油平台沉入墨西哥灣底部，靜待珊瑚、海藻、藤壺、牡蠣等生物附著其上。隨著牠們生長，魚類也能在此找到新的棲地。（南加州鑽油平台裡的魚類數目，是同一地區天然岩礁裡的二十七倍。）[3]我很討厭別人學電影《夢幻成真》（*Field of Dreams*）裡講說：「蓋好了，它們就會來」，不過用在這裡倒是頗有道理。而當牠們來了，自然就會興盛。

不過這種比喻有個問題，就是國家無法建立，只能保護魚礁。如果你有深潛或浮淺的經驗，應該就知道潛水客不能徒手碰觸珊瑚。我們手上的油脂會破壞珊瑚表面的共生膜，甚至有可能害死整群珊瑚。對公民社會來說，國家和這些手上油膩膩的潛水客沒什麼差別。除非極其小心，不然對體制生態的干預，往往都會造成傷害甚至毀滅，偏偏國家往往都粗手粗腳。

市場或國家所通行的貨幣，也不適用於公民社會。自願結合的團體是靠著愛、共同感、善行與互惠的經濟來運作。救世軍、天主教會、童子軍、園藝俱樂部和南北戰爭重演社團的運作，都是以共同的價值觀為基礎，遵循的原則也和福利機構或就業計劃大不相同。如果國家侵門踏戶、恣意指教這些團體該如何運作，幾乎都會造成傷害。而一旦國家接管公民社會的功能，帶來的就是破壞。

當然，這些傷害與破壞並非惡意，政府總是「做好準備，隨時協助」。而且政府確實也做了很多重要的好事，但它沒有愛人的能力。

政客總喜歡把國家比作家庭，這種類比非常危險。包括許多中產階級所享受的權益（entitlement）在內，政府施行社會福利計劃的理由，往往是所有人都屬於美國這個大家庭，而家人會彼此照應，也無須因為求助覺得不好意思。這造成了兩個問題。任何人只要曾和家族成員借過錢，特別是跟不對的人借錢，都知道整個過程其實挺丟人的；如果你借了不只一次，那就更丟臉了。就算是家人，大方也有個限度，而且這種大方也有附加條件。因為人際之間的慷慨不是理當享有的權益，何況家人之間的協助還牽涉到複雜的互惠、愧疚、期望等因素。

舉例來說，我哥喬許曾經染上毒癮。我父母在他死前曾幫過他很多次，從財務、情感到你想得到的一切都有，但幫忙的同時還有許多條件、訓斥、擁抱、眼淚、愧疚、鼓勵和最後通牒。而政府無法靠稽核做到這些心理扶持，這不是政府能扮演的角色。政府官員能像你的艾爾文叔叔一樣在晚上十點打給你，催你把欠他的錢給還來嗎？

前德州參議員菲爾．格萊姆（Phil Gramm）講過一個故事，是關於他和一群選民的互動。當時選民問他的兒童政策是什麼。他的回答差不多是：「就是沒有人能像我和我妻子一樣愛我的子女，這就是我的政策出發點。」

有個女人打斷他：「不對，我和你一樣愛你的子女。」

格萊姆回嗆：「喔真的嗎？那他們叫什麼名字？」

第二個問題是社會福利並非慈善，而是被看作應得的權益。如果你跟別人，特別是對**陌生人**說他們應當不經努力就獲得某種東西，就是在教他們生活應該是怎麼一回事，而這種觀念常常都有著根本性的危害。舉例來說，當社會認定政府有責任提供窮人想要和需要的一切，不只會減少窮人自立自強的動機，也會讓生活富足的人們失去幫助他們的動機。許多人都以為歐洲國家的社會組織模式比較好，但他們的公民社會卻不斷萎縮。教會享有補貼，但裡頭卻空無一人。人們普遍覺得，既然有國家來處理需要幫助的人，其他人為什麼還要付出呢？「我繳稅就是為了這個。」而在大西洋另一邊，美國卻是全世界慈善活動發展最完善的國家，私有化的宗教匯集了整個社會不可限量的善意。

強納森・海德特的文章指出：「各種針對美國慈善捐款的研究指出，最不熱衷宗教信仰的百分之二十人口（考慮上教堂的頻率，而非信仰有多深）只有約百分之一點五的收入會捐獻給慈善活動。而最虔誠的百分之二十則捐了百分之七的收入，其中絕大多數的捐款是捐給宗教團體。」海德特還說：「在志願服務方面也是一樣：信仰虔誠的人比重視世俗生活的人更常擔任志工，而且大部分服務都是為了自己所屬的宗教團體，或是透過這些團體。」[4] 公民社會鼓勵人們重視他人（other-directed），幫助他人是為了受人需要的心靈滿足感，而非為了應付稽核。這種社會參與才能營造維繫民主與資本主義所需的價值和美德。

中介體制也能提供生活的意義、社群意識，甚至身分認同，讓人們獲得歸屬感與滿足感。

美國企業研究院（American Enterprise Institute，我也是成員之一）主席亞瑟・布魯克斯（Arthur C. Brooks）也寫過不少文章，討論「自己爭取到的成功」有何重要性，他認為這是美國例外論的精髓所在。所謂爭取成功，並不等於賺錢或是成名，真正的重點是努力贏得成就的個人滿足。金錢也許是成功的一種形式，但贏得成功的感受絕不是金錢可以買到的。贏得樂透或繼承財富雖然輕易，但這種意外之財的滿足感和吃糖帶來的欣快感沒什麼差別，很快就會消失殆盡。真正持久的幸福來自於相信自己的勞動有價值、相信自己做出了有意義的貢獻、相信自己被人需要。讓孩子健康快樂成長的家庭主婦可以獲得高度的成就感，而富有的證券經紀人賺到的成就感也可能很微薄。而當神父、學校老師、藝術家或是作家覺得自己讓世界變得不同，也都可能自己爭取到了極高成就。這和他們的財務狀況無關。

美國民主實驗和爭取成功的關係這麼緊密，是因為我們的制度設計之初，就是為了讓每個人能走上自己的道路、去爭取成功。這也是「追求個人幸福」的真諦。我們擁有愈多中介體制，就有愈多道路能讓人爭取成功。

布魯克斯還將爭取到的成功與「習得性無助」對比，後者由賓州大學的心理學大師馬丁・賽里格曼（Martin E. P. Seligman）提出。習得性無助在憂鬱症研究上有明確的臨床定義，不過在這個脈絡下，指的是一種缺乏努力誘因、成績缺少報酬的感受。當人覺得自己不再是命運的舵手，這種感受就會反映在行為上。[5]馬克思認為異化是資本主義帶來的疫疾，但任何曾經在共產社會居住，甚至只是造訪過當地的人，都知道在國營經濟下，異化感只會有過之而無不及。在奉行自由市場的社會裡，人也許會覺得自己只是一顆小齒輪，但至少自由市場下的人有權「離開」違背個人利益的制度、職位或行業。國家本位主義的制度可不承認這種權利。

不過，**如果你根本無處可去**，那「離開」的權利也就只是擺好看的。這時就需要有中介體制供人安身。就算一個人的工作很糟糕，但只要在朋友、家庭、教會或志願消防隊裡受到需要、重視或尊重，他在工作之外的生活還是可以相當富足。

過去三百年來，從馬克思左派到君主制右派，每一種受國家本位主義者青睞的意識型態，都主張國家必須有權力修補市場帶來的異化、彌合社會的分歧、像關愛子女的父母一樣照顧人民。這是行不通的。但是當人們愈相信這一套，就愈會背棄唯一行得通的方案：**我們自己**。我們建立了許多珊瑚礁，讓人們找到情感或心理的歸屬。而一旦國家伸手，珊瑚礁就會受到破壞。

美國進步派對歐洲模式的憧憬其來有自，因為他們的思考方式和歐洲人一樣。民調顯示，希望政府「多努力」減少收入不平等的進步派，大約是保守派的三倍。與此同時，相信政府不該插手收入不平等問題的保守派，捐給慈善機構的錢卻是進步派的四倍之多。二〇〇二年的調查指出，認為政府「花太多錢經營社會福利」的人，更傾向捐贈食物或金錢給無家者。[6]或許當人們把同情他人的責任外包給政府，為的其實是換取只為自己著想的自由。

不過平心而論，進步派也是出於真誠的同情心，才相信國家，而且只有國家可以應付所謂「現代生活前所未有的複雜性」。他們雖然希望國家處理一切，但他們並不邪惡也不自私——再怎麼說他們都願意繳更多稅幫助他人。他們只是沒有看到這份同情心的代價。歐巴馬曾在第二任總統就職演說中宣告：

> 就像美軍無法再靠滑膛槍和民兵對抗法西斯主義或共產主義的軍隊，美國人也無法再靠一己之力滿足在當今世界生活的需求。只靠一個人無法訓練所有數學和科學老師讓我們的孩子們面對未來，也無法建設道路、網路和研究室，為我們國家帶來新的工作機會和產業。現在的我們比過去更需要團結起來，成為一個國家、一支民族，才能做到這些。[7]

看看他在說什麼。在他的眼中，美國這塊舞台上只有兩個行動者：聯邦政府與個人，沒有中介體制，甚至沒有州政府和地方政府的位置——儘管這些體制更親民、更有能力了解人民面對的挑戰。正如李文在他的大作《破碎的共和：在個人主義時代更新美國的社會契約》（*Fractured Republic: Renewing America's Social Contract in the Age of Individualism*）中所說：「這種對國民生活的淺薄認知，正是如今左派無能協助美國適應二十一世紀現實的原因。」當美國人的生活不再有任何重要的事物，只剩下個人與國家，也等於是抹平了生命中每一吋供人生活和來往的角落與縫隙。「政府其實就是我們一起做的每一件事」如今已是陳腔濫調，但就是這句話讓我們看不到人民是怎麼自發合作、尋找各自生活的意義，建立起公民社會的廣大生態系。李文認為這種觀點「讓社會生活不斷演變而來的複雜地貌變得單調扁平，也讓我們無法逃離個人主義和中央集權間有害的回饋循環。」[8]

這不是英國花園的風景，而是種植單一作物的耕地。人們變得有如小麥，每一根麥稈都齊頭等高，所有的種子都來自政府的培育；每個人都覺得自己在世上孑然一身，無處求助。這種原子化的感受，也是另一種異化。當公民社會中人們真正生活的縫隙和角落全都被國家填平，這種孤立感就必然會發生。李文指出：「集體主義和原子化並非政治光譜的兩端，而是一枚硬幣的兩面。」[9]

二〇一二年，民主黨在全國代表大會的第一天播放了一個影片，片中提到：「政府是我們所有人唯一的共同歸屬。」[10]同年，歐巴馬陣營也釋出了一篇名為《茱利亞的人生》（*The Life of Julia*）的投影片廣告。廣告內容是關於一名叫做茱利亞的女性，以及政府能為她的一生做的所有事情。每一張投影片的開頭都是「因為歐巴馬總統……」，並解釋她說享用過哪些國家提供的具體福利。從幼兒時期接受《啟蒙計劃》（*Head Start*）提供的公營教育，到歐巴馬任內「邁向巔峰計劃」《*Race to the Top*》所提供的高中學費補助。上大學以後，她「因為歐巴馬總統」得到了稅務減免和政府出資的醫療服務。這還只是開始。畢業以後，她得到了《公平薪酬》（*Equal Pay*）的協助，政府還補助了她的就學貸款和避孕計劃。接著，「因為歐巴馬總統，茱利亞決定懷孕生子。」老了以後，「因為歐巴馬總統」，她申請了高齡醫療保險（Medicare）。最後，「因為歐巴馬總統」，她得以退休、靠社會安全保險過活，並在「社區花園」擔任志工。[11]

先不管裡頭的歐巴馬莫名其妙當一輩子的總統，這部廣告最有趣的地方還是它**缺少**的東西。茱利亞沒有家人，只有一個孩子，而這個孩子一滿十八歲就從她的生命中消失了。她沒有雙親、沒有丈夫、沒有其他所愛之人。她的生活中沒有教會、沒有任何類型的志工組織，但是到了退休過後，茱利亞又有時間在社區花園擔任志工了。換句話說，國家取代了家庭、朋友、社區和宗教。

成為家庭的一分子，是人類的本能情感中最深沈的願望之一。這也是為什麼無論傳統電視台還是現代虛擬平台，幾乎每一部電視劇都是在談家庭。擁有家庭的願望，也是一種羅伯·尼斯比說的「參與社群的渴望」。說真的，「茱利亞的人生」這部廣告能引起許多人的共鳴，就是因為它提供了某種歸屬感的想像，但這也讓國家有機會伸手填補每個人靈魂的空隙。「讓國家成為你的家人」或「讓國家提供你社群參與感」等說法，一直以來都有著不可思議的魔力，很容易受到大眾歡迎。這也讓保守派和自由意志主義者陷於明顯不利的境地。出於這兩種意識型態，我們不認為國家會是良善、可靠的，更不可能取代社會連帶或歸屬感，因為這些連結只能來自公民社會、來自家庭。（至少在川普崛起之前，我們多數人都不這麼認為。）

無論在人類史上的哪個時代，由國家成為人民父母的願景都非常受歡迎，因為它講到了我們內心深處的渴望，滿足了我們的部落心態。我們都夢想著人人平等、彼此互相依賴，需要一個大人物領導我們、替我們懲戒各式各樣的敵人。至於那個人是歐巴馬還是川普都無所謂。但為什麼這個願景如今會變得這麼誘人？

有個顯而易見但片面的理由是，許多美國人的經濟處境正在變差。因為資本主義違反自然，如果不能給人們想要的東西，人們就會質疑不自然的東西何必堅持下去。而自從二〇〇〇年開始，美國的市場經濟就無法維持吸引人的榮景了。著名人口學家尼可拉斯·埃伯施塔特（Nicholas Eberstadt）表示：「二〇〇〇年對美國而言，可以說是一塊灰暗的歷史里程碑。無論原因為何，過去幾個世代不斷提昇美國人生活水準和社會福祉的『美國大電梯』（Great American Escalator）已經壞了，而且壞得非常嚴重。」[12]

但從二〇〇〇年初到二〇一六年末，美國其實賺了不少。家庭和非營利機構的淨值漲了不只一倍，從原先的四十四兆左右，成長到大約九十兆美金。但人均成長大約只有百分之一。換句話說，經濟雖然繁榮，在整個社會上的分配卻極其不平等。據埃伯施塔特估計，如果我們繼續維持戰後到二〇〇〇年間的常態經濟成長率，二〇一六年的人均國內生產毛額還要再多個百分之二十才對。[13]

從美國的就業狀態觀之，這個問題的規模就就更明顯了。埃伯施塔特指出：「二〇〇〇年後，就業率就一落千丈，達到數十年來的最低點。」官方的統計數字不算嚴重，但十分誤導，因為他們只追蹤有在找工作的人。然而，每有一名二十五到五十五歲之間的美國失業男性在求職，「就代表還有三個人既沒有工作，也沒有在找工作。」同時，埃伯施塔特也指出，婦女離開家庭就業「曾是戰後最突出的社會趨勢之一」，但在二〇〇〇年後這點也徹底開了倒車，黃金年齡（prime work age）的婦女就業率「倒退了一整個世代，回到一九八〇年代末的水準。」[14]

歐巴馬卸任總統時，美國的經濟成長率已經接連九個月毫無起色，黃金年齡男性的受雇比例甚至低於一九四〇年——比大蕭條末期還要低，而官方公布的失業率，也超過了百分之十四。二十歲以上無受薪工作男性的比例，已經超過一九四八年的兩倍。[15]

同樣的，雖然美國有很大一部分的人是這樣，但這並非社會的全貌。在一九七九年，中上階級佔了全國人口的百分之十二點九；而在二〇一四年，比例已經多達百分之二十九點四。[16]根據美國人口普查局（Census Bureau）的數據，考慮通貨膨脹後，年收入超過十萬美金的家庭在一九六七年只佔百分之八，在二〇一五年已佔了百分之二十六點四。[17]而皮尤研究中心（Pew Research Center）的統計則指出，二〇一五年的美國中產階級雖然比一九七一年少了百分之十一，但這是因為其中百分之七的人晉升到更高的階級，只有百分之四落入更低的階級。在二〇一五年，優於中上階級者的比例，比一九七一年多了百分之五十。[18]只是儘管整體看起來充滿希望，對很大一部分美國人來說，未來並非如此。

雖然收入不平等加劇其實是因為有錢人變得更有錢、中產階級變得更多，但有一大部分的美國人陷入困境，仍然是不爭的事實。而在川普的票源中，這些人正好又多得不成比例。*

很多人都把這番經濟困境怪罪到資本主義上。而且市場發生創造性破壞的結果，確實也常常是由一部分無辜的人在承受。無論川普怎麼說，創新和市場對煤礦產業的傷害，絕對比歐巴馬政府更重。壓裂（fracking）等新技術發明後，開採天然氣就變得比挖煤更有競爭力。歐巴馬政府雖然對煤礦業置之不理，但真正造成重創的還是創造性破壞。[19]同樣地，比起外包和差勁的貿易協定，自動化才是製造業職缺遽減的真正原因。美國現在的製造業其實表現很好，[20]出口額幾乎達到了史上最高，而且仍然是最大的經濟部門。[21]問題是創新使得製造業只需聘請更少的員工，

---

* 我要指出在本書（指二〇一八年英文版）付梓時，許多經濟指標都相當樂觀，如今被川普總統當作經濟健康關鍵指標的股市更是如此。但這些趨勢對經濟底層的影響有多深還有待觀察。

就能完成一樣的工作。如今的製造業產值是一九八四年的兩倍，但工人卻少了三分之一。22

另外，資本主義擴張加上國際運輸與通訊的大幅進步，也讓全世界好幾十億的勞動人口都加入了競爭，而既然國外有人因此得利，國內難免就會有人蒙受損害。比起外國人，美國人當然會也應該要更關心美國人，但不可忽視的是在全球都進入市場經濟後，貧困也以史無前例的規模與速度降低。美國經濟需要花不少時間，才能適應自由市場驟然擴張到全球的新境況，但這不代表市場經濟本身有什麼不妥之處。相反地，社會菁英採取的調適之道，卻透露了他們內部的毛病。

歐巴馬的競選團隊會認為《茱利亞的人生》可以說服選民；聰明的政治顧問會在民主黨代表大會上以「政府是我們所有人唯一的共同歸屬」開場；川普會將「去工業化」歸咎於華盛頓「無能的領導者」，都是有原因的。當公民社會健康時，多數人根本不會向華盛頓尋求問題的解答。我們會向身邊的人尋求支援。只有在森林倒塌時，我們才看得見遠方的高山。但是當家庭或社會廢棄失能，我們依然會渴望尋求「歸屬」，遭逢不幸時也會需要幫助。而國家總是樂意填補其他體制無法或逃避提供的協助。國家本位主義者向來主張，從建國之初，華盛頓政府就是人民所有問題的解答。當森林倒下，所有人眼光都自然會看向華盛頓的高山，這時國家本位主義者的話就更像是真理了。

這種趨勢完全符合歐巴馬的政治哲學，他的競選宣傳也總是強調自己代表了某種國族復興。他的競選標語非常厲害，聽起來頗有一種新紀元風格民粹主義的詭異氣息：「我們就是我們所期待的救世主」。不過公民社會的糜爛和對傳統經濟模式的追想也幫了川普一把。在歐巴馬推進專家統治（technocracy）的進步願景、希望政府成為每個公民的同伴和幫手後，川普便提出了往日情懷和國族主義做為主軸。

稍後我會詳細解讀川普代表的政治訊息，但在這之前，我需要先大致介紹一下國族主義這種意識型態。在保守主義圈子裡，國族主義常常引起激烈的爭論，許多傳統的同盟和朋友都因此分道揚鑣。身為《國家評論》的資深編輯，我常看到有同事號召保守派擁抱我朋友里奇・勞瑞（Richard Lowry）和拉梅希・彭努魯（Ramesh Ponnuru）所謂的「良性國族主義」：

良性國族主義的內涵之一是忠於自己的國家，對國家懷有歸屬感、忠誠心和感激之情。它依附的是人民和文化，而不只是政治體制和法律。此外，良性的國族主義還包括同胞之間的同氣連枝：在考慮外國人之前，更重視彼此的福祉；但也不是完全鄙棄外國人。在政治場域裡，這種國族主義會支持聯邦政府不顧一切捍衛主權、竭盡全力增進人民的利益、全心滿足國族凝聚的需求。[23]

對於這派人士，我唯一反對的是他們的用詞，因為用詞非常重要，我們對世界的看法都是由修辭所塑造的。在我看來，勞瑞和朋努魯說的其實不是國族主義，而是愛國情操。國族主義是一種普世性的現象，作為意識型態的類型，它除了國族本身的榮耀之外就沒有其他共通的內容。這和保守主義或基進主義有點類似。俄羅斯保守派想保守的事物，和英國保守派想保守的東西一定有很大的不同。而西班牙基進派想拆除的事物，和沙烏地阿拉伯基進派也一定天差地遠。每個國家的國族主義者所推崇的事物，也絕對不會相同。

當然，同樣的說法也可以套用在愛國情操上，每個國家的愛國者所愛的國家當然不一樣。不過在美國的語境中，愛國情操還有一些超越國族主義的原則和理想。這也是美國例外論與生俱來的文化方向。儘管常遭到左派和右派的誤會，但美國例外論並不代表「我們比所有人都優秀」。美國例外論不是戰狼主義（jingoism），而是一種觀察。一直到最近十幾年為止，美國例外論的重點都不是「我們有沒有天下無敵？」而是「我們很顯然與眾不同，但這是不是好事？」在希望美國變得更像歐洲的左派看來，美國的與眾不同非常糟糕；至於右派，無論是孤立主義還是國際主義右派，都認為美國的與眾不同值得驕傲。但美國例外論從來都不是「國族主義」。

追根究底，國族主義的重點還是集體的意志與精神。國族主義的基本假設和情感核心，都跟那些「和戰爭具有同等道德價值」*的政策一樣，是對統一體的崇拜，高喊著：「讓我們萬眾一心、將士用命，朝星辰大海的偉大征途前進！」「法西斯主義」（fascism）一詞來自拉丁文的「*fasces*」，意為和斧頭綁在一起的束棒，是羅馬帝國威信的象徵，代表著「團結的力量」。美國的愛國者會在危急時刻想起這些精神，但絕不會忘記在憲法所規劃的秩序裡，社會是由個人而非群體所形成的。對國族主義者來說，社會的主角是正直的群眾；但對愛國者來說，和法律站在一起挺身面對群眾的人才是英雄。英國作家G．K．卻斯特頓（G. K. Chesterton）就很清楚其中的差別：「愛國者絕不會認為『無論有沒有做錯，國家就是國家』，就像沒有人會說『無論有沒有酗酒，父母就是父母』一樣。」[24]

我一直主張美國非常需要一點點的國族主義。國族主義是一種先於理性的情感，更是對家園的**部落式**忠誠：我愛這裡，因為我屬於這裡，這就是最重要的原因。我們都是自身國族的產物，對自己的根保持一點最低限度的感恩絕對是美好而健康的。但儘管有一點點國族主義很健康，吃太多的話還是會中毒，因為天下沒有無毒的東西，只有無害的劑量。真要認真說的話，國族主義根本不是一種意識型態，而是一種激情，就像肉慾一樣。每一段婚姻都需要性吸引力，但是建立在肉慾上的婚姻絕對不健康。堅實的盟約需要依賴共同的價值觀，需要人們為了比自己更重要的原則和未來犧牲奉獻。國家也是一樣。美國的開國先賢也意識到了這種激情的危險性，才會設計出一套隨時制衡國家的制度。

在歷史上，國族主義一直和這些設計來限制人民意志的制度交戰不休；也正是因為如此，歷史學家才常常會使用「浪漫國族主義」這個說法。浪漫國族主義起源於法國大革命末期，在當時的法國和德意志地區，無論是知識分子還是一般大眾，都開始對啟蒙運動時期冰冷的理性主義和法律主義心生不滿。恐怖時期的雅各賓黨人全都是熱血的國族主義者，相信法國人是上帝的選民。每一處祭壇、每一條大街都被他們寫上了：「公民為祖國生、為祖國活、為祖國死。」[25]羅伯斯比爾更是毫不保留地擁抱國族主義：「吾乃法蘭西人，吾乃各位的代理人之一……偉大的人民啊！吾奉獻自身一切，願爾等接受！生於爾等之中，乃吾人至福；為爾等幸福而死，乃吾人萬福！」[26]

在德意志，赫爾德和費希特等知識分子也紛紛崛起，先是反對腓特烈大帝的開明專制，接著又起而對抗拿破崙帝國冰冷無情的軍國實用主義。理性與科學去除了人們對這世界的神祕性和非理性，韋伯稱之為「除魅」（disenchantment），而國族主義卻是一種把這股神祕性和非理性召回來的教條，借用蓋爾勒的說法就是「復魅（re-enchantment）」。不久過後，馬克思主義也會帶來另一種同樣的信仰。根據國族主義的神話與童謠，它能為人類找回某些在理性時代失卻的意義。赫爾德和費希特大量借鑒了盧梭的思想，以及他以共同意志為地基建造社會的理念，只不過

* 譯注：moral equivalent of war，指卡特總統在一九七七年的演說，以及各種向社會問題「宣戰」的政策架構。

赫爾德又發明了「*Volksgeist*」一詞，意思是民族精神。[27]

他和費希特虛構出了德意志民族，並將德語定為德意志人的決定性特徵。他們認為法語是啟蒙思維的語言，壓抑著德意志人真誠的靈魂。赫爾德勸告人們：「喔，德意志人啊，吐掉塞納河醜惡的爛泥，說德意志的語言吧！」[28]而費希特則相信：「是語言塑造了人，而非人塑造了語言。」他宣稱德語是純潔的語言，不僅反抗著塞納河爛泥的腐化，也抵擋了羅馬帝國和拉丁文中那些異質的觀念。「其他日耳曼部落的語言如今只留表象，根柢已經死去，唯有德意志人的語言猶然存活，而且從它自然湧出的那一刻便鮮活至今。」費希特並非生物種族主義者（雖然他的確很討厭猶太人），但他對語言的看法還是在日後被納粹騎劫，演變成更惡毒的族裔國族主義（ethnic nationalism）：「在當今所有民族之中，德意志人的身上最能清楚看見人性完善的種子，並注定領導人類的發展。如果喪失了德意志人的這種本質，那麼人類從苦難深淵獲得拯救的一切希望，也將隨之一起消失。」[29]

國族主義不只無法抵抗種族本質主義、部落式優越感、對激情與神話的憧景，還會讓這些情緒像培養皿中的細菌一樣增生繁殖。因為它的基本認知是人民應當一同追尋意義和精神救贖，這些無意識的激情，恰恰跟美國文化中最傑出的要素站在對立面。因此勞瑞和朋努魯所謂的「良性國族主義」和這些情感完全合不來，所有針對良性國族主義的重要研究，重點都在「良性」，而非「國族主義」。

因為國族主義從不檢驗屬於國族的一切事物，沒有內部制衡，也沒有任何限制性的原則能阻止人們屈服於集體激情。所以當國族主義走到極端，必然會演變為國家本位主義或某種社會主義。有些馬克思主義和列寧主義的鬼話會說國族主義和社會主義是對立的。但凡是國族主義失控的地方，都會走向某種社會主義。而只要有國家真的實行了社會主義，也都會走向國族主義。你可以找出查維茲或卡斯楚的任何一篇演說，把「國族主義」、「國有化」等字眼和「社會主義」、「社會化」互相代換，文義根本不會有任何改變。產業國有化就是產業社會化，反之亦然。只要離開書本，進入真實世界，這兩個字眼就不再是反義詞，而是同義詞了。

不受限制的國族主義必然會變成國家本位主義，因為國家是唯一能代表我們所有人的體制。說到這裡，我們終於可以回來談談唐納．川普了。

在他的就職演說中，川普總統提出了他對新秩序的願景：

> 我們政治的基本原則將是完全效忠美利堅合眾國，並透過我們對國家的忠誠，重新發現我們對彼此的忠誠。[30]

這和歐巴馬說的如出一轍，只不過因為客群不同而調整了調性。兩人都認定美國所有問題都可以由華盛頓來解決。雖然在所有重大層面上，雙方的修辭和計劃大相逕庭，但兩人潛在的假設都是，只要讓對的人入主橢圓辦公室，就能改變整個國度，或是「讓美國再次偉大」。

在這點上，川普和傳統的保守派完全不同；保守派向來認為華盛頓的權力太大、對人們的生活和經濟插手太多。川普主張，甚至可以說是斥責華盛頓的菁英太軟弱、太愚笨，無法解決人們遇到的問題。他不但堅持，用更少的錢提供更好的醫療應該「很簡單」，還想靠著單方面提出更優質的交易對抗全球化的潮流。他告訴追隨者，這麼做不但會有很多好處，有朝一日大家還會拿好處拿到手軟。[31]

公民社會衰弱後，不只是進步派打從心裡接受了歐巴馬「徹底改變美國」的復魅大旗，打算「徹底改變美國」，許多保守派也接受了川普「美國優先」的國族主義；不過雙方陣營也不是那麼壁壘分明，歐巴馬的信徒不只有進步派，而當初投給歐巴馬的人，後來也投給了川普。[32]

到底是美國政治的兩極分化孕育了部落思維，還是部落思維導致了兩極分化？認真說來，我只能回答「兩者都有」。不過有一件事情很明顯，那就是不管在大選時還是現在，都有很大一部分的川普支持者是懷著以毒攻毒的想法。這些人若不是非常狂熱，就是充滿不情願，但在我與他們上百次的爭論、對話和辯論中，最常聽到的就是我們若不選擇跟川普一起活下去，就得和希拉蕊一起去死。對於虔誠的川普信徒來說，這是一個激憤人心的選擇；而對那些懷抱質疑的支持者，則是一個必要的可悲選擇。傳統美國保守派相信的有限政府和自由市場，已經不再受選民青睞。如今流行的選擇是在進步主義和國族主義裡二選一。

換句話說，進步主義召喚出了一股國族主義的文化反彈（cultural backlash），但與其說國族主義是左派國家本位主義的反面，不如說是右派版本的國家本位主義。讓我們花點時間，看看這一切是怎麼發生的。

進步陣營內一直有股深沈的認知錯亂。他們一直對自己推動「社會變革」的角色深感驕傲，而且這份驕傲也頗有道理。畢竟如果你重視公民權利和女性主義之類的目標，怎麼可能不自豪於現有的成就呢？但另一方面，進步派又想把抵抗「進步」的勢力，全部打成文化戰爭中的大反派。從墮胎權和同性婚姻，到時下正夯的跨性別權利，他們希望所有體制和社群都對進步運動伏首稱臣。只要有人表示抗拒，就會被批為敵人。

「讓美國再次偉大」能夠喚起廣泛支持，是因為它容許各種不同的解讀。但這句口號最關鍵的魅力，是它告訴我們可以回到過去那個單純的時代：中產階級職缺彷彿枝頭熟透的果實唾手可得、警察可以自由處置惹事生非的傢伙，更沒有「政治正確」來掃大家的興致——儘管這個願景更像是某種神話。「讓美國再次偉大」其實跟赫爾德召喚的偉大神話沒有兩樣，特別是加上各種國族主義和民粹主義修辭後，更讓人們相信在幻想的過去中，「我們（正直的）人民」無論在國內還是國外，都不會蒙受外人羞辱。

雖然有些支持川普的保守派很清楚，這一套根本就是江湖郎中的狗皮膏藥，但他們也沒能抵擋這種心態。曾經兼差知識分子，如今在川普政府中服務的避險基金大亨邁可．安東（Michael Anton）就曾以假名在《克萊蒙書評》（*Claremont Review of Books*）上發表過一篇有名的文章，題名為〈聯航九三大選〉（*The Flight 93 Election*）。在文章裡，他主張如果希拉蕊．柯林頓當選，美國就徹底完蛋了。因此就像九一一事件時，聯合航空九十三號班機上大膽無畏抵抗恐怖分子的乘客一樣，選民也別無選擇，只能支持川普。（但他也沒有勇敢到願意冒丟工作的險，用本名發表文章就是了。）[33]這種看法得到很多保守派領袖的認同，甚至有不少人原本還強烈反對川普。進步派社會工程師和社會正義戰士的帝國雄心，最後引來了末日天劫般的反彈，即便有的保守派雙目雪亮，能夠識破川普的狡猾技倆和惑眾妖言，也無法抗拒這股力量的誘惑。說實話，就連我這麼鄙視川普，都不得不承認如果我這一票能決定選舉結果，我大概也會投給他。

「讓美國再次偉大」捕捉到了這陣文化反彈的神髓，所有關於貿易、外交、犯罪、文化、經濟的懷舊說法，全都響應了召喚。但川普的各種議程中最突出、最值得一提的，還是移民問題。「我們要的是勞動力，來的卻是人」，這是瑞士作家馬克斯．弗里施（Max Frisch）對瑞士引進移工的名言。[34]但他的觀察幾乎適用於整個歐洲。大量移民從中東、北非和南亞蜂擁而來，造成的後果可想而知。不僅全國和地方體制都受到嚴峻挑戰，也讓民粹主義趁勢而起，紛紛開始召喚威權主義。

不少左派都承認是移民激起了民粹主義的逆襲，但接著他們卻把反對移民的聲浪批為種族主義和狹隘的成見，不該在政治上得到重視。大量移民確實在部分族群裡引起了種族主義和其他偏狹的態度，但是用這種解釋打發所有反對聲浪，只會鼓勵人們沉溺於道德表演：**不喜歡移民的人都抱著落後的偏見——不像我**。

這種回應方式不只忽略了議題的複雜性，也只是鼓勵人們仇恨社會中遭到妖魔化的族群。某種程度上，這也是一種譴責受害者。舉例來說，社經地位最低的人通常都從事體力勞動。當一個人缺乏教育，體力勞動通常就是唯一的選擇。因此，引進外勞在報社記者或其他西裝革履的人口中，或許是值得歌頌的德政，但對於打零工餬口的人而言，卻只是多了一堆競爭者，還讓工資無法提高——至少感覺起來是這樣。要是我們開始大量半價引進外國專家取代《紐約時報》的編輯群，那他們報紙上的文章調性應該就會很不一樣了。

我傾向於相信大量移民，特別吸引高技術移民的政策會對經濟很有利。就算是低技術移民，也不像某些人說一樣，有斬釘截鐵的證據證明他們只會損害國家。（經濟領域的移民研究有很多方法論和意識型態上的問題。）[35]但不變的是，就像貿易和自動化一樣，經濟政策也會產生輸家和贏家。當然，支持大規模引進移民的人幾乎都是贏家，而且其中有很大一部分都會對輸家的控訴擺出倨傲的輕蔑態度。每當我面對生活優渥的聽眾，我都會指出他們其實只認識兩種移民：幫他們整理花園或房子、克勤克儉的體力勞動者，還有像他們一樣受過高等教育、努力工作的「世界公民」。無論是哪一種移民，都沒有理由讓他們感受到經濟或文化上的威脅。（他們的子女不會和打工族的子女一起念人滿為患的公立學校，而私立學校如果有富裕移民的子女，這種「族群多樣性」反而更得他們的歡心。）有錢的好處之一，就是有別人付出犧牲，來支撐起你慷慨的餘裕。

無論如何，我們實在不該把移民議題的重點都放在經濟上。經濟學家很擅長用模型來描繪世界，但他們很容易低估、忽略或是妖魔化移民所造成的文化和心理代價。所以在討論移民時，經濟學家談的都是勞動力、勞動成本、生產力和各式各樣的成本效益。這些模型完全沒有談到社會凝聚力、公民社會和體制的健康、共同體內的信賴關係等難以量化的成本效益。

但這些並不是完全無法估計。密西根大學的羅納德・英格哈特（Ronald Inglehart）和哈佛大學甘迺迪政府學院（Kennedy School of Government）的皮帕・諾里斯（Pippa Norris）最近發表了一篇論文，文中大量的證據指出，美國和歐洲的民粹主義浪潮主要是來自「文化反彈」，而非經濟失調。[36]不過他們的文化反彈論不只牽涉到移民議題，女性主義、同志權利等進步派帶來的變革，也都對人們的心理有部分影響。但我們有理由相信，在這股民粹主義的文化反彈背後，移民應該是最大的動力來源。

倫敦經濟學院最近的一份研究發現，民粹主義對英國脫歐的支持，和失業率並沒有很強烈的關聯，反而是跟移民比例的關聯比較大。早在二〇一二年，也有一份研究指出，比起經濟議題，反移民陣營更擔憂新移民對「地方人口組成」，以及「鄰里、學校和工作場所」會造成什麼影響。[37]

很多探討這個議題的政治學文獻不是充滿人身攻擊的字眼，就是技術性地利用中性詞彙做人身攻擊，像是「種族歧視」、「仇外」、「排他」、「偏見」或「孤立主義」。雖然很悲哀的是，要找到符合這些描述的案例確實很簡單，但如果用這些字眼一竿子打翻所有反對大規模移民的意見，只會讓悲劇更加悲劇。說得更清楚一點就是，雖然所有仇外的種族歧視者和白人至上主義者都反對移民，但並非所有反對移民的人都有種族歧視或仇外情結。《國家評論》雜誌就高呼，如果有責任感的政治人物不處理選民對移民的正當顧慮，這個議題就會被不負責任的政客騎劫，因為在選民看來，只有這些傢伙在乎他們的問題。二〇一六年的大選就證明了這一點。

川普在選戰中對移民議題的論調，簡直就像把左派裡頭最誇大的老哏反過來說一遍。一直以來，只要有人暗示移民不屬於高貴的美國人，就會被盲目相挺移民的人當作笑柄；如今川普也如法炮製，把移民，特別是非法移民罵成人渣敗類。舉例來說，希拉蕊曾說伊斯蘭教「和恐怖主義一點關係都沒有」。[38]而川普則（至少在選戰一開始）宣誓要禁絕**所有**穆斯林，顯然是認為伊斯蘭教**根本就是**恐怖主義。從他不斷強調數據上毫無代表性的非法移民犯罪，也可以看出這一點。這種修辭策略對川普有兩個好處。首先是煽動性的用詞可以勾起人類天生恐懼他者的部落直覺。不過更重要的是表現他不像「軟弱」、「愚蠢」的當權派，願意挑戰「政治正確」。

換句話說，川普就像左派一樣，把所有不同意見都打成敵方的同路人，如此一來，真實世界裡的各種差異和對比，也都不復存在。不過也有學者曾試著釐清問題的樣貌。哈佛大學的社會學家羅伯特·普特南（Robert D. Putnam）可以說是美國社會科學界最傑出公民社會和社區研究者，這名值得尊敬的左翼進步派曾進行了一份母體超過三萬人的大型調查。發現社會多樣性增加和社區分裂之間，有著不可否認的關聯。他認定種族主義無法完全解釋這個現象。（說實話，那些認為反移民情緒完全來自種族主義的人從來沒花多少心思研究十九世紀到二十世紀初的移民爭議，也沒關心過非洲和中東等地和種族無關的反移民情緒。）

根據普特南的研究，住在多元化社區的人「無論膚色為何，都比較不信賴鄰居、較為疏離（就算是對親朋好友也不例外）、傾向對社區和社區領導人抱持最低的期待、較少登記投票、更常討論社會改革卻更不相信自己能影響社會，而且更容易悶悶不樂地守在電視機前。」[39]

最後他總結：「住在多元族群環境中的人更容易『繭居』，常常深居家中足不出戶。」[40] 普特南對他的發現很挫折，也知道同儕不會樂見這些發現。於是他花了一整年跟這些數據纏鬥，想要找出其他解釋，最後卻一無所獲。

在族群或文化同質性高的社區，社會信任比較強，社會資本也比較厚實。擁有共同語言、習俗、信念、制度和過往的人，自然比較容易自行解決差異和問題，無須由政府代勞。共同的文化能形成信賴，而信賴是民主和經濟成長的基石。福山認為：「信賴就是共同體內部基於普遍共通的規範，期待成員做出有規則、有誠意、有合作意願的行為。」[41]

拿明信片上的典型歐洲村落來說，當地的小孩都穿著一樣的服裝，祭典由父母們一起舉辦，每個人都上同一間教堂。比起到處都是外地人和新移民多元化城市，這種社區的社會信任跟合作互助理所當然會更深厚吧？瑞典等北歐國家一直是美國進步派世世代代以來的理想國度。但進步派不理解的是，這些國家之所以能輕易推行社會民主，正是因為他們的族裔高度同質化，又有強烈的文化共識。我甚至可以毫不猶豫地說，北歐國家像德國、英國、法國、荷蘭等國一樣大量接受移民和難民後，並沒有讓社會變得更平和。

但我並不是要比較哪一種社會比較好。傳統的小鎮生活也許很美好。但對於想要更多，或者只是想要**不同**生活的人來說，這樣的社區就會令人窒息了。中世紀的日耳曼地區有句格言「Stadtluft macht frei」，意思是「城市的空氣讓人自由」，就清楚說出了兩種生活的差異。搬到城市生活向來就意味著逃離井然有序、受傳統束縛的鄉村生活。

傳統社區有很多習俗，在五朔節繞著花柱跳舞只是其中之一；這些節慶活動不只是古色古香的文化活動，更是維繫社會信任、連帶與合作的迴路。包容不同價值觀是正確的好事，但包容的程度和效果都有一個限度。基督徒可以參觀清真寺，但大概無法定期進去祈禱。講韓語的人要跟不通韓語的人建立關係也注定非常艱難。

國外出生的美國人所佔的比例，如今史無前例地高。在一九六〇年代，國外出生的人口無論在絕對數量還是相對比例上都明顯較少，當時的墨西哥裔只佔百分之六，其他拉丁美洲裔則佔百分之三點五，總共只佔了國外出生人口的百分之九點五，另外有高達百分之八十四都是很容易就能融入主流文化的歐洲和加拿大移民。[42] 到了二〇一四年，已經有百分之二十七點七是來自墨西哥，百分之二十三點九來自其他拉丁美洲國家。[43] 在二〇一二年，公立學校從幼稚園到高中總共有四千八百萬名學童，其中每四個就有一個在家裡說的不是英語。[44]

很多人會指出，以前公立學校的國外出生學童比例也差不多（不過確切數字並不是很清楚）。他們也會提到很多移民看見自由女神像、通過埃利斯島檢查站後，都找到並實現了美國夢。這些故事確實動聽，我自己也很愛。但他們沒提到的是，當時從地方政府、州政府到聯邦政府的態度，都是堅決要讓移民變成美國人。這些作法有時會過度苛刻，比如在一戰時，德語使用者光是在公開場合使用母語就會遭到迫害。* 但當時的學校、教會和大眾文化，都有意願也有辦法鼓勵移民融入美國。

但如今這些意願都轉往反方向了。教育和政治遊說團體普遍都積極反對族群融合，努力為移民和國內出生的少數族群創造更多誘因，讓他們不計代價維持自己的少數族裔認同。

雖然還是有很多移民和在地出生的少數族裔都積極融入美國。但最欠缺這種風氣的，正好也是需要族群融合的地方。加州大學的行政備忘錄就警告教職員工，不要使用可能導致「微冒犯」（micro-aggression）的語言；至於怎樣才算微冒犯，加州大學的定義是：「無論是否故意，凡是只因一個人的邊緣族群身分，而對他使用帶有敵意、貶損或負面訊息的日常口語及非口語，或是營造環境中的忽視、冷落或冒犯。」其中一個帶有敵意或貶損性質的冒犯語句是：「美國是個大熔爐。」因為這句話意味著期待少數族裔「融入主導地位的文化」。[45]

好吧，都給你講就好了。

無論你偏好怎樣的移民政策（我個人認為只要有一套政策然後**好好執行**都可以），都不該忘記恐懼和懷疑陌生人完全是人的天性。我並不喜歡近來右派所盛行那些妖魔化移民的煽動之詞，不過他們的反應確實屬於人之常情。有些行為很明顯屬於偏執或是暴行，我也無意幫這些行為找藉口。但有些人也多少應該謙虛一點、表現一些同理心，不要把「排他」和南北戰爭前反移民的「一無所知」運動（know-nothingism）劃上等號；跟他們相比，多數將移民視為問題的人都非常清楚，這個共同體正在以自己不喜歡的方式改變。

許多政客都說過會解決這個問題，最後又紛紛失信於選民。唐納・川普正是利用了這數百萬

* 他們也忽略了美國經濟的體質其實有能力吸收移民潮。經濟學家喬治・鮑哈斯（George Borjas）指出在一九一四年，福特汽車公司有百分之七十五的勞動力來自移民（George J. Borjas, We Wanted Workers: Unraveling the Immigration Narrative [New York: W. W. Norton, 2016], p. 52）。由於自動化和創新的大幅進展，美國在工業化之後從不曾像某些人說得那麼窮。但有人相信美國能像當時一樣，再吸收一波國外出生的低技術勞工嗎？

人的挫折感。我不喜歡他的手段，也認為他的承諾大部分都無法實現，說不定還會導致更強烈的民粹怒火。但儘管他利用了這些人的擔憂，也不代表這種擔憂毫無道理。

前面說過，這種趨勢背後的動力是兩極化，而兩極化又反過來促進了這個趨勢。

想知道原因，我們需要先了解，公民社會的傾頹是怎麼讓數百萬美國人投入政黨政治，追求部落式的生命意義的？在過去，美國政黨的意識型態並沒有這麼強烈。比方說在一九五〇年代，你不可能只看一個人是共和黨還是民主黨，就猜出她是保守派還是進步派。當時既有非常進步的共和黨員，也有非常保守的民主黨員。但從一九六〇年代起，兩黨的意識型態色彩在這幾十年來，可說是一年比一年強烈，最後還染上了部落色彩。「如今，政黨已經不再只是一群按照選民意志來治理的人了。政黨變成了人們支持的隊伍、變成了人們尋找歸屬的部落。大眾對政治的看法也逐漸變成零和遊戲，人人都希望自己的隊伍贏、想要別人的隊伍輸。」為《紐約時報》撰寫社會科學文章的亞曼達·陶柏（Amanda Taub）如是說。[46]

政治學家尚托·伊延格（Shanto Iyengar）和西恩·衛斯伍德（Sean J. Westwood）說：「在很長一段時間裡，我們都不曾覺得支持哪個政黨有多重要。政黨並非身分認同的核心，只是一個附屬的標籤；但到了現代，我們已經會在自我介紹的時候，把政黨認同當作是和性別、族裔、人種一樣重要的標籤了。」說實話，在判斷別人的行為和態度時，政黨已經變得比種族還要重要了。[47]

當其他的人生意義來源逐漸式微，我們就會更容易覺得自己屬於國家民族，而非地方共同體的一分子，政治賽局也不可避免會愈玩愈大；受此影響的不只是政策，還有我們的心理。因為比賽和打戰的邏輯接管了我們的大腦，讓我們用非贏即輸的方式思考。遠在北卡羅萊納和印第安納的政黨之爭，卻能像大戰中的拉鋸一樣，讓加州和紐約的公民同仇敵愾。

社群媒體的出現又放大了這種「我們對抗他們」的部落世界觀，因為要在社群媒體上找到千哩外心靈相通的虛擬「好友」，比跟隔壁鄰居好好聊天要容易多了。政治的重點也不再是兩大陣營努力說服彼此，而是追求勝利、羞辱對手、讓對方難堪。許多研究都指出，當人們看到別人遭受電擊，腦中感受疼痛的部位也會有反應。但有份研究指出，當人們知道被電擊的人跟他們支持同一個球隊，就會更容易產生同理反應。而當他們知道被電的是對手球隊的球迷時，產生反應的就會變成快樂中樞。[48]這就是我們與生俱來的部落意識。看到自己人痛苦，我們也會覺得痛苦；而看到「他者」痛苦，則會讓我們愉快。

我目前還沒找到有沒有人針對意識型態或政治部落做類似的實驗，但我相信結果會一模一樣。保守派樂得看到進步派遭殃，反過來也是一樣。每次發生恐怖攻擊或大規模槍擊案，左派都會公開祈禱犯人又是某個「右翼仇恨團體」的憤怒白人男子。而只要確定犯人是激進穆斯林，許多右翼分子也會因為自己的世界觀得到認證而控制不住內心喜悅。

如今的臉書和推特這些平台，已經淪為人們吹噓自己有多麼信仰純正、多麼獻身正義，以及攻擊意識型態對手有多麼腐敗、多麼熱衷邪惡志向的地方。（左右派部落的兩極分化有個好玩的矛盾之處：人們總喜歡說敵人全心全意投入邪惡的意識型態，又說對方會為了個人利益出賣一切。）衛斯伍德在《紐約時報》上說：「人們都想向別人證明共和黨或民主黨有多壞，只有自己的政黨最善良。於是社群媒體給了人們這個機會，讓每個人可以公開向世界宣揚自己的信仰，表現詆毀異己、相挺同路候選人的意志。」[49]

大眾這股落井下石、幸災樂禍的狂歡慾望，為新聞界創造了一個新市場；而當市場出現，實創家就會立刻進駐。為了服務這些覺得「哩洗咧哭」（your tears are delicious）或「玻璃心」（Butthure）算是一種主張的左右派網路流氓，「假新聞」（fake news）便應運而生。各種偏誤攻佔了新聞界。儘管騙局在新聞業並不稀奇，如今卻可說是這些花招的黃金時代。有上百萬人希望現實走向自己期待的方向，再加上點擊付費式廣告（pay-for-click ad）的推波助瀾，網路上到處流竄著各種憑空捏造的資訊。就連原本值得敬重的新聞媒體，內容也被半真半假的消息給淹沒，而這些往往是最有效的謊言。標題殺人法一直都不是什麼新鮮事。但在這個上百萬人只讀標題、政治對話幾乎都在推特的一百四十個字母中進行的時代，美國國內的對話已經變成了一片只能譁眾取寵，無法實事求是、充滿盲目感受的烏煙瘴氣。如果說狂信徒（fanatic）指的是無法改變自己的意見，又不願意改變話題的人，那麼當今的左派和右派，其實都被狂信徒給征服了。而當一名總統相信，謊言只要**聽起來**像真的就是真的，那謊言就會掌握無以倫比的聲量。

喬治梅森大學（George Mason University）的一流經濟學家泰勒．科文（Tyler Cowen）提出了一個有點憤世嫉俗的觀點，他認為許多意識型態論述說穿了，就只是想要看到某個群體的相對地位下滑或是抬升。[50]雖然他原本說的是學術界和知識分子的象牙塔，但放在政治文化的戰壕中，顯然更為精準。無論一個人對「黑人的命也是命」運動相關的議題好壞發表了什麼意見，背後談的幾乎都跟群體間的相對地位有關。強迫基督徒烘焙師幫同性婚禮做結婚蛋糕，和寬容幾乎扯不上什麼關係，這些行動的背後其實都是高喊著「你非在乎不可！」的復仇心態。希拉蕊嘲笑川普支持者幾乎都是「一籃一籃的可悲仔」[51]，但她的攻擊只被這些支持者當成榮譽勳章，還有反唇相譏的話柄。

雖然我必須再三指出，這些趨勢都互有關聯，而且會彼此強化，但如果要對現象批判思考，還是得把每個趨勢拆開來看。大規模移民侵蝕了國內的中介體制，當這些真正的社群衰弱，人們就開始朝網路上的「虛擬社群」遷移，怨恨也開始在物以類聚的環境中發酵，催生出我們原本在現實生活中絕對說不出口的言論和態度。這個增強的過程，讓人們有了在現實中講出這些話的勇氣。每當這些話引起的反彈，就會在網路上被當成「勝利」大肆慶祝，而這種「勝利」也正逐漸有利可圖。移民和經濟損失都讓人們感到不安，於是這些人選擇上臉書誇耀自己的生活，裝作一切都順利安穩，結果孕育出更多嫉妒，還有地位或階級焦慮。正如孟德斯鳩所說：「如果人求的只有快樂，那其實很容易實現；但我們卻希望比別人都還要快樂，這件事向來不易，因為我們眼中的他人，往往比實際上還要快樂。」[52]

這些趨勢都讓人們不得不尋求新的身分認同，比如種族、性別、生理性別、信仰或是政治傾向，隨著這些淺薄的自我理解愈來愈僵硬，部落化的兩極對立也逐漸緊繃。現代民主社會常說的部落意識，這其實不是很精準的說法，叫做「結盟主義」（coalitionalism）也許更合適。不過這個詞是我發明的，而且聽起來實在太常規政治了，因為正常的政治往往都牽涉到建立同盟。而我們現在所面對的兩極分化，確實愈來愈像部落意識。

在川普崛起以前，保守主義就走上了身分政治的方向；就算他沒有參選，我們還是遲早會走上這條路。但就我的觀察，右派會臣服於民粹主義和部落意識，最直接的原因還是茶黨的失敗。在美國的民粹運動中，這場反歐巴馬總統的民粹運動是我唯一能夠感同身受，甚至投入支持的。

（我也曾在許多茶黨的抗爭上演講。）為什麼？雖然我不喜歡也不信任群眾，但茶黨的訴求正好緊密結合了民粹主義和建國先賢的原則，要求政府量入為出，尊重憲法。在茶黨運動中，我認識了無數來自公民社會各處的人，他們都對美國文明最重要的這份文獻滿懷赤誠。他們會在起居室或錄音室舉辦讀書會或是講座。他們研究了債務和財政赤字的原理。雖然每次抗爭，都有一些人比較暴躁，但只要人們因為高漲的政治熱情聚集，就會有這種人，而且這些人都頗為受控。他們每次都會清理場地，認真看待自己的公民身分。茶黨雖有激情，但也很有原則。

他們也成功讓許多政治家上台。然而如果從最初設立的目標來看，茶黨運動還是失敗了。銀行獲得了紓困，歐巴馬健保仍然存在，國債愈積愈多，稅率也提高了。但許多茶黨投入部落的懷抱，並不是因為這些失敗。而是因為他們做的都只是擁護憲法原則。無論你同不同意他們提出的政策，茶黨的目標其實都出自愛國之心，而且有理有據，但媒體和好萊塢卻笑他們是鄉巴佬和白痴。這突顯了運動黑暗的一面。如果你告訴人們為了憲法和普世原則而戰實際上都是「白人的事情」，那許多白人遲早會同意你的說法。他們會把憲法看作屬於「真美國人」的文獻。但由於憲法的限制，他們最後就會得出結論：忠於憲法只是浪費時間。原本的「只有白人在乎憲法」，變成了「沒有人在乎憲法」。雖然我們還沒完全走到那一步，但在很多方面也差不多了。奇怪的是，愈來愈多右派組織開始崇拜無所不用其極的左派煽動家索爾．阿林斯基（Saul Alinsky）。他們相信左派就是善用他的戰術，才能奪取國家；而既然我們已經陷入生死存亡之戰，就必須學習他們的戰術。最重要的是，既然對方不受規則限制，「我們」也不該劃地自限。

每當有人譴責川普違反了「民主規範」，馬上就會有人回答：「那歐巴馬呢？」這問題非常好，但我的回答是：「我批評歐巴馬，正是因為他違反了民主規範。所以我也會為了一樣的原因批評川普。」川普的熱情粉絲一定會說：「他們都不遵守規則了，憑什麼我們還要遵守？」

唐納．川普攪動了民主失能的大漩渦，讓它轉得更加激烈。

多年來，保守派一直抱怨共和黨太容易退讓。我不能說他們錯了，不然我這《國家評論》資深編輯的位子大概會不保。共和黨顯然無力阻擋政府規模愈來愈大的趨勢，這點只要明眼人就能看得出來，毋需我重提羅斯福新政或大社會計劃的歷史。此外，雖然我認為保守派在很多文化議題上都是對的，但這一連串失敗的紀錄，也有助於解釋為什麼共和黨關注的，常常都是能刺激基層的象徵性文化議題。問題是，就算在這些議題上，共和黨也常常舉手投降。這有部分和保守主義的本質有關。就像海耶克說的一樣，我們很容易跟隨別人選擇的方向。原則上我認為這不是很嚴重的問題，因為讓社會有時間消化必要的改變是很重要的。只是多贏一點當然會讓人比較爽。

川普也利用了這種挫折感，像查理．辛（Charlie Sheen）*一樣瘋狂展示各種「勝利」。問題是，戰鬥與勝利並不是唯一有價值的原則。我曾跟許多支持川普的保守派有過無數辯論。讓我震驚的是，許多本該有所原則的保守主義者，都將「戰鬥」與「勝利」當成了自己的目的。當川普用盡粗鄙的言語捍衛客觀來看毫無道德，或是政治上站不住腳的立場，這些啦啦隊的反應卻是「至少他戰鬥了！」他成了「我們人民」的化身，而勝利已經跟真正贏得什麼毫無關聯了。當他說不出自己贏到了什麼，都是因為別人辜負了他，或是惡意阻撓他。而就算他說得出來，贏到的

---

* 譯注：好萊塢演員，立場鮮明的自由派，代表作品為《驚聲尖笑》系列和影集《好漢兩個半》。近年常因失控的公開言論上新聞，二〇一六年好萊塢明星相繼隕落時，還在推特上詛咒川普「成為下一個」。

東西也毫無價值。如果他做的事情匪夷所思，那他一定是在下很大一盤棋。簡單來說，很多人根本就是在搞崇拜川普的邪教。

曾有民調詢問共和黨員們是否認同由單一機構提供醫療衛生，絕大多數受訪者的回答都是否定的。但只要接著告訴他們川普也支持這項政策，幾乎所有人都跟著支持。[53]二〇一七年八月，一份民調顯示，如果川普希望推遲二〇二〇年大選，大概有一半的共和黨員會支持。[54]

在二〇一七年的保守政治行動會議（Conservative Action Political Committee, CPAC）上，川普的顧問凱莉安・康威（Kellyanne Conway）還曾提議要把「CPAC」的C改成川普的T。[55]雖然這只是誇大的玩笑，但是當川普說要拋下自由貿易，改行他鍾愛的「經濟國族主義」時，底下聽眾的喝采實在讓人擔心這樣的玩笑終將引起燎原大火。

對歐巴馬的個人崇拜也很類似。許多名人都曾對這名總統宣示效忠。[56]有個專欄作家尋思歐巴馬就是「帶來光的人」，認為他是一個「罕見的和諧存在，不只能夠領導我們在外交政策、醫療衛生計劃等領域找到新的方向，還能真正引領我們在地球上找到全新的存在方式、參與這場奇妙的人間實驗，與它建立連結。」[57]靈性作家迪帕克・喬布拉（Deepak Chopra）公開宣稱他代表著「美國人共識的量子飛躍。」「巴拉克・歐巴馬呈現了我們集體最純潔的願望、最崇高的願景和最深沈的神識……」生命教練伊芙・康士丹婷（Eve Konstantine）則說：「他是我們全知智慧量子場所創造的產物。」[59]這種言論還有很多，但主流媒體毫不在乎，因為它們也都為他痴迷。芭芭拉・華特斯（Barbara Walters）坦言：我們認為他將會成為……下一個彌賽亞。」[60]這種情況讓數以百萬計的美國人感到深深的嫌惡，不是因為種族歧視，而是單純因為不同意、健康的懷疑心態，或是普通的黨派之見，卻被不分青紅皂白地打為種族主義者。

創造川普的並不是那些把他當作怪物、問著「怎麼會冒出這種怪物？」的進步派名嘴、記者和政客，當然他們也不可能投給他，但這股逆火的柴薪如此高疊，這些人全都有份。

研究伊斯蘭恐怖主義、白人至上主義、街頭幫派和邪教等不同現象的學者都發現，這些組織招兵買馬所用的都是一樣的技倆：承諾給予意義和歸屬。人類天生就想要歸屬感，想要參與比自己更大的目標，想要為這些目標奉獻並獲得重視。欠缺社會資本，比如家庭失能、學校或社區缺乏關照的年輕人最容易受到這些事物吸引，因為他們幾乎沒有其他管道可以獲得意義和歸屬感。每個大哥大姐會（Big Brothers Big Sisters）和男孩女孩俱樂部（Boys & Girls Club）都看得出這一點。但不只是窮人、缺乏教育者和那些被資本主義「拋下」的人才容易受到這些東西吸引。**我們都一樣**。很多九一一事件中的恐怖分子都受過良好教育。賓拉登本人也很有錢。現代十分冰冷，當人們缺乏資源或機會，找不到健康的意義和歸屬感，就會在現代的寒風中飄零。

一九九三年四月，希拉蕊在德州大學奧斯汀分校的畢業典禮上致詞時就說：「我們需要有意義的新政治，人們的責任與關愛需要有新的道德風貌。市場和政府的力量讓我們遭遇到難以回答的問題，因此我們需要重新定義公民社會，知道社會該如何組織，才能重新賦予生活意義、讓我們感到自己屬於某個比自己更大的事物。」[61]

我在第一本書裡嚴厲批評了希拉蕊那篇關於意義的政治（politics of meaning）的演講。現在想想我當初並不公允。她的**診斷**其實可圈可點，長久以來，批評啟蒙運動和工業革命的人，也認為該這麼解決「社會的提問」。人類渴望部落式的團結感，正是這份渴望讓我們不斷演化，最後爬到了食物鏈頂端。但我仍絕不同意希拉蕊開出的**藥方**：中央集權。她和歐巴馬一樣，都認為要讓國家有更多權力滿足人民對意義的渴望。然而這個路線只會讓問題加劇，因為這樣一來，國家會成為生活唯一的意義，最後反而招致數百萬人的怨念，因為他們認為國家對意義的定義有所不足。在光榮革命之前，一個新教徒登上王位，就會讓英格蘭的天主教徒覺得自己在宇宙中的位置遭受威脅。反過來也是一樣。

但我們卻正走上這個方向，一個**退步**的方向。當總統或執政黨努力追尋這樣的意義，「局外人」就會覺得自己成了家鄉中的陌生人。而執政黨做的一切，都會加劇這種感受。而當另一個政黨上台，國家又會往反方向走。唯一的解決之道就是打破循環，減少國家的重要性，讓公民社會垂危的珊瑚礁恢復健康。

這不代表國家沒有重要的任務。但靈魂的空洞是國家無法填補的。只有拿著神聖權柄的君主和神學士才會說自己辦得到。

結語

文明是否衰敗，取決於我們的選擇

Conclusion: Decline Is a Choice

美國在衰敗嗎？答案既非是，也非不是。這兩個答案都是錯的，它們都預設了我們的未來是某種無法改變的軌跡，某種不可抵抗的結果。但天命未定，世上沒有什麼東西是不能改變的。以目前來說，美國的衰敗不是現在，而是未來。如果美國真衰敗了，那也是我們自己選的。

——查爾斯．柯漢默（Charles Krauthammer），二〇〇九年一月[1]

我希望在這本書中完全不提上帝，但我無法消除社會學的、在真實世界中存在的上帝。我從十八世紀開始講述美國奇蹟的發展，因為我們從那時候開始像火箭一樣一飛衝天。可是沒有任何火箭能夠憑空從發射台上冒出來，火箭的升空，其實是一個漫長故事的最終高潮。

簡單來說，我們能有今天都是因為上帝。但這不是說美國的成功是天意，也不是說上帝在我們的發展之中插手介入。我相信上帝存在，但如果你不相信，那你就得相信人類發明了上帝，而這能力極為強大。而且只有一神教具備這樣的力量：它說有一個全知的上帝，時時刻刻看著我們每個人的一舉一動。

在猶太人開始相信上帝之前，諸神的形象都比較像難搞的僕人，而非我們的主人。當時的人類根據喜好選出一些神，用來支持自己的情緒、滿足自己的願望、證明自己有權征服別人。羅馬人、希臘人、印度人、維京人、日本人、古中國人，以及世界各地的民族都根據自己的情緒創造了相應的神：仇恨的神、憤怒的神、慾望的神、同情的神。但希伯來的神把這個關係顛倒了過來，不再當我們的工具，反而叫我們為祂工作。希伯來的神說，每個猶太男人和猶太女人在道德上都是神聖不可侵犯的，後來基督宗教的神，又把這樣的神聖性推廣到世界上每一個人。基督宗教打從創立之初，就認為每個人都應該被正義地對待，每個人都必須把別人當上帝的孩子一樣尊重。「你們願意人怎樣待你們，你們也要怎樣待人」這句金律，後來逐漸發展成了個體的概念。[2] 換句話說，基督宗教讓我們開始知道，每個人天生都是平等的。當時的羅馬人跟希臘人並不這麼認為，他們覺得貴族的優秀是天生的，奴隸的低劣也是天生的。當然啦，基督宗教征服歐洲之後，擁有優勢的菁英還是自然而然設法壟斷那些優勢。即使有了重視尊嚴和平等的基督宗教，人類的君主制、貴族制、農奴制、奴隸制還是延續了一千六百多年。但我們還是可以說，基督宗教點燃了火種，那些制度的滅亡是遲早的事。

基督宗教還作了另一項很關鍵的事：它創造了「世俗」的概念。如之前所說，根據聖奧古斯丁的記載，基督宗教把世界分為凡人之城與上帝之城。這些城市當然是隱喻，它們並非實際的城邦，而是指心智的狀態。那些住在上帝之城的人，總是為了敬愛上帝而奉獻人生。但那些住在凡人之城的，卻只會為了一己之私汲汲營營。聖奧古斯丁當然比較喜歡上帝之城，但他也承認世上注定有一道「基本的鴻溝」，那些有信仰的人和沒有信仰的人想的就是不一樣，但虔誠的人還是得跟世俗的人生活在一起，共同打造政治體系，讓每個人都能享有「世上的和平」以及「此生所必需的其他利益」。[3]這種說法在當代大概會被當成神權主義，但聖奧古斯丁對世界的務實觀點，其實在宗教與世俗之間拓開了一個新空間。對奧古斯丁來說，社會既不是分成貴族、農民、奴隸；也不是分成富人和窮人；而是分成有信仰的人和沒有信仰的人。而其中最重要的一點，就是我們看不出究竟誰才是有信仰的人，這件事只有上帝知道。[4]

我們之前也提到，新教也作出了重大貢獻。馬丁路德的「因信稱義」把正義從天主教會的壟斷中解放出來，歸還給每個人的良心。此外，宗教改革使教派大量暴增，不僅孕育出各種新制度與新的思考習慣，例如不再打壓而開始重視創新發明；還逼著國家給予人們更多自由，對各種事物更加寬容。

西方的進步是在一系列拉扯中創造出來的：個人權利與國家權力的拉扯、主流宗教和少數宗教的拉扯、信仰與理性的拉扯、宗教和政府之間的拉扯等等。而且這種能夠開創新局的拉扯，不僅發生於外在，也發生於內心之中，有些甚至跟人性一樣古老：要臣服慾望還是擔起責任？要表現自我還是約束自我？要成就自己還是服務社群？要投身信念還是遵循理性？這些都是構成人性的重要板塊，它們在社會中不斷碰撞，在我們內心不斷激盪。

但在某件事出現之後，這些情緒和念頭都不再相同：我們開始相信人在做，上帝在看。我們很容易在情緒之下，去做自己覺得舒服的事，甚至自己認為「正確」的事；而最能制衡這個機制的東西，就是**敬畏上帝**。也許人類史上最強大的教化力量，就是我們開始相信即使沒有任何人在看，自己的一舉一動依然都被上帝看在眼裡。通常我們說的善良，都是指即使沒人在看，你依然會做好事。雖然很多無神論者都很善良，而且世界在變得越世俗的時候也變得越和平（請注意這是相關，不是因果）；但人類對善行的標準，卻依然來自一代代祖先的思考——當沒有人在看，只有上帝知道的時候，我們應該怎麼做。而本能的慾望，和上帝的期待之間的衝突，就成為了人類社會中最重要的拉扯。這樣的拉扯讓我們開始運用理性，讓理性變成生活中判斷善惡的關鍵工具。中世紀的教會博士（Doctors of the Church）用理性來推論上帝想要什麼，用理性來打破人與人之間的隔閡。猶太教的拉比，長久以來也都用理性和辯論以發掘上帝隱藏的意志。

當然，不是所有社會都用這種方式看事情。有些地方的人相信祖先而非上帝，但光是這點毫釐就失之千里。祖先的魂魄，未必會要求你去尊重每一個陌生人。所以來自猶太教，後來又在基督宗教進一步發展的上帝，讓西方世界成了人類歷史上唯一一次的奇蹟。宗教改變了我們對事情善惡、行為正當的理解，給了我們看待世界的框架，讓我們思考應該重視哪些慾望，應該如何安排每日的生活。我們之所以認為應該起床，認為起床後應該做某些事情，主要都是（或者都曾經是）因為上帝。上帝就像磁力，牽引我們心中的羅盤，讓我們成為更好的人。

無論你信不信上帝，這個概念都已經在社會中萎縮了，在我們的內心黯淡了。而如果你相信人類有強烈的宗教本能，如果相信我說的「自然和人性都厭惡真空」，你就必須接受上帝消失之後，社會出現了一個真空，讓許多不同的思想猛然湧入。就像那句據說來自卻斯特頓的名言一樣：「當人們選擇不再相信上帝的時候，他們也不再相信任何東西，也因此變得能夠相信所有東西。」[5]正是因為這樣，極權主義才那麼想要在人間打造天堂，那麼想創造一種「科學的」宗教，將人們領向此時此地的現世，因為這樣一來，人們就不再需要死後的烏托邦。

但這樣的可能性只是其中一種。極權主義創造幸福的能力實在有夠糟糕，糟糕到即使是對資本主義和民主倒盡胃口的人，也知道極權無法實現他們的願望。所以這些人就轉向別處。其中有些開始關心自己，尋找自己認定的意義，或者沉迷於健美身體之類的東西。[6]有些人則躲進虛擬世界，整天只玩遊戲。還有一些人投向新興或外來的宗教，尋找傳統宗教無法提供的答案。最後的一些人則變成名利的奴隸，把財富或名聲當成目的，而非利用它們去實現其他東西。

但要拿到這些東西都得勤奮努力，對很多人來說實在太麻煩了。所以我才會在《自由法西斯主義》中說，美國根本不需要擔心變成威權或極權主義的警察國家。美國最大的威脅，並非歐威爾《一九八四》那雙踩在人臉上的靴子，而是赫胥黎小說中描寫的美麗新世界。他在這部一九三二年的名作中，把「公元二五四〇年」說成一個靠人造子宮孵化兒童，靠著一種叫作索麻（soma）的藥物讓人民保持快樂溫順的世界。

我在《自由法西斯主義》裡就說，《美麗新世界》（*Brave New World*）提出的問題比《一九八四》更重要，也更麻煩。《一九八四》的世界一直都在打仗，遍地都是宣傳，每個人都知道自己為什麼不喜歡。但《美麗新世界》呢？大家都很開心啊，有什麼好抱怨的？西方世界的奇蹟建立在中產階級的思維上，它認為每個人都得付出努力，都有權獲得幸福。但如果幸福可以從天上掉下來呢？如果電腦、機器人、人工智慧、遺傳工程、嶄新的藥物可以讓生活更舒適，如果娛樂變得更身歷其境，如果爛在沙發上什麼都不做就可以獲得幸福，為什麼還要費力去追尋呢？幸福這種東西，點一下 App 就有了啊？

但我認為，這種東西是無法讓人真正幸福的。

幸福的秘訣，就是自己的成功自己爭取。政府可以發錢裝滿你的口袋，但無法讓你覺得自己更有價值。娛樂也一樣，它既無法代替努力，更不可能代替上帝。但很多人都去追求這些東西，結果陷入悲劇。無論是對個人還是對整體社會而言，生命中最重要的教訓之一，都是「你崇拜什麼，你就是什麼」。[7]資本主義的誕生雖然無法完全用信奉新教來解釋，但新教依然是主因。如果你相信上帝一直在看著你，而且對你期待很高，你就會想成為更好的人。但如果你相信人生最重要的事，是在臉書、推特、Instagram、Snapchat，或者之後出現的任何這種玩意上拿到更多「讚」，你就會把自己活成另一種樣子。iPhone使用者平均每天打開八十次手機，而且這個數字一年比一年高。[8]如今我們每個人口袋裡裝的資訊，都比二十年前世界上所有學者還多，我們卻完全不去使用這些資訊。我們在資訊的汪洋載浮載沉，肚子裡卻沒有一點知識。我在二〇一七年寫完這章的時候，賓州大學安納柏格公共政策研究中心（Annenberg Public Policy Center）做了一項民調，發現美國三分之一以上的人完全不知道憲法第一修正案保障了哪些權利；只有百分之二十六的人可以說出政府分為哪三個部門（變得比二〇一一年的百分之三十八還少了）；甚至有三分之一的人連其中任何一個都說不出來。[9]

人民對政府一無所知，本身未必有多可怕。但如果這個國家一天到晚在鼓勵人民投票，或者出現別的現象，可能就讓人背脊發涼。如果你連行政部門是什麼都不知道，為什麼投票選總統對你而言很重要？照理來說，民主就是要讓知道狀況的人民來決定國家事務；但每次有人問出「為什麼要投票」的時候，我們看到的答案卻都訴諸浪漫，而非訴諸理性，例如什麼「人民有權表達自己的意志！」、「人民有權參與政治！」之類的。這些說法字面上的確都沒問題，但它忘了，投票是公民參與政治的高潮，而非讓公民開始接觸政治的入口。我們目前的潮流在做相反的事，加州和許多地方的議員都越來越想讓兒童投票。其他人則為了降低民主參與門檻，正在推動線上投票，[10]大概是想把投票變成歌手選拔節目《美國偶像》那樣開放CALL-IN吧。

約翰・寇特尼・莫瑞（John Courtney Murray）在一九六一年發表了一篇精彩的演講：〈退

回原始部落〉（*Return to Tribalism*），裡面有一句話如今看來宛如警世預言：「我認為真正潛藏在城市的敵人不是共產黨，而是白癡」，而且不是指「那些智力有缺陷的人」，而是「古希臘人所說的白癡」。白癡（idiot）這個詞其實到了十四世紀，才出現了愚笨、低智商之類的意思，[11] 它在古希臘的原意，是指那些「不懂公共哲學、沒有相關知識與技能所以不知道該怎麼在文明城市生活的人。對古希臘人來說，白癡和野蠻人只有一線之隔，因為他們根本不知道『文明』是什麼意思」。[12]

如今一定有人會說莫瑞的發言極度菁英主義。可是菁英主義怎麼了嗎？如果菁英主義，是指你相信是非黑白之間、傑出與懶惰之間有客觀標準，那我也是個菁英主義者。如今真正的問題不是菁英，而是我們的菁英爛掉了。思想好到有點不合時宜的聖母大學（University of Notre Dame）聰明學者派崔克・迪南（Patrick J. Deneen）說：

> 我的學生全都腦袋空空。他們每個人都很親切、很可愛、很可信、其中大部分還很誠實、善良、正派。但他們的腦袋裡幾乎什麼都沒裝，祖先遺留給我們的知識、前人傳承下來的智慧，他們幾乎一無所知。我的學生是西方文明的巔峰，這個文明幾乎遺忘了自己的一切過往，對自己的文化幾乎完全漠不關心。

迪南說這件事不光發生在聖母大學身上，也發生在他教過的其他菁英學府身上，不管普林斯頓還是喬治城大學都一樣。這些地方的學生都很聰明，「都是考試達人，在每一科拿 A 都有如砍瓜切菜（換句話說幾乎沒有人需要全心鑽研任何一門課）」，而且「履歷優秀至極，是金字塔的頂點、宇宙的主宰、是管理美國和全世界的主人翁。」

但你如果問他們一些基本常識……

問他們對自己要繼承的寶座有何理解，他們的眼神就會開始游移，臉上露出不安。他們不知道伯羅奔尼撒戰爭裡面有哪些人物；不知道柏拉圖拜誰為師，又有哪些知名弟子；他們不知道蘇格拉底怎麼死的；也沒有人既讀過《伊利亞德》又讀過《奧德賽》；甚至沒多少人讀過《坎特伯里故事集》、《失樂園》、《神曲：地獄篇》。

問他們大多數人，掃羅是誰？不知道。《九十五條論綱》是誰寫的？寫了什麼？造成哪些影響？不知道。《大憲章》有什麼意義？不知道。聖多默・白凱主教（Thomas Becket）怎麼死的？不知道。蓋伊・福克斯（Guy Fawkes）是誰？為什麼會被後人紀念？不知道。林肯在第二任就職演講中說了什麼？不知道。那第一任就職演講跟第三次就職演講（事實上沒有第三次）呢？都不知道。所以《聯邦論》到底是什麼？還是不知道。

你如果在課堂上問這些問題，偶爾會看到幾個人舉手，但那些答案通常來自奇怪的冷知識，跟其他東西串不起來。換句話說，這些學生在古希臘人眼裡都是白癡，這些白癡非常聰明，甚至非常卓越，但他們依然是白癡。迪南說：「他們真的把我們的要求做得很好——他們都變成了蜉蝣，隨波逐流、朝生暮死，不計千日之功。」[13]但博雅教育的目的，就是為了讓人能夠從這種蜉蝣狀態中解脫，就是為了讓學生獲得一些重要的知識和證據，得以捍衛自由。

我們今日的領袖打造了這些學生，讓他們來領導明日。他們是新階級的孩子，對自己的文明一無所知，看到有人理直氣壯地說我們不需要捍衛自己的文明也毫無反應。他們很容易過河拆橋，高高地站在肥皂箱上，卻絲毫不願守護腳下的肥皂箱，甚至還經常以對抗「仇恨言論」的名義，掄起大槌把箱子砸個稀爛。這些養尊處優的菁英家庭子女，過著史上最量身定做的生活，想要什麼都能拿到。這些人很有錢，通常都不需要自己賺學費。他們一方面習慣茶來伸手飯來張口，認為別人幫他們打掃房間、介紹兄弟會或姊妹會、把身體暴力和所謂的「思想」暴力阻絕於千里之外都很理所當然；另一方面卻又覺得自己很「獨立」。他們不懂，想讓這個社會的每個人都像自己一樣，從小受到無微不至的呵護，到底有什麼問題？用自己的感覺和慾望來決定是非黑白，到底又有哪裡奇怪？

➤ ➤ ➤

尼爾．波茲曼（Neil Postman）在《娛樂至死：追求表象、歡笑和激情的媒體時代》（*Amusing Ourselves to Death: Public Discourse in the Age of Show Business*）中說：

> 歐威爾害怕有人把書禁掉，赫胥黎害怕沒有理由可禁書，因為再沒有人想讀書。歐威爾擔心會有人奪走我們知的權利；赫胥黎害怕有人給得太多，讓我們變得消極、自大。歐威爾擔心真理被隱瞞；赫胥黎害怕真理被繁瑣小事淹沒。歐威爾擔心我們受文化箝制；赫胥黎害怕我們會造就膚淺文化，滿腦子遲滯、糜爛和愚癡的念頭……在《一九八四》一書中，民眾遭受痛苦荼毒的控制；在《美麗新世界》中，他們則因耽溺享樂而為人掌控。總之，歐威爾擔心我們會毀於自身所

惡，赫胥黎害怕我們會毀於自身所愛。[14]

浪漫主義的招牌，就是萬般皆下品，唯有感覺高，而如今也有越來越多人把這種觀念當成規劃人生的準則。很多人都會引述歐文．克里斯托（Irving Kristol）的一句話，說「觀念是世界的主宰，因為觀念決定我們看到怎樣的現實……」但這其實只引述了一半，整段話其實長這樣：

> 亞當．斯密大錯特錯，因為觀念才是世界的主宰。觀念決定我們看到怎樣的現實，而且宗教只要一旦消失，各種不同的觀念就會從圖像、詩篇、歌曲、哲學這些文化產物中冒出來。[15]

克里斯托認為，社會中的保守派（通常也是捍衛自由的那邊）正在輸掉觀念之戰，因為他們忘了大眾文化已經把宗教遠遠甩在後面。如今我們生活中的意義主要來自大眾文化，而大眾文化卻主打享樂主義、泛靈論、甚至是純粹的感覺，絕大多數都不在乎更有層次的意義、道德、宗教，甚至經常直接跟這些東西唱反調。相比之下，很多古典音樂、繪畫、建築卻都是為了榮耀上帝。

我們崇拜什麼，就會變成什麼；但我們如今正在崇拜自己。回想看看，除了少數鄉村音樂以外，你上次遇到獻給上帝之類偉大存在的流行文化作品，是多久以前的事了？對，很多流行文化都想洗滌靈魂，但兩者完全不同，而且正是問題所在。流行文化洗滌靈魂的方式，幾乎都是「宗教以外的靈性」（spiritual but not religious）那套陳腔濫調，再不然就是更常見的「發現自我」，反正無論如何都跟上帝無關。

所有的悲劇、所有的喜劇、幾乎所有的電影和故事都是在述說人類的感情。即使書頁或螢幕上的角色開始使用理性，也都是為了滿足感性的動機。打從第一齣戲劇、第一首詩出現以來，人類就一直是這樣。

當代唯一的差別，只是我們開始把感受當成追求的目的；開始把心中的感覺而非推論出來的東西，當成最終的真理；開始讓直覺壓倒理性。

這就是民粹主義逐漸得勢的真正原因。民粹主義的興起既不是因為移民、也不是因為不平等，更不是因為身分政治，而是因為我們開始希望用感覺來決定一切。就連民粹主義本身都只是一種感覺，而不能算是某種意識型態。民粹主義者會提出政見，但每條政見都只是在回應民眾的感覺，像是威廉・詹寧斯・布萊安（這傢伙絕對不笨）就說「內布拉斯加百姓希望天上掉銀子下來，我也希望天上掉銀子下來。至於理由，我等會想好再告訴你。」[16]民粹主義者認為抽象原則很礙事，像是傳奇人物路易斯安那州長休伊・朗（Huey Long）就曾經對《國家》雜誌（*The Nation*）的記者說：「如果做了對的事情卻輸了選舉，有什麼用？」他認為「那些好人如今應該要打破原則」，這樣才能讓「每個百姓都當皇帝」。政治需要的，是用意志和力量去砸爛既有的「建制規則」。[17]

我們只要不再思考上帝的意義，而開始俯視自己，就一定會從身邊的小圈圈尋找歸屬、滿足、和人生的意義。神學家兼牧師尤金・畢德生（Eugene Peterson）就說過：「自古以來，能帶來宗教性超越的東西，除了上帝以外就只有三種：酒精和毒品的狂喜、性行為的狂喜、以及群體的狂喜。教會領袖經常警告毒品和性有多危險，但至少美國的教會領袖幾乎從來沒有提過人群的危險。」[18]只要在人群之中，我們就會覺得安心、滿足、振奮，因為它滿足了我們一路演化而來的部落本能。伊利亞・卡內提（Elias Canetti）在《群眾與權力》（*Crowds and Power*）中說，一旦走進人群，「差異就消失了，每個人都感到平等……在這神聖的幸福中，沒有人比別人更高尚，沒有人比別人更偉大，所有的人都合而為一。」[19]

這種仰賴感覺、仰賴動物本能的民粹動力，就是聚集群眾的關鍵。左派政客認為支持他們的群眾道德高尚，視他們為「人民的力量」。右派政客認為群眾在台下支持他們，代表「沉默的多數」不僅真實存在，而且不再沉默。但無論是哪一邊，都認為對面的群眾非我族類，其心必異。他們似乎完全忘記，從群眾中尋找支持和力量是古老的部落本能。有時候我們需要這種本能，在天安門的廣場前、在德黑蘭的街道上、在一九六三年向華府進軍的遊行隊伍中，這時候的部落本能相當高尚，但這並不是因為人們變得強大，而是因為人們追求高尚的目標。團結並不是一種道德，而是一種力量，力量既可以為善，也可以為惡。當你被群眾的熱情沖昏頭，你就已經墮落，因為你從那一刻起就不再追求任何比你更重要的權威，而是開始幫自己的直覺找藉口。

群眾如果沒有道德的領導，就會迷失方向，淪為烏合之眾。但要成功地用道德領導群眾，你就得不斷跟人們對話，不斷提醒大家，我們的團結只是手段，並不是目的。

但這種把感覺當最高真理的文化卻充斥在社會當中，即使群眾沒有集結，心態也依然存在。越來越多人覺得每個人都能理所當然地只管自己人的意見，無視其他所有族群。我在流行文化的那一章就說過，我們看電影的時候，都多多少少帶著一點部落心態。

但如果我們看新聞的時候也用這種心態，如果新聞把那些真正能影響我們生活的事件和資訊，也當成娛樂節目來報，問題就大了。現在的媒體經常把政治新聞描述成英雄故事，描寫成主角對抗魔王的場景。之前記者跟名嘴在報導歐巴馬的時候，焦點都放在那些可能影響選舉成敗的戲劇性事件，反而不那麼重視他的政策是否合理、是否合憲。現在很多支持川普的媒體也在玩一樣的把戲，一天到晚重複「川普會贏嗎？」、「這會讓川普勝選嗎？」之類的東西。對很多右派人士來說，這些跡象都是試金石，都是在顯示實體的群眾和線上的網友，是不是越來越把自己的價值和感受跟自己支持的政客，甚至自己喜歡的名人綁在一起——如果你討厭我喜歡的政客，你一定也不愛我。

無論你心中的主角是否正義，這種希望主角打敗魔王的想法都不僅相當浪漫，而且相當部落。它相信「我們」一定要獲勝、「我們的」意志一定要實現，凡是阻礙我們的一律都有問題。歐巴馬說過很多次，憲法不允許他單方面實現那些「夢想家」的心願；但在他決定要這麼做的時候，他自己的團隊成員卻沒有任何反對的聲音，反正只要他能勝選就可以。在那一瞬間，每個多年以來相信歐巴馬的說法，認為他不可能違規行事的共和黨人，都變成了愚蠢的壞蛋，因為他們沒有照著總統的腳步改變主意。

大約十五年前，我在寫《自由法西斯主義》的時候，查爾斯．莫瑞提醒我一件重要的事情。他說如果我在寫書的過程中，沒有至少在六個重要問題上改變立場，就表示我做錯了。因為寫書的人應該要反覆思考，自我辯證，如果我像這年頭的很多政治作家一樣，在寫完論述之前就知道最後的答案，我寫的東西就不是嚴肅的著作，而是一本政治宣傳。

我希望讀者會認為這是一本嚴肅的著作。至少我在寫作過程中學到了很多（甚至砍掉了一半的東西，原稿的厚度是現在的兩倍），很多歷史事實跟思維推論，我在下筆之前都從沒想過。

其中最重要的一點，就是我發現威權主義可能造成的威脅，跟我在《自由法西斯主義》裡面寫的並不一樣。這不是說美國永遠不會變成赫胥黎式的反烏托邦，而是說我們在淪為那種反烏托邦之後，還是會繼續墮落下去；而且我們對感覺和娛樂的需求將與日俱增，某一天可能會把社會壓垮。科技變得越進步，藥物、視聽、色情的各種刺激越精彩，我們就對這些刺激越麻木。我們將會像臨終的病人一樣，需要越來越多止痛嗎啡才能滿足。

C．S．路易斯在《人類的消亡》（*The Abolition of Man*）中寫道：「我們養出了沒有胸膛的人，卻要他們像正人君子一樣有為有守；我們把正直的人當傻瓜，被叛徒背刺的時候卻怪他們。」[20]路易斯用「胸膛」這種詩意的詞彙，來描述「大腦的理性與五臟六腑的本能之間，那不可或缺的連結。只剩本能的東西就是畜生，只剩理性的東西則只是精神，得有個東西把本能跟理性連起來，人方得以為人。」[21]也就是說，他認為文明、舉止、正直、榮譽，都是理性和本能在胸膛中正確融合的產物。

放縱慾望和崇拜自我，如今讓人們失去了胸膛，讓人們無法捍衛那些需要捍衛的東西，讓人們渴求意義。

歐美有許多年輕穆斯林男性，在家裡擁有各式各樣的娛樂消遣，卻還是覺得生命缺了什麼，於是離鄉背井去幫伊斯蘭國（ISIS）打仗。許多找不到熱情，失去方向的人，則加入了新納粹、安提法（antifa，意指反法西斯）之類的偏激團體。因為當下的主流體制已經不再覺得自己應該提供生命的意義，而且它們至少已經無法讓那些最需要意義的人覺得生命具有意義。

讓「歷史終結」這個概念不脛而走的法蘭西斯．福山（他寫了同名文章，後來又衍伸成一整本書）早就預見這個問題。他寫道：「也許在歷史終結之後，人們會進入幾百年的無聊，而歷史就因此重新開始。」[22]

福山的問題是他太樂觀了，他認為需要經歷幾百年的無聊，歷史才會重頭來過，但證據顯示每個世代甚至每一個人，都可能因為無聊而回到部落狀態。資本主義就像熊彼得說的一樣暗藏自我毀滅的種子，赫胥黎式的軟性專制也會被自己的體重壓垮。當榮耀、偉大、民族團結，或者部落式的救贖或復仇動力變得越來越強大，就會先吸引那些無所依歸的人，然後影響團體、腐化民族。這種事在歷史上不斷發生，拿破崙倒台後，西方社會進入史上最繁榮的時期，整個歐洲在一百年內沒有爆發大規模戰爭。但到了一九一四年，一戰即將爆發之前，大西洋兩岸的菁英階級都利用這漫長的無聊，讓人們去追求民族的榮耀和國家的偉大。而且即使一戰流了那麼多血，也只有朱利安・班達（Julien Benda）注意到人們的原始衝動仍未消失，西方思想家甚至還在搞一些「學富五車的政治仇恨組織」。[23]班達認為國家、民族、種族、階級之間的部落對立，將帶來一場比一戰更可怕的戰爭。我們目前離那個地獄還很遠，但已經看得出流動的仇恨將如何匯集為血河。我們的每一句話都會影響現實，因為語言會乘載觀念，而觀念是現實的主宰。

我直到開始寫這本書的時候，才發現這件事；而且不是因為我為了寫書而做研究，而是因為我看到它出現在現實之中。

我開始寫這本書的時候，沒有任何人認真相信川普可能選上總統，說不定川普本人也不相信。但他在初選中的勝出和最後大選的勝利，讓我不得不分一些篇幅來探討這到底怎麼回事。很諷刺的是，在我思考人類天性、部落心態、浪漫主義、腐敗的時候，川普也逐漸崛起。川普和川普主義對於保守派的存亡威脅，在很多方面都跟西方文明所面對的危機非常相似。

所謂的極右派就是個好例子。我們之所以必須擔心極右派的崛起和擴張，並不是因為它們的追隨者真的能拿到權力去實現幻想；而是因為一個正常的社會根本就不會有人接受這種不入流的思想。照理來說，一層層堅若磐石的核心觀念會把它們封印在地底之下，見不到一絲空氣和陽光；但這些雜草現在卻探出了頭來，這表示核心觀念的磐石已然破裂，文明的土壤已經枯竭，既有的體制光是苟延殘喘就已經費盡全力。

每一個能夠被觀念孕育出來的文明，都能夠被觀念摧毀，保守主義也不例外。所以核心觀念非常重要，如果西方文明要脫離現在的困境，就必須重新擁抱那些讓西方締造奇蹟的核心觀念，而且不能只是用這些觀念來制定政策，還要讓人對它們產生部落式的依戀，誓死堅守不移。

但我們現在的文化，卻是每個人都想讓自己喜歡的節目永遠繼續下去。吃瓜看戲的慾望已經改變了我們的思想，改變了我們的文明。如果我們認為什麼東西都要刺激有趣，我們就會用娛樂性來評斷一切。但娛樂性本身就是浪漫的、是部落的，它總是推崇英雄、引發激情、捨棄細節、跳過討論過程。我舉個例子就好：你有沒有辦法在一部描述法律制定或者政策實施的電影裡，不放任何不屈不撓的英雄、不放任何貪得無厭的渾帳，而是讓不同立場以合理的論述廝殺辯論，然後把電影拍得氣勢磅礴感人肺腑？幾乎不可能，對吧？

川普打破了實境秀跟真實政治之間的第四面牆，以人際衝突和戲劇效果來博取關注。他的人生和總統之路，都不是以政策、意識型態、甚至真正的政治為基礎，而是仰賴收視率。他之所以成功，是因為他知道怎麼衝高收視率，他能在初選所向披靡，主要是因為他真的爆幹有趣。但「有趣」用在人身上未必是讚美，畢竟恐怖片的怪物也很有趣。我們真正的問題，是一切以娛樂為依歸，讓「有趣」這種在道德上未必正確的特質，變成了一種競爭優勢。

我很傷心，而且無法像以前那樣，堅信這個國家幾乎不可能淪為威權。當然它不可能在川普時代崩毀，但川普讓我知道，保守主義遠比我想像得脆弱，保守主義者比我想像得更容易變成暴徒。我很希望眼前的一切，只是一場很快就會退的高燒，甚至有些時候，例如看到川普完全沒有辦法「讓美國再次偉大」的時候，我真的認為整件事不久就會過去。但我們也都知道，在歐巴馬沒有「徹底改變美國」（fundamentally transform America）之後，左派不但沒有變得更中庸更講道理，反而變本加厲想要捲土重來。我覺得右派很有可能會跟他們一樣，然後這個國家的傳統保守派跟傳統自由主義者，就會一起被扔在旁邊無人理會。

現代美國的保守主義，是有限政府、自然權利、傳統價值觀、愛國、感恩……這些原則交疊出來的產物。但這些原則背後都有兩個共同基礎：觀念的重要，以及品格的重要。我們當然可以討論哪些觀念才重要，怎樣的品格才算是好，但我們之所以會去辯論這些，正是因為我們相信觀念很重要。啟蒙運動告訴我們，只要用理性的方式辯論，我們就可以自己找出哪些觀念好，哪些觀念壞。而在一九四〇至五〇年代，人們看見共產主義逐步進逼，看見西方文明、自由市場、憲政、財產權、以及讓西方能夠締造奇蹟的一切觀念都將被吞噬殆盡，於是現代保守主義就在這樣的環境下應運而生。

可是唐納．川普卻完全站在觀念跟品格的反面。他自己都說過，觀念對他而言只是工具，只要能達成目的，長成怎樣都無所謂；甚至還說他唯一信奉的準則，就是人應該隨機應變，不該死守任何東西。至於他的品格嘛……這麼說吧，無論從過去五十年來保守派相信的哪一項標準來評斷：老實做生意、在性方面保持正直、謙虛、虔誠、講話得體，川普的得分都離及格很遙遠。所以我應該可以說，他不算是個好人。而且如果你在十年前跟任何一個保守派或自由派聊天的時候不提川普的名字，而是描述他的抽象特質，兩邊的人都肯定會說這是個爛人。他粗魯無禮，他公

然承認自己貪得無厭、只會抱怨、欺騙他人。只有在禮貌對他有利的時候，他才會彬彬有禮；只有在他能用法律來砍人的時候，他才會尊重法律。至於其他人？全都是讓他拿來利用的工具。

但麻煩的是，這些事情川普的腦粉都毫不在乎，大部分底層的保守派也不太在意。而且即使不是保守派，也有一堆美國人把這種行徑當成美國精神的典範，而光是這點就看得出美國人的理想墮落得多麼徹底。當代的美國渴望一個部落首領，甚至渴望一個國王，而川普滿足的就是這個願望。

開國元勛沒有讓這個國家出現貴族，卻擋不了我們這些後代子孫自己搞出一批新的。美國的富翁跟名流跟過去的貴族沒兩樣，而川普甚至相信你只要位高權重，就能像中世紀的貴族一樣行使初夜權，把封臣跟農奴的女人叫過來玩（話說初夜權可能根本就是杜撰的）。他肆無忌憚地吹噓自己靠著名聲去勾搭女人，「只要你是明星，你愛怎麼做就都可以……伸手去抓她們的鮑魚也沒問題。」

這種行為當然不可原諒，不過「想要扮演貴族」本身倒是沒什麼問題，畢竟今天美國的確沒有世襲貴族。但問題就在這裡，川普把自己玩的貴族家家酒帶到真實世界中，用很多幻想出來的方法來行使權力。之前我們說過，西方文明幾千年來一直在努力阻止我們的裙帶天性，但川普卻把裙帶關係一舉帶回政治中心，毫無止盡地讓自己的小孩一邊在政府裡當部長，一邊維持既有的商業利益。裙帶關係的確像他的兒子艾瑞克（Eric）說的那樣是「生活中的一部分」，但卻未必像他說的那樣是一種「美好的事情」。[24] 如果你說的裙帶關係，是指幫你的家族打造一個企業帝國，那至少對某些人來說它的確是美國夢的一部分，的確是公民社會中的美好東西。但艾瑞克說的裙帶關係已經跨過了企業的界線，而是在公眾事務裡。

除了這些事件之外，還有很多現象都顯示保守派已經屈服於川普主義。川普主義不是進步派爛到極點的時候，拿來代替他們的東西；而是在用極右派的方式跟他們作一樣的事情。川普主義主要仰賴的甚至不是任何一種觀點，而是民粹怒火和個人崇拜。

而且就連川普主義，也只是保守派敗壞墮落的一小部分。二〇一六年共和黨初選期間，很多右派電台跟電視節目主持人都在說：「人民就在那裡。如果我要領導他們，就得跟隨他們」。[25]這些人分為兩種，其中一種只是為了賣東西，只是猜測群眾的走向搶先布署，然後在趨勢狂漲的時候把握商機。另一種人就不一樣，他們一旦拿到了人氣，就會抵擋不住民粹的誘惑，而某個名人就是靠著右派的民粹聲浪，做出了許多既嚴重又糟糕的事情。

很多保守派之前看到柯林頓跟實習生發生「婚外情」，就堅持他應該要下台；之後看到某個男人背叛老婆的程度比柯林頓更嚴重，卻認為他沒有問題。很多保守派之前因為朱利安尼（Rudy Giuliani）結過三次婚而且支持同性戀權利，而認為這個人不適合當總統；之後看到川普結了三次婚而且比朱利安尼更支持同性戀權利，卻紛紛跳出來幫他辯護。很多自詡為自由意志論的傢伙，過去幾十年來一直堅信自由貿易、完全開放移民，當了幾十年的雷根腦粉；現在卻突然轉身跳上川普的列車，全心擁抱他們曾經痛斥落伍的種族主義。

制定美國憲法的人最害怕的事情，就是無論領導者發表什麼主張、做出什麼行動，民眾都無條件地支持。而川普可能也正因如此，才會認為憲法已經不合時宜。在本書撰寫之時，已經有百分之四十五的共和黨支持者認為，應該要讓法院關掉那些做出「不實或偏差報導」的新聞媒體。[26]

許多證據顯示，部落政治跟川普的個人崇拜，都正在全國各地讓美國人墮落。二〇一一年，只有百分之三十的福音派基督徒認為「在私生活中做出悖德行為的民選官員，可以在公職生涯中保持高風亮節，確實履行義務」。到了二〇一六年，這個比例卻增至百分之七十二，增加一倍以上。福音派原本是最不能忍受官員失德的一群人，川普出現之後卻變成了對其最寬容的團體，他們現在對於悖德行為的容忍程度，甚至遠超過了美國人的平均值。[27]

照這樣下去，等到民主黨再次掌權，共和黨人還能用什麼標準去監督他們？保守派之前譴責歐巴馬濫用行政命令，但等到川普下台之後，如果還有人作一樣的事情，他們還能說話嗎？以後如果有哪個性生活不檢點的人想當總統，共和黨人要拿什麼理由阻止？而在川普崛起之後，保守派又有什麼理由能譴責「裙帶資本主義」？在川普跟一家家企業談條件，讓它們把他拱進白宮之後，有誰敢說「市場的勝負輸贏」不該由政府來決定？而在經過長達四年的推特謾罵和侮辱之後，我們又該拿怎樣的禮節、誠實、用詞標準，去要求總統的言行？

在憲法和美國人民的努力之下，川普沒有成為獨裁者。但獨裁和民主之間依然越來越近。我在撰寫《自由法西斯主義》之前，真的相信「美國不會發生這種事」（It can't happen here），而在研究過美國人的道德為什麼會讓威爾遜政府恐懼之後，我只敢說「美國至少好一段時間不會發生這種事」。*到了現在，我覺得就連後面那句話都太樂觀了。自羅斯福新政以來，保守派一直都是堅持有限政府、自由市場、憲政原則的中流砥柱；但看著他們臣服於川普誘惑的模樣，我越來越擔心這些原則他們還能堅持多久。

這讓我又想起腐敗的問題。西方世界締造的奇蹟，就像圍籬樁上的烏龜一樣，都是「不知怎麼跑到哪裡去的」。我們只知道奇蹟確實存在，因為證據滿地都是，而且可以測量。我們也有很多很棒的理論可以解釋奇蹟是怎麼發生的，但它們都只是理論，無法真正讓我們了解自己如何抵達今日的成就。這時候熱力學第二定律就很重要了，它告訴我們，只要不付出努力加以維持，所有東西都終將被自然法則所吞噬。

這就像是把一台全新的汽車扔在曠野裡。如果你只是擺個十年二十年，它看起來還是一台車，只是烤漆會褪色、輪胎會扁、鏽斑會爬上車殼、擋風玻璃可能也會在寒冬與炎夏的熱漲冷縮中碎裂。當然，車子的角落和縫隙會生滿雜草，蟲子和鳥兒會在那裡築巢。但如果你擺上一整個世紀，它就不再是汽車，而是一個空殼和許多殘破的零件。而在一千年或者一萬年後，那裡就會生滿荒煙蔓草，讓你完全不會想到它曾經是一台汽車。只要你不拿起稻草叉打理荒穢，大自然就會點點滴滴收回一切，而且即使你這輩子都很認真除草，你的子孫也得願意從你的手中接過稻草叉，否則曾經退去的草浪很快就會回來。

卡爾文・柯立芝（Calvin Coolidge）在《美國獨立宣言》一百五十周年紀念日上，發表了重

---

* 威爾遜當上總統後，美國陷入極權主義，開始監禁、迫害、審查各種異議份子。政府用法律沒有授權的暴力來對待國內的敵人，並妖魔化少數民族。它建立了全球第一個現代宣傳部：公共資訊委員會，聘了成千上萬個人來洗腦意識型態，讓民眾渴望戰爭。但戰爭最後還是結束了，威爾遜也因為中風而在卸任之前就無法繼續工作。一九二〇年，共和黨開始「回歸常態」，奪回白宮之後立刻釋放政治犯，解散之前建立的宣傳部，結束戰爭社會主義，重新擁抱自由市場，讓社會以前所未有的速度重新一飛衝天。（《自由法西斯主義》，頁一〇六至二〇。）美國在第一次捲入現代戰爭之後，激起了民眾的部落本能。人民一度捨棄各種文明原則，但之後還是重新拾回，雖然信仰不再像過去那麼堅定，但大體完好無損。不過個人自由這項原則，倒是讓老羅斯福相當不爽，他在一九四四年那篇令人髮指的國情咨文中說，如果我們用一九二〇年的「常態」來治國，就是一邊在國外對抗法西斯勢力，一邊在國內對這些勢力投降。（參見 Franklin D. Roosevelt, "4-State of the Union Message to Congress, January 11, 1944," American Presidency Project, John Woolley and Gerhard Peters, eds.）

要性僅次於《蓋茲堡演說》的，關於獨立宣言的言論：

《獨立宣言》之所以重要，**是因為它帶來了終局**。很多人都說，一七七六年之後世界改變了很多，許多新想法和新經驗都讓我們把當時的人遠遠甩在後面，所以也許有一天我們會發現，當時人們的討論結果已經不適用於今日。但這套說法不適用於這部偉大的宣言。當這部宣言說「人皆生而平等」，人就該生而平等。當它說「造物者賦予我們若干不可剝奪的權利」，我們就真的有這些權利。當它說「政府的正當權力來自被統治者的同意」，未經同意的政府權力就不會正當。沒有任何東西可以比這些主張更進步，如果有人不想承認這些東西真實可信，那他就不可能繼續前進，只能開歷史的倒車，回到那個沒有平等，個人沒有權利、國家不是由人民統治的時代。想往這種方向走的人不能說自己在追求進步，因為他們根本就是在反動。他們的思想不但沒有比革命先烈更現代，反而比先烈更古老。（粗體為本書作者所加）。[28]

我完全相信上面的每一個字。我相信我們的確已經走到了歷史的盡頭，已經來到山頂，往左和往右都已經沒有太大意義。因為當你在最高的地方，無論往左走向社會主義、往右走向國族主義、還是用其他聰明方法前往其他方向，你都只是在下山，都只是在回到原點。

但這種說法是對現實的陳述，即使我相信這種說法是真的，也還得有夠多美國人跟我一起相信，一起努力捍衛我們的成果，才能讓它持續在現實中為真。《獨立宣言》的確像柯立芝說的那樣是一種觀念，一種理想，但如果我們不再努力守護，這種理想就會被人類的天性所吞噬。

而且要成功捍衛這樣的理想，我們除了得擁有信仰、理性、證據之外，還要懂得感恩。

「ingratitude」（忘恩負義）在《韋氏詞典》裡的意思就是「忘記別人對自己的恩義，或者不予回報」。[29]這裡的重點是「忘記」，若沒有記憶，便沒有感恩，畢竟有誰能回報根本不記得的恩情？但這裡的「忘記」不僅是失去記憶，還有一種特殊的意義。「記住」是一個主動動詞，《聖經》把它當成一種行動，而非大腦既有的某種功能，像是「當記念安息日，守為聖日」就是叫我們用心記住某件事情。讓西方締造奇蹟的原則也是一樣，如果我們沒有將這些原則銘記在心，沒有提醒自己為什麼應該感激它們，我們就會開始變得忘恩負義。

世上沒有永遠的勝利。而且唯一值得為之奮鬥的勝利，以及我們唯一能夠成就的勝利，就是將我們的文明傳給下一代，讓下一代繼續為之奮鬥，繼續將這些成果傳給後世，直到永遠。我們不可能擺脫天生的部落傾向，但只要將它放在適當的環境，我們的部落傾向就可以安然地嫁接在自由、創新、財產權、個人主義之上。就像英式花園，不施造作，渾然天成。

不過這種奇蹟發生在美國，卻是刻意為之的結果。美國的天下是自己打出來的，開國元勛討論憲法的時候沒有任何先例可以參照，但他們相信只要每個人都維持良好品行，對抗人類天性的誘惑，就可以靠著一些重要規則撐住國家。所以他們把重要的規則寫成憲法，讓後人很難修改，使其得以存在。憲法是否能亙古不毀，取決於我們是否願意繼續守護。唯一能讓我們失去它的方式，就是我們自己棄它於不顧。

當然，沒有人能逼我們堅守原則，只能解釋這些原則為何值得堅守。理性本身無法任重道遠，卻是負重前行所需的車軸。每一對父母都必須把孩子從小小的野獸培養成負責任的公民，每一個社會中的人都必須知道哪些原則讓我們的文明得以存在，並願意捍衛這些原則。十八世紀之後，人類就像火箭一樣一飛衝天。有人認為如今我們已經抵達某個穩定的軌道，可以從太空中俯瞰野蠻原始的過往。但世上沒有「穩定軌道」這種東西，我們只要沒有繼續加速，疏於維護機具，大自然就會用引力把我們拉回去，物理學甚至還有一個詞專門描述這種現象，叫做「軌道衰滅」。我們的文明也是一樣，只要我們不再為之奮鬥，不再抵抗本性的誘惑，或者因為自私、懶惰、野心、健忘、忘恩負義、還是任何其他原因而捨棄我們的原則，我們就注定要腐朽衰敗。

文明會不會衰敗，取決於我們的選擇。

一旦不再有人信仰，神明就會消失。

我們的原則，也是如此。

附　錄

人類的進步簡史

Appendix: Human Progress

本書基於幾個核心論證：

- 我們活在一個不可思議的榮景之中，不僅擁有先進的物質生活，還以自然界罕見的模式處理政治，並掌握精細的哲學思想。以歷史的標準來看，我們現在的生活簡直就是魔法：我們的法律和文化都承認每個人一出生就擁有一些不可剝奪的權利，這在自然環境中簡直太反常了。所以我在本書中，把這些成就稱之為奇蹟。
- 這個奇蹟是我們無意間跌跌撞撞找到的，所以也很容易一不小心就跌出奇蹟之外。
- 人類不但有本性，而且江山易改本性難移。
- 如果我們不好好引導人性，它就會侵蝕吞沒各種體制，摧毀我們的榮景。

這三項論證中最好證明的，就是我們活在一個不可思議的榮景之中。某些人覺得這件事根本不用證明，但麥克隆斯基口中的這個「明顯的事實」依然被許多人否認、詆毀、摒棄。而且最荒謬的一點，就是那些用物質條件，也就是用經濟狀況來評斷政治優劣的人，反而最用力詆毀這項榮景。這些人就是社會主義者，他們的核心信念，就是社會的優劣幾乎完全取決於資源和財富是否公平分配。

這條信念本身沒有任何問題，但一旦化為公共政策，問題就大了。最明顯的問題就是柴契爾夫人說的：「社會主義的問題就是，你總有一天會把別人的錢花光」。[1]不過我們待會再回來討論這件事，因為有一個更根本的爭議得先處理。即使把「社會主義」的意思放得最廣，所有社會主義眼中的貧窮依然都是相對意義上的貧窮，都是用富人跟窮人之間的差異，來衡量每個人有多窮。也就是說，即使是百萬富翁，只要扔進一群億萬富翁裡面，他立刻變得很窮。但如果我們改用客觀生活條件來判斷貧富，那麼即使是目前最窮的人，也比自然環境中最有錢的人過得更好。當然，很多人會叫我們去看看某些無家者過得有多慘；但如果你講的是那些有工作的窮忙族，那麼無論用什麼物質標準來衡量，二〇一八年美國窮忙族的平均生活水準，都比一千年前的頂級富豪更好。而且從很多標準來看，今天的窮人甚至過得還比一百年前的富人好。

這當然不是說現在幫助窮人的措施已經夠了，而是說我們的時間有限，判斷標準經常被脈絡影響，很容易忘記人類在極短的時間之內取得了多大的進步。而這篇後記，就是要說一下這些進步到底有多誇張。

如果把人類的歷史畫成一幅繪卷，那麼絕大多數的畫面都是一片荒野，人們在上面就地取材，以塊莖、橡實、昆蟲、小型哺乳類為食。尤瓦爾．諾瓦．哈拉瑞說：「理解史前人類時最重要的事情之一，就是他們無足輕重，對大自然的影響就跟大猩猩、螢火蟲、水母差不多。」[2]人類是過了很久很久，才成為地球上的頂級掠食者。我們的祖先大概到了四十萬年前才開始狩獵，而且殺死獵物和被動物獵殺的機率差不多大，過了好一段時間才終於跳脫這個狀態。很多史前工具都是用來敲骨取髓的，而照某些專家的說法，這跟使用者的生態棲位有關，例如哈拉瑞就說：「最早的人類靠著吃骨髓過活，就像啄木鳥專門吃樹幹裡的蟲一樣」。也就是說，最早出現的人屬動物是清除者，專門撿那些高階掠食者吃剩的東西。[3]

我們甚至不用去看現代智人之前的祖先有多窮，可以直接快轉幾十萬年，來看看當代的亞諾馬諾人。亞諾馬諾人是世上僅存的幾個石器時代部落之一，住在巴西與委內瑞拉交界的奧里諾科河岸，過著採集漁獵生活，主要靠狩獵、小規模農業、少量貿易過活。有些亞諾馬諾人會製作籃子、吊床等物品賣給附近的村莊。

照艾瑞克・班恩霍克（Eric Beinhocker）的粗略估計，亞諾馬諾人平均年收入大約九〇美元。（班恩霍克提醒我們，這真的非常粗略，因為亞諾馬諾人根本沒有金錢，更不可能做統計紀錄）。那麼亞諾馬諾的物質條件大概有多好呢？班恩霍克說：「人類開始使用工具之後，我們大概花了二百四十八萬五千年，也就是整個經濟史百分之九十九點四的時間，才發展成亞諾馬諾人這種精緻的採集漁獵社會。」[4]也就是說，亞諾馬諾人跟絕大多數的人類祖先相比，都是不可思議的超級富豪。經濟學家陶德・布希霍茲（Todd Buchholz）甚至說：「自有人類以來，這些兩條腿的生物絕大多數過得都沒有比四條腿的鄰居好。」[5]

可是如果你把亞諾馬諾人套進當代的官方標準，他們就變得比窮人還窮，因為世界銀行的貧窮線，是每天的生活費低於一點九美元。[6]當然，用貨幣來衡量貧富可能會造成誤解，不過這依然表示人類出現以來，絕大多數祖先的物質條件都比當代的窮人還差。至於醫療就更不用說了，亞諾馬諾人不但沒有醫療保險，而且只要受一點皮肉傷就可能死掉。此外，亞諾馬諾人的生涯選擇非常少，如果你相信那些「高貴野蠻人」的偽科學或者認為無知是福，你可能覺得這樣蠻棒的，畢竟如果可以過著狩獵、採集、編織的「真實」生活，幹嘛浪費時間去練文學、藝術、醫學呢？不過我猜你都翻開這本書來看了，你喜歡的應該還是生涯選擇多一點，而不是走向荒野吧。如果整個世界是一片荒漠，那麼正在讀這本書的你就住在綠洲。至於亞諾馬諾族，則住在綠洲的邊邊。

照經濟學家布雷福・德隆（J. Bradford DeLong）的說法，農業革命開始之後，人類大概花了一萬兩千年，也就是到了西元前一千年前，年收入才從亞諾馬諾族的九〇美元，提升到古希臘人的一五〇美元。而且要到了西元一七五〇年，年收入才終於抵達一八〇美元，衝破亞諾馬諾人的兩倍。也就是說，人類光是把亞諾馬諾族的物質條件翻倍，就花了一萬四千年。[7] 而且經濟史學家大衛・藍迪斯（David S. Landes）還說：「一七五〇年英國人的物質條件，其實比較接近凱撒軍團的士兵，而非凱撒的子孫。」[8] 這句話可一點也不誇張，道格拉斯・諾思跟人合寫的《暴力與社會秩序：詮釋有文字記載的人類歷史的一個概念性框架》也說「證據顯示，在一八〇〇年前的漫長歷史中，人均收入的長期增長率非常接近於零。」[9]

也就是說，如果我們把現代智人出現以來的二十萬年歷史壓縮成一年，絕大多數的經濟成長都是在大概最後十四小時發生的。[10]

➤ ➤ ➤

當然啦，劇透一下，目前大家還不知道「奇蹟」到底怎麼發生的。我們現在只有很多解釋，彼此之間卻沒共識。其中最合理的一種解釋，就是人們的觀念改變了。從十八世紀歐洲的某個偏遠角落開始，人們相信每個人都是自己的主人、相信創新是好事、相信勞動的成果應該屬於我們自己。我們發明了天賦人權的概念，也發明了一種超越家庭與部落的社會秩序，讓人們可以不用再拿著棒子互揍，而是彼此交易、彼此簽訂契約。我們跌跌撞撞地走進一個更自由、更富有的非零和體系，我將其稱為洛克革命。我知道這不是洛克創造的，不過反正亞當・斯密提到的資本主義也不是亞當・斯密創造的，就這樣吧。

我現在似乎該先澄清一下，這篇後記（以及某種意義上，這整本書）沒有要解釋「奇蹟」是怎麼發生的，只是要證明它確實發生過而已。從古人的角度來看，我們現在的爆發式成長超級不科學，感覺就像一隻特別的鵝莫名其妙晃進了農民的家，噗噗噗地不斷下出金蛋一樣。我之前已經列出了一些理論，試圖解釋這種怪事為什麼會發生。現在要強調的不是原因，而是要件。

中文有一句老話叫「名正言順」，孔子說「名不正，則言不順；言不順，則事不成；事不成，則禮樂不興；禮樂不興，則刑罰不中」。如果語言偏離了世界的真相，正義就無法彰顯。[11]

我們所在的時代跟祖先非常脫節，而且這種脫節就是「奇蹟」。但也因為我們脫節得太嚴重，很多人都把當下的一切視為理所當然，不知道祖先過得多慘。這些當代的西方人打從一出生就沒離開過綠洲，當然對沙漠裡的痛苦一無所知，於是似乎以為眼前的一切都是自然而然的，一點都不在乎是因為擁有哪些思想哪些制度，我們現在才能過得這麼爽。但如果我們要讓下一代繼續擁有這種好運，首先就得知道眼前的好運是哪來的。當代的歐美人已經過著人類史上最茶來伸手飯來張口的日子，卻因為這樣的生活方式沒有滿足自己的慾望，而感到憤怒。這根本就是忘恩負義，我們放任自己的天性，讓它變成我們肩膀上的惡魔。

只要你現在不是在森林裡面裸體讀這本書，你身邊的一切事物就都不是自然的，而是人類刻意製造出來的。這些東西明明都很棒，我們卻不願意承認。歐文．克里斯托說得好，「當你不願面對真相，那些擺在你眼前的東西就會變得最難以理解」。[12]所以我現在就來解釋一下，這些東西為什麼會出現在你眼前吧。

根據經濟史學家安格斯．麥迪遜（Angus Maddison）的研究，從西元元年到西元一八二〇年，西方世界的經濟成長率是每年百分之零點〇六，相當於每世紀百分之六，根本就跟沒成長一樣。[13]西元元年的人均GDP是四六七美元，到了一八二〇年也才六六六美元。[14]麥克隆斯基估計，在工業革命之前，每人每天的生活費大約都只有三美元，[15]即使是比較幸運的地主和男爵，生活水準大概也只有當下「勉強足以維生」的程度。我們現在稱為「貧窮」的生活環境，在歷史上會讓絕大多數的人羨慕到流口水。

我們的經濟成長是從十八世紀開始的，一開始是英國，後來逐漸擴展到其他地方，而且成長速度越來越快。[16]麥迪遜估計，我們從西元元年以來生產的商品與服務總值，有四分之一來自二〇〇一至二〇一〇年這短短的十年之間。[17]麥克隆斯基則說，當時祖先每天的生活費是三美元，但當代中產階級每天的生活費可以高達一百美元。[18]布雷福．德隆發現，全世界的人均收入在一七五〇年是一八〇美元，二〇〇〇年代末卻高達六六〇〇美元，整整成長了三十七倍。[19]如今即使是全球最窮的地方，經濟成長率也超過工業革命前全球最有錢的地方。[20]在西元元年，全球GDP加起來大概只有一五〇〇億美元，到二〇〇八年已經衝破了五十兆。[21]從總體層面來看，如果我們當下的世界不叫天堂，什麼才叫天堂。

支持伯尼．桑德斯的人，當然也同意我們累積了巨大的財富。他們要反對的，只是我們把窮人扔在後面不管。但他們搞錯了，其實所有人類都已經離開了沙漠，窮人只是走在商隊的後面，但也踏入了綠洲。西方國家已經來到綠洲深處，但其他國家都有陸續跟上。

無論你說的是極端貧窮還是相對貧窮，世界各地的貧窮人口都在減少，而且如果你知道目前人口增加的多快，就會更覺得不可思議。[22] 如今我們所稱的貧窮，其實就是現代化之前的**正常生活條件**，在一八二〇年之前，全球大部分的地方都是這個樣子。看看這個恐怖的數字吧：在一八二〇年，全世界有百分之九十四點四的人每天生活費不到二美元，百分之八十三點九的人每天生活費甚至不到一美元。現在呢？在二〇一五年，全球只剩百分之九點六的人每天生活費不到一點九美元。（見下圖）[23]

而且如果你拿原始數據來看，會更覺得不可思議。一九七〇年離現在也不過才幾十年，但當時全球有百分之二十七的人處於赤貧狀態中，每天的生活費不到一九八七年的一美元。到了二〇〇六年呢？這個數字已經只剩百分之五多一點。[24]

你討厭「全球化」的話就罵吧，它的確讓許多已開發國家的人民付出了代價。但無論你怎麼說，人類史上最大規模脫貧的主要動力，依然是將市場力量散播到世界最偏

生活在極端貧窮中的人口比例

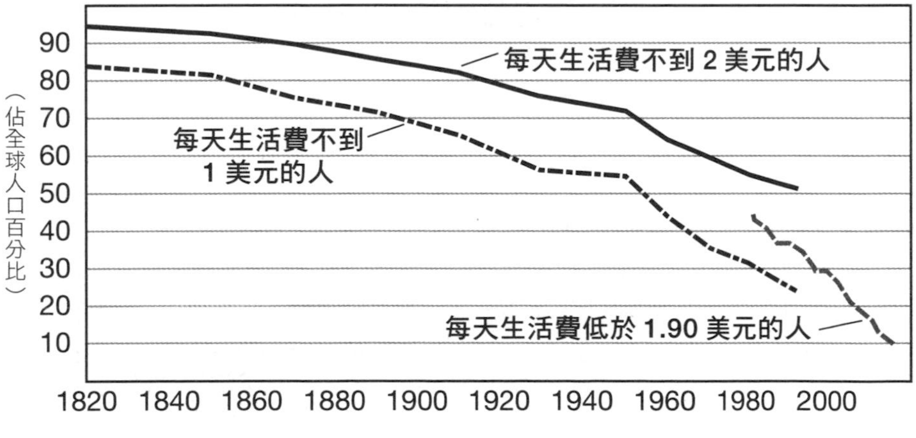

遠的角落。一九九〇至二〇一〇年間，發展中國家的貧窮人口比例從百分之四十三降到二十一，減少了接近十億人。[25]二〇一五年，全球極端貧窮者的比例首次跌到百分之十以下。（見下圖）[26]聯合國估計，過去五十年脫貧的人口，比過去五百年還多。[27]

左派跟右派最大的歧見之一，就是對自由的看法不一樣。左派所說的自由通常是指物質上的自由，右派的通常則是政治自由。老羅斯福說「窮人不可能自由」，[28]所以國家必須提供醫療保險、收入或就業之類的東西，不然就是得保障人民能拿到這些東西。這種自由我們稱為積極自由。至於右派，則比較希望政府不要干預人民，這種自由稱為消極自由。不過有趣的是，左右兩派辯論的時候經常忘記一件事：科技創新跟經濟成長所增進的積極自由，其實比每個政府都還多。

東亞及世界極端貧窮人口比例

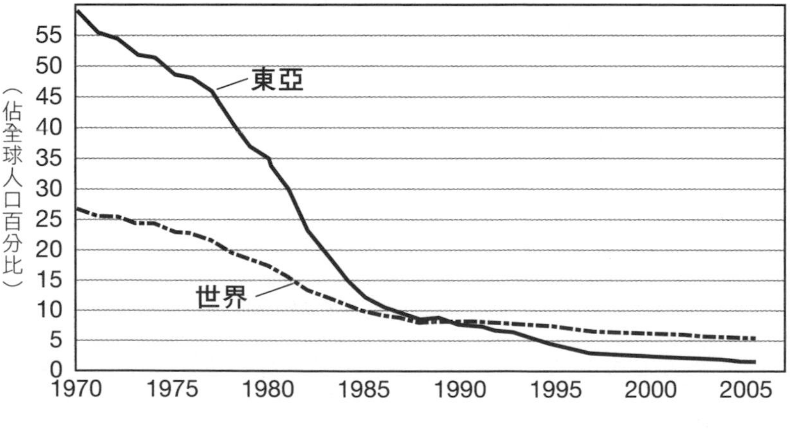

時間是最硬的有限資源，無論是怎樣的科技，都不可能讓一天變成二十五小時；但科技可以降低工作所需的勞動量，讓我們在一天中做更多事。在資本主義跟工業化之前，無論是多麼簡單無聊的粗活，都得找一大堆工人花大量的勞力去完成。但那些千篇一律的粗重工作，現在都一個接一個消失了。

我舉一個例子就好：農業人口佔總人口的比例。很多人都以為務農很浪漫，不知道下田有多累。但拜進步所賜，務農的比例越來越低，中國在一九七八年改革開放的時候，有百分之七十點五的人務農，經過了一個世代多一點，四十年的市場轉型之後，二〇一五年只剩下了百分之二十八。[29]至於美國，則根本已經沒有人記得大部分人都在種田的日子了。如果把時間再往前拉一點，那麼一八七〇年的農業人口佔百分之四十六，到了一九四〇年，已經降到百分之十七點三，二〇〇九年則只剩下百分之一點一。[30]這不光是美國，世上其他國家的趨勢也差不多。[31]

除了農業以外，科技也減輕了其他行業的勞動負擔。一九五〇年代的勞工，平均每年要工作二二六點四七小時，相當於每周四十三小時。到了二〇一六年，已經降到一八五五點〇四小時，也就是每周三十六小時。（見下頁圖〔上〕）[32]

當然，這個統計結果橫跨了太長的時間，而且涉及太多國家，其中有些國家消失了，有些國家到了某個時候才出現，有些國家則到了某個時候才開始提供資料，所以這些數字可能不值得全盤接受。但即使如此，工時依然越來越少，而原因當然是生產力急速增高。同樣地，雖然生產力的資料也有侷限，但依然呈現出驚人的改變：一九五〇年全球勞動生產力只有每小時九點三〇美元，二〇一五年卻已達每小時三十六點六四美元（以二〇一四年的美元計價）。（見下頁圖〔下〕）[33]

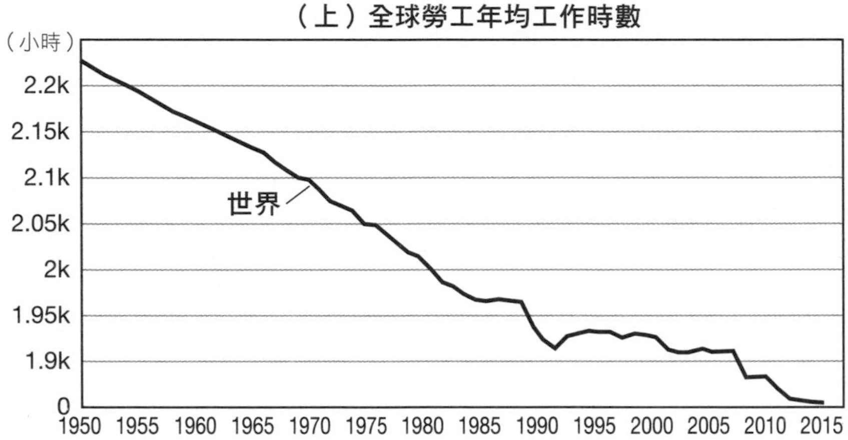
（上）全球勞工年均工作時數
（小時）
2.2k
2.15k
2.1k
2.05k
2k
1.95k
1.9k
0
世界
1950 1955 1960 1965 1970 1975 1980 1985 1990 1995 2000 2005 2010 2015

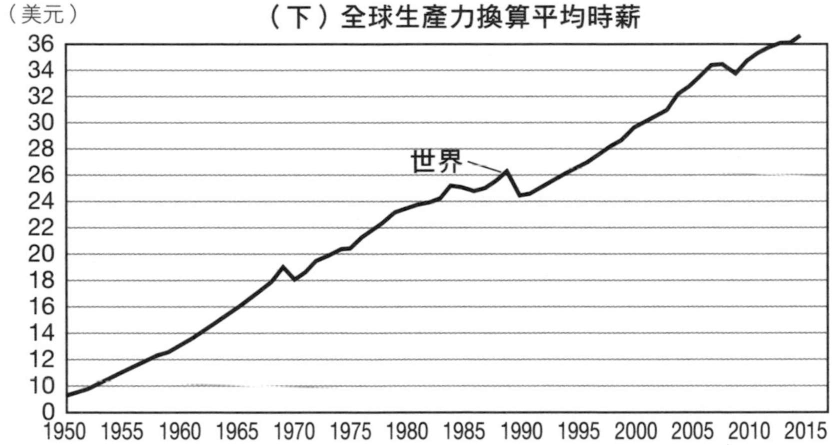
（美元）
（下）全球生產力換算平均時薪
36
34
32
30
28
26
24
22
20
18
16
14
12
10
0
世界
1950 1955 1960 1965 1970 1975 1980 1985 1990 1995 2000 2005 2010 2015

簡單來說，當我們用更少的時間完成工作，我們就把工作變少了。資本主義減少勞動的能力，厲害到已開發國家的重大公共政策辯論，都變成了如何讓更多人去上班了，我們的祖先大概無法想像人類竟然有一天得辯論這種問題。當然，這個問題非常重要，畢竟我們越來越確定，有意義、有價值的工作，是獲得幸福的必要條件。下一世紀的政治與文化最重要的任務之一，可能就是如何創造更多這種工作。不過說真的，跟其他與工作相關的問題比起來，能辯論這個問題的人實在太幸福了。

資本主義解放人類的另一個證據，就是它讓我們脫離了馬爾薩斯陷阱。馬爾薩斯在十八世紀末說，人口增長的速度注定會超越糧食增產的速度。現在的人笑他太過天真，可是馬爾薩斯的時代真的是這個樣子。[34] 想想農業的例子就好，人類自古以來最重要的任務，就是把自己跟家人勉強餵飽，而且即使任務這麼簡單也經常失敗。但是今天呢？現在的蔬菜產量如下圖。[35]

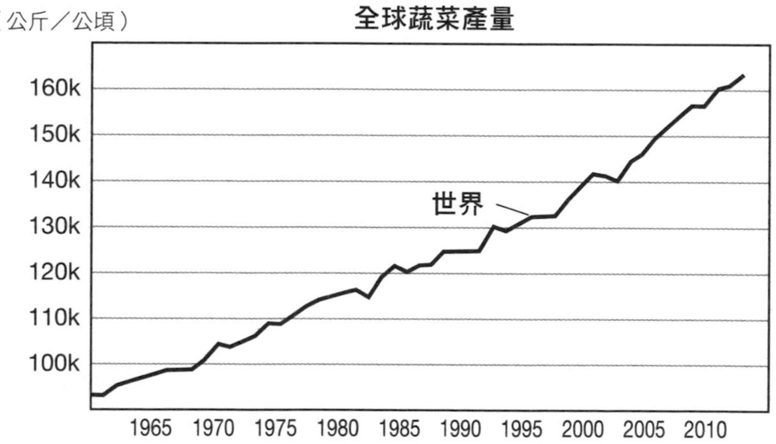

穀類產量則是如下圖。[36]

馬爾薩斯準確地描述了他那個時代的現實，而資本主義讓這個詛咒永遠成為了過去。

想想《新約》五餅二魚的故事吧，耶穌用幾籃的麵包和魚就餵飽了五千人。使徒腓力認為要餵飽五千個人，即使花掉半年的薪資也做不到。[37]但現在美國人年薪的一半，中位數大概是二八〇〇〇美元，[38]也就是說隨便一個美國人都可以用半年的薪資幫整群人買來各式各樣的食物，這麼巨大的轉變就是資本主義造成的。還有一個跟聖經相關的例子：布萊恩．汪辛克（Brian Wansink）和C．S．汪辛克（C. S. Wansink）發現，隨著時間的推移，人們口中的最後晚餐也變得越來越美味，菜色越來越豐富，這跟幾百年來食物份量和食物種類的增加不謀而合。[39]我們拿一些數字，來看看這樣的改變有多誇張：

- 一九六一年全球的糧食產量，是二〇〇四至二〇〇六年平均值的百分之五十三點六。短短幾年之後，二〇一三年的產量卻是二〇〇四至二〇〇

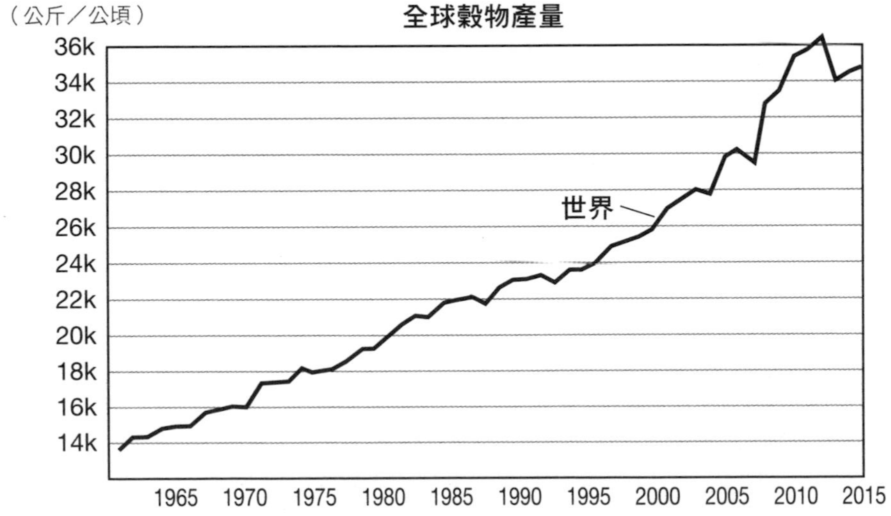

六年平均值的百分之一一九。[40]

- 世界各地的人能夠吃到的肉量都急劇增加。[41]
- 全球人口平均每天獲得的熱量，比一九六一年多了六百多大卡。（見下圖）[42]
- 一九九二年之後，缺乏食物者所面臨的食物短缺總量快速下降。[43]
- 最不可思議的是，一九九二年之後，全球營養不良者的人數直線下滑，當時還有接近十億，現在已經不到七億。[44]

人類不僅獲得更多糧食，也獲得更多便宜的能源。在現代化之前，人類從未用過電力，但電力出現之後，世界各地的電力供應卻穩定成長，一九九〇年的涵蓋範圍是百分之七十五點六五，二〇一二年是百分之八十四點五八。（見下頁圖）[45]

這些全都見證了當代資本主義的奇蹟。

有些人可能會說，我怎麼可以把這些全都歸功於資本主義？明明有很多成就都來自科學跟科技，而科學科技未必要走資本主義。的確如此，早在資本主義之前，

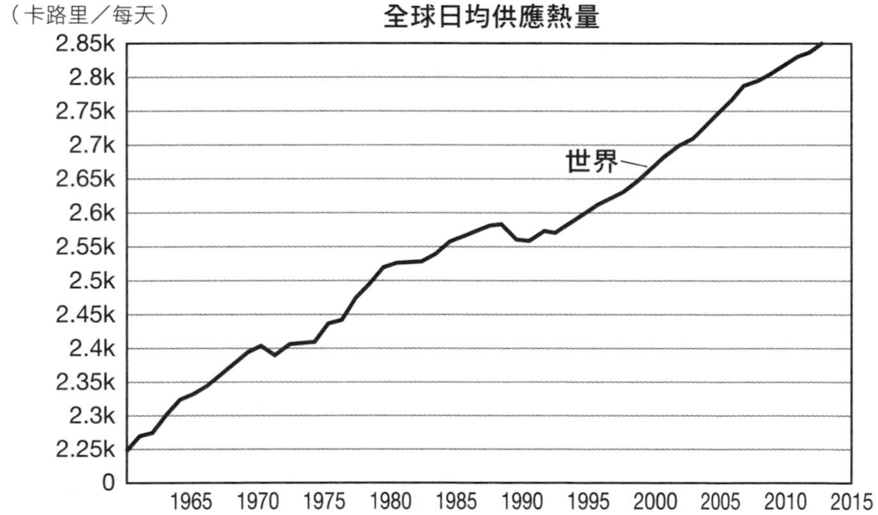

人類就發明發現了很多東西。但正如我之前所說，當時的科學科技大多臣服於政治和宗教，直到洛克革命才終於改變。創新在很多地方都是一種原罪甚至禁忌，因為它很容易威脅到既有的秩序。市場經濟的重要之處，就是它讓人自由創新、讓目前的做法更有效率、或者發明新的方法取代舊的。自古以來，人們都可以把既有的捕鼠器改得更好，但市場經濟的出現，卻讓人們可以隨意把改良過後的捕鼠器拿來販售。

史上最巨大的解放力量，其實就是資本主義。照馬特．瑞德利的計算，目前全球每人每秒平均消耗二五〇〇瓦的能量，意思是如果我們用人力供給能量，每個人都得去找一五〇〇個奴隸日夜不斷地騎健身腳踏車，才能讓他過上舒服的日子。而且美國人需要的奴隸更多，每個人都得去找六六〇〇個。[46]經濟學家馬克．裴利（Mark J. Perry）也算過，如果美國人要用傭人來取代日常生活中所有不可或缺的科技，大概需要多少人，答案大約是六〇〇〇個——嗯，下次你看《唐頓莊園》的時候，就知道為什麼他們過得那麼便利了，他們的僕人真的很多。[47]這些數字應該可以告訴我們，能源普及對人類的影響有多大。

全球電力供應比例

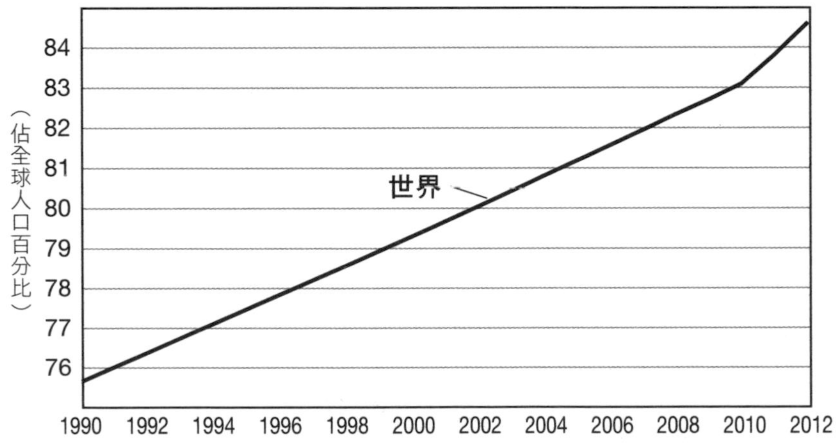

而且即使人類正在竭盡資源（其實還沒有），我們也不斷想到方法用更少的資源做更多事情，而我們之所以能夠無與倫比地提高利用效率，並不是靠中央政府的英明規劃，而是靠市場經濟。根據節能同盟（Alliance to Save Energy）二〇一三年的報告，「中美兩國的經濟成長，都是一九七〇年的三倍以上，能源需求則只增加百分之五十」，也就是說，我們提高的效率，幫我們節省了不知多少桶的石油。比爾・蓋茲最喜歡的能源專家，緬尼托巴大學（University of Manitoba）的瓦茨茲拉夫・史密爾（Vaclav Smil），計算過我們利用資源的效率提高了多少：現在生產鋼鐵所需的能源是一九〇〇年的百分之二十，產鋁所需的能源是當時的百分之三十，製造氮肥所需的能源是當時的百分之二十。技術專家拉梅茲・南（Ramez Naam）則說，現在暖氣所需的能源比一九七八年減少百分之五十，淡化海水所需的能源比一九七〇年減少百分之九十。[48] 美國現在只需要消耗一半的能源，就能生產出跟一九五〇年一樣多的GDP；全世界生產每單位GDP所消耗的能源，也每年都降低百分之一點六。[49] 美國就連用水都變省了，美國現在的人口大概比一九八〇年多出八千萬，用的水卻沒有更多。[50]

我們不僅提高了資源運用效率，還讓產品變得更精緻。瓦茨茲拉夫・史密爾說，美國人在一九二〇年需要消耗十盎司的原料，才能產出價值一美元的產品，如今只需要二點五盎司的原料即可。一九九〇年，全世界有一千一百萬台手機，總重七千噸；現在全球有六十億台手機，總重量卻只有它的一百多倍。[51]

農業也是一樣。我們不是靠投入大量資源才讓農產品大幅增加的，而是靠著不斷改良技術。事實上，製造農產品的過程中排放的溫室氣體甚至越來越少。（見下頁圖）[52] 無論你是不是一直聽到地球資源快用完了，事實上都沒有。不僅如此，各種創新還讓我們運用資源的效率持續上升。

資本主義也完全改變了交通。人類很早就發明了輪子，之後卻一直靠著「馬兒跟船帆」過了不知道多少年，過了很久才終於搞出客運列車。[53]歷史學家威廉・曼徹斯特（William Manchester's account）這麼描述中世紀的狀況：

當時的旅行又慢、又貴、又不舒服，而且充滿危險。最慢的方法是坐馬車，要快一點的話就自己走路，最快的方式則是直接騎馬，但是過程中需要一直換馬，而且好騎的馬不多，所以非常罕見。旅費之所以很高，主要是因為路程中的關關卡卡都會跟你收錢，頻繁到令人生氣。橋梁都很不穩，牧師甚至會建議旅客在過河之前先跟上帝說幾句好話，死了之後至少可以上天堂。很多小溪則根本必須涉水而過。路況往往糟糕透頂，大多都是泥濘小徑，而且早被輾滿車痕，只有夏天才能讓雙輪馬車順利通過。到了晚上，你只能去擠簡陋的小旅館，場地又髒又臭，床鋪擠在一起，毯子上爬滿蟑螂、老鼠、跳蚤。來來去去的妓女做完生意之後就拎著男人的錢離開，旅館老闆則會以沒有付錢為由扣留客人的行李。[54]

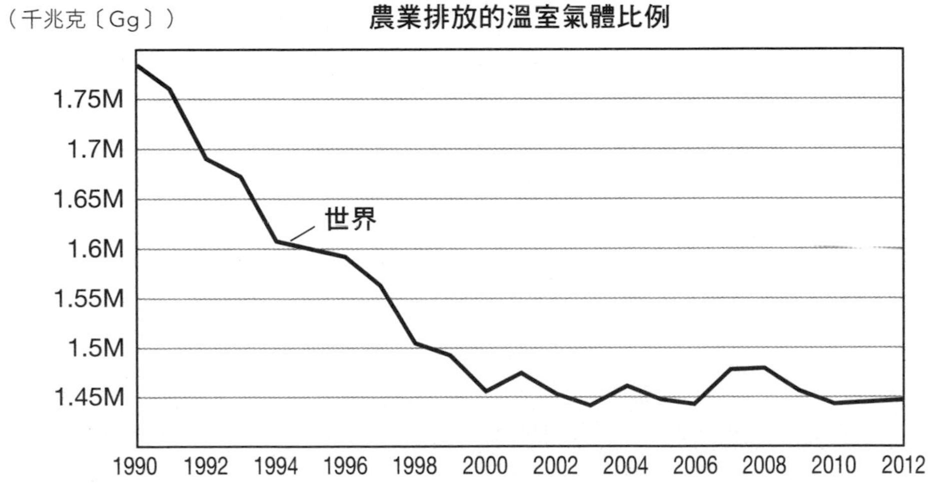

曼徹斯特還計算了當時的旅行需要多少天：從中世紀的商業中心威尼斯出發，到大馬士革需要八十天，亞歷山大港需要六十五天，里斯本需要四十六天，到君士坦丁堡要三十七天、巴亞多利（Valladolid）要二十九天，倫敦需要二十七天、巴勒摩要二十二天、紐倫堡是二十天，布魯塞爾十六天、到里昂要花十二天，奧格斯堡（Augsburg）則是十天。[55] 後來哥倫布首次出海，也花了兩個多月。[56] 一八三〇年的人要從紐約出發去芝加哥，則需要三周。[57] 但到了現在，上述所有旅程都花不到一天，而且有能力踏上這些旅程的人，也因為市場的發展而一年比一年多。[58] 資本主義不只讓我們擺脫黑暗的混亂時代，更讓我們不再被距離所宰制。

當然，資本主義和經濟發展破壞了環境，但跟計劃經濟比起來，自由市場守護環境的能力還是優秀許多。此外，資本主義還能讓一些彌補傷害的方法出現在市場上。近幾十年來，富裕國家的森林面積越來越大。（見下圖）[59] 大部分的人都猜歐洲會失去森林，但歐洲的森林面積在一九八〇年代和一九九〇年代卻一直在增加。[60] 印度

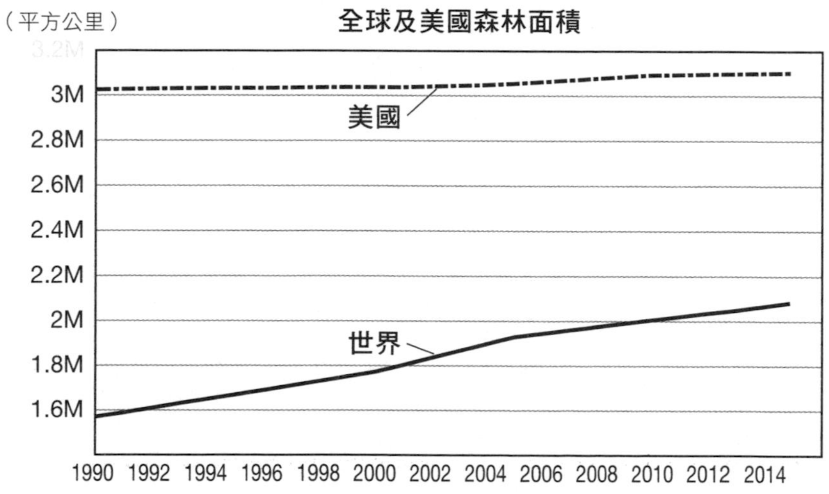

美國能源相關二氧化碳排放量

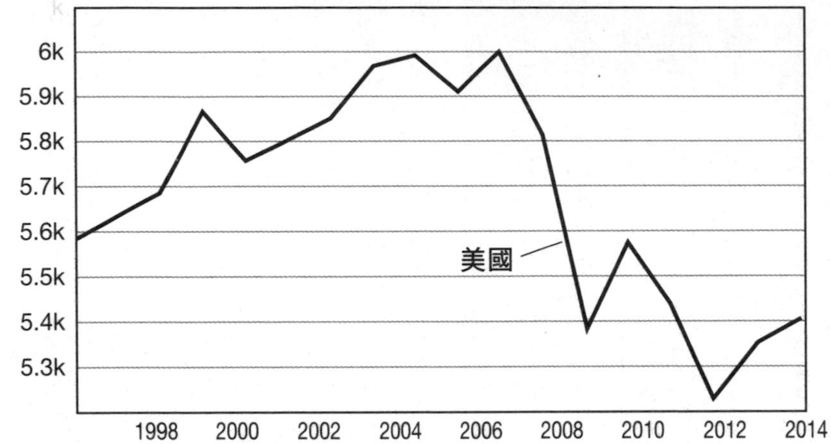

的森林面積，則從一九六〇年至二〇〇〇年間增加了一五〇〇萬公頃，比整個愛荷華州還大。如果踢掉巴西跟印尼這兩個快速開發中的國家，全球森林的總面積在一九九〇年後增加了大約百分之二。[61]美國和中國這兩個最有錢的國家，森林的面積也在增加。[62]

創新讓我們能夠尋找新的材料，去取代不斷減少或即將枯竭的資源。羅納．貝利（Ronald Bailey）指出：「在十九世紀相當「現代」的鐵路運輸，需要大量的鐵軌枕木和火車燃料，把當時美國的木材消耗了近百分之二十五。」[63]但我們現在不但不再燒柴，更是不常用木材蓋房子，在數位革命之後，就連紙張的用量也直線下滑。

同樣地，工業副產物的問題雖然越來越大，市場卻也讓我們找到新科技來解決問題。所以美國跟能源相關的二氧化碳排放量最近不僅沒有增加，反而一直在減少。（見上圖）[64]

這都是因為我們用更少的資源作出更多事情，都是因為資本主義提供了財富，讓我們能夠珍惜那些之前不小心從地球上掠奪的東西。資本主義其實有利於環境。貝利表示「富裕國家的污染程度都在下降。只要貧窮國家邁入富裕，它們的汙染程度也會下降。」[65]

資本主義也讓我們更健康，其中一個例子就是它讓很多人都能多活幾年。人類在走入現代之前，平均壽命不到四十歲。[66]很多古希臘人的靈魂都在十八歲就去見黑帝斯，大部分的羅馬人則在二十二歲都遇到了普魯托。二〇〇二年有一項關於美洲原住民骨骼的研究發現，在前哥倫布時期，當地人很難活過五十歲，甚至很難活過三十五歲。[67]中世紀歐洲也一樣，一半的人在三十歲前就死了，撐到「中年」的人更是沒多少。能長成小女孩的女生，平均可以活到二十四歲；活了三十多年還沒死，甚至撐到四十出頭的幸運男性，則通常可以再拖一陣子，但這些「中年男子」的外表全都像是一個個老頭。[68]

現在的住況卻完全不是這樣。一九六〇年，我們的平均壽命增加到五十二點四八歲，比過去多了一大截。到了二〇一五年，更是大幅增加到七十一點六歲。（見下圖）[69]

現在無論在哪裡，當地人的平均壽命都比之前多好幾十年，讓一般人能夠實現過去不可奢冀的夢想：

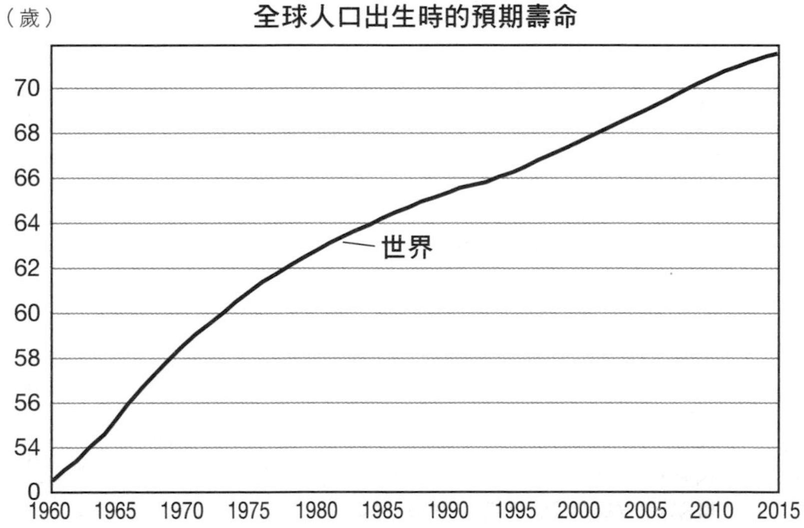

真正進入老年。在這層意義上，資本主義的確給了普羅大眾「新生命」。科技雖然無法創造更多的時間；卻可以讓我們擁有更多的時間。

而且資本主義還用另一種方式賦予更多生命，那就是讓我們可以好好活過童年。[70]在現代化之前，接近三分之一的小孩會在五歲前夭折。採集漁獵社會的嬰兒死亡率接近今天美國的三十倍，兒童死亡率則超過今天美國的一百倍。一八〇〇年，全球的人口加權兒童死亡率為百分之四十三，當時最貧窮的國家有一半的兒童無法活著長大成人，即使最富裕的國家大約也有三分之一。即使到了一八九〇年，美國的新生兒死亡率都還有百分之二十二。[71]

現在呢？全球的人口加權兒童死亡率只有百分之三點四。中國的兒童死亡率現為百分之一點三，它跟巴西兩個國家的兒童死亡率，在過去四十年內下降了四倍。[72]在一九六〇年，全球的活產嬰兒死亡率是千分之一二一點九，現在已經降到千分之三一點七。（見下圖）[73]

各年齡的總體死亡率也在下降，一九六〇年是千

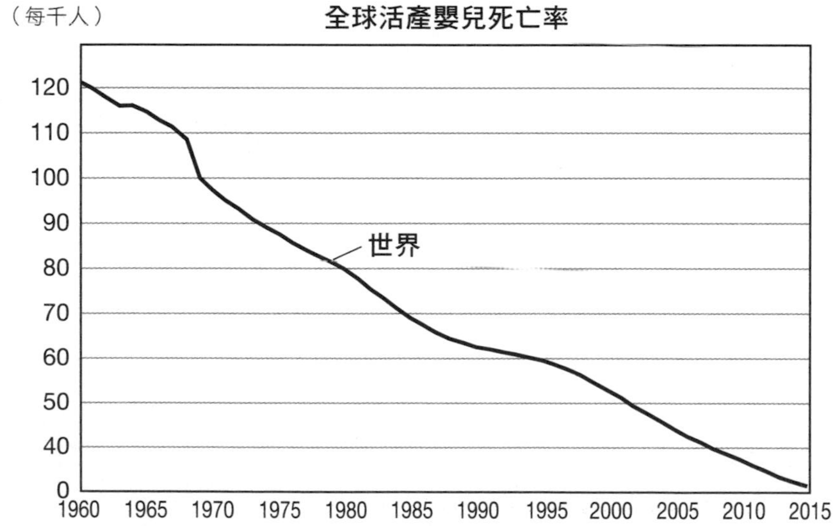

分之十六點〇三，二〇一三年是八點〇九。（見下圖）[74]

想一想吧，光是讓更多人活著，就多麼有意義。

人們更不容易死，當然跟世界的財富增加有關，[75]具體地說，財富增加，醫療品質就會變好。看看過去醫療的幾個方面，就知道今昔差異多大。照威廉·曼徹斯特的敘述，中世紀的醫療是下面這樣，你敢接受嗎：

> 人們都知道星辰擁有天使的指引，醫生也經常諮詢占星師和神學家。醫師在診斷時，會參考患者的生辰八字跟患病時的星盤排列，例如當時的外科名醫蕭立克（Guy de Chauliac）就說：「如果你在月亮進入金牛座時弄傷脖子，就會特別危險。」英國和法國的國王走出王宮，都會被那些頸部淋巴結腫大的民眾團團圍住，因為他們相信只要碰到王室的手，自己扭曲的面容就會恢復正常。當時美茵茲出版的日曆，會記載天上星盤走到什麼位置時，最適合為病人放血。就連疫情的流行，也是因為星星的位置不對……[76]

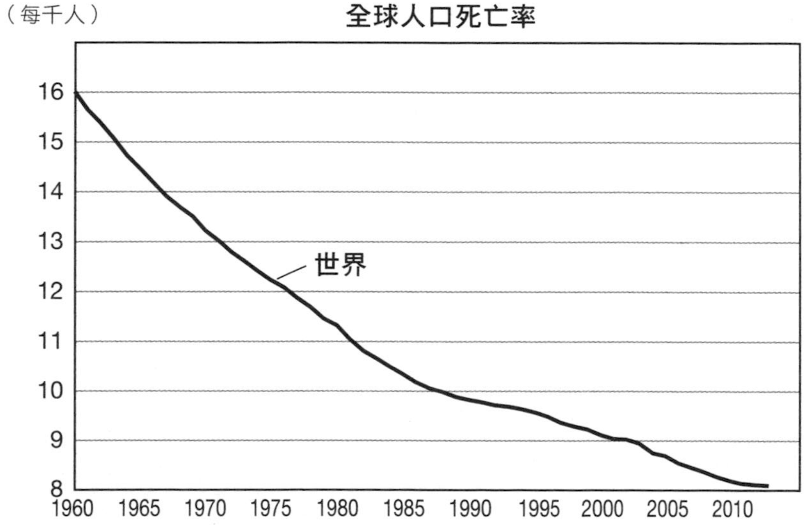

中世紀的英國醫生，是用「草藥、魔咒、護身符」來清理牙齒跟拔牙的。[77]在一八四六年之前，人們都在沒有麻醉的狀態下截肢。[78]血壓計跟X光機都要到一八九六年才出現，所以在那之前的醫療檢查可信嗎？（附帶一提，X光機在一九一〇年的價格是二〇一〇年的五倍）[79]心電圖也一樣，它在一九〇一年才發明，一九二〇年代才普及。[80]你會想住在一九二〇年代的美國嗎？照耶魯大學與紐約大學醫學院前院長路易．托瑪斯（Lewis Thomas）的說法，當時看醫生的死亡率比不看醫生還高，大部分的媽媽都必須自己想辦法照顧家中的病人。[81]另一份資料則說，那段時間進行大型手術的患者，大概有一半會死於敗血症。[82]即使到了一九九〇年，全球各地婦女在分娩過程或分娩後死亡的比例，也遠高於今天。[83]在十年前，基因組定序是天價，現在定序一組只需要一萬美元。[84]在這麼多年中，人類的醫療一直穩定進步，大幅改善了我們的整體健康狀況。

其中也許最明顯的進展，就是疾病死亡率持續下降。拉美西斯五世即使權傾一時，卻不免死於天花（其實現在也沒有辦法治癒天花，但有一種疫苗只要在感染四天內注射就能成功抵禦）。一八三六年的全球首富奈森．羅斯柴爾德（Nathan Rothschild），死於一種當代很容易治癒的傳染病。[85]卡爾文．柯立芝在一九二四年當美國總統時，兒子在白宮草皮上玩耍時意外感染水皰，不到一周就死了。[86]這些當時財富跟權力最大的人，碰到疾病尚且如此，一般百姓的慘狀更是不用多談，[87]當時死於瘧疾、傷寒、痢疾的每年都有數千人。[88]

但如今腮腺炎、麻疹、德國麻疹、瘧疾、昏睡病、象皮病、蟠尾線蟲病，以及一大堆傳染病都在世界各地快速減少，「很多疾病的消失都已經不再是夢想」[89]美國二〇〇九年的傳染病死亡率已降至百分之二，[90]其他疾病相關指標也顯著改善。瘧疾、傷寒、痢疾都已經殺不死先進國家的人，[91]「你死於痢疾」（You have died of dysentery）甚至從過去的真實敘述，變成了電子遊戲裡的迷因。[92]二〇一三年死於中風的人數比一九六〇年代少了百分之七十五。[93]愛滋病一九九〇年代末盛極一時，但二〇一〇年的發病率已經比一九九七年少了百分之二十。癌症目前還是很恐怖，但我們不再束手無策。除了肺癌以外，一九九七年各種癌症的發病率與死亡率都比一九五〇年少了百分之十六，而且之後下降得更快；[94]而在吸菸減少之後，肺癌的指標也開始下降。[95]過去四十年來，人造化學物質的數量激增，癌症的總體死亡率和年齡標準化死亡率卻都在下降。一九七〇年代的癌症患者在確診後五年內死亡的比例是五成，現在的比例是百分之三十二。自一九九四年以來，癌症的總體發病率每年下降百分之零點六，拯救了十萬條原本可能因此而死的性命。危言聳聽的瑞秋・卡森（Rachel Carson）在《寂靜的春天》（*Silent Spring*）裡把白血病說得多可怕，但現在該病的死亡率只有十萬分之七點一。根據統計，二〇一四年全球大約有一萬零四百五十位兒童診斷出癌症，不到癌症死亡人數的百分之一。在一九七〇年代，罹癌兒童在確診後五年內死亡的機率是百分之五十，現在是百分之二十。[96]

美國目前死於癌症的比例是十萬分之一百八十六，但這跟現在很多人活過六十五歲有關，因為癌症確診年齡的中位數就是六十五歲。二十世紀初的美國人，壽命都比今天百分之七十五的美國癌症患者更短。[97]除了疾病以外，其他的身體健康指標也有所改善：六十五歲以上美國人的失能比率，從一九八二年的百分之二六點二下降到一九九九年的百分之十九點七，下降速度是死亡率的兩倍。[98]此外，過去的老人不僅不太可能有生產力，身邊更不會有多少錢；但現在先進國家的銀髮族卻是一個龐大的客群。

除了健康狀況以外，我們的教育和知識程度也是史上之最。在人類的歷史上，大部分的民眾一直都是文盲，而且女性的比例高於男性。《伊利亞德》、《奧德賽》、《貝奧武夫》這些偉大的作品，在記錄下來之前的好一段時間都是口傳文學。過去無論哪種教育，全都是菁英階級的特權。就算到了一八二〇年，全球也只有百分之十二的人識字。但資本主義創造的財富改變了這一切，二〇一四年全世界的文盲已經只剩百分之十五，我們只花了不到兩百年，就幾乎把識字的比例變成不識字的比例。[99]

而且不僅教育越來越普及，受教育的時間也越來越長。全球受教育的平均時間，在一九五〇年是三點九七年，在二〇一五年已增至八點九九年。（見下圖）[100] 資本主義讓識字和教育這兩項過去專屬於菁英的特權，變成人人都能享有。*

資本主義也徹底改變了人類的通訊方式。直到大約一百七十年前，新聞都必須用人力傳遞，都得像經濟學家羅伯·戈登（Robert J. Gordon）說的一樣「用步行、馬匹、船隻，以及最近的鐵路」來乘載，所以每個時代的人類能移動多快，新聞最多就只能那麼快。[101] 這種通訊障礙在歷史上搞出了很多黑色幽默，伯羅奔尼撒戰爭裡面的雅典人就是個好例子。他們最初決定消滅在戰爭中叛變的米提利尼島人（Mytileneans），於是就派了一艘船去下令；但隔

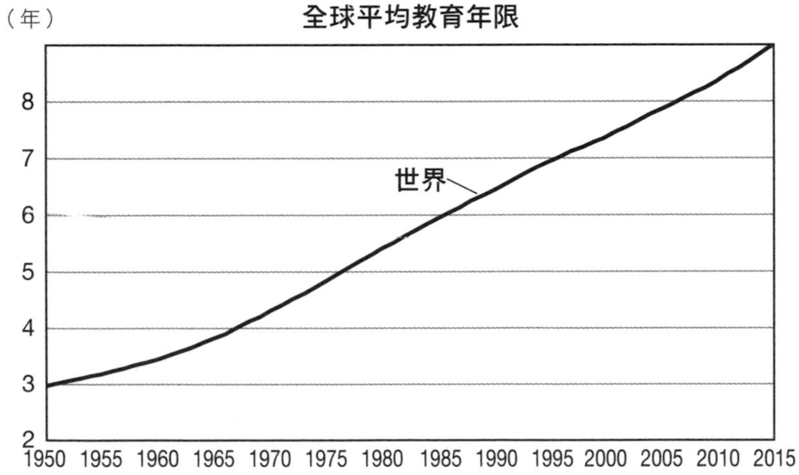

天改變了主意，結果只好再派一艘船出去，叫使者十萬火急地划，把前面那艘擋下來。[102]紐奧良戰役（Battle of New Orleans）也是一樣，當時一八一二年戰爭（War of 1812）其實已經結束，美英兩國已經簽了和約，但雙方前線的部隊都不知情，於是又在紐奧良打了一場。[103]直到一八四四年發出的第一封電報，通訊才終於進入新紀元。[104]而且因為現代科技進步神速，每一項關鍵發明在登場之時都震驚天下，隔了幾年之後卻都變成可笑的骨董。到了現在，科技的腳步也沒停下來，二〇一〇年美國每個家庭的手機數量還不到二點六台，到了二〇一三年就變成百分之九十一的成人至少都有一台。[105]一九九〇年，每一百人只擁有零點二七個手機號碼（當時用手機的人都像一九八七年的葛登・蓋柯一樣，在華爾街拿著一台黑金剛），二〇一四年每一百人擁有一〇五點七四個。（見下圖）[106]

通訊越來越普及，費用也越來越便宜。我們現在都會覺得費率固定的電話一定可以用來打長途，但在七十年前，長途電話需要經過好幾次人工接線才能打通，一通電

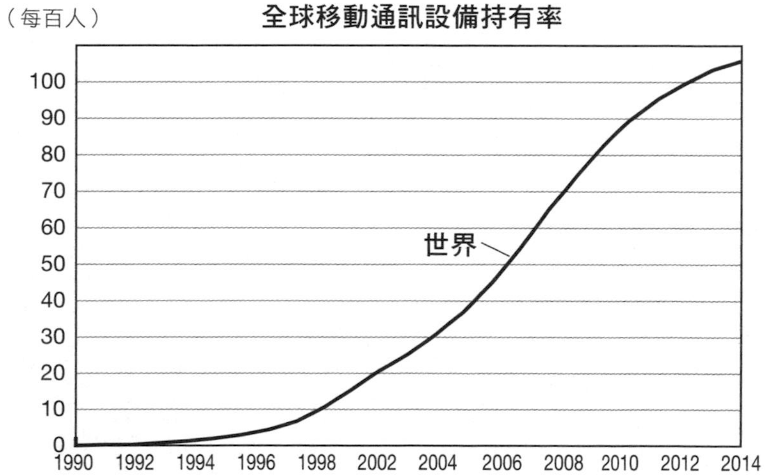

＊我之前也提過，教育也有可能變成資本主義的敵人，而且最近似乎越來越明顯。

話的費用可能等於你一小時的薪資。[107]而且現在的臉書、推特、Skype之類的新技術，還可以讓我們不用打電話就直接與遠方的人免費即時交流，甚至不需要知道對方目前在哪裡，歷史上可從來沒出現過這種事。[108]這些例子全都在證明，資本主義的變革力量有多麼巨大。

市場也徹底改變了運算能力。二〇一二年的惡搞科幻片《鋼鐵蒼穹》（*Iron Sky*）就把這件事說得很好。在故事中，二戰結束時有一隻納粹部隊逃到月球的背面，在那邊花了幾十年設法反攻地球，結果有一天遇到一個美國太空人，偷走了他的智慧型手機，發現這台手機的運算能力竟然超過整個基地所有電腦的總和，於是納粹用這台手機來加速他們的運算，入侵計劃的進度突飛猛進。[109]這也許聽起來很扯，但扯的是納粹那部分，不是電腦運算能力那部分。《鋼鐵蒼穹》把納粹飛向月球的時間，設定在世上最早的「現代」電腦ENIAC首度登場的一九四六年左右，所以納粹隔了幾十年還在用這種方式製作電腦。ENIAC重達二十七噸，佔地二二點三平方公尺，耗電一七四千瓦，有人說一開機就足以讓整個費城的燈變暗。[110]一九四九年，美國的科普雜誌《大眾機械》（*Popular Mechanics*）預期電腦的重量未來可能會小於一點五噸。[111]但在一九七〇年代初，「超級電腦之父」希穆爾・克雷（Seymour Cray）徹底改變了這個產業，他製造的超級電腦Cray-1每秒浮點運算能力高達一點六億次，主記憶體有8Mb，而且每條線路都不超過一點三公尺長，整台機器可以塞進一個小房間。一九七六年，洛斯阿拉莫斯國家實驗室以八八〇萬美元（相當於今天的三六九〇萬美元）的價格買下了Cray-1。但正如摩爾定律所言，積體電路上可容納的電晶體數目，大約每二十四個月便會增加一倍，[112]多年累積之下，現在的運算能力已經遠遠超過那些超級電腦時期的人所能想像（對啦，某些科幻小說除外）。一九九六年，賓州大學有一群學生把ENIAC的設計移植到一顆六十四平方公釐的積體電路上，只花了零點五瓦的功率就讓它運轉，大約是原版ENIAC的三十五萬分之一。[113]請注意，這是二十年前的事了。

《大眾機械》的預測其實還算正確，只是有點保守。真要說起來，它保守得還蠻合理的，畢竟如果你是一九四九年的科普編輯，聽到有個人說未來的電腦可以拿在手上、放在口袋裡、放在膝蓋上，大概也會覺得這個人在說什麼瘋話。但現在你去沃爾瑪買一台五百美元以下的筆記型電腦，會發現它記憶體是Cray-1的七百五十倍，運算速度是Cray-1的一千倍，通用運算能力不知道是Cray-1的多少倍。[114]阿波羅11靠著電腦的精確運算，讓人類首度登上月球，但現在16Gb的手機，記憶體容量是當時導航電腦的二十五萬倍，難怪《鋼鐵蒼穹》裡的納粹看到手機會瞠目結舌。[115]一九七五年的百姓一輩子薪資加起來所能買到的運算能力，只等於二〇〇〇年的一台掌上型計算機。[116]一九九七年你得花四五〇美元才能買到5Gb的儲存空間，現在你隨便去線上註冊一個免費空間就有。[117]即使是MacBook Pro的8Gb RAM，也是一九五一年超級電腦MANIAC的一六〇萬倍。[118]我不知道一隻針尖上可以站多少位天使，但我知道Intel可以在一個英文句點裡面塞六百多萬個電晶體。[119]

這對一般消費者的意義，就是科技與通訊能力進步一日千里。當下手機的運算能力，比幾十年前那台堆滿小房間的超級電腦還強。現在全球有近半數的人在使用網際網絡，一九九〇年幾乎為零。（見下頁圖）[120]

當代的電腦比過去的所有機器都更強、更快、更聰明、更普及、連結更緊密。一九九〇年代，「數位落差」讓進步派決策者相當焦慮，他們認為只要政府不出手干預，網際網絡就會淪為有錢人的玩物，所以他們提高稅率、轉移財富、收買了一些選民，然後以為任務完成了。但我們現在確定，市場總是會讓網際網路這種東西服務於每一個人，而不是少數人。市場會製造奢侈品，而有錢人購買奢侈品的過程就會支撐許多創新，讓原本的奢侈品都變成人人都有的生活必需品。我們現在的手機、汽車、藥品、電腦、營養的食物和舒適的房子，全都是這樣來的。這種機制是人類史上最強大的煉金術，但無論在哪個世代，都會有一堆忘恩負義的人把它當成理所當然。

➤ ➤ ➤

這當然不是說物質繁榮的奇蹟不用付出代價。現實世界中有一利必有一弊。

這也不是說政府對於人類的繁榮完全沒有貢獻。但早從史上第一個大頭目帶著我們這群沒毛猩猩走出非洲草原開始，人類就一直使用家父長制的政府，每個凱撒、國王、帕夏、蘇丹、政委、皇帝都用這種方式統治社會。而這種政府並沒有創造「奇蹟」，人類之所以可以締造「奇蹟」解放每一個人，主要是因為我們獲得了經濟自由，然後帶來了政治自由，不是靠什麼賢王明君。

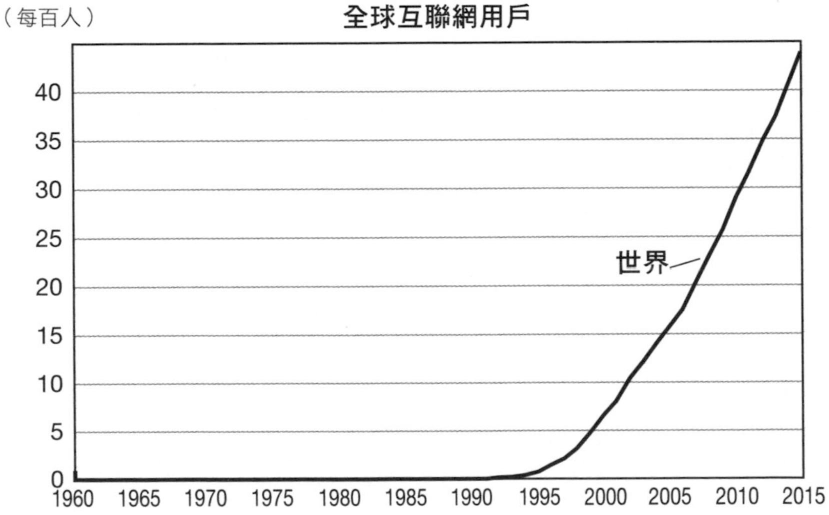

但進入現代之後，每一代的人都把「奇蹟」當成理所當然。那些照理來說應該最懂資本主義的人，都在說資本主義讓我們變得更窮、更病態、剝削更嚴重；都在說現在的社會越來越糟糕，說我們必須回頭看看過去的歷史，設法回到神話般的黃金年代。一項典型的民調結果顯示，百分之六十六的美國人相信極端貧窮的比例「在過去二十年內幾乎增為兩倍。百分之二十九的人相信比例沒有改變。只有百分之五的人想法符合現實：極端貧窮的比例已經減半。」其他先進國家的民調結果也好不到哪裡去，百分之五十八的英國人相信極端貧窮的比例增加，三分之一的人認為比例沒變。[121]這些數字全都在呼應湯瑪斯・麥考萊（Thomas Babington Macaulay）的哀嘆：「歷史上的紀錄，明明全都是我們越變越好，大家到底為什麼會相信未來會越變越糟？」[122]

我在本書的後半部說過，自由市場體系之所以能正常運作，是仰賴一些經濟學以外的價值觀、思想、制度。但目前最重要的是，自由市場體系不僅是史上最有效的脫貧方案，甚至是史上唯一有效的脫貧方案。貧窮是人類的自然狀態，自人類誕生以來，絕大多數的時間都一直窮得很穩定。社會主義這個名詞很晚才出現，但它的觀念早從遠古就存在。社會主義想讓經濟回歸部落型態。而演化讓我們成為一個彼此合作，共享資源的物種，很難抵抗社會主義式的觀念。它就像我們大腦中內建的其他傾向一樣，讓我們很容易覺得資本主義違反自然、個人自由違反自然、言論自由違反自然。所以每一代的自由民主資本主義，都得對抗人類的天性。

文學裡的常見母題之一，就是願望必定伴隨陷阱。歌德與馬羅的《浮士德》、吉卜林的〈老袋鼠之舞〉、安徒生的〈神奇橡皮靴〉、以及很多集《陰陽魔界》（*The Twilight Zone*）的故事，都在提醒我們許願的時候要小心。西方世界的「奇蹟」，是幾千個世代的祖先在貧窮、齷齪、粗暴、短暫的生命中累積出來的願望。這個願望催生出了資本主義，讓人類彼此和平合作，繁榮的速度一日千里。而這個願望的陷阱，就是讓人們看不到它的效果。在資本主義下，人們完全不像是在彼此合作，而且到處都充滿著動盪跟未知風險，看起來一點也不和平。

資本主義無法提供意義、靈性、歸屬感，因為這些東西都比資本主義更古老。但這並非問題所在，因為資本主義是一種經濟體系，而我們對經濟體系的期待，就是希望它讓我們繁榮發展，而資本主義在這方面的表現極為出色。真正的問題是，我們經常聲稱自己想要一個東西，但真正想要的卻是另一個東西。經濟只是文明的其中一塊，而我們想要的東西落在另一塊，資本主義根本給不出來。我們想要意義，我們想要覺得自己是部落的一分子。但我們都知道錘子不是拿來切東西的，而資本主義完全不適合填補我們內心的空洞。

意義來自家人、朋友、信仰、共同體、以及分散在每個角落的小小公民社會。這些體制崩毀的時候，光靠資本主義根本救不回來。這時候，我們的天性就開始叫政治體系跟經濟體系出來解決問題，可是這兩個體系也解決不了這種問題。然後人們就開始說，當今世道之所以會崩頹，都是經濟自由跟政治自由造成的。我們在其他地方失去信心，最後連「奇蹟」本身都不再相信，然後就回頭找那些乍看之下更自然的部落主義、國族主義、或者以各種形式出現的社會主義。

大部分的人都知道「消費者信心」對經濟有多重要。如果大家既覺得自己的財務狀況不錯，又覺得整體經濟在走上坡，消費者就比較願意花錢，企業也比較願意投資設備和勞工。但我們對文明的信心，其實遠比對消費的信心更重要，而大家幾乎都只談消費者信心，很少注意到人們對文明的信心。西方的「奇蹟」是偶然的，但西方文明確實締造了「奇蹟」，如果我們不再相信它的能力，不再以它的成就為傲，我們就是在讓整個文明一起自殺。

謝詞

有些人很愛寫書，不過至少在我看來，這些人真是怪透了。如果我不用趕專欄和雜誌的截稿時間，也許我會比較享受寫書吧。不過，認真研究和思考一個主題還是有不少美好的地方。所以如果我可以專門做這個，或許我也會更喜歡寫書一點。

但這不是我選的生活。所以我得好好感謝許多人，如果沒有他們的幫忙，這本書不可能完成。

首先是我的妻子潔西卡・蓋沃拉（Jessica Gavora），她不但是優秀的作家和思想家，也是我最棒的紅粉知己、朋友和我夢寐以求的夥伴。這幾年來她一直在忍受我——我還沒算上我們認識以來的相處。真不知道該怎麼感謝她才好。

我的研究助理傑克・巴特勒（Jack Butler）也幫了我很大的忙。他不辭辛勞地在整本書的寫作過程中協助我（考慮到整個過程裡的折磨，這樣說其實有點含糊）。尤其是附錄中人類物質的進步，基本上全都是他的功勞。他不但聰明，而且認真又盡心盡力，我相信他未來一定大有成就，也希望他得到應有的榮譽。他還幫忙管理了克里斯・加文（Chris Gavin）、馬特・溫塞特（Matt

Winesett）、羅比．羅莎米莉亞（Robbie Rosamelia）和詹姆斯．阿爾特舒爾（James Altschul）這些才華洋溢的實習生；這些人在本書的各個階段都有各自的貢獻。

我的編輯瑪麗．雷尼克斯（Mary Reynics）就像神話英雄一樣臨危不亂，從第一天開始就展現出非凡的氣力。我很清楚如果作者交出的稿子比原本該寫的多了兩倍半，許多編輯都會很享受校編三階段裡的連殺快感。但在整個過程中，她都是我最好的同伴與協助者，就像出版社裡的所有人一樣。

我的經紀人傑伊．曼德爾（Jay Mandel）不但給了我許多回饋與支持，在千變萬化的書市中更是不可多得的好朋友。

我想我應該是全世界最幸運的人之一了，不過要在這裡列出所有理由，實在是有點囉唆也有點肉麻。但有兩個世界一流的團體我不得不提，而且對我來說，這兩個地方都像家一樣。首先是《國家評論》，我不但是在這擔任研究員，也是刊物的資深編輯。二十年前，我朋友，也是在《國家評論》服務的一流編輯瑞克．洛瑞（Rich Lowry）只憑直覺就給了我這份工作。從那之後，《國家評論》對我來說不只是公司，更是柏克所說的社會小單位。整個國家評論研究所，包括瑞克和英明的所長林賽．克雷格（Lindsay Craig）都大方地全力支持我，讓我有足夠的時間和空間完成這本書。

另一個對我來說像家的地方是世界上最好、最有影響力的智庫：美國企業研究所。所長亞瑟．布魯克斯除了是我的老闆，也是我的導師、朋友和榜樣。他也是在二〇一〇年心血來潮雇用了我，卻從此改變了我的人生。

另外，我還要誠摯感謝湯瑪斯（Thomas）和黛安．史密斯（Diane Smith）對這本書的大力支持。

團體對人固然重要。但更重要也更幸運的，其實是我所獲得的友誼。我最大的福氣，就是不論在哪都有一群博學多聞且堪稱楷模的朋友。在構思本書時，他們給過我大大小小的協助。其中我要特別感謝我的朋友約翰・波多雷茲（John Podhoretz）和查爾斯・莫瑞，在本書從提案到成品的過程裡，他們都給了我許多絕妙的洞見和鼓勵，是我不可或缺的朋友和幫手。美國企業研究所的發展與學術計劃副主席托比・埃斯托克（Toby Stock）也給了我許多幫助、鼓勵和見解。才華敏捷的凱文・威廉森是我在《國家評論》的同事，他幫我讀了整份手稿，給了許多非常有用的建議。尼斯卡南研究中心的史迪芬・泰勒斯（Steven Teles）也在成書前熱心提供了許多指教。

我也要感謝卡圖研究所（HumanProgress.org）的瑪麗安・圖皮（Marian Tupy）團隊，他們在人類發展的資料編譯這塊簡直可以說是座金礦，謝謝他們慷慨相助。

儘管這幾年不斷變化的政治環境令人苦惱、擔憂、焦慮，但我的個人生活也不遑多讓。感謝史迪芬・海耶斯（Steven Hayes）、A・B・斯托達德（A.B. Stoddard）、拉梅什・龐努魯（Ramesh Ponnuru）、李文（Yuval Levin）、查爾斯・庫克（Charles Cooke）、傑克・福勒（Jack Fowler）、傑伊・諾德林格（Jay Nordlinger）、羅納德・貝利（Ronald Bailey）、布雷特・拜爾（Bret Baier）、克里斯・斯特雷沃特（Chris Stirewalt）、詹姆斯・羅森（James Rosen）、尼克・舒爾茨（Nick Schulz）、道格・安德森（Doug Anderson）、史考特・麥克盧卡斯（Scott McLucas）、克里夫・阿內斯（Cliff Asness）、馬丁・埃爾特里希（Martin Eltrich）、哈蘭・克羅（Harlan Crow）、切爾西・福萊特（Chelsea Follett）、梅格・卡希爾（Meg Cahill）、邁可・普拉特（Michael Pratt）、馬克・安東尼奧・賴特（Mark Antonio Wright）、雷漢・薩拉姆（Reihan Salam）、

史考特・伊默古特（Scott Immergut）、羅伯・隆（Rob Long）、派崔克・菲茨莫里斯（Patrick Fitzmaurice，他是業內最厲害的聯合專欄編輯）、德魯西拉・達維達（Drucilla Davida）、克爾斯滕・賴斯（Kirsten Reisz）和阿什莉・科爾伯（Ashley Koerber），他們不管在這本書，還是我在知識、工作和時間的大大小小困難上，都幫了我很多忙。沒有他們的友誼、意見和協助，我真不知道要怎麼渡過這幾年。另外我也得謝謝華盛頓特區的雪茄館（Signature Cigars），讓我在工作和其他事情碰到麻煩時都有個地方可以逃避。

我還要謝謝一些聰明人願意花時間回答我奇怪或愚蠢的問題。紐約大學的強納森・海德特和耶魯的保羅・布倫大方回覆了我寫滿問題的郵件。還有胡佛研究所的拉斯・羅伯茲（Russ Roberts），儘管我們偶爾會通信，但我們從來沒見過。他的網路廣播節目（EconTalk）不只在我研究和思考各種複雜議題時救了我好幾次，還讓我在思考這本書的某些議題時有不少收穫。

當然，如果我有什麼地方寫錯，都是我的問題（別告訴傑克就是了）。

最後，感謝我生命中的兩位露西（Lucy）：我的母親露西安・戈德堡（Lucianne Goldberg）教會我如何為重要的事物奮戰，而我的女兒露西則讓我知道什麼才是生活中真正重要的事物。

105 Ibid., p. 431.

106 "Mobile Cellular Subscriptions," Human Progress.

107 Gordon, *The Rise and Fall of American Growth*, p. 431.

108 Ibid., p. 440.

109 參見 https://www.youtube.com/watch?v=ziVpqh9UXmI.

110 Bryce, *Smaller Faster Lighter Denser Cheaper*, p. 113.

111 James B. Meigs, "Inside the Future: How PopMech Predicted the Next 110 Years," Popular Mechanics, December 10, 2012.

112 Gordon, *The Rise and Fall of American Growth*, p. 444.

113 Bryce, *Smaller Faster Lighter Denser Cheaper*, p. 111.

114 Gordon, *The Rise and Fall of American Growth*, p. 444.

115 Bryce, *Smaller Faster Lighter Denser Cheaper*, p. xxiii.

116 Ridley, *The Rational Optimist*, p. 24.

117 Bryce, *Smaller Faster Lighter Denser Cheaper*, p. 107.

118 Ibid., p. 117.

119 Ibid., p. 121.

120 "Internet Users," Human Progress.

121 Tim Montgomerie, "Two: Capitalism Has Produced a $600 Billion Global Marketing Machine but It Has Completely Failed to Sell Its Enormous Achievements," Legatum Institute, Shorthand Social, November 9, 2015.

122 引述於 Ridley, *The Rational Optimist*, p. 11.

70 Bailey, *The End of Doom*, p. 2.
71 Gordon, *Rise and Fall of American Growth*, p. 322.
72 Max Roser, "Child Mortality," Our World in Data.
73 "Infant Mortality Rate," Human Progress.
74 "Death rate," Human Progress.
75 請參見 "Wealth & Health of Nations," Gapminder.
76 Manchester, *A World Lit Only by Fire*, p. 62.
77 T. Anderson. "Dental Treatment in Medieval England," British Dental Journal 197, no. 7, October 9, 2004, p. 1.
78 D. H. Robinson and A. H. Toledo, "Historical Development of Modern Anesthesia," *Journal of Investigative Surgery* 25, no. 3 (June 2012), pp. 141-49.
79 Bryce, *Smaller Faster Lighter Denser Cheaper*, p. 166.
80 Gordon, *The Rise and Fall of American Growth*, p. 226.
81 McCloskey, *Bourgeois Dignity*, p. 57.
82 Gordon, *The Rise and Fall of American Growth*, p. 228.
83 Max Roser, "Maternal Mortality," Our World in Data.
84 Bryce, *Smaller Faster Lighter Denser Cheaper*, p. xxiii.
85 Max Roser and Esteban Ortiz-Ospina, "Global Extreme Poverty," Our World in Data (first published in 2013; substantive revision March 27, 2017).
86 Jared Rhoads, "The Medical Context of Calvin Jr.'s Untimely Death," Calvin Coolidge Presidential Foundation, July 7, 2014.
87 Gordon, *The Rise and Fall of American Growth*, p. 214.
88 Chelsea German, "Modern Chemicals, Health, and Hunger," Human Progress (January 13, 2016).
89 Ridley, *The Rational Optimist*, p. 310.
90 Gordon, *The Rise and Fall of American Growth*, p. 214.
91 German, "Modern Chemicals, Health, and Hunger."
92 參見 "You Have Died of Dysentery," Know Your Meme.
93 "Heart Disease," NIH Research Portfolio Online Reporting Tools (RePORT).
94 Bryce, *Smaller Faster Lighter Denser Cheaper*, p. 41.
95 Ridley, *The Rational Optimist*, p. 298.
96 Bailey, *The End of Doom*, pp. 97-98.
97 Ibid., pp. 116-17.
98 Ridley, *The Rational Optimist*, p. 18.
99 Max Roser and Esteban Ortiz-Ospina, "Literacy," Our World in Data.
100 "Mean Years of Schooling," Human Progress.
101 Gordon, The Rise and Fall of American Growth, p. 178.
102 Victor Davis Hanson, "Progressive Mass Hysteria," *National Review* online, June 30, 2015.
103 "Battle of New Orleans," Encyclopaedia Britannica. https://www.britannica.com/event/Battle-of-New-Orleans-United-States-United-Kingdom-1815
104 Gordon, *The Rise and Fall of American Growth*, p. 178.

Income: 2015," U.S. Census Bureau, September 2016, p. 2.

39 Brian Wansink and C. S. Wansink, "The Largest Last Supper: Depictions of Food Portions and Plate Size Increased over the Millennium," *International Journal of Obesity* 34 (2010), pp. 943–44, doi:10.1038/ijo.2010.37.

40 "Food, Net Production, Relative to 2004-2006," Human Progress.

41 "Meat Consumption, Developing Countries, per Person," Human Progress.

42 "Food Supply, per Person, per Day," Human Progress.

43 "Food Consumption Shortfall Among Food-Deprived Persons," Human Progress.

44 "Undernourished Persons," Human Progress.

45 "Access to Electricity," Human Progress.

46 Ridley, *The Rational Optimist*, p. 236.

47 Mark J. Perry, "Each American Has the Energy-Equivalent of 600 Full-time 'Human Energy Servants,'" AEIdeas (American Enterprise Institute), December 2, 2015.

48 Bailey, *The End of Doom*, pp. 61-62.

49 Ridley, *The Rational Optimist*, p. 245.

50 Bailey, *The End of Doom*, p. 65.

51 Ibid., p. 62.

52 "Greenhouse Gases from Agriculture," Human Progress.

53 Gordon, *The Rise and Fall of American* Growth, p. 129.

54 William Manchester, *A World Lit Only by Fire* (Boston: Little, Brown, 1993 [1992]), pp. 63-64.

55 Ibid., p. 142.

56 Robert Bryce, *Smaller Faster Lighter Denser Cheaper* (New York: PublicAffairs, 2014), p. 74.

57 Brink Lindsay, *Against the Dead Hand: The Uncertain Struggle for Global Capitalism* (New York: John Wiley, 2002), p. 63.

58 可參見 "Passenger Kilometers Travelled," Human Progress，這些資料並不完整，但描述了真實的變化趨勢。即使把資料補完，也只會讓我們更確定今昔對比有多巨大。

59 科學記者羅納·貝利轉述了《美國國家科學院院刊》二〇〇六年的一篇研究，說「聯合國糧農組織在二〇〇五年做了一次詳盡的全球森林源評估報告（Global Forest Resources Assessment），發現在五十個擁有廣袤林地的國家中，只要是年度人均 GDP 超過四六〇〇美元的，立木蓄積量都沒有下降。」參見 Ronald Bailey, *The End of Doom*, p. 250.

60 Ridley, *The Rational Optimist*, p. 305.

61 Bailey, *The End of Doom*, p. 250.

62 "Forest Area, Square Kilometers," Human Progress.

63 Ronald Bailey, "Rage Against the Machines," Reason, July 2001.

64 "U.S. Energy-Related Carbon Dioxide Emissions," Human Progress.

65 Bailey, *The End of Doom*, p. xvii.

66 Ibid., p. 2.

67 Bryce, *Smaller Faster Lighter Denser Cheaper*, p. 59.

68 Manchester, *A World Lit Only by Fire*, p. 55.

69 "Life Expectancy at Birth," Human Progress.

把這個數字除以人類出現的時間，然後乘以三六五點二五天，就得出了結果：如果整個人類的歷史相當於一年，那麼絕大多數的進展都是在最後十三小時五十六分發生的。

11 Confucius, "*The Analects—13: The Analects Attributed to Confucius [Kongfuzi], 551-479 BCE, by Lao-Tse [Lao Zi]* (trans. by James Legge (1815-1897)," USC U.S.-China Institute, Annenberg School for Communication and Journalism, University of Southern California.

12 Irving Kristol, "'When Virtue Loses All Her Loveliness'—Some Reflections on Capitalism and 'the Free Society,'" *Public Interest* 33, Fall 1970.

13 Robert J. Gordon, *The Rise and Fall of American Growth: The U.S. Standard of Living Since the Civil War* (Princeton, NJ: Princeton University Press, 2016), pp. 2-3.

14 Ronald Bailey, *The End of Doom* (New York: St. Martin's, 2015), pp. 67-69.

15 Deirdre N. McCloskey, *Bourgeois Dignity: Why Economics Can't Explain the Modern World* (Chicago: University of Chicago Press, 2010), p. 1.

16 Chelsea German and Marian L. Tupy, "No, Capitalism Will Not 'Starve Humanity' by 2050," Human Progress.

17 "Quantifying History: Two Thousand Years in One Chart," *Economist*, June 28, 2011.

18 McCloskey, *Bourgeois Dignity*, p. 1.

19 Beinhocker, *The Origin of Wealth*, p. 9.

20 Ibid., p. 49.

21 "GDP, 1990 International Dollars," Human Progress.

22 Chelsea German, "Extreme Poverty's End in Sight," Human Progress, September 24, 2015.

23 "Share of People Living in Extreme Poverty," Human Progress.

24 "Absolute Poverty Rates in East Asia and the World, Percent of Population," Human Progress.

25 "Towards the End of Poverty," *Economist*, June 1, 2013.

26 Sebastien Malo, "World's 'Extremely Poor' to Fall Below 10 Percent of Global Population: World Bank," Reuters, October 4, 2015.

27 Matt Ridley, *The Rational Optimist: How Prosperity Evolves* (New York: HarperCollins, 2010), p. 15.

28 Franklin Delano Roosevelt, "4—State of the Union Message to Congress—January 11, 1944," American Presidency Project, John Woolley and Gerhard Peters, eds.

29 "Employment in Agriculture (% of Total Employment)," World Bank.

30 Gordon, *The Rise and Fall of American Growth*, pp. 52-53.

31 "Agricultural Sector Employment, Percent of Total Employment," Human Progress.

32 "Hours Worked per Worker," Human Progress.

33 "Labor Productivity per Hour Worked," Human Progress.

34 Francis Fukuyama, *The Origins of Political Order: From Prehuman Times to the French Revolution* (New York: Farrar, Straus and Giroux, 2011), p. 463.

35 "Vegetables [sic] Yields," Human Progress.

36 "Cereal Yields," Human Progress.

37 這個故事在四部福音書中都有記載，我引用的是《約翰福音》，參見 https://www.biblegateway.com/passage/?search=John+6&version=NIV

38 二〇一五年，美國家庭收入的中位數是五五七七五美元。參見 Kirby G. Posey, "Household

19 Elias Canetti, *Crowds and Power*, Carol Stewart, trans. (New York: Farrar, Straus and Giroux, 1960), p. 18.

20 C. S. Lewis. *The Abolition of Man* (New York: HarperOne, 1974 [1944]), p. 26.

21 Ibid., p. 25.

22 Francis Fukuyama, "The End of History?," *National Interest*, no. 16 (Summer 1989), p. 18.

23 Julian Benda, *The Treason of the Intellectuals* (New York: Routledge, 2017 [1927]), p. 15.

24 Rebecca Savransky, "Eric Trump: 'Nepotism Is Kind of a Factor of Life,' " The Hill, April 4, 2017.「美好的事情」在另一個地方也出現過，參見 http://thehill.com/homenews/news/328201-eric-trump-nepotism-is-a-beautiful-thing

25 很多人都以為這句話出自法國勞工運動家勒德呂—洛蘭（Alexandre Auguste Ledru-Rollin），但其實他沒說過。還有人說這是甘地說的，但應該更不可能。

26 "88. Shutting Down Media Outlets," Economist/YouGov Poll: July 23-25, 2017—1500 US Adults, YouGov, p. 98.

27 參見"More Americans Say Personal Immorality Not Disqualifying for Elected Officials," in "Clinton Maintains Double-Digit (51% vs. 36%) lead over Trump, PRRI/Brookings Survey," Public Religion Research Institute, October 19, 2016.

28 Calvin Coolidge, "Address at the Celebration of the 150th Anniversary of the Declaration of Independence in Philadelphia, Pennsylvania—July 5, 1926," American Presidency Project, John Woolley and Gerhard Peters, eds.

29 "ingratitude," Merriam-Webster. https://www.merriam-webster.com/dictionary/ingratitude

附錄——人類的進步簡史

1 "Margaret Thatcher on Socialism: Did Margaret Thatcher Once Say That 'the Trouble with Socialism Is That Eventually You Run Out of Other People's Money'?," Snopes.

2 Yuval Noah Harari, *Sapiens: A Brief History of Humankind* (New York: HarperCollins, 2015, Kindle edition), p. 4.

3 Ibid., p. 11.

4 Eric Beinhocker, *The Origin of Wealth: Evolution, Complexity, and the Radical Remaking of Economics* (Boston: Harvard Business School Press, 2006), p. 9.

5 Todd G. Buchholz, "Dark Clouds, Silver Linings," in *New Ideas from Dead Economists: An Introduction to Modern Economic Thought* (New York: Penguin, 2007 [1990]), p. 313.

6 Francisco Ferreira, "The International Poverty Line Has Just Been Raised to $1.90 a Day, but Global Poverty Is Basically Unchanged. How Is That Even Possible?," World Bank, October 4, 2015.

7 Beinhocker, *The Origin of Wealth*, p. 9.

8 David Landes, *Prometheus Unbound: Technological Change and Industrial Development in Western Europe from 1750 to the Present* (Cambridge, U.K.: Cambridge University Press, 1969), p. 5; quoted in Beinhocker, The Origin of Wealth, p. 11.

9 Douglass C. North et al•, *Violence and Social Orders: A Conceptual Framework for Interpreting Recorded History* (New York: Cambridge University Press, 2009), p. 3.

10 我把一七〇〇年當成人類經濟開始起飛的年份，目前是二〇一八年，所以起飛了三一八年。

6 根據美國人口普查（U.S. Census），啤酒跟水的喜好程度在二〇〇六年逆轉，水的偏好首度超越了啤酒。政治學家蘇珊・麥克威廉姆斯（Susan McWilliams）認為，啤酒是一種社會飲料，水則比較個人，「所以啤酒廣告很喜歡拍一群人聚在小房間裡喝酒，瓶裝水廣告通常則會拍某個人獨自爬山奔跑，尤其是在清晨的海灘上奔跑，而且根本沒有人在追。」參見 Susan McWilliams, "Beer and Civic Life," Front Porch Republic, March 20, 2009.

7 這句話來自尼爾・蓋曼（Neil Gaiman）《美國眾神》（*American Gods*）改編的同名影集。在故事中，我們這個時代的神已經變成了電視之類的科技產品，這句話出自瓦肯，祂以前是火山之神，現在變成了槍砲之神。該劇還有許多其他台詞，例如有個叫做「媒體」的電視之神說「螢幕就是祭壇，電視機前的觀眾就是對我獻祭的信徒。時間流轉，但獻祭依舊，從一個黃金年代到另一個黃金年代。他們坐在祭壇前方肩併著肩，全神貫注無視其他人的存在。如今他們又有另一個更小的祭壇，放在膝上、拿在掌中，從此對家中那個更大的電視機視若無睹。有了他們獻祭的時間和注意力，誰還想要羔羊的血？」

8 Kif Leswing, "The Average iPhone Is Unlocked 80 Times per Day," Business Insider, April 18, 2016.

9 "Americans Are Poorly Informed About Basic Constitutional Provisions," Annenberg Public Policy Center of the University of Pennsylvania, September 12, 2017.

10 其中一個成員就是創辦臉書的馬克・祖克柏。有人問他七、八年級生要怎麼獲得社群意義，祖克柏說「那麼，把民主更新，讓每個人都可以在線上投票如何？」參見 "Mark Zuckerberg's Commencement Address at Harvard," Harvard Gazette, May 25, 2017.

11 John Courtney Murray, "The Return to Tribalism," Woodstock Theological Library at Georgetown University.

12 「白癡」（Idiocy）、「乖僻」（idiosyncratic）、「成語」（idiom）的字根都是古希臘語 idios：私人的、自私的、遠離公眾利益的。idiota 在當代西班牙語中是傻子的意思，但在拉丁語中是指外行人或普通人。希臘人認為「公民」必須了解其他人並且懂得欣賞其他人，如果你沒有這種素養，你就是 idiot。沃爾特・帕克（Walter C. Parker）則說「idiot 一切都以自我為中心，所以注定當不了一個好公民。他們打從一開始就不懂得好好處理公共事務，再不然就是因為太自私而把公共事務處理得很糟。這種人只在乎自己的利益，希望社會完全不要妨礙，結果經常弄巧成拙。畢竟我們的一切私人利益跟個人自主，全都仰賴於社會。」我對這段話其中某些觀點，以及帕克的政治觀點都頗有意見，但同意他的核心主張。我們之所以要上學，就是為了從野蠻人和 idiot 變成公民。參見 Walter C. Parker, "Teaching Against Idiocy," Phi Delta Kappan 86, no. 5 (January 2005), pp. 344-45.

13 Patrick J. Deneen, "How a Generation Lost Its Common Culture," Minding the Campus, February 2, 2016.

14 Neil Postman, *Foreword to Amusing Ourselves to Death: Public Discourse in the Age of Show Business* (New York: Penguin, 2005 [1985]), pp. xix-xx.

15 Irving Kristol, "On Conservatism and Capitalism," *Wall Street Journal*, September 11, 1975, p. 20.

16 Stan M. Haynes, *President-Making in the Gilded Age: The Nominating Conventions of 1876-1900* (Jefferson, NC: McFarland, 2016), p. 216.

17 Jonah Goldberg, *Liberal Fascism: The Secret History of the American Left*, from Mussolini to the Politics of Change (New York: Broadway, 2009 [2007]), pp. 143-44.

18 Eugene Peterson, The Pastor: A Memoir (San Francisco: HarperOne, 2012), p. 157.

44 "FFF: Back to School: 2015–2016," U.S. Census Bureau, September 2, 2014.
45 Robby Soave, "The University of California's Insane Speech Police," Daily Beast, June 22, 2015.
46 Amanda Taub, "The Real Story About Fake News Is Partisanship," *New York Times*, January 11, 2017.
47 Ibid.
48 Carolyn Declerck and Christopher Boone, *Neuroeconomics of Prosocial Behavior: The Compassionate Egoist* (San Diego, CA; Waltham, MA; Oxford, U.K.: Academic Press, 2016), p. 158.
49 Taub, "The Real Story About Fake News Is Partisanship."
50 Tyler Cowen, "Move On— This Isn't True Here," Marginal Revolution, July 26, 2008.
51 Amy Chozick, "Hillary Clinton Calls Many Trump Backers 'Deplorables,' and G.O.P. Pounces," *New York Times*, September 10, 2016.
52 Quoted in "Happiness," in Tyron Edwards, *A Dictionary of Thoughts: Being a Cyclopedia of Laconic Quotations from the Best Authors, Both Ancient and Modern* (Detroit: F. B. Dickerson Company, 1908), p. 215.
53 Allahpundit, "Confirmed: Republicans Like Democratic Ideas Better When They're Trump's," Hot Air, September 2, 2015.
54 Ariel Malka and Yphtach Lelkes, "In a New Poll, Half of Republicans Say They Would Support Postponing the 2020 Election If Trump Proposed It," *Washington Post*, August 10, 2017.
55 Gabby Morrongiello, "Conway Jokes CPAC Could Become 'TPAC' in Honor of Trump," Washington Examiner, February 23, 2017.
56 "Celebs Pledge Allegiance to Obama," Fox News, September 20, 2012. 亦可見 Francis Romero, "Celebs Pledge Allegiance," Time, January 20, 2009.
57 Mark Morford, "Is Obama an Enlightened Being? Spiritual Wise Ones Say: This Sure Ain't No Ordinary Politician. You Buying It?," San Francisco Gate, June 6, 2008.
58 Deepak Chopra, "Obama and the Call: 'I Am America,' " Huffington Post, May 25, 2011.
59 Eve Konstantine, "The Obama Vibe," Huffington Post, February 5, 2008.
60 Washington Free Beacon Staff, "Barbara Walters: We Thought Obama Was Going to Be 'The Next Messiah,' " Washington Free Beacon, December 18, 2013.
61 Hillary Rodham Clinton, "Remarks by First Lady Hillary Rodham Clinton, University of Texas, Austin, Texas, April 7, 1993," Liz Carpenter Lecture Series.

結語：文明是否衰敗，取決於我們的選擇

1 Charles Krauthammer, "Decline Is a Choice," Weekly Standard, October 19, 2009.
2 這部分的討論感謝 Larry Siedentop's Inventing the Individual: The Origins of Western Liberalism (Cambridge, MA: Belknap Press/Harvard University Press, 2014)
3 Linda C. Reader, "Augustine and the Case for Limited Government," Humanitas 16, no. 2, (2003), pp. 97-98.
4 Ibid., p. 98.
5 根據美國卻斯特頓學會（American G. K. Chesterton Society）的說法，卻斯特頓本人雖然從未說過這句話，但它依然精闢地傳達出卻斯特頓思想的精隨。參見 "When Man Ceases to Worship God," American Chesterton Society.

22 Ana Swanson, "A Single Chart Everybody Needs to Look at Before Trump's Big Fight over Bringing Back American Jobs," *Washington Post*, November 28, 2016.

23 Rich Lowry and Ramesh Ponnuru, "For Love of Country," *National Review* 69, no. 3, February 20, 2017.

24 ACS, "My Country Right or Wrong," American Chesterton Society.

25 Frederic Cople Jaher, *The Jews and the Nation: Revolution, Emancipation, State For-mation, and the Liberal Paradigm in America and France* (Princeton, NJ: Princeton University Press, 2002), p. 135.

26 Hans Kohn, "Napoleon and the Age of Nationalism," *Journal of Modern History* 22, no. 1 (March 1950), pp. 21–37.

27 盧梭在一七六五年宣稱：「每個民族都有，或者說都應該要有他們的民族性；如果沒有，首先就該將民族性賦予他們。」Jean-Jacques Rousseau, "Constitutional Project for Corsica," Constitution Society.

28 Isaiah Berlin, "Herder and the Enlightenment," in *Three Critics of the Enlightenment: Vico, Hamann, Herder*, Henry Hardy, ed.
(Princeton, NJ: Princeton Univer-sity Press, 2013), p. 256.

29 Tim Blanning, *The Romantic Revolution: A History, Modern Library Chronicles* (New York: Random House, 2011, Kindle edition), Kindle location 1856–58.

30 Donald J. Trump, "58— Inaugural Address," January 20, 2017, American Presidency Project, John Woolley and Gerhard Peters, eds.

31 Ian Schwartz, "Trump: 'We Will Have So Much Winning If I Get Elected That You May Get Bored with Winning," RealClearPolitics, September 9, 2015.

32 Geoffrey Skelley, "Just How Many Obama 2012–Trump 2016 Voters Were There?," Sabato's Crystal Ball, University of Virginia Center for Politics, June 1, 2017.

33 Publius Decius Mus [Mike Anton], "The Flight 93 Election," Claremont Review of Books, September 5, 2016.

34 引述於 George J. Borjas, *We Wanted Workers: Unraveling the Immigration Narrative* (New York: W. W. Norton, 2016), p. 15.

35 Ibid., pp. 13–31, for starters.

36 Ronald F. Inglehart and Pippa Norris, "Trump, Brexit, and the Rise of Populism: Economic Have- Nots and Cultural Backlash," Faculty Research Working Paper Series, Harvard Kennedy School, August 2016, pp. 4–5.

37 David Card et al•, "Immigration, Wages, and Compositional Amenities," Norface Migration, Discussion Paper No. 2012- 12.

38 Hillary Clinton, Twitter, November 19, 2015.

39 Robert D. Putnam, "E Pluribus Unum: Diversity and Community in the Twenty- First Century: The 2006 Johan Skytte Prize Lecture," Scandinavian Political Studies 30, no. 2 (June 2007), pp. 150–51.

40 Ibid., 149.

41 Fukuyama, *Trust: The Social Virtues and the Creation of Prosperity* (New York: Free Press, 1996), p. 26.

42 "Chapter 5: U.S. Foreign- Born Population Trends," Pew Research Center, Septem-ber 28, 2015.

43 Anna Brown and Renee Stepler, "Statistical Portrait of the Foreign- Born Popula-tion in the United States, 2014," Pew Research Center, April 19, 2016.

47 See, for example, https://theoutline.com/post/1122/study-excluded-people-more-likely-to-believe-conspiracy-theories

第十四章：四分五裂——岌岌可危的美國民主實驗

1 Abigail Geiger, "For Many Voters, It's Not Which Presidential Candidate They're for but Which They're Against," *Pew Research Center*, September 2, 2016.

2 Nancy Knowlton, "Corals and Coral Reefs," *Ocean Portal*, Smithsonian National Museum of Natural History.

3 Jeremy T. Claisse et al•, "Oil Platforms off California Are Among the Most Produc-tive Marine Fish Habitats Globally," *Proceedings of the National Academy of Sciences of the United States of America* 111, no. 43 (September 22, 2014).

4 Jonathan Haidt, *The Righteous Mind: Why Good People Are Divided by Politics and Religion* (New York: Knopf Doubleday, 2012, Kindle Edition), p. 308.

5 Arthur C. Brooks, "America and the Value of 'Earned Success,' " *Wall Street Journal*, May 9, 2012, A13.

6 Arthur C. Brooks, "A Nation of Givers," American Enterprise Institute, March 11, 2008.

7 Barack Obama, "32— Inaugural Address— January 21, 2013," American Presidency Project, John Woolley and Gerhard Peters, eds.

8 Yuval Levin, *The Fractured Republic: Renewing America's Social Contract in the Age of Individualism* (New York: Basic Books, 2016), p. 209.

9 Ibid., p.4.

10 Joel Gehrke, "DNC: 'Government Is the Only Thing That We All Belong To,' " *Washington Examiner*, September 4, 2012.

11 原本的網站已經關閉，但好奇的讀者還是可以從這裡看到影片：https://archive.org/details/TheLifeOfJulia

12 Nicholas Eberstadt, "Our Miserable 21st Century," *Commentary*, March 2017.

13 Ibid.

14 Ibid.

15 George F. Will, "America's 'Quiet Catastrophe': Millions of Idle Men," *Washington Post*, October 5, 2016.

16 Stephen J. Rose, "The Growing Size and Incomes of the Upper Middle Class," Research Report, *Urban Institute: Income and Benefits Policy Center*, June 2016, p. 6.

17 Bernadette D. Proctor et al•, "Income and Poverty in the United States," *Current Population Reports*, U.S. Census Bureau, p. 23. https://www.census.gov/content/dam/Census/library/publications/2016/demo/p60-256.pdf（我推薦印出來，不然脖子會很累。）

18 "The American Middle Class Is Losing Ground: Share of Adults Living in Middle- Income Households Is Falling," Pew Research Center: Social & Demographic Trends, December 8, 2015.

19 Ronald Bailey, "Natural Gas Ambush Killed Off Coal Mining Industry, Not Obama's 'War on Coal,' " *Reason*, October 11, 2016.

20 Scott Lincicome, "The Truth About Trade," *National Review online*, April 4, 2016.

21 參見 https://www.bea.gov/iTable/iTable.cfm? reqid=56&step=2&isuri=1#reqid=56&step=51&isuri=1&5602=208

28 Robert Costa, "Listening to Donald Trump Swear and Talk Politics on His Private Plane," Washington Post, July 12, 2015.

29 Bob Woodward and Robert Costa, "In a Revealing Interview, Trump Predicts a 'Massive Recession' but Intends to Eliminate the National Debt in 8 Years," *Washington Post*, April 2, 2016.

30 Jeremy Diamond, "Donald Trump: 'I Keep Whining and Whining Until I Win,' " CNN, August 11,

31 Donald J. Trump, "58—Inaugural Address—January 20, 2017."

32 Franklin D. Roosevelt, "130—Address at Oglethorpe University in Atlanta, Georgia—May 22, 1932," American Presidency Project, John Woolley and Gerhard Peters, eds.

33 Jonathan Martin and Adam Nagourney, "Mocking Critics, Donald Trump Says He Can Win Without Republican Unity," *New York Times*, April 29, 2016.

34 John Patrick Diggins, "Flirtation with Fascism: American Pragmatic Liberals and Mussolini's Italy," *American Historical Review* 71, no. 2 (January 1966), p. 495.

35 參見 Jonah Goldberg, *Liberal Fascism: The Secret History of the American Left from Mussolini to the Politics of Change* (New York: Broadway Books, 2009 [2007]), pp. 166-67.

36 Time Staff, "Read President Trump's Interview with Time on Truth and Falsehoods," *Time*, March 23, 2017.

37 Donald J. Trump [and Tony Schwartz], *Trump: The Art of the Deal* (New York: Ballantine Books, 2015 [1987]), p. 58.

38 Timothy L. O'Brien, "How Much Is Trump Worth? Depends on How He Feels," Newsweek, October 19, 2015.

39 Daniel White, "Donald Trump Tells Crowd to 'Knock the Crap Out of' Hecklers," Time, February 1, 2016.

40 Mark Berman, "Trump Tells Police Not to Worry About Injuring Suspects During Arrests," *Washington Post*, July 28, 2017.

41 Sophie Tatum, "Trump Defends Putin: 'You Think Our Country's So Innocent?,' " CNN, February 6, 2017.

42 Steve Turnham, "Donald Trump to Father of Fallen Soldier: 'I've Made a Lot of Sacrifices,' " ABC News, July 30, 2016.

43 川普獲得的選舉人票的確超過了對手，但他說自己獲得「前所未有的壓倒性優勢」，實際上根本只是險勝。（他與對手的差距在史上排名四十六。參見 https://www.nytimes.com/interactive/2016/12/18/us/elections/donald-trump-electoral-college-popular-vote.html）此外，希拉蕊・柯林頓拿到的普選選票其實比川普多。如果四個位於佛羅里達、一個位於密西根的縣沒有支持川普，川普是當不上總統的。川普在那些之前一直投「藍」的州所獲的票數優勢也相當微弱：密西根州一萬票，威斯康辛州二點二萬票，賓州四點六萬票。(參見 http://www.thedailybeast.com/articles/2016/12/02/donald-trump-s-pollster-says-the-election-came-down-to-five-counties.html.)

44 Jan-Werner Muller, *What Is Populism?* (Philadelphia: University of Pennsylvania Press, 2016, Kindle edition), Kindle location 69-70.

45 Ibid., Kindle location 323-25.

46 Ibid., Kindle location 471-72.

5 參見William Easterly's The Tyranny of Experts: Economists, Dictators, and the Forgotten Rights of the Poor (New York: Basic Books, 2013) 以及 The White Man's Burden: Why the West's Efforts to Aid the Rest Have Done So Much Ill and So Little Good (New York: Oxford University Press, 2006)等著作。另外，Russell Robert不可多得的網路廣播《Econtalk》裡面，這串討論也非常值得一讀：http://www.econtalk.org/archives/2011/05/easterly_on_ben.html
6 William Easterly, "Benevolent Autocrats," National Bureau of Economic Research (working paper), August 2011.
7 "Singapore Has Highest Death Penalty Rate," Associated Press, January 14, 2004.
8 Thomas L. Friedman, "Our One-Party Democracy," New York Times, September 8, 2009.
9 Thomas L. Friedman, "The Power of Green," New York Times Magazine, April 15, 2007.
10 Donald J. Trump, "58—Inaugural Address—January 20, 2017," American Presidency Project, John Woolley and Gerhard Peters, eds.
11 Roberto Stefan Foa and Yascha Mounk, "The Democratic Disconnect," Journal of Democracy 27, no. 3 (July 2016), pp. 7-8.
12 Ibid., p. 9.
13 Ibid., p. 7.
14 Jacob Poushter, "40% of Millennials OK with Limiting Speech Offensive to Minorities," Pew Research Center, November 20, 2015.
15 "The William F. Buckley Program at Yale: Almost Half (49%) of U.S. College Students 'Intimidated' by Professors When Sharing Differing Beliefs: Survey," McLaughlin & Associates.
16 參見 Michael Munger, "On the Origins and Goals of Public Choice," Independent Institute, June 29, 2017.
17 想看看哪些說法把言論自由視為攻擊，可參見 http://dailybruin.com/2016/05/16/keshav-tadimeti-hurtful-discriminatory-comments-should-not-be-defended-as-free-speech/. 為這類言論自由辯護的文章，則可參見 http://www.dailycal.org/2017/02/07/violence-helped-ensure-safety-students/
18 Samuel Earle, "Macron Shouldn't Misinterpret His Mandate," Atlantic, June 11, 2017.
19 Sohrab Ahmari, "Illiberalism: The Worldwide Crisis," Commentary, June 16, 2016.
20 Jonah Goldberg, "Days of Future Past," National Review 66, no. 18, October 6, 2014.
21 Andras Kovacs, "Antisemitic Prejudice and Political Antisemitism in Present-Day Hungary," Journal for the Study of Antisemitism: Eastern European Antisemitism 4, no. 2 (2012), p. 445. Sam Sokol, "Ultra-Nationalist Jobbik Party's Gains Worry Hungarian Jews," Jerusalem Post, April 7, 2014.
22 Ahmari, "Illiberalism."
23 Daphne Halikiopoulou, "Why the Golden Dawn Is a Neo-Nazi Party," Huffington Post, June 23, 2016.
24 可參閱 Harriet Alexander, "Nicolas Maduro Threatens to Throw 'Bourgeois Parasite' Heinz Executives into Prison," Telegraph, December 2, 2015. 等著作
25 Hubert Tworzecki and Radoslaw Markowski, "Why Is Poland's Law and Justice Party Trying to Rein in the Judiciary?," *Washington Post*, July 26, 2017.
26 Ahmari, "Illiberalism."
27 Maggie Haberman and David E. Sanger, "Transcript: Donald Trump Expounds on His Foreign Policy Views," *New York Times*, March 26, 2016.

March/April/May 2016.
31 Ibid.
32 Kim Parker and Renee Stepler, "As U.S. Marriage Rate Hovers at 50%, Education Gap in Marital Status Widens," Pew Research Center, September 14, 2017.
33 Jason DeParle, "Two Classes in America, Divided by I Do," *New York Times* , July 14, 2012.
34 Milton Kurland, "Romantic Love and Economic Considerations: A Cultural Comparison," Journal of Educational Sociology 27, no. 2 (October 1953), pp. 72-79; Charles Lindholm, "Romantic Love and Anthropology," Etnofoor 19, no. 1 (2006), pp. 5-21; Robert Levine et al., "Love and Marriage in Eleven Cultures," Journal of Cross-Cultural Psychology 26, no. 5 (September 1995)。
35 Courtland Milloy, "Why Is Baseball Striking Out in the Black Community?," Washington Post , October 30, 2012。亦可參見 Mark Armour and Daniel R. Levitt, "Baseball Demographics, 1947-2016," Society for American Baseball Research。
36 Barbara Dafoe Whitehead, "Dan Quayle Was Right," Atlantic , April 1993。
37 Joseph A. Schumpeter, *Capitalism, Socialism and Democracy* , 3rd edition (New York: Harper Perennial Modern Thought, 2008 [1942]), p. 157.

第十三章：川普時代——民粹主義的威脅

1 Deirdre N. McCloskey, "Creative Destruction vs. the New Industrial State: Review of McCraw and Galbraith," Reason (October 2007).
2 Franklin Delano Roosevelt, "4—State of the Union Message to Congress—January 11, 1944," American Presidency Project, John Woolley and Gerhard Peters, eds.
3 Lincoln Steffens, The Autobiography of Lincoln Steffens, Volume II: Muckraking/Revolution/Seeing America at Last (New York: Harcourt, Brace & World, 1931), p. 799. 這句話後來被刪掉，換成「我看見了未來，那真的有用」（I've seen the future, and it works）。
4 我在《自由法西斯主義》中說過，美國進步派知識份子有多麼想「嘗試」用其他形式的政府，來取代自由民主資本主義。例如老羅斯福的一位重要幕僚 Rexford Guy Tugwell 就認為，當時義大利的法西斯主義是「我見過最乾淨、最整潔、最有效率的社會機器。優秀到讓我嫉妒。」。死忠支持老羅斯福政府的《新共和》編輯喬治・索爾（George Soule）則說：「我們希望能夠用法西斯的方式處理經濟，但同時避免它對社會與政治的危害」。把「新政」這個詞發揚光大的斯圖爾特・切斯（Stuart Chase）說，蘇聯沒有被「一群飢渴的股東」所操弄，而是根據「大量統計數據的指引」有效前進，蘇共高層「最熾烈的願望就是打造一個新天地，讓善良共產同志的火焰照亮每一個角落」。這些都說得很好聽，但那些被迫走入新秩序的人民該怎麼辦？雷克斯福德・特格維爾（Rexford Tugwell）認為：「廣大人民也許無法了解種族前進的道路需要大幅改變，也不會知道有時候需要用鐵腕來推動變革；但我們不該怪罪他們」。切斯則在《新政》的結尾寫道：「為什麼俄羅斯人民在重新打造世界的時候，需要快樂愉悅？」我知道蠻多人討厭我的書，但這些資料在很多其他書中也能找到。可以參見 Mussolini and Fascism: The View from America by John Patrick Diggins, Three New Deals: Reflections on Roosevelt's America, Mussolini's Italy, and Hitler's Germany, 1933-1939 by Wolfgang Schivelbusch, The Forgotten Man by Amity Shlaes，以及 Lewis S. Feuer 在 1962 年 American Quarterly 上的重要文章 "American Travelers to the Soviet Union 1917-32: The Formation of a Component of New Deal Ideology"

8 Kathleen Doheny, "The Truth About Open Marriage," WebMD.
9 W.Bradford Wilcox, "The Evolution of Divorce," *National Affairs* , Fall 2009. 感謝威爾科斯在跟我討論離婚問題的時候給予我許多新知。
10 Ibid. 引自 Barbara Dafoe Whitehead, The Divorce Culture: Rethinking Our Commitments to Marriage and Family (New York: Vintage Books, 1998)。
11 Wilcox, "The Evolution of Divorce."
12 Wade F. Horn, "Wedding Bell Blues: Marriage and Welfare Reform," Brookings Institution, June 1.
13 參見 "Table 15. Births and Birth Rates for Unmarried Women, by Age and Race and Hispanic Origin of Mother: United States, 2015," in *National Vital Statistics Reports* 66, no. 1 (January 5, 2017) 亦可參見 George A. Akerlof and Janet L. Yellen, "An Analysis of Out-of-Wedlock Births in the United States," Brookings Policy Brief Series, Brookings Institution, August 1, 1996。
14 Wilcox, "The Evolution of Divorce."
15 這段簡明易懂的說法來自班・夏皮羅。
16 W.Bradford Wilcox et al., "Mobility and Money in U.S. States: The Marriage Effect," Social Mobility Papers, Brookings Institution, December 7, 2015. (quoting Sara McLanahan and Isabel Sawhill, "Marriage and Child Wellbeing Revisited: Introducing the Issue," *The Future of Children* 25, no. 2 [special issue: "Marriage and Child Wellbeing Revisited" [Fall 2015], p. 4).
17 Wilcox, "The Evolution of Divorce."
18 Andrew Cherlin, *The Marriage Go-Round: The State of Marriage* (New York: Vintage Books, 2009), pp. 5-6.
19 Steven Pinker, *The Blank Slate: The Modern Denial of Human Nature* (New York: Penguin, Kindle edition), p. 165.
20 Nicholas Zill, "The Paradox of Adoption," Institute for Family Studies, October 7, 2015.
21 Pinker, *The Blank Slate* , p. 165.
22 Suzanne Woolley, "This Is How Much Your Kids Are Worth," Bloomberg Business, August 28, 2017.
23 Isabel V. Sawhill, "Beyond Marriage," *New York Times* , September 13, 2014.
24 W.Bradford Wilcox et al., "Strong Families, Prosperous States: Do Healthy Families Affect the Wealth of States?," American Enterprise Institute, October 19, 2015.
25 Jim Tankersley, "Why States with More Marriages Are Richer States," *Washington Post* , October 20, 2015.
26 Bryan Caplan, "What Is the Male Marriage Premium?," Library of Economics and Liberty, February 28, 2012.
27 參見 Pascal-Emmanuel Gobry, "Finally, Economists Acknowledge That They're Biased," Forbes , March 18, 2013. 已婚男性的薪水比未婚男性多出百分之四十四，上大學的男性薪水反而只比沒上大學的多出百分之三十四。參見 Bryan Caplan, "The College Premium vs. the Marriage Premium: A Case of Double Standards," Library of Economics and Liberty, January 23, 2012.
28 參見 Gobry, "Finally, Economists Acknowledge That They're Biased."
29 Ron Haskins, "Three Simple Rules Poor Teens Should Follow to Join the Middle Class," Brookings Institution, March 13, 2013.
30 Annie Kim, "Why Is Marriage Thriving Among (and Only Among) the Affluent?," *Washington Monthly* ,

27 John Steinbeck, *The Grapes of Wrath* (New York: Penguin Books, 2006 [1939]), p. 33.

28 "Mr. Robot (2015–): Quotes," IMDB. http://www.imdb.com/title/tt4158110/quotes

29 Ibid.

30 "Fight Club (1999): Quotes," IMDB. http://www.imdb.com/title/tt0137523/quotes

31 Tom Schulman, "Dead Poets Society: Final Script," 1989.

32 Kevin J. H. Dettmar, "Dead Poets Society Is a Terrible Defense of the Humanities," *Atlantic*, February 19, 2014.

33 Berlin, *The Roots of Romanticism*, p. 12.

35 卡萊爾對穆罕默德如此推崇，用柏林的話來說，是因為這位先知「有著純粹的力量、精彩的人生，和數之不盡的追隨者；他代表的是某些純粹的事物、浩瀚的現象，以及生命中偉大動人的篇章。穆罕默德的意義不在於他的信仰，而在於他扮演的角色。無論他相信的東西是對是錯，對卡萊爾來說完全不值得在乎。」Ibid., p. 13.

36 艾倫・布魯姆（Allan Bloom）在《美國精神的封閉》（*The Closing of the American Mind*）指出，他的左傾同事裡會有這麼多人敬仰恐怖份子，是因為他們都全心認同激進的自我表達。確實，如果告訴那些穿切格瓦拉 T 恤的大學文青，他崇拜的是一個冷血殺手，他們也只會賞你白眼。切的魅力來自於他徹底獻身於自己的信念。這種想法在全世界為恐怖份子說話的人嘴裡都可以聽到：「至少他有信念！」用《謀殺綠腳趾》（*The Big Lebowski*）裡沃特的台詞來解釋最好懂：「隨便你對納粹有什麼看法，可是那至少是一種信仰。」

37 著名的拉丁文格言「為了正義哪怕天崩地裂」（*Fiat justitia ruat caelum*）正好是其對比。

38 See Jonah Goldberg, "Life and Death on Basic Cable," *National Review* 65, no. 15, August 19, 2013.

39 Paul MacInnes, "Breaking Bad Creator Vince Gilligan: The Man Who Turned Wal-ter White from Mr. Chips into Scarface," *Guardian*, May 18, 2012.

40 See Jonah Goldberg, "Empty Integrity," *National Review* 66, no. 21, November 17, 2014.

41 Samuel Taylor Coleridge, "Chapter XIV," *Biographia Literaria*.

42 可見如 *They Live* 或 "A Most Unusual Camera" from The *Twilight Zone*.

第十二章：家庭輸給了野蠻天性

1 Joseph A. Schumpeter, "The March into Socialism," *American Economic Review Papers and Proceedings of the Sixty-Second Annual Meeting of the American Economic Association* 40, no. 2 (May 1950), p. 450.（這是熊彼得人生中的最後一項研究，去世時仍未完成，由妻子補完。）

2 Nicholas Wade, *Before the Dawn: Recovering the Lost History of Our Ancestors* (New York: Penguin, 2007, Kindle edition), p. 169.

3 Ibid.

4 Joseph Henrich, Robert Boyd, and Peter J. Richerson, "The Puzzle of Monogamous Marriage," *Philosophical Transactions of the Royal Society B: Biological Sciences* , March 5, 2012, pp. 657-69.

5 Eric D. Gould et al., "The Mystery of Monogamy," *American Economic Review* 98, no. 1 (March 2008), pp. 333-34.

6 Robin Fox, *The Tribal Imagination: Civilization and the Savage Mind* (Cambridge, MA: Harvard University Press, 2011), p. 49.

7 Susan Dominus, "Is an Open Marriage a Happier Marriage?," *New York Times Magazine* , May 11, 2017.

治理論的根本錯誤。」參見 Joseph A. Schumpeter, *Capitalism, Socialism and Democracy*, 3rd edition (New York: Harper Perennial Modern Thought, 2008 [1942]), p. 249.

8 William Blake, "Auguries of Innocence," Poetry Foundation.

9 可見於 Richard Kieckhefer, "The Specific Rationality of Medieval Magic," *Historical Review* 99, no. 3 (June 1994), pp. 813–36; Gregory W. Dawes, "The Rationality of Renaissance Magic," *Parergon*, July 1, 2013; Valerie I. J. Flint, *The Rise of Magic in Early Medieval Europe* (Princeton, NJ: Princeton University Press, 1991).

10 關於這點，我非常推薦諾貝爾獎得主，心理學家丹尼爾・康納曼的《快思慢想》，他畢生的研究都在告訴我們，大腦的本能有數不清的方法可以妨礙人類的理智。Daniel Kahneman, *Thinking, Fast and Slow,* New York: Farrar, Straus and Giroux, 2011

11 Maureen Cleave, "The John Lennon I Knew," *Telegraph*, October 5, 2005.

12 Joe Bosso,"The Edge Interview: Memory Man," *Guitar World*, November 10, 2008.

13 Victor Hugo, *William Shakespeare*, Part I, Book II, Chapter IV.

14 尼采在《查斯圖斯特拉如是說》中表示：「我只相信一個會跳舞的上帝。一個人的裡頭必須留有混沌，才能生出舞蹈的星辰。」這毫無疑問有著泛神論的色彩。Friedrich Nietzsche, "VII. Reading and Writing," *Thus Sprach Zarathustra.*

15 Martha Bayless, *Hole in Our Soul: The Loss of Beauty and Meaning in American Popular Music* (Chicago: University of Chicago Press), p. 36.

16 Susan J. Wolfson, " 'This Is My Lightning' or, Sparks in the Air," *Studies in English Literature 1500–1900*, 55, no. 4 (Autumn 2015), p. 751.

17 B. F. Schonland, "Wilkins Lecture: Benjamin Franklin: Natural Philosopher," *Proceedings of the Royal Society of London* 235, no. 1203 (Series A, *Mathematical, Physical, and Engineering Sciences*, June 12, 1956), pp. 433–44，「在他自己聽說以前，富蘭克林就被歐洲人稱做現代的『普羅米修斯』。這一發現後來被缺乏科學素養的約瑟夫・普里斯特利（Joseph Priestley）描述為『或許是從牛頓爵士的時代以來，所有哲學領域中最偉大的。』在大眾的心裡留下了極大的震撼，不下於我們這時代的原子彈。」

18 Chieko Tsuneoka, "A New Godzilla Faces a More Nationalistic Japan," *Wall Street Journal,* September 4, 2016.

19 William M. Tsutsui, "Review: Shin Godzilla," *ArkansasOnline*, October 7, 2016.

20 Tsuneoka, "A New Godzilla Faces a More Nationalistic Japan."

21 William Peter Blatty, "The Exorcist Script— Dialogue Transcript," 1973.

22 William Peter Blatty, *The Exorcist* (New York: HarperCollins, 2011 [1971]), p. 345.

23 正如湯瑪斯・希伯（Thomas Hibbs）所說：「比起單純的恐怖，我們應該把《大法師》歸類為《激流四勇士》（*Deliverance*）、《計程車司機》（*Taxi Driver*）、《唐人街》這類的七〇年代的經典劇情片。這些作品都暴露了潛藏在文明表象之下的混沌與邪惡。《大法師》的小說和電影都深深涉及一九六〇年代末期的文化巨變；電影中克麗絲拍片的喬治城大學，正是校園反戰運動的重要舞台。Thomas Hibbs, "The Exorcist at 40," *National Review online*, October 31, 2013.

24 Helen Childress, "Reality Bites Script— *Dialogue Transcript,*" 1994.

25 Alan Ball, *American Beauty*, 1999.

26 "Point Break: Quotes," IMDB. http://www.imdb.com/title/tt0102685/quotes

1965," American Presidency Project, John Woolley and Gerhard Peters, eds.
52 Amy Wax and Larry Alexander, "Paying the Price for Breakdown of the Country's Bourgeois Culture," *Philadelphia Inquirer,* August 9, 2017.
53 Penn Alumni & Students, "Guest Column by 54 Penn Students & Alumni: Statement on Amy Wax and Charlottesville," *Daily Pennsylvanian* , August 21, 2017.
54 Jonathan V. Last, "Weekly Standard: Obamacare vs. the Catholics," NPR, February 7, 2012.
55 Chris Murphy, Twitter, July 28, 2017.
56 "The Constitution of Japan," Prime Minister of Japan and His Cabinet. http://japan.kantei.go.jp/constitution_and_government_of_japan/constitution_e.html
57 Emma Green, "Bernie Sanders's Religious Tests for Christians in Public Office," *Atlantic* , June 8, 2017.
58 穆斯林相信，猶太人和基督徒即便從未聽過穆罕默德的教誨，只要做人正直，死後就會上天堂。基督徒即使聽過穆斯林教義仍不改宗，只要相信世上只有一個上帝，還是有可能上天堂；但如果否認穆罕默德的教誨，死後就會下地獄。參見 Camila Domonoske, "Is It Hateful to Believe in Hell? Bernie Sanders' Questions Prompt Backlash," NPR, June 9, 2017.
59 Sohrab Ahmari, "The Dogma of Dianne Feinstein," *New York Times* , September 11, 2017.
60 "New PRRI/The Atlantic Survey Analysis Finds Cultural Displacement—Not Economic Hardship—More Predictive of White Working-Class Support for Trump," Public Religion Research Institute, May 9, 2017.
61 Brenda Major et al., "The Threat of Increasing Diversity: Why Many White Americans Support Trump in the 2016 Election," Group Processes & Intergroup Relations , October 20, 2016.
62 Franklin D. Roosevelt, "Acceptance Speech for the Renomination for the Presidency, Philadelphia, Pa.—June 27, 1936," American Presidency Project, John Woolley and Gerhard Peters, eds.
63 Max Roser, "Life Expectancy," Our World in Data.
64 Max Roser, "Child Labor," Our World in Data.
65 Max Roser, "Life Expectancy."
66 Robert Nozick, *Anarchy, State, and Utopia* (New York: Basic Books, 2013 [1974]), p. 163.

第十一章：大眾文化政治——哥吉拉、搖滾樂和浪漫主義精神

1 William Blake, "Chapter IX," *The [First] Book of Urizen*, 1794, Bartleby.com.
2 Max Weber, "Science as a Vocation," 1918. 摘自 H. H. Gerth and C. Wright Mills (trans. and eds.), *Max Weber: Essays in Sociology* (New York: Oxford University Press, 1946), pp. 129–56.
3 Tim Blanning, *The Romantic Revolution: A History, Modern Library Chronicles* (New York: Random House, 2011, Kindle edition), 這部傑作簡述了浪漫主義一詞在歷史上的定義有多麼模糊不清。
4 Isaiah Berlin, *The Roots of Romanticism, A. W. Mellon Lectures in the Fine Arts* (Princeton, NJ: Princeton University Press, 1999 [1965]), p. 1.
5 Blanning, *The Romantic Revolution,* Kindle location 281–90.
6 David Brooks, *Bobos in Paradise: The New Upper Class and How They Got There* (New York: Simon & Schuster, 2010, Kindle edition), p. 67.
7 他後面繼續說道：「無論我們認為這場俗稱浪漫主義的運動有什麼優缺點，它對前資本主義社會和歷史的整體演進，都有著很深入的了解，並揭露了部份效益主義和以其為基礎的政

Sexuality Week Planning Board; Undergraduate First Generation Low Income Partnership; Women in Physics; Women's Leadership Initiative at Yale; Yale Queer+Asian; Yale Urban Collective; Black Solidarity Conference at Yale; Yale Women's Center; Yale Southeast Asian Movement; Q Magazine（一樣代表「酷兒」）; Alliance for Southeast Asian Students; Arab Students Association; Association of Salvadoreñas at Yale Undergraduate; Black Student Alliance at Yale; Brazil Club; Canadian Students' Association at Yale（一個討論「安全空間」的組織）; Chinese American Students' Association; Chinese Undergraduate Students at Yale; Club Colombia; Club of Argentine Students at Yale; Club of Romanian Students at Yale; Cuban-American Undergraduate Students' Association; Despierta Boricua, the Puerto Rican Student Organization at Yale; DisOrient; Eritrean and Ethiopian Student Association at Yale; In the Q loset（一樣代表「酷兒」）; Japanese American Students Union; Kasama: The Filipino Club at Yale; Korean American Students at Yale; La Revolucion; La Société Française; Lo Stivale; Malaysian and Singaporean Association; Organization for Racial and Ethnic Openness; Russian Cultural Club; Sisters of All Nations; South Asian Society; Southeastern European Society; Student Association of Thais at Yale; Students of Nigeria; Swiss Students and Affiliates at Yale; Taiwanese American Society; German Society of Undergraduates at Yale University; Polish Students' Society of Yale College; Vietnamese Student Association; Yale African Students Association; Yale Black Women's Coalition; Yale British Undergraduates; Yale Caribbean Students' Organization; Yale College Black Men's Students Union; Yale College Student Czech and Slovak Society; Yale Dominican Student Association; Yale European Undergraduates; Yale Friends of Turkey; Yale Hawaii Institute; Yale Kala; Yale LGBTQ Cooperative; Yale Mexican Student Organization; Yale Scandinavian Society; Yale Undergraduate Portuguese Association; Lesbian, Gay, Bisexual, Transgender, and Queer+ Activism Collective; Margin: Student Perspectives from the Left; Middle Eastern Resolution through Education, Action & Dialogue; Party of the Left; Students for Justice in Palestine; Yale NAACP.

40 參見 Rosalie Pedalino Porter, "The Case Against Bilingual Education," Atlantic , May 1998; Peter J. Duignan, "Bilingual Education: A Critique," Hoover Institution.

41 Lani Guinier, *Tyranny of the Majority: Fundamental Fairness in Representative Democracy* (New York: Free Press, 1994), pp. 5-6.

42 Lani Guinier, "The Triumph of Tokenism: The Voting Rights Act and the Theory of Black Electoral Success," *Michigan Law Review* 89, no. 5 (March 1991), p. 1108.

43 Ibid., p. 1103.

44 Ibid., p. 1107.

45 Paul Gigot, "Hillary's Choice on Civil Rights: Back to the Future," *Wall Street Journal* , May 10, 1993.

46 Yanan Wang, "A Course Originally Called 'The Problem of Whiteness' Returns to Arizona State," *Washington Post* , November 12, 2015.

47 Preston Mitchum, Twitter, July 23, 2017. https://twitter.com/PrestonMitchum/status/889165691529637888

48 Alia Wong, "Asian Americans and the Future of Affirmative Action," *Atlantic* , June 28, 2016.

49 "The Model Minority Is Losing Patience," *Economist,* October 3, 2015.

50 Lee Bollinger, "Pro: Diversity Is Essential," *Newsweek,* January 26, 2003.

51 Lyndon B. Johnson, "Commencement Address at Howard University: 'To Fulfill These Rights'—June 4,

22 Christine Rosen, "You Will Not Think Outside the Box," *Commentary* , September 2017.

23 Nancy P. McKee and Linda Stone, *Gender and Culture in America* , 3rd edition (New York: Sloan Publishing, 2007), p. 7.

24 Jessica Neuwirth, *Equal Means Equal: Why the Time for an Equal Rights Amendment Is Now* (New York: New Press, 2015), p. 88. 對這兩種觀點的有力反駁，可參照 Christina Villegas, "The Modern Feminist Rejection of Constitutional Government," Heritage Foundation, August 8, 2016.

25 Stanley Fish, *There's No Such Thing as Free Speech: And It's a Good Thing, Too* (New York: Oxford University Press, 1994), p. 19.

26 引述於Daniel A. Farber and Suzanna Sherry, Beyond All Reason: The Radical Assault on Truth in American Law (New York: Oxford University Press, 1997), p. 25.

27 Raymond Aron, *The Opium of the Intellectuals* (New Brunswick, NJ: Transaction, 2011 [1957]), p. 26.

28 Isabel Knight, "Students Share Mixed Responses to George/West Collection," *Daily Gazette* (Swarthmore), February 13, 2014.

29 Sandra Y. L. Korn, "The Doctrine of Academic Freedom," *Harvard Crimson* , February 18, 2014.

30 Hank Berrien, "Yale Students Scream to Block Free Speech," *Daily Wire* , November 11, 2015.

31 不過幾十年來倒是一直有人在記錄這類事件，尤其是右派更常寫。從最早 William F. Buckley 的 God and Man at Yale，到 Roger Kimball 的 The Closing of the American Mind by Allan Bloom and Tenured Radicals。目前這類文本就更多了，包括 Nathaniel Harden 的 Sex and God at Yale、Guy Benson 和 Mary Katherine Ham 的 End of Discussion、Kirsten Powers 的 Silenced、Bruce Bawer 的 The Victims' Revolution、Kimberely Strassel 的 The Intimidation Game 等等，族繁不及備載。

32 參見 Charlotte Allen,"King of Fearmongers," *Weekly Standard,* April 15, 2013.

33 參見"ADL Report: Anti-Semitic Targeting of Journalists During the 2016 Presidential Campaign: A Report from ADL's Task Force on Harassment and Journalism," p. 6.

34 Tariq Nasheed, Twitter, September 14, 2017. https://twitter.com/tariqnasheed/status/908463507246522368?lang=en. 為了防止 Nasheed 刪文，該推特在這裡有備份：https://twitchy.com/dougp-3137/2017/09/14/wait-what-tariq-nasheeds-take-on-how-ben-shapiro-masks-racist-rhetoric-sends-heads-to-desks/

35 Ayaan Hirsi Ali, "Why Is the Southern Poverty Law Center Targeting Liberals?," *New York Times* , August 24, 2017.

36 有一位大學生說：「當你的臉被打，跟有人發表與你有關的種族歧視言論時，你的腦都會啟動很多相同的疼痛受器，讓你產生很像的感覺。照此說來在最近的事件中，很多加大洛杉磯分校的學生都像被打了臉。」Keshav Tadimeti, "Hurtful, Discriminatory Comments Should Not Be Defended as Free Speech," *Daily Bruin* , May 16, 2016.

37 Jencey Paz, "Hurt at Home," *Yale Herald* , November 6, 2015, removed since original publication but still available here: http://yaleherald.com/op-eds/hurt-at-home/

38 Jonathan Holloway, "An Announcement from Campus," Yale College, April 28, 2016.

39 這類組織目前還在活動的有：Learning and Interactive Vietnamese Experience; Asian American Students Alliance; Asian American Studies Task Force; Association of Native Americans at Yale, Undergraduate Organization; India at Yale; IvyQ (Q 代表「酷兒」); Japanese Undergraduate Students at Yale; Latina Women at Yale; Liberal Party; Reproductive Rights Action League at Yale; Sex and

2 Peter Schramm, “American by Choice,” *Weekly Standard* , June 27, 2007.

3 *Chae Chan Ping v. United States* , Legal Information Institute, Cornell Law School.

4 Mark Lilla, “The End of Identity Liberalism,” *New York Times* , November 18, 2016.

5 威斯康辛大學麥迪遜分校開了一門「白人的問題」課程：http://www.cnn.com/2016/12/23/health/college-course-white-controversy-irpt-trnd/index.html；卡爾・桑德堡大學（Carl Sandburg College）禁止「誹謗言論」：http://www.campusreform.org/?ID=9455；新聞評論網站《Salon》認為要阻止白人至上：https://www.salon.com/2015/12/22/white_men_must_be_stopped_the_very_future_of_the_planet_depends_on_it_partner/；女性主義地理學家提醒大家不要引用過多白人的作　品：https://www.nationalreview.com/2017/07/feminist-geographers-warn-against-citing-too-many-white-men-scholarly-articles/；倫敦國王學院將一張蓄鬍白人學者的畫像換成一面「多元之牆」：http://www.telegraph.co.uk/education/2017/07/14/top-uk-university-replaces-busts-portraits-bearded-white-scholars/；文化研究與性別研究學者認為牛頓物理學是在傷害少數族群：http://www.nationalreview.com/article/448102/quantum-physics-oppressive-marginalized-people；牛津大學認為避開眼神接觸是在種族歧視：http://www.telegraph.co.uk/education/2017/04/22/students-avoid-making-eye-contact-could-guiltyof-racism-oxford/；曼哈頓的貴族小學跟學生說大家一出生就有種族歧視：http://nypost.com/2016/07/01/elite-k-8-school-teaches-white-students-theyre-born-racist/

6 Ibram Rogers, “ ‘Merit Plea’ Inherently Racist as Argument Against Affirmative Action,” Diverse Education, November 19, 2012. http://diverseeducation.com/article/49589/

7 Ian Schwartz, “Van Jones: Republicans Who Want a Colorblind Meritocracy Have a Racial ‘Blind Spot,’ ” RealClearPolitics, December 5, 2016.

8 *Anderson Cooper 360 Degrees* , CNN Transcripts, August 2, 2017.

9 Lauren Rankin, “Colorblindness Is the New Racism,” PolicyMic, July 22, 2013.

10 Adia Harvey Wingfield, “Color-Blindness Is Counterproductive,” *Atlantic* , September 13, 2015.

11 Zach Stafford, “When You Say You ‘Don’t See Race,’ You’re Ignoring Racism, Not Helping Solve It,” *Guardian* , January 26, 2015.

12 Ta-Nehisi Coates, *Between the World and Me* (New York: Spiegel & Grau, 2015), p. 50.

13 Ibid., p. 10.

14 Ibid., p. 6.

15 Ibid., throughout; see, for example, p. 66.

16 Ibid., p. 42.

17 Dana Bash and Emily Sherman, “Sotomayor’s ‘Wise Latina’ Comment a Staple of Her Speeches,” CNN, June 8, 2009.

18 Tom Gilson, “All Beliefs Welcome, Unless They Are Forced on Others,” Thinking Christian.

19 薪資差異還涉及很多因素，例如男性比較常去做建築、挖礦、伐木這類危險的工作，也因此，男性在二〇一四年工作場所死亡人數中佔了百分之九二點三。此外，男性的工時比女性長，原因之一當然包括育兒分工不平等。詳情可參見 Mark J. Perry, “Some Thoughts on Equal Pay Day and the 23 Percent Gender Pay Gap Myth,” AEIdeas (American Enterprise Institute), April 11, 2016.

20 “Cracking the Gender Code: Get 3x MORE Women in Computing,” Accenture and Girls Who Code, p. 3.

21 Scott Alexander, “Contra Grant on Exaggerated Differences,” Slate Star Codex, August 7, 2017.

醫、維吉尼亞州的心理學家、馬里蘭州的醫生、華盛頓州的律師都是如此。Walter Gellhorn, "The Right to Make a Living," *Individual Freedom and Governmental Restraints* (Baton Rouge: Louisiana State University Press, 1956), p. 106. 引述於 Milton Friedman, *Capitalism and Freedom* , p. 140.

40 Morris P. Kleiner and Alan B. Krueger, "The Prevalence and Effects of Occupational Licensing," NBER Working Paper No. 14308, September 2008, pp. 2-3.

41 Jeffrey Zients and Betsey Stevenson, "Trends in Occupational Licensing and Best Practices for Smart Labor Market Regulation," The White House: President Barack Obama, July 28, 2015.

42 "Braiding: IJ Untangles Regulations for Natural Hair Braiders," Institute for Justice.

43 可以從以下這篇開始看 "Economic Liberty: The Institute for Justice Files Lawsuits Nationwide to Defend Honest Enterprise," Institute for Justice.

44 參見 "Certification, Licensing, and Charters," Tennessee Department of Agriculture.

45 George Gilder, *Wealth and Poverty: A New Edition for the Twenty-First Century* (Washington, D.C.: Regnery, 2012), p. 326.

46 Nick Sabilla, "Are Taxi Medallions Too Big to Fail?," Fox News, August 16, 2016.

47 Peter Jamison, "Outrage After Big Labor Crafts Law Paying Their Members Less Than Non-Union Workers," *Los Angeles Times* , April 9, 2016.

48 Benjamin T. Smith, "Teachers, Education Reform, and Mexico's Left," *Dissent* , October 7, 2013.

49 Marion Lloyd, "Striking Mexico Teachers See Jobs as Things to Sell," *Houston Chronicle* , October 13, 2008.

50 資料源自："Historical Data Sets and Trends Data," Doing Business: Measuring Business Regulations, World Bank, http://www.doingbusiness.org/Custom-Query. 世界銀行有一大堆經商環境的資料，只要設定搜尋方式就可以找到你要的東西。設定的過程不會產生固定網址，所以我無法貼在這裡，不過我還是可以把我使用的設定列出來：我在「經商環境」中選擇「契約執行數」（Enforcing Contracts）、「獲得營建許可的程序」（Dealing with Construction Permits）、「產權登記」（Registering Property），年度限制在二○○七、年度限制在二○○九、二○一六、二○一七，然後比較美國跟希臘的資料。

51 J.D. Harris, "The Decline of American Entrepreneurship—in Five Charts," *Washington Post* , February 12, 2015.

52 Daniel Bell, *The Coming of Post-Industrial Society: A Venture in Social Forecasting* (New York: Basic Books, 1976), p. 361.

53 引述於 Matt Continetti, "The Managers vs. the Managed," *Weekly Standard* , September 21, 2015.

54 參見Natalie Goodnow, "'The Bell Curve' 20 years later: A Q&A with Charles Murray," AEIdeas (American Enterprise Institute), October 16, 2014.

55 Adam Liptak, "An Exit Interview with Richard Posner, Judicial Provocateur," *New York Times* , September 11, 2017.

56 David Brooks, "How We Are Ruining America," *New York Times* , July 11, 2017.

第十章：今日的部落主義——國族主義、民粹主義和身分政治

1 Barack Obama, "Remarks Following the New Hampshire Primary—January 8, 2008," American Presidency Project, John Woolley and Gerhard Peters, eds.

Peter Laslett, ed.(Cambridge, U.K.: Cambridge University Press. 1988 [1960]), p. 301.

26 F.A. Hayek, *The Road to Serfdom* (New York: George Rutledge, 1944), p. 108.

27 Dennis Cauchon, "Some Federal Workers More Likely to Die Than Lose Jobs," *USA Today* , July 19, 2011.

28 "National Treasury Employees Union: Party Split by Cycle," OpenSecrets.org (Center for Responsive Politics).

29 "American Federation of Government Employees: Total Contributions by Party of Recipient," OpenSecrets.org (Center for Responsive Politics).

30 Hamburger, *Is Administrative Law Unlawful?*, p. 368.

31 這來自曼瑟爾・奧爾森在一九六五年的《集體行動的邏輯》（*The Logic of Collective Action*）。大概二十年後，喬納森・勞赫在《民主硬化症：美國政府的無聲殺手》（*Demosclerosis : The Silent Killer of American Government*）(New York: Three Rivers, 1995) 中進一步補完。到了二〇一五年，前兩位學者指出的問題變得極為嚴重，查爾斯・莫瑞寫了一本《與人民同在》（*By the People*）呼籲發動大規模公民不服從以及曠日廢時的法律訴訟，藉此拆解行政國家。

32 遊說活動的成長幅度，光是近二十年就很誇張。二〇一六年的遊說費用總額是三十一點五億美元，幾乎是一九九八年十四點五億美元的兩倍。參見 "Lobbying Database," OpenSecrets.org (Center for Responsive Politics).

33 勞赫又說：「當你看到別人爭先恐後地透過遊說，讓法規有利於他們，你當然也會跟進，以免被他們玩死。但政府不是萬能的，資源跟管理能力都有其上限，來遊說的利益團體越多，政府就越難好好處理每個團體。而且政府想要同時處理越多事，每件事最後做出的效果也越差。所以當每個人都跑來華府遊說，政府就被壓爆了，變得過於死板，前後不一，沒過多久就根本無法解決任何人的問題。沒有任何人得到好處。」Jonathan Rauch, *Government's End: Why Washington Stopped Working* (New York: PublicAffairs, 1994), p. 270.

34 R.H. Coase, "The Federal Communications Commission," *Journal of Law and Economics* 2 (October 1959), p. 36.

35 James Q. Wilson, *Bureaucracy: What Government Agencies Do and Why They Do It* (New York: Basic Books, 1989), p. 76.

36 Milton Friedman, *Capitalism and Freedom* (Fortieth Anniversary Edition) (Chicago: University of Chicago Press, 2002 [1962]), p. 138.

37 James Davis, *Medieval Market Morality: Life, Law and Ethics in the English Marketplace, 1200-1500* (Cambridge, U.K.: Cambridge University Press, 2012), p. 298.

38 Deirdre N. McCloskey, *Bourgeois Equality: How Ideas, Not Capital or Institutions, Enriched the World* (Chicago: University of Chicago Press, 2016), p. 462. 話說我查了一下，根據世界衛生組織的資料，荷蘭在二〇一一年有一九七六家藥局。美國的話，二〇一一年有六四三五六家藥局。根據這份大約在二〇一一年的各國人口資料 http://databank.worldbank.org/data/reports.aspx?source=2&series=SP.POP.TOTL&country，美國的人均藥局數量大約是荷蘭的兩倍。

39 然後他說：「這些委員大部分都是兼職的，他們訂定的從業門檻、成員必須遵守的標準等等，很可能跟他們本身的經濟利益直接相關。更重要的是，他們通常都直接代表該領域的相關團體，他們把這些團體的提名，當成邁向地方首長或者主管官員的階梯。這些領域的主管官員，通常都跳過指派過程，由相關協會直接任命。北卡羅來納州的遺體保存師、阿拉巴馬州的牙究所（Claremont Institute）和位在密西根的希爾斯代爾學院（Hillsdale College）有關——很早就表示支持川普。主要原因是，他們相信這個房地產開發商暨真人秀主持人可能有辦法打破這個行政國家的窠臼。別誤會，其實我真心尊敬他們之中的許多學者，而且與他們的交情也不錯，但恕我直說，他們犯了很嚴重的錯誤。隨之衍伸出許多爭論，大多是學院內的討論，有些則不是。但無論這些保守派無論是支持還是反對川普，都一致認為行政國家帶來危險。

3 引述於 Matthew Continetti, "The Managers vs. the Managed," *Weekly Standard* , September 21, 2015.

4 Philip Klein, "The Empress of ObamaCare," *American Spectator* , June 4, 2010.

5 Ibid.

6 Christopher C. DeMuth, "Unlimited Government," *American* , January 1, 2006.

7 Rudy Takala, "FCC Commissioner: Expect a Broadband Internet Tax," *Washington Examiner* , March 2, 2016.

8 例如參見 Katie McAuliffe, "Fraud Still Plagues the FCC's Universal Service Fund," *The Hill* , February 14, 2017.

9 DeMuth, "Unlimited Government."

10 "Public Company Accounting Oversight Board 2017 Budget by Cost Category, 2015-2017," Public Company Accounting Oversight Board.

11 Charles Murray, *By the People: Rebuilding Liberty Without Permission* (New York: Crown Forum, 2015), pp. 68-69.

12 Philip Hamburger, *Is Administrative Law Unlawful?*(Chicago: University of Chicago Press, 2014), p. 7.

13 Ibid., p. 6.

14 Ibid.

15 James Madison, "*Federalist* No. 47: The Particular Structure of the New Government and the Distribution of Power Among Its Different Parts," Constitution Society.

16 Justice Thomas's concurring opinion in *Department of Transportation, et al., Petitioners vs. Association of American Railroads*, p. 27.

17 Hamburger, *Is Administrative Law Unlawful?*, pp. 5-6.

18 Emily Zanotti, "EPA Causes a Major Environmental Disaster, the Question Is: Will It Fine Itself and Fire Those Involved?," Watts Up with That?, August 10, 2015.

19 Hamburger, *Is Administrative Law Unlawful?*, p. 363.

20 Murray, *By the People: Rebuilding Liberty Without Permission* , p. 5

21 Ibid., p. 6.

22 Hamburger, *Is Administrative Law Unlawful?*, pp. 370-71.

23 值得一提的是，威爾遜政權下的華府公務員制度改革，其實刻意想要趕走政府裡的黑人。威爾遜在華盛頓特區重新實施了種族隔離制度，而且為確保沒有「劣等」的種族進入聯邦政府工作，首次要求工作申請表要附上照片。參見 Nancy J. Weiss, "The Negro and the New Freedom: Fighting Wilsonian Segregation," *Political Science Quarterly* 84, no. 1 (March 1969), pp. 61-79.

24 Quil Lawrence, "U.S. Office of Special Counsel Calls Out VA Firing of Whistleblowers," NPR, September 17, 2015.

25 John Locke, "Chap. VI: Of Paternal Power," sec. 138, "The Second Treatise of Government: An Essay Concerning the True Original, Extent, and End of Civil Government," *Two Treatises of Government* ,

20 Woodrow Wilson, "What Is Progress? From The New Freedom, Chapter 2," in *American Progressivism: A Reader*, Ronald J. Pestritto and William J. Atto, eds. (Lanham, MD: Lexington Books, 2008), p. 50.
21 Ibid., p. 51.
22 John Dewey, *Liberalism and Social Action* (Amherst, NY: Prometheus Books, 2000), p. 40.
23 Ibid., p. 27.
24 Ibid., p. 42.
25 Thomas G. West, "Progressivism and the Transformation of American Government," in *The Progressive Revolution in Politics and Political Science, John Marini and Ken Masugi*, eds. (Lanham, MD: Rowman & Littlefield, 2005), p. 16.
26 F. J. Goodnow, "The American Conception of Liberty," in *American Progressivism: A Reader*, p. 57.
27 Ibid., p. 62.
28 Ronald J. Pestritto, "The Birth of the Administrative State: Where It Came From and What It Means for Limited Government," Heritage Foundation, November 20, 2007.
29 Thomas Jefferson, "From Thomas Jefferson to Edward Carrington, 27 May 1788," Founders Online, National Archives.
30 Woodrow Wilson, *Woodrow Wilson: The Essential Political Writings*, Ronald J. Pestritto, ed. (Lanham, MD: Lexington Books, 2005), p. 23.
31 Walter Lippmann, *The Essential Lippmann: A Political Philosophy for Liberal Democracy*, Clinton Rossiter and James Lare, eds. (Cambridge, MA: Harvard University Press, 1982), p. 88.
32 Ibid., p. 85.
33 James Madison, "*Federalist* No. 10: The Utility of the Union as a Safeguard Against Domestic Faction and Insurrection (continued)," Constitution Society.
34 Pestritto, "The Birth of the Administrative State."
35 Richard Milner, "Tracing the Canals of Mars: An Astronomer's Obsession," Space.com, October 6, 2011.
36 這份政策列表來自湯瑪斯・雷納德寫的必讀之書《非自由的改革者》（*Illiberal Reformers*），pp.x-xi.
37 McGerr, *A Fierce Discontent*, p. 282.
38 William Leuchtenberg, *The FDR Years: On Roosevelt and His Legacy* (New York: Columbia University Press, 1995), p. 39.
39 G. J. Meyer, *The World Remade: America in World War I* (New York: Bantam Books, 2016), p. 550.
40 Goldberg, *Liberal Fascism*, p. 109.
41 Ibid., p. 117.
42 Ibid., p. 115.
43 Robert Higgs, "How War Amplified Federal Power in the Twentieth Century," Independent Institute, July 1, 1999.

第九章：行政國家——影子政府

1 Ryan Teague Beckwith, "Read Steve Bannon and Reince Priebus' Joint Interview at CPAC," *Time* , February 23, 2017.
2 一群頗具影響力的保守派作家和學者——大多與位在加州的美國著名保守派智庫克萊蒙特研

的。」參見 Franz Oppenheimer, "Theories of the State," *The State: Its History and Development Viewed Sociologically*, John M. Gittman, trans.
(Indianapolis: Bobbs-Merrill, 1914), p. 15.

16 Albert Jay Nock, *Our Enemy, the State* (Caldwell, ID: Caxton Printers, 1950), pp. 49–50.

17 Katie Louchheim, *The Making of the New Deal: The Insiders Speak* (Cambridge, MA, and London: Harvard University Press, 1983), p. 275.

第八章：進步時代——活憲法的誕生，自由的死亡

1 Thomas C. Leonard, *Illiberal Reformers: Race, Eugenics, and American Economics in the Progressive Era* (Princeton, NJ: Princeton University Press, 2016), p. xi.

2 Jonah Goldberg, "Richard Ely's Golden Calf," *National Review* 61, no. 24, December 31, 2009, p. 34.

3 Ibid.

4 Leonard, Illiberal Reformers, p. 24.

5 Ibid.

6 Richard Theodore Ely, *The Social Law of Service* (New York: Eaton & Mains, 1896), pp. 162-63.

7 Samuel Zane Batten, *The Christian State: The State, Democracy, and Christianity* (Philadelphia: Griffith & Rowland Press, 1909), p. 14.

8 Michael McGerr, *A Fierce Discontent: The Rise and Fall of the Progressive Movement in America* (New York: Free Press, 2003), p. 66.

9 Walter Rauschenbusch, *Christianizing the Social Order* (Waco, TX: Baylor University Press, 2010), p. 330.

10 Leonard, Illiberal Reformers, p. 104.

11 Ibid.

12 Robert Nisbet, *The Sociological Tradition* (New Brunswick, NJ: Transaction, 2004 [1966]), p. 273.

13 Jonah Goldberg, *Liberal Fascism: The Secret History of the American Left from Mussolini to the Politics of Change* (New York: Broadway Books, 2009 [2007]), p. 97.

14 Woodrow Wilson, "The Study of Administration," *Political Science Quarterly* 2, no. 2 (June 1887), p. 204. 菲利普・漢伯格寫道，「而且整體來說，當時的美國人引進了德國思想，試圖跨過憲法對行政權的限制。不過這些德國觀念一旦廣為流傳，之後就不必繼續引用德國人的話。一九一四年後，美國出現了強烈的呼聲，把歐陸思想重新包裝成國內民眾想要的樣子，但這些人在主張 政法合憲的時候，使用的依然是德國學者耳熟能詳的說法。甚至可以說，整個二十世紀支持行政國家合憲的論述，主要仰賴的都是德國的反憲法觀念。Philip Hamburger, *Is Administrative Law Unlawful?*(Chicago: University of Chicago Press, 2014), p. 462.

15 Wilson, "The Study of Administration," p. 215.

16 Ibid., p. 214.

17 Charles Murray, By the People: Rebuilding Liberty Without Permission (New York: Crown Forum, 2015), p. 73.

18 Hamburger, *Is Administrative Law Unlawful?*, p. 371.

19 Woodrow Wilson, *Constitutional Government in the United States* (New York: Columbia University Press, 1908), p. 16.

47 Ibid., Kindle location 4054-56.
48 Ibid., Kindle location 4062-65.
49 布爾斯丁補充道，「而且政府還會建議商人把新公司設在德拉瓦州而非麻州，設在紐澤西州而非賓州，設在內華達州而非紐約州。德拉瓦、紐澤西、內華達這些人口較少的州，在搶生意的時候特別用力，方法特別新奇。」Ibid., Kindle location 8056-62.
50 Henry Hazlitt, "Capitalism Without Horns," *National Review* 14, no. 10, March 12, 1963, p. 201.
51 Burton Folsom, *The Myth of the Robber Barons: A New Look at the Rise of Big Business in America* (Herndon, VA: Young America's Foundation, 1991).
52 Max Roser, "Economic Growth," Our World in Data.
53 Boorstin, *The Americans*, Kindle location 153-54.

第七章：菁英——脫韁的貴族

1 George Washington, "Circular to the States," June 8, 1783, in *The Founders' Constitution*, Volume 1, Chapter 7, Document 5, University of Chicago Press.
2 John Adams, "Defence of the Constitutions of the Government of the United States," in *The Founders' Constitution*, Volume 1, Chapter 15, Document 34, University of Chicago Press.
3 John Adams, "From John Adams to Benjamin Rush, 27 December 1810," Founders Online, National Archives.
4 Ibid.
5 C. W. Cassinelli, "The Law of Oligarchy," *American Political Science Review* 47, no. 3 (September 1953), pp. 773–84.
6 Daron Acemoglu and James Robinson, *Why Nations Fail: The Origins of Power, Prosperity, and Poverty* (New York: Crown Business, 2012, Kindle edition), p. 148.
7 Ibid.
8 Ibid., p. 150.
9 James Madison, "Federal Convention: Wednesday, June 6," Debates on the Adoption of the Federal Constitution, in the Convention Held at Philadelphia, in 1787; With a Diary of the Debates of the Congress of the Confederation; As Reported By James Madison, a Member and Deputy from Virginia, Elliot Jonathan, ed.(Washington, D.C.: Printed for the editor, 1845), p. 163.
10 "Table 4. Population: 1790 to 1990," Census.gov, U.S. Census Bureau.
11 Max Roser, "Economic Growth," Our World in Data.
12 See Jonah Goldberg, "Your 'Robber Baron,' My American Hero," *National Review* 58, no. 10, June 5, 2006, pp. 30–31.
13 Andrew Carnegie, "Wealth," *North American Review*, No. CCCXCI, June 1889.
14 William Leuchtenburg, *The FDR Years: On Roosevelt and His Legacy* (New York: Columbia University Press, 1995), p. 284.「那麼，『國家』作為一個社會概念，到底是什麼？從誕生的一開始，『國家』這個概念在本質上就是一種成王用來支配敗寇的社會體制，其唯一的意義就是管理勝利者對失敗者的支配權，壓制內部的反叛，以及抵禦外部的侵襲。技術上來說，這種支配權唯一的目的，就是讓勝利者能在經濟上剝削被征服者。歷史上沒有一個國家是用其他方式興起

Government, Peter Laslett, ed.(Cambridge, U.K.: Cambridge University Press, 1988 [1960]), pp. 330-31.

28 拿破崙在一八〇二年提出全民公投，問民眾是否同意修憲讓他成為終身執政官（就像羅馬帝國的終身職政官），並獲得百分之九十九的同意票。到了一八〇四年又再次提出公投，問全民是否同意他成為法國皇帝，結果官方紀錄的同意比例比百分之九十九更高，只差不敢直接寫百分之百同意了。參見 "From Life Consulship to the Hereditary Empire (1802-1804), Napoleon.org (Fondation Napoleon).

29 目前還不確定「布魯圖」到底是誰，最可能的人選包括梅蘭克頓・史密斯（Melancton Smith）、羅伯特・耶茨（Robert Yates）、甚至約翰・威廉斯（John Williams）。

30 Brutus, "No. 25—Objections to a Standing Army" (Part II), *The Federalist vs. Anti-Federalist Dispute: The Original Arguments for Each* (Seattle, WA: Amazon Digital Services, 2011, Kindle edition), p. 542.

31 See, for example, Charles Lyttle, "Deistic Piety in the Cults of the French Revolution," *Church History* 2, no. 1 (March 1933), pp. 22–40.

32 Quoted in James W. Caesar, "Foundational Concept and American Political Development," *Nature and History in American Political Development: A Debate* (Cambridge, MA: Harvard University Press, 2006), p. 20.

32 James W. Caesar, "Foundational Concept and American Political Development," *Nature and History in American Political Development: A Debate* (Cambridge, MA: Harvard University Press, 2006), p. 20.

33 Yuval Levin, *The Great Debate: Edmund Burke, Thomas Paine, and the Birth of Right and Left* (New York: Basic Books, 2013).

34 James Madison, "*Federalist* No. 10: The Utility of the Union as a Safeguard Against Domestic Faction and Insurrection (continued)," Constitution Society.

35 "Adam Smith on the Need for 'Peace, Easy Taxes, and a Tolerable Administration of Justice,'" Online Library of Liberty.

36 Daniel Hannan, *Inventing Freedom: How the English-Speaking Peoples Made the Modern World* (New York: HarperCollins, 2013, Kindle edition), Kindle location 2104-13.

37 Henry Fairlie, "The Shot Heard Round the World," *New Republic* 199, no. ¾, July 18–25, 1988, p. 20.

38 Ibid., p. 25.

39 Robert Wright, "Why the American Revolution Was Really an Economic Revolution," Learn Liberty, July 7, 2016.

40 Fairlie, "The Shot Heard Round the World," p. 25.

41 Ibid., p. 23.

42 Ibid., pp. 22-23.

43 Daniel J. Boorstin, The Americans: The Democratic Experience (New York: Knopf Doubleday, 1974 [1973], Kindle Edition), Kindle locations 1823–25.

44 Ibid., Kindle location 1825-31.

45 「新世界」這個詞的涵義現在越來越負面，它讓人想起北美原住民長期以來的流離失所。如今我們經常聽到，哥倫布沒有「發現」美洲，而是幫歐洲人征服了美洲。從美洲原住民的角度來看，這件事的確如此。（不過這種征服在人類歷史上到處都是，就算美洲原住民也是彼此不斷征服。只是洛克革命之後，征服的規模大幅擴大，而且之後延續了很長一段時間。）

46 Boorstin, The Americans, Kindle location 1836-40.

把不同時代的思想連起來了。但我們真的很難找到具體的證據，去證明洛克的思想在當時對開國元勳產生了巨大影響，最多只能確定有好幾位開國元勳讀過洛克的著作。例如我在文章中就引述了奧斯卡 · 漢德林與莉蓮 · 漢德林的研究，他們指出開國元勳其實不太援引洛克的政治思想作品，歷史學家「通常都直接認定許多革命思想，甚至許多革命行動都受到洛克的影響，而沒有仔細調查洛克的觀念是怎麼傳播過去的。」(Handlin and Handlin, “Who Read John Locke?,” p. 546).

12 Ibid., p. 549.

13 James Wilson, “Remarks of James Wilson in the Pennsylvania Convention to Ratify the Constitution of the United States, 1787,” Online Library of Liberty.

14 話說有個有點尷尬的事。如果傑佛遜所言屬實，漢密爾頓說完那句話之後停頓了好一會兒，然後說：「不過史上最偉大的人是尤利烏斯・凱撒」。參見 Thomas Jefferson, “To Dr. Benjamin Rush, Monticello, January 16, 1811,” American History: The Letters of Thomas Jefferson, 1743-1826.

15 John Locke, “A Letter Concerning Toleration,” *A Letter Concerning Toleration and Other Writings*, Online Library of Liberty.

16 “Act for Establishing Religious Freedom, January 16, 1786,” Library of Virginia.

17 唐納德・盧茨（Donald Lutz）發現，一七六〇年代美國政治著作中引用的啟蒙時代文獻，有百分之六十出自孟德斯鳩和洛克，到了一七七〇年代，該比例更增至百分之七十五。討論憲法設計的著作比較常引用孟德斯鳩，討論脫英獨立的作品則較常引用洛克。參見 “The Relative Influence of European Writers on Late Eighteenth-Century American Political Thought,” *American Political Science Review* 78, no. 1 (March 1984), p. 192.

18 Clinton Rossiter, *The Political Thought of the American Revolution, Part 3* (New York: Harcourt, Brace & World, 1963), p. 8.

19 John Adams, “From John Adams to Jonathan Sewall, February 1760,” Founders Online, National Archives.

20 Thomas Paine, “Of the Present Ability of America, with Some Miscellaneous Reflections,” Common Sense, Constitution Society.

21 David Azerrad, “The Declaration of Independence and the American Creed,” Heritage Foundation, July 3, 2013.

22 Thomas Jefferson, “Queries 14 and 19, 145-49, 164-65,” in *The Founders' Constitution*, Volume 1, Chapter 18, Document 16, University of Chicago Press.

23 Thomas Jefferson, “Preamble to a Bill for the More General Diffusion of Knowledge—Fall 1778,” in *The Founders' Constitution*, Volume 1, Chapter 18, Document 11, University of Chicago Press.

24 Holly Brewer, “Entailing Aristocracy in Colonial Virginia: ‘Ancient Feudal Restraints’ and Revolutionary Reform,” *William and Mary Quarterly* 54, no. 2 (April 1997), p. 307.

25 David Boaz, “The Man Who Would Not Be King,” Cato Institute, February 20, 2006.

26 James Madison, “*Federalist* No. 51: The Structure of the Government Must Furnish the Proper Checks and Balances Between the Different Departments,” Constitution Society.

27 洛克甚至說過：「只要任意數量的人同意集結為社群或者同意建立政府，他們就整合起來，變成了一個政治實體。多數人有權利根據他們的意見得出結論。」John Locke, “Chap. VIII: Of the Beginning of Political Societies,” sec. 95, “Second Treatise of Government,” *Two Treatises of*

第六章：（他們寫下的）美國奇蹟

1 Herbert Butterfield, *The Whig Interpretation of History* (London: G. Bell, 1931, Kindle edition), Kindle location 308-10.

2 「光榮革命引發了一系列事件。有些在光榮革命後尾隨即至，有些則隔了幾十年。這些發展讓查理二世和詹姆士二世試圖消滅的政治自治，在整塊北美殖民地上極為成功地復活。」James T. Kloppenberg, *Toward Democracy: The Struggle for Self-Rule in European and American Thought* (Oxford, U.K.: Oxford University Press, 2016), p. 176.

3 Thomas Y. Davies, "Recovering the Original Fourth Amendment," *Michigan Law Review* 98, no. 3 (December 1999), pp. 547-750;「每個英國人的家都是他的城堡」（An Englishman's home is his castle）的原意與出處，可參照 The Phrase Finder. http://www.phrases.org.uk/meanings/an-englishmans-home-is-his-castle.html

4 Thomas Jefferson, "Letter to Henry Lee—May 8, 1825," *Thomas Jefferson: Writings*, Merrill D. Peterson, ed. (New York: Library of America, 1984), pp. 1500-1.

5 其中大部分的文字都來自傑佛遜寫的《維吉尼亞州憲法》（*Virginia constitution*）以及喬治·梅森寫的《維吉尼亞州權利法案》（*Virginia Declaration of Rights*），而這些文件都深受英國一六八八至一六八九年《權利法案》的影響。波琳·邁爾說，傑佛遜的偉大之處並非找到了什麼新原則，而是「能用全新的方法，將已有的模式套用到其他環境」。參見 Pauline Maier, *American Scripture: Making the Declaration of Independence* (New York: Vintage Books, 1988), p. 104.

6 Gordon S. Wood, "Dusting Off the Declaration," *New York Review of Books*, August 14, 1997.

7 Abraham Lincoln, Full text of "Abraham Lincoln's lost speech, May 29, 1856."

8 Abraham Lincoln, "Speech on the Kansas Nebraska Act at Peoria, Illinois" (abridged), TeachingAmericanHistory.org.

9 Abraham Lincoln, "Address at the Dedication of the National Cemetery in Gettysburg, Pennsylvania—November 19, 1863," American Presidency Project, John Woolley and Gerhard Peters, eds.

10 Martin Luther King Jr., "I Have a Dream," Address Delivered at the March on Washington for Jobs and Freedom, August 28, 1963, Martin Luther King Jr., Research and Education Institute—Stanford University.

11 卡爾·貝克（Carl Becker）在《關於美國獨立宣言的歷史研究》（*Declaration of Independence*, 1922）中說「《美國獨立宣言》的形式和用詞，都跟洛克的《政府論·下篇》密切相關」。查理·比爾德（Charles Beard）和瑪莉·比爾德（Mary Beard）也在一九三〇年堅稱洛克是開國元勳最重要的「革命教科書」。梅爾·柯蒂（Merle Curti）在一九三七年寫道「沒有人會認真懷疑洛克對於美國在十八世紀下半葉思想的影響有多大」。最近帕特森（J. W. Peltason）也在《探求憲法》（*Understanding the Constitution*）一書中寫道，洛克那兩本《政府論》「以相當權威的方式整理了既有的原則。洛克的思想不僅成為美國獨立大業的論證基礎，而且因為英國政府的權威性也同樣源自這些思想，這讓英國政府在反對美國獨立時顯得更為尷尬。」參見 "Who Read John Locke? Words and Acts in the American Revolution," *American Scholar* 58, no. 4 (Autumn 1989), pp. 546-47. 英國哲學家莫里斯·克蘭斯頓（Maurice Cranston）認為洛克「是對美國開國元勳影響最深遠的思想家」，參見 Maurice Cranston. "Locke and Liberty," Wilson Quarterly (Winter 1986), p. 82. 另外，這時候那些學識淵博的歷史學家，大概又會想要像玩連連看一樣，

Republics of Letters 1, issue 1.

35 Ibid.

36 Tim Blanning, *The Romantic Revolution: A History, Modern Library Chronicles* (New York: Random House, 2011, Kindle edition), Kindle location 281-90.

37 Jean-Jacques Rousseau, "Book I: Chapter I: Subject of the First Book," "The Social Contract, or Principles of Political Right," *The Social Contract and Discourses*, Online Library of Liberty.

38 Jean-Jacques Rousseau, "The First Part," sec. 130-31, "A Discourse on the Moral Effects of the Arts and Sciences," *The Social Contract and Discourses*, Online Library of Liberty.

39 Jean-Jacques Rousseau, *Emile, or On Education*, Allan Bloom, trans. (New York: Basic Books, 1979), p. 37.

40 Jean-Jacques Rousseau, *Dialogues*, Oeuvres, 1:935. Quoted in Eugene L. Stelzig, The Romantic Subject in Autobiography: Rousseau and Goethe (Charlottesville, VA, and London: University Press of Virginia, 2000), p. 46.

41 Jean-Jacques Rousseau, "The Second Part," sec. 207, "A Dissertation on the Origin and Foundation of the Inequality of Mankind," The Social Contract and Discourses, Online Library of Liberty.

42 Ibid., sec. 214.

43 Ibid., secs. 214-15.

44 Rousseau, "The Second Part," sec. 152, "A Discourse on the Moral Effects of the Arts and Sciences," *The Social Contract and Discourses*, Online Library of Liberty.

45 這些段落來自盧梭《人類不平等的起源與各種基礎》的前期手稿，引述文參見 Paul A. Rahe, "The Enlightenment Indicted: Rousseau's Response to Montesquieu," Journal of the Historical Society 8, no. 2 (June 2008), p. 293.

46 引述於 James Schall, *Political Philosophy and Revelation: A Catholic Reading* (Washington, D.C.: Catholic University of America Press, 2013), p. 122.

47 Jean-Jacques Rousseau, "Book IV: Chapter VIII: Civil Religion," sec. 121, "The Social Contract, or Principles of Political Right," *The Social Contract and Discourses*, Online Library of Liberty.

48 Ibid., secs. 122-23.

49 Robert Nisbet, *The Present Age: Progress and Anarchy in Modern America* (New York: Harper & Row, 1988), p. 52.

50 引述於 Conor Cruise O'Brien, "Rousseau, Robespierre, Burke, Jefferson, and the French Revolution," in Jean-Jacques Rousseau, *The Social Contract and The First and Second Discourses, Rethinking the Western Tradition series, Susan Dunn*, ed.(New Haven, CT, and London: Yale University Press, 2002, Kindle edition), Kindle location 4134. 請注意，盧梭在辯護中認為社會契約未必完全適合國族主義，因為社群必須小得像他熱愛的日內瓦那樣，社會契約才能正常運作。不過我們也知道，觀念雖然會影響歷史，卻無法決定歷史。而盧梭的觀念確實深深影響了全歐洲的國族主義運動。

51 Richard Pipes, *Property and Freedom* (New York: Knopf, 1999), p. 42.

52 Quoted in O'Brien, "Rousseau, Robespierre, Burke, Jefferson, and the French Revolution," Kindle location 4136-43.

53 Ibid., Kindle location 4147-50.

54 Ibid., Kindle location 4147-50.

西班牙和葡萄牙的國會權力大減……德國的許多小州也擔心自己淪落於這種歪風……共和主義在人聲鼎沸的荷蘭與完全相反的瑞士盛極一時之後，聲勢逐漸衰落。義大利的共和除了小城盧加以外，幾乎已經不見蹤影，英格蘭的共和在王權復辟之後更是杳無蹤跡。這時候還在世界各地反抗絕對專權的力量，只剩下那些主張古老權利，甚至可以說是封建權利的人，以及那些地方勢力。這些全都是過去留下來的老骨董，而看起來既現代又有效率的專制主義，則成了社會未來的發展方向。參見 Michael Barone, Our First Revolution, Kindle location 145-49.

9 Ibid., Kindle location 2938-39.

10 William of Orange, "Declaration of the Prince of Orange, October 10, 1688," Jacobite Heritage.

11 Edmund Burke, Reflections on the Revolution in France, Constitution Society.

12 Locke, "Chap. V: Of Property," sec. 49, "The Second Treatise of Government," p. 301.

13 Locke, "Chap. II: Of the State of Nature," sec. 4, "The Second Treatise of Government," p. 269.

14 Ibid.

15 Locke, "Chap. III: Of the State of War," sec. 19, "The Second Treatise of Government," pp. 280-81.

16 Ibid., sec. 24, p. 284.

17 Mancur Olson, "Dictatorship, Democracy, and Development," American Political Science Review, 87, no. 3 (September 1993), p. 568.

18 Locke, "Chap. V: Of Property," sec. 27, Ibid., "The Second Treatise of Government," pp. 287-88.

19 Ibid., sec. 41, p. 297.

20 John Locke. "Book II—Chapter I: Of Ideas in General, and Their Original," *An Essay Concerning Human Understanding*, Online Library of Liberty.

21 Steven Pinker, *The Blank Slate: The Modern Denial of Human Nature* (New York: Penguin, 2003 [2002], Kindle edition), pp. 5-6.

22 Locke, "Chap. II: Of the State of Nature," sec. 6, "The Second Treatise of Government," p. 271.

23 James T. Kloppenberg, *Toward Democracy: The Struggle for Self-Rule in European and American Thought* (Oxford, U.K.: Oxford University Press, 2016), p. 158.

24 Locke, "Chap. XI: Of the Extent of the Legislative Power," sec. 142, "The Second Treatise of Government," p. 363.

25 Locke, "Chap. IX: Of the Ends of Political Activity," sec. 131, Ibid., p. 353.

26 Locke, "Chap. IV: Of Slavery," sec. 22, Ibid., p. 284.

27 Kloppenberg, *Toward Democracy*, p. 138.

28 Michael Locke McLendon, "Rousseau, Amour Propre, and Intellectual Celebrity," Journal of Politics 71, no. 2 (April 2009), pp. 507-8.

29 Jean-Jacques Rousseau, *The Confessions* (London: Wordsworth, 1996), p. 641.

30 Leo Damrosch, *Jean-Jacques Rousseau: Restless Genius* (New York: Houghton Mifflin, 2005), pp. 390-91.

31 Voltaire, "On the Advantages of Civilisation and Literature: To J.J. Rousseau," 30 August 1775, Letters from Voltaire: A Selection, Voltaire Society of America.

32 David Edmonds and John Eidinow, "Enlightened Enemies," *Guardian*, April 28, 2006.

33 David Hume, "Letter 407: To Adam Smith," *The Letters of David Hume*, Volume 2: 1766-1776, J. Y. T. Craig, ed. (Oxford, U.K.: Oxford University Press. 2011), p. 165.

34 Elena Russo, "Slander and Glory in the Republic of Letters: Diderot and Seneca Confront Rousseau,"

會在頃刻的反應間消耗殆盡、不留餘毒；另一方面，面對各種必然令弱者與無力者充滿怨恨的情況，高貴的人卻完全不會產生怨恨。高貴的人不會對自己的敵人、厄運甚至罪行耿耿於懷——因為他的品性堅強、圓滿，充盈著柔韌、具備可塑性與自癒性的力量，能讓他放下一切。Friedrich Nietzsche, *On the Genealogy of Morality*, Keith Ansell-Pearson, ed.; Carol Diethe, trans. (Cambridge, U.K.: Cambridge University Press, 2007 [1994]), pp. 21–22.

68 McCloskey, "Creative Destruction vs. the New Industrial State."

69 Schumpeter, *Capitalism, Socialism and Democracy,* p. 145.

70 引述於 Matthew Continetti, "The Seer," *National Review* 67, no. 5.

March 23, 2015.

71 George Orwell, "Second Thoughts on James Burnham."

72 Francis Fukuyama, "The End of History?"

National Interest, no. 16 (Summer 1989), p. 4.

73 Abraham Lincoln, "Address Before the Young Men's Lyceum of Springfield, Illinois," *Constitution Society*, January 27, 1838.

第五章：永恆的對決——追求理性與尋求意義的衝突

1 洛克在《政府論・下篇》說：「雖然我在第二章說人人生而平等，但這並不是指每個人在所有層面上都平等。有時候，年齡和美德可以讓人正當地高人一等。擁有優點、立下功績的人也可能會高於一般人。有些人生來就尊崇那些天生優秀、施恩於己、或者預備其他特徵的人，有些人則會因為結盟和利益而尊崇那些人。但上述這些現象跟「人人生而平等」都不衝突，因為我說的平等，是指人們生而具備的自由，會讓每個人擁有平等的權利決定自己要做什麼，不受其他人的意志或權威所支配。」參見，John Locke, "Chap. VI: Of Paternal Power," sec. 54, "The Second Treatise of Government: An Essay Concerning the True Original, Extent, and End of Civil Government," Two Treatises of Government, Peter Laslett, ed.(Cambridge, U.K.: Cambridge University Press, 1988 [1960]), p. 304. 我在本書中一直使用這個版本，並保留洛克使用英語的方式。

2 Jean-Jacques Rousseau, "A Discourse on Political Economy," The Social Contract and the Discourses, Online Library of Liberty.

3 Michael Locke McLendon, "The Overvaluation of Talent: An Interpretation and Application of Rousseau's Amour Propre," *Polity* 36, no. 1 (October 2003), p. 115.

4 Barack Obama, "Remarks at the Town Hall Education Arts Recreation Campus—December 4, 2013," American Presidency Project, John Woolley and Gerhard Peters, eds.

5 John Maynard Keynes, "Chapter 24: Concluding Notes on the Social Philosophy Toward Which the General Theory Might Lead," *The General Theory of Employment*, Interest, and Money, Project Gutenberg.

6 本書所述的洛克生平，大半來自 Peter Laslett, "II. Locke the Man and Locke the Writer," in John Locke, *Two Treatises of Government*, pp. 16-44.

7 相關詳述可參見 Michael Barone's *Our First Revolution: The Remarkable British Upheaval That Inspired America's Founding Fathers* (New York: Crown, 2007, Kindle edition)。我的描述也源自於此。

8 麥可・巴隆說「（路易十四）的這種作風引起許多統治者效仿。巴伐利亞和布蘭登堡的統治者揮出大手，打破莊園的權力平衡；萊茵蘭—巴拉丁和巴登的統治者也這麼做。奧地利的哈布斯堡領地也發生類似的變化。丹麥變成了一個絕對專權的政府，瑞典在二十五年後也跟進。

Press/ Harvard University Press), pp. 338–39.

59 Mueller, *The Mind and the Market*, p. 167.

60 Thomas McCraw, *Prophet of Innovation: Joseph Schumpeter and Creative Destruction* (Cambridge, MA: Belknap Press/ Harvard University Press, 2009 [2007]), p. 79.

61 熊彼得這麼寫：「實創家的貢獻在於他們利用新的發明、探索了尚未有人嘗試的科技發展、或是重新組織產業等方式，生產新的大眾化商品，或是以新方法生產舊的東西，進而改良或革新生產模式。」Joseph A. Schumpeter, *Capitalcism, Socialism and Democracy*, 3rd edition (New York: Harper Perennial Modern Thought, 2008 [1942]), p. 132.

62 Ibid., p. 143.

63 Ibid., p. 162.

64 Ibid., p. 249.

65 法國詩人內瓦爾曾帶著他養的龍蝦去杜樂麗花園散步，還打趣地說：「它不會吠叫，卻知道深海的祕密。」算是種沒什麼成本和傷害的行動藝術。福樓拜完成歷史小說《薩朗波》（*Salammbô*）時也充滿希望地說：「本書會（一）讓布爾喬亞惱怒……；（二）讓敏感的人們不安與震驚；（三）讓考古學者生氣；（四）讓淑女們一頭霧水；（五）讓我贏得雞姦與食人的名聲。至少我希望如此。」David Brooks, *Bobos in Paradise: The New Upper Class and How They Got There* (New York: Simon & Schuster, 2010, Kindle edition), p. 67.

66 Joel Mokyr, *The Gifts of Athena: Historical Origins of the Knowledge Economy* (Princeton, NJ: Princeton University Press, 2002), p. 278.

67 尼采認為騎士無須憎恨他的敵人，只需要知道誰是敵人。統治者的財產是權力和意志，他只要看誰的利益和他衝突，就能知道誰是敵人。一旦他擊敗敵人，或是和對方達成某種令人滿意的解決方案，雙方就無須繼續為敵，仍能互相保持尊重。軍人身上就經常能看到這種心思。擁有（常規）權力的人也往往會彼此尊重。但懷抱無名怨恨的祭司卻需要憎恨敵人，證明對方所有作為都代表著祭司所鄙視的邪惡。尼采如此描述騎士與祭司的不同：尼采如此描述騎士與祭司的不同：這樣一個人只要聳聳肩，就能甩掉無數蟲子，不讓它們鑽入他人體內；這麼做，也只有靠著這麼做，才有可能真正「愛你的敵人」——要是這真的有可能的話。這就是高尚的人對敵人的尊敬！這種尊敬是愛的橋樑……他堅持要擁有自己的敵人，這就是他與眾不同的標記；說實話，他也只瞧得起一個這樣無可蔑視、大有可敬的敵人！那些心懷無名怨恨者所想像出來的「敵人」正好相反——他先設想出了自己最偉大的作品：「邪惡的敵人」或是「惡人」，接著又從這個基本概念，想像出一個對應的副本：「善人」，也就是他自己！尼采還說：高貴的人自信坦誠地面對自己（「貴胄」（gennaios）一詞既強調「率直」（upright）的之意，亦有「天真」（naïve）之意），但懷著無名怨恨的人卻既不率直，也不天真，自己對自己也不開誠佈公。他的靈魂歪斜；他的心靈喜愛陰暗的角落、祕密的小路與後門，每一件祕密都讓他感到自在、安全、舒適；他只知道保持緘默而不會放下、暫時表現出謙卑與低微等待機會。這些心懷無名怨恨的族類，最後不可避免會比任何高貴的族類都還要聰明，也會推崇聰明到一個完全不同的程度：但說實話，他們只是把聰明當作最重要的生存條件；而高貴之人的聰明不但洋溢著奢華的韻味，還能繼續精進；這正是因為在高貴的世界裡，讓統御一切的無意識本能正確發揮作用，遠比聰明重要多了。甚至有時最好稍微不聰明一點，才能勇往直前地朝危險或敵人衝鋒，或是發洩出於憤怒、愛、敬畏、感激或復仇的狂情——自古以來，高貴的靈魂正是靠著這種狂情認出彼此。就算高貴之人真的出現了無名怨恨，也

38 Don Boudreaux, "Slave to a Myth," *Café Hayek*, December 20, 2014.

39 「節儉」（thrift）一詞原本的意思比現在廣泛得多，包括了謹慎理財、儲蓄、節欲和利潤管理等等概念。但無論是以前比較廣泛的用法，還是像現代一樣只代表謹慎理財，都不是新教徒的發明。麥克隆斯基也指出從聖經時代到佛陀教法，各個時代和文明都會呼籲人們節儉：「節儉的起源可以追溯回伊甸園的時代」，事實上，「節儉就深藏在……我們的基因裡頭。」另外，麥克隆斯基還寫道：

要論儲蓄率，義大利天主教徒和中國受儒教薰陶的佛道教信徒，都不低於麻州的喀爾文派或德國的路德派信徒。事實上，根據最近的經濟史學家統計，英國對物質資本的投資佔國民所得的比例（不記入啟動資金），還遠遠低於歐洲常態——在一七〇〇年僅有百分之四，而歐洲的常態是百分之十一；一七六〇年是百分之六比十二，而一八〇〇年則是百分之八比十二。英國的投資雖然在工業革命前開始增加，但還是沒有附近的落後國度那麼積極。（引述自 McCloskey, *Bourgeois Dignity*, pp. 131–32.）

40 Charles C. W. Cooke, "Anglosphere Attitudes," *National Review* 66, no. 2, February 10, 2014.

41 根據艾瑞克．艾瑞克森（Erick Erickson）所說，懷特根本是「否認三位一體的異端」。見 Erick Erickson, "An Actual Trinity-Denying Heretic Will Pray at Trump's Inauguration," *Resurgent*, December 28, 2016.

42 C. V. Wedgwood.*The Thirty Years War* (New York: New York Review Books, 2005), p. 506. 提醒一下，她的下一句是：「人們終將舉起別的旗幟，拒絕再為宗教而戰。」

43 引述於 James Q. Wilson, *American Politics, Then & Now: And Other Essays* (Washington, D.C.: AEI, 2010), p. 144.

44 McCloskey, *Bourgeois Dignity*, p. 8

45 Elizabeth Palermo, "Who Invented the Printing Press?," *LiveScience,* February 25, 2014.

46 Ronald Bailey, *The End of Doom* (New York: St. Martin's, 2015), p. 89.

47 Benoît Godin, "'Meddle Not with Them That Are Given to Change': Innovation as Evil," *Project on the Intellectual History of Innovation Working Paper* No. 6, 2010, pp. 16–27.

48 Deirdre N. McCloskey, "Creative Destruction vs. the New Industrial State: Review of McCraw and Galbraith," *Reason*, October 2007. 資料來自

49 McCloskey, *Bourgeois Dignity*, p. 421.

50 Bailey, *The End of Doom*, pp. 89–90.

51 Sheilah Ogilvie, "'Whatever Is, Is Right'? Economic Institutions in Pre-Industrial Europe" (Tawney Lecture 2006), CESIFO Working Paper No. 2066, pp. 13–14.

52 Jerry Z. Mueller, *The Mind and the Market: Capitalism in Western Thought* (New York: Alfred A. Knopf, 2005), p. 5.

53 Marian L. Tupy, "Anti-Capitalism Through the Ages," *Foundation for Economic Education*, September 15, 2016.

54 Ibid.

55 Mueller, *The Mind and the Market*, p. 6.

56 Ibid.

57 Mueller, *The Mind and the Market*, pp. 5–6.

58 Larry Siedentop, *Inventing the Individual: The Origins of Western Liberalism* (Cambridge, MA: Belknap

24 Hannan, *Inventing Freedom*, Kindle location 127–31.

25 Barack Obama, "8—Farewell Address to the Nation from Chicago, Illinois— January 10, 2017," American Presidency Project, John Woolley and Gerhard Peters, eds.

26 James Madison, "Federalist No. 48: These Departments Should Not Be So Far Separated as to Have No Constitutional Control over Each Other," Constitution Society.

27 Herbert Butterfield, *The Whig Interpretation of History* (London: G. Bell, 1931, Kindle edition), Kindle location 226–28.

28 "The Gunpowder Plot: Three Years in the Making," BBC.

29 正如史學家傑伊・維瑟（Jay Wieser）寫的：「漢南主張諾曼征服代表了英格蘭的日耳曼時代終結，並開啟了輝格黨的自由征途與托利黨的國家本位主義之間長達千年的鬥爭。但這場光與暗的戰線從未存在過，而且漢南支持的保守黨還是承襲托利黨的衣缽而來，他這樣想實在很奇怪。諾曼人並不是來自歐洲大陸的邪惡反派，他們本身也是斯堪地那維亞一支的日耳曼人；況且日後同樣由日耳曼人建立的奧地利哈布斯堡王朝和普魯士霍亨索倫王朝，也都不怎麼熱愛自由。」維瑟也指出許多宗教自由和節制王權的觀念，其實都是光榮革命過後才從荷蘭引進的。Jay Weiser "Anglospheremonger," *Weekly Standard*, October 6, 2014.

30 James Peron, "The Evolution of Capitalism: Why Did Europe Develop a System of Market Capitalism?," *Foundation for Economic Education*, June 1, 2000.

31 McCloskey, *Bourgeois Dignity*, pp. 332–35.

32 「新教徒（特別是後文詳細討論的幾個分支）同時是統治階級也是被統治階級，同時是多數也是少數。他們特別容易出現用理性看待經濟的傾向，但無論在什麼環境裡，天主教徒都沒有相同程度的傾向。因此要從根本解釋這種差異，就得從固定、內在的教義特徵，而不是從短暫、外在的歷史和政治背景著手。我們需要以調查的角度，找出這些教派各自有哪些特點可能會造成上述的行為。如果只以近代的印象為基礎，從表面分析的話，大概會說兩者的差異是天主教的眼光主要放在來世，再加上那種讚許苦行的理想，必定會讓信徒比較不在乎現世的福祉。這種解釋也符合世人對兩者的普遍看法。新教藉此批評天主教理想中的苦行式生活，無論那些生活方式是否符合現實；而天主教徒對這些指控的回應，則是新教將宗教理念世俗化之後才造就了物質主義。最近有一名作者嘗試了整理兩者對經濟生活的態度，他的看法如下：『天主教徒崇尚恬靜的生活，較少物慾衝動；就算高風險、高刺激的生活有更多機會獲得榮譽和財富，他們還是覺得生活安穩最重要，就算收入較低也無妨。有句俗話說：「人生不是吃得飽就是睡得飽。」就我們的所見所聞來看，新教徒比較想吃飽一點，而天主教徒則希望睡得安穩一點。』」Max Weber, *The Protestant Ethic and the Spirit of Capitalism*, "Chapter I: Religious Affiliation and Social Stratification," 1905, Marxist Internet Archive.

33 Ibid.

34 Joyce Appleby, *The Relentless Revolution: A History of Capitalism* (New York: Norton, 2010), p. 17. 引述於 McCloskey, Bourgeois Dignity, p. 145.

35 Ibid.

36 Jerry Z. Muller, *The Mind and the Market: Capitalism in Modern European Thought* (New York: Knopf, 2002), p. 167.

37 Karl Marx, "The Metaphysics of Political Economy: Fourth Observation," *The Poverty of Philosophy* (Mansfield Centre, CT: Martino, 2014), p. 121.

旅程，人類至今只有一次曾窺見這條道路，脫離農業社會。」Ernest Gellner, *Plough, Sword, and Book: The Structure of Human History* (Chicago: University of Chicago Press, 1989), p. 204.

3 Eric Jones, "Afterword to the Third Edition," *The European Miracle: Environments, Economies and Geopolitics in the History of Europe and Asia*, 3rd edition (Cambridge, U.K.: Cambridge University Press, 2003 [1981]), p. 257.

4 對這個主張有興趣的話，我推薦 Robert H. Nelson 的 *God? Very Probably: Five Rational Ways to Think About the Question of a God* (Eugene, OR: Cascade, 2015).

5 Daniel Hannan, *Inventing Freedom: How the English-Speaking Peoples Made the Modern World* (New York: HarperCollins, 2013, Kindle edition), Kindle location 205–9.

6 Ibid., Kindle location 4686–4701.

7 對此有興趣的人可見 Lisa Jardine 的 *Going Dutch: How England Plundered Holland's Glory* (New York: HarperCollins, 2008)，本書詳盡紀錄了荷蘭對英格蘭所施加的影響。

8 Ralph Raico, "The 'European Miracle,' " in *The Collapse of Development Planning*, Peter Boettke, ed.(New York: New York University Press, 1994), p. 41.McCloskey 也寫道：「我們尚未確定為何西北歐能夠不斷發現和運用新知識，不過很多史學家都懷疑是因為歐洲破碎的政治，『紛亂的古老大陸』是進入現代世界的門票，因為這種環境一方面紛爭不斷（不過偶爾也有像一四五四年的洛迪和約（*Pace di Lodi*）一樣，能夠短暫維持夢幻般的和平），一方面又讓實創事業擁有相對的自由。」Deirdre N. McCloskey, *Bourgeois Dignity: Why Economics Can't Explain the Modern World* (Chicago: University of Chicago Press, 2010), p. 109.

9 Hannan, *Inventing Freedom*, Kindle location 1293–95.

10 Ibid., Kindle location 1307–10.

11 Ibid., Kindle location 1302–4.

12 Francis Fukuyama, *The Origins of Political Order: From Prehuman Times to the French Revolution* (New York: Farrar, Straus and Giroux, 2011), p. 233.

13 Karl Marx and Friedrich Engels, *Manifesto of the Communist Party*, "Chapter I: Bourgeois and Proletarians," Marxist Internet Archive.

14 Fukuyama, *The Origins of Political Order*, p. 233.

15 Ibid.

16 Hannan, *Inventing Freedom*, Kindle location 1179–82.

17 比較不同的看法可見於 Edward D. Re, "The Roman Contribution to the Common Law," Fordham Law Review 29, no. 3 (1961).

18 Hannan, *Inventing Freedom*, Kindle location 1198–1200.

19 Ibid., Kindle location 771–73.

20 Peggy Noonan, "A Cold Man's Warm Words: Jefferson's Tender Lament Didn't Make It into the Declaration," *Wall Street Journal*, July 2, 2012.

21 Thomas Jefferson et al., "Declaration of Independence: A Transcription," America's Founding Documents, National Archives.

22 Hannan, *Inventing Freedom*, Kindle location 724–26.

23 Patrick Henry, "Virginia Ratifying Convention," June 5, 1788.

出自 Founders' Constitution, Volume 1, Chapter 8, Document 38.

但幾乎每個人都同意，也遵守這項規定，無須警察協助。雁鳥排成「人」字形飛行，也不是因為法律規定；他們只是發現了這樣飛行最符合大氣的法則。如果有人插隊，收銀員或其他顧客就會執行不成文的隱形律法。而法學思想一直有一種傳統，是認為成文法的用途是發覺和釐清這些不成文的法律。在柏拉圖的《米諾斯篇》（*Minos*）裡，蘇格拉底曾和另一名哲學家辯論法律的本質。這位無名哲學家說法律是「受人遵守的東西」。蘇格拉底不認同，他問：「那麼，你認為話語就等於說出來的東西、見識等於看到了東西，或者聆聽等於聽到了東西嗎？還是你認為話語和說出來的東西是兩回事、見識和看到了東西是兩回事、聆聽和聽到了又是兩回事，而法律和人們遵守的東西也是兩回事呢？」於是對方改了定義：「所謂的法律，應該就是國家的意見。」蘇格拉底又問：「那如果國家的判斷很差呢？政府難道不會犯錯嗎？」蘇格拉底給出了另一個比較好的定義：「同樣的，在有關公義與不公義的文字，還有大部分關於一國政府和治國正當方式的文字裡，只有正當的那些能算做法律，不正當的東西不能算作法律，因為後者違背了秩序；但在不懂法律的人看來，兩者都是法律。」Plato, *Minos*, 313a–317c, Gregory R. Crane, ed., Perseus Digital Library, Tufts University.

31 Kevin D. Williamson, "Gay Marriage: Where Do We Put the Sidewalks?" *National Review online*, June 26, 2011.

32 馬特・瑞德利指出，囚犯戒律本身就是一種自然而然發生的產物：「這些戒律並不是由某一群囚犯決定和執行的。雖然違反戒律的人會遭到排擠、嘲弄、攻擊或是處死，但這些懲罰都是去中心化的，沒有特定的人來負責執行。囚犯戒律『能促進社會協作、消弭社會衝突，有助於建立秩序、活絡非法交易』。」Matt Ridley, *The Evolution of Everything: How New Ideas Emerge* (New York: HarperCollins, 2015), p. 237.

33 David Skarbek, *The Social Order of the Underworld: How Prison Gangs Govern the American Penal System* (Oxford, U.K.: Oxford University Press, 2014).Quoted in Ridley, *The Evolution of Everything*, p. 238.

34 值得一提的是，海因里希後來又有了別的想法：「卡諾莎成了永久臣服的象徵，但這種臣服並不體面；皇帝的懺悔之意沒有維持多久就改變了心意，重新對教廷發起攻訐。額我略雖然再次對他處以絕罰，卻沒能嚇退海因里希，反而被逐出羅馬……」William Manchester, *A World Lit Only by Fire* (Boston: Little, Brown, 1993 [1992]), p. 11.

35 可見如 Catriona Kelly, "Riding the Magic Carpet: Children and Leader Cult in the Stalin Era," *Slavic and East European Journal* 49, no. 2 (Special Forum Issue: "Russian Children's Literature—Changing Paradigms," Summer 2005), pp. 199–224.

36 "Chris Rock: Obama like 'Dad of the Country. And When Your Dad Says Something, You Listen,' " Breitbart TV, February 6, 2013.

第四章：資本主義的誕生——一場輝煌的意外

1 Joel Mokyr, *A Culture of Growth: The Origins of the Modern Economy, Graz Schumpeter Lectures* (Princeton, NJ: Princeton University Press, Kindle edition, 2016), p. 4.

2 劍橋大學的人類學家艾倫・麥克法蘭（Alan MacFarlane）在他的書《現代世界之謎：自由、財富與平等》中提到：「現代世界出現的過程就和它的本質一樣神秘。我們至今仍對它的發生非常困惑。」他還補充道：「在解釋這世界如何從前現代進入現代上，解釋也還有很大的漏洞尚未填補。」Alan McFarlane, *The Riddle of the Modern World* (New York: St. Martin's, 2000), p. 2. 就連很少承認自己不是無所不知的厄尼斯特・蓋爾勒，也讚嘆現代化是條「近乎奇蹟的曲折

Max Weber, *Economy and Society: An Outline of Interpretive Sociology*, Vol.I, Part One: "Conceptual Exposition: I. Basic Sociological Terms: 17. Political and Hierocratic Organizations," Guenter Roth and Claus Wittich, eds.
(Berkeley and Los Angeles: University of California Press, 1978 [1968]), p. 54.

17 就算在最進步的社會，這點至今也仍然不變。即使是在舊金山、斯德哥爾摩或阿姆斯特丹，只要你違反法律被國家知道，就會有能運用暴力的人找到你叫你停止。不只是重罪，連無害的輕罪也是如此。比如說，如果你不做好垃圾分類，就可能會收到警告信，要你乖乖遵守法律。如果你不理這封信，就可能會有政府官員上門。你可能會被開罰。如果你不繳罰鍰，就會有其他處罰，接著又是更多處罰。直到國家派遣武裝人員強迫你服從，或是直接處罰你。即便是福利國家中最無害的機構也有賴暴力威脅來維持；假如你不信，大可想想為什麼美國的社會安全局最近要採購十七萬四千枚空尖彈。見 Stephen Ohlemacher, "Why Does Social Security Need 174,000 Bullets?," Associated Press.

18 以下是對「執行（enforce）」一詞的解釋："to put force or strength into"; "to add force to, intensify, strengthen (a feeling, desire, influence); to impart fresh vigour or energy to (an action, movement, attack, etc.). Obs.; to exert one's strength (obs.); to exert oneself, strive…; to bring force to bear upon; to use force upon; to press hard upon; to overcome by violence; to take (a town) by storm; to force, ravish (a woman); to compel, constrain, oblige…; to produce, impose, effect, by force; to force, obtrude (something) on a person; to compel by physical or moral force (the performance of an action, conformity to a rule, etc.); to impose (a course of conduct on a person); to compel the observance of (a law); to support by force (a claim, demand, obligation). From "enforce, v," *OED Online*, Oxford University Press, June 2017.

19 Gellner, P*lough, Sword, and Book*, p. 17.

20 Jeremy Egner, "Game of Thrones' Recap: The Faith and the Crown," *New York Times*, April 26, 2015.

21 Yuval Noah Harari, *Sapiens: A Brief History of Humankind* (New York: HarperCollins, 2015, Kindle edition), p. 122.

22 "Sir Arthur's Quotations," The Arthur C. Clarke Foundation.

23 蓋爾勒觀察到：「書寫最重要的影響是讓人們不用確認意圖才能理解語意。沒有書寫技術，所有言語的意思都要依據發言情境才能判斷；在這樣的時代，要確認一個人說的話是否嚴肅，就只能靠舉行儀式、製造異常莊重的分為，或是硬性規定的說話方式。」Gellner, Plough, *Sword, and Book*, p. 71.

24 "The Code of Hammurabi," L. W. King, trans., Avalon Project, Yale Law School.

25 Ibid., no. 15.

26 Ibid., nos. 196–99.

27 Ibid., no. 195.

28 Ibid., no. 104.

29 Claude Hermann Walter Johns, "Babylonian Law—The Code of Hammurabi," *Encyclopedia Britannica*, 11th edition, cited on the Avalon Project, Yale Law School.

30 要討論法律（law）和立法（legislation）的差異，需要很多篇幅，所以請容我跳過。現代所謂的立法，就只是創制成文法的程序。但在法學家的認識裡，人類大部份的歷史都不是這麼回事。有些法律的存在並沒有立法的支持。國家不需要立法規定人們在星巴克必須排隊點餐，

5 Ibid., p. 568.

6 Ibid., p. 567.

7 「國家犯罪並不新鮮，也不特別，」艾爾伯特・傑伊・諾克寫道：「國家最初就是一群掠劫者聚在一起組成的，只要世界上還有國家，這件事就不會改變，因為國家根本上就是一種犯罪組織、一種反社會的體制。主張國家的出現是為了服務某種社會目的是完全違背歷史的。國家的起源是征服與掠奪，也就是犯罪。」參見，Albert Jay Nock, “The Criminality of the State,” *American Mercury*, March 1939, accessed via Mises Daily, Mises Institute, December 29, 2006.

8 狄亞哥・甘貝塔（Diego Gambetta）在他的重要著作《西西里黑手黨》（*Sicilian Mafia: The Business of Private Protection*）中進一步發展了這一觀點。他主張黑手黨所擁有的市場利基，在於義大利的政府難以保障財產權。某種程度上，黑手黨可以完成政府做不到或不願做的事情。加州和德州監獄裡的幫派老大也是一種現代的坐匪。史卡貝克也在《黑社會秩序》一書中描述了懲戒體系中的「大人物」是如何像幫派成員和其他囚犯收取保護費，不讓他們被流寇傷害。畢竟監獄裡的一號規則，就是每個人都用得上朋友。

9 但某些財產的概念未必不是天生的信念。我們天生就對公平與否很敏銳，擅自拿取別人的東西很容易觸動這條神經。就像在黑猩猩的社會裡，如果強者拿走弱者的食物，弱者也會抱怨。最後首領或某一群黑猩猩也可能會介入此事，匡亂扶正。在早期的漁獵採集社會，這就是「大人物」或部落領袖的任務了。但介入與否，也是社會和政治問題。沒有明文規定他一定要介入。

10 「歷史上有很多競發性國家形成的例子，但卻沒有人曾發現初發性國家，因此對於最初的國家如何形成，政治哲學家、人類學家和考古學家都只能猜測。」Francis Fukuyama in *The Origins of Political Order: From Prehuman Times to the French Revolution* (New York: Farrar, Straus and Giroux, 2011), pp. 81–82.

11 Charles Tilly, “Reflections on the History of European State-Making,” p. 42. 提利為國家的工作整理了四個重點，十分符合奧爾森所說的坐匪。首先，無論頭銜為何，領導者、軍事領袖或頭目都會成為領地內不容異議的勢力，而他們的作法通常是先消滅外部敵人。其次，領主會對付已經形成挑戰或有可能產生威脅的內部敵人，徹底消滅或奪去他們的反抗能力。第三，領主會像黑幫一樣，為領地內的「客戶」提供「保護」。基本上，這代表的是幫他的支持者消滅事業對手。最後，他會建立稅收制度以「獲取執行前三種工作的手段」。提利主要是在討論歐洲大陸國家的形成。但就像福山說的一樣，這些理論也能輕易套用在中原王朝上。但如果要把這套掠奪式國家形成的理論，放到其他地方，就會比較有爭議。

12 Douglass C. North and Robert Paul Thomas, *The Rise of the Western World: A New Economic History* (New York: Cambridge University Press, 1973), p. 2.

13 Ibid., p.1.

14 Ernest Gellner, Plough, *Sword, and Book: The Structure of Human History* (Chicago: University of Chicago Press, 1989), p. 16.

15 See Chelsea German, “$1,500 Sandwich Illustrates How Exchange Raises Living Standards,” Human Progress, September 25, 2015.

16 Max Weber, “Politics as a Vocation,” From *Max Weber: Essays in Sociology*, H. H. Gerth and C. Wright Mills, eds.and trans. (New York: Routledge, 2009), p. 78. 另外，韋伯那句有關國家的名言：「國家的行政人員『在領土內合法壟斷了暴力的使用』，以便維持秩序」，其出處也值得一提。

29 "Pope Innocent XII," Catholic Encyclopedia, New Advent.

30 Bellow, *In Praise of Nepotism* , Kindle location 1595-96.

31 Ibid., Kindle location 1592-1607.

32 Ibid., Kindle location 1609-10.

33 Cemal Kafadar, *Between Two Worlds: The Construction of the Ottoman State* (Berkeley and Los Angeles, CA: University of California Press, 1995), pp. 111-13.

34 *The Republic of Plato* , 414c-415c, Allan Bloom, trans.(New York: Basic Books, 1968), pp. 93-94.

35 Fukuyama, *The Origins of Political Order* , pp. 190-91.

36 "Janissary," *Encyclopaedia Britannica.* https://www.britannica.com/topic/Janissary-corps

37 到了最後，古羅馬的禁衛軍、鄂圖曼的禁衛軍以及中國的宦官，還是都變成了一個利益集團。古羅馬禁衛軍在西元一九三年暗殺了皇帝佩蒂納克斯，把王位賣給出價最高的人，尤利安努斯（Didius_Julianus）最後以每位禁衛軍二萬五千賽特的價格買下了羅馬帝國的控制權。參見 B. G. Niebuhr, "Lecture CXXXV," Lectures on the History of Rome, from the Earliest Times to the Fall of the Western Empire (London: Lockwood, 1870), pp. 738-39.

38 Maria Konnikova, "The Limits of Friendship," *New Yorker* , October 7, 2014.

39 有些人認為鄧巴數太大了，因為人類原始部落每個「幫」的人數，大多只有四、五十人，遠小於一百五十人的數量。

40 海耶克認為，開放社會和法治總是會被我們內心的部落衝動所威脅，因為絕大多數的集體主義都會訴諸這種衝動，讓我們回到原始的懷抱：「但重要的是，無論社會主義（或『社會正義』）的理念在這種時候有多吸引人，都只是訴諸人類早期社會遺留下來的本能，並沒有提出一種新的道德。它們都只是某種返祖，都只是毫無意義地要求開放社會回頭使用部落社會的道德規範；但是它們一旦傳播開來，美國的大社會就將崩毀，而這大約三百年來讓人類不斷成長的市場秩序也將危如累卵。」海耶克還說，「在人類的歷史中，部落道德與普世正義總是不斷對抗。人們經常陷入忠誠與正義的掙扎，被職業、階級、宗族、民族、種族、宗教的忠誠心綁住，無法落實普世的正義。那些適用於所有人的普世規範，都必須慢慢地推進，才能讓人們逐漸捨棄過去的觀念，不再認為只要對自己人有利，就可以傷害陌生人。」F. A. Hayek, *Law, Legislation and Liberty, Volume 2: The Mirage of Social Justice* (Chicago: University of Chicago Press, 1976), pp. 146–148.

41 參見 William Butler Yeats, "The Second Coming," Poetry Foundation.

第三章：國家——共識下的神話

1 Thomas Hobbes, "Chapter XIII: Of the Natural Condition of Mankind, As Concerning Their Felicity, and Misery," *Leviathan*, sec. 9, Edwin Curley, ed.
(Indianapolis: Hackett, 1994), p. 76.

2 奧爾森：「既然如此，我們也無須訝異為什麼有那麼多作品主張『社會契約』可以帶來法律與秩序，而對人們充滿吸引力，卻沒有人找到憑個體間的協議就能實現和平秩序與其他公共善的大型社會了。」Mancur Olson, "Dictatorship, Democracy, and Development," *American Political Science Review* 87, no. 3 (September 1993), p. 568.

3 Ibid.

4 Ibid., p. 567.

1997）、中歐戰爭史（Meron, 1993）、十字軍東征（Brownmiller, 1975, p. 35）、亞歷山大征服波斯（Hansen, 1999, p. 188）、維京人掠劫（Karras, 1990）、阿拉里克征服羅馬（Ghiglieri, 2000, p. 90）、古希臘的小型戰爭（Finley, 1954）以及很多類似文獻中都有。當然，學者對於戰爭強姦的規模跟強度一直很有爭議，德國在第一次世界大戰中的「比利時強姦」就是個例子（Gullace, 1997）。但歷史上的證據依然清楚顯示，無論何時何地，戰爭時期總是會出現很多《伊利亞德》裡面的涅斯特，用戰利品讓疲憊不堪的希臘軍隊重振士氣：
「大家別急著回家啊，你們還沒推倒特洛伊人的老婆呢。」(Homer, 1999, Book 2, 354-55).

11 C. S. Lewis. *The Screwtape Letters* (New York: HarperCollins, 2001 [1942]), p. 161.

12 John Locke, *Some Thoughts Concerning Education* , sec. 115, Online Library of Liberty.

13 Arthur Herman, *The Idea of Decline in Western History* (New York: Free Press, 1997), pp. 15-16.

14 Jonah Goldberg, *The Tyranny of Clichés: How Liberals Cheat in the War of Ideas* (New York: Sentinel, 2012), p. 8.

15 Ibid., p. 9.

16 Ibid.

17 《申命記》（31：29）。

18 參見《雅各書》（4：4）。

19 Francis Fukuyama, *The Origins of Political Order: From Prehuman Times to the French Revolution* (New York: Farrar, Straus and Giroux, 2011), p. 43.

20 Ibid., p. 17.

21 Mancur Olson, *The Rise and Decline of Nations: Economic Growth, Stagflation, and Social Rigidities* (New Haven, CT: Yale University Press, 1987), p. 1.

22 Ibid.

23 Adam Bellow, *In Praise of Nepotism* (New York: Knopf Doubleday, Kindle edition, 2003), Kindle location 3245-49.

24 保羅在哥林多人的第一封信裡說：「我對著沒有嫁娶的人和寡婦說，若他們常像我一樣就好。倘若自己禁止不住，就可以嫁娶。與其慾火攻心，倒不如嫁娶為妙。」（《哥林多前書》〔7：8—9〕）

25 Marshall Connolly, "A Very Brief History of Priestly Celibacy in the Catholic Church," Catholic Online, August 24, 2016.

26 「額我略教宗之所以禁止主教和牧師生育兒育女，就是為了打擊世襲，終結教會內部的腐敗與尋租。中國和拜占庭也是用一樣的想法建立太監，鄂圖曼帝國則是從戰俘中選取奴隸，讓他們脫離原生家庭。這些原理都是一樣的，因為國家的利益如果與家庭衝突，大部分人都會出於生物本能而選擇家庭。降低腐敗最直接的方式，就是讓官員從一開始就無法建立家庭。」Fukuyama, *The Origins of Political Order* , p. 265.

27 參見 Santiago Cortés-Sjöberg, "Why Are Priests Celibate?," U.S. Catholic. 不過馬丁路德的看法跟賀拉斯一樣，都認為人類不可能對抗天性，叫牧師單身的結果只會讓大家開始打手槍：「大自然永不止息，我們都有秘密的原罪。說得難聽點，那個東西如果沒有進去女人的體內，就會跑到你的襯衫上。」參見 Helen L. Owen, "When Did the Catholic Church Decide Priests Should Be Celibate?," History News Network, October 2001.

28 "Pope Callistus III," Catholic Encyclopedia, New Advent.

外意義」（excess meaning），這時候宴會的意義，遠遠超過宴會上提供的物質。只要生命中的重要人物曾經邀你和他們的家人共進晚餐，你就一定知道這場宴會的價值遠遠大於食材的價值加上準備宴會的心力。至於食物的衛生習俗，則通常都有明顯的演化基礎。海德特花大量篇幅陳述不同社會各自發展出哪些詳盡和神祕的料理規則，例如新幾內亞的胡亞族（Hua）認為，「男孩要長成男人的話，就必須避開所有類似陰道的食物，凡是紅色的、潮濕的、黏滑的、來自洞穴的、有毛髮的食物都不能吃。這乍看之下只是家父長制社會專斷獨行的迷信，加上墨守成規的性別偏見，會被美國心理學家艾略特・杜瑞爾（Elliot Turiel）稱之為社會成規，因為胡亞族認為其他部落的男人不用遵守這類規範；但在胡亞族眼中，這些規範似乎的確是道德規範，因為他們經常談到這些規範；以飲食習慣評斷彼此；還用人類學家安娜・梅格斯（Anna Meigs）所稱的「身體的宗教」（a religion of the body）來管理他們的生活、責任、關係。」Jonathan Haidt, *The Righteous Mind: Why Good People Are Divided by Politics and Religion* (New York: Knopf Doubleday, 2012, Kindle edition), p. 14.

59 Ernest Gellner, *Plough, Sword, and Book: The Structure of Human History* (Chicago: University of Chicago Press, 1989), pp. 118-12.

第二章：「奇蹟」的墮落——當人類本性反噬

1 Horace, *Epistles* , Book I, epistle x, line 24, Latin Library.

2 Ronald Reagan, "First Inaugural Address—January 5, 1967," Governors' Gallery, California State Library.

3 別西卜是巴比倫神「巴力」（Baal）的名字，後來被猶太人、基督徒、穆斯林視為惡魔。參見 Liaquat Ali Khan, "Beelzebub: An Unfairly Demonized Deity?," Huffington Post, April 23, 2017

4 William Golding, *Lord of the Flies* (New York: Berkeley, 2003 [1954]), p. 143.

5 "corruption, n," *OED Online* , Oxford University Press, June 2017.

6 羅伯・尼斯比在《偏見》（*Prejudices*）中說，「但早在中世紀，『腐敗』這個詞就已經產生了很多衍伸義，除了人體會腐敗，各種生物、語言、對經典的研究、道德、外交行為、商業行為、藝術都會腐敗，偶爾會說政治會腐敗。文藝復興時期與文藝復興之後的人還說，地球本身也正在逐漸分解衰敗，總有一天會化為齏粉。打從這個詞大約十四世紀在英語中出現，一直到十九世紀為止，都廣泛出現在各種文學與藝術作品中。雖然大約從十六世紀之後，政治國家在西方人的生命中越來越重要，腐敗也越來越常與政治相關，但其他用法並沒有因此減少或改變。」Robert Nisbet, *Prejudices: A Philosophical Dictionary* (Cambridge, MA: Harvard University Press, 1983), p. 61

7 William Shakespeare, *The Tragedy of Hamlet, Prince of Denmark* , Act IV, Scene III, The Complete Works of William Shakespeare.

8 Nicholas Wade, *Before the Dawn: Recovering the Lost History of Our Ancestors* (New York: Penguin, 2006), p. 149.

9 Jonathan Gottschall, "Explaining Wartime Rape," *Journal of Sex Research* 41, no. 2 (May 2004), p. 130.

10 Jonathan Gottschall, Ibid. 他在整理二十世紀大量戰爭強姦的恐怖資料之後寫道：「二十世紀前的大規模戰爭強姦，很可能沒有比二十世紀之後少。而且史上有詳細記載的戰爭，很可能都記載了大規模的戰爭強姦。下面這些文獻都有很多大規模戰爭強姦：《聖經》的《申命記》（21）、《以賽亞書》（13：16）、《耶利米哀歌》（5：11）、《撒迦利亞書》（14：2）都是猶太人跟敵人打仗時的相關紀錄。此外在盎格魯薩克遜人與中國人的編年史（Littlewood,

36 Don Bourdeaux, "Capitalism and Slavery," Café Hayek, August 25, 2009.

37 Adam Smith, "I.8.40: Of the Wages of Labour," in *An Inquiry into the Nature and Causes of the Wealth of Nations* , Library of Economics and Liberty.

38 Adam Smith, "III.2.9: Of the Discouragement of Agriculture in the Ancient State of Europe After the Fall of the Roman Empire," in *An Inquiry into the Nature and Causes of the Wealth of Nations* , Library of Economics and Liberty.

39 Abraham Lincoln, "House Divided Speech: Springfield, Illinois, June 16, 1858," Abraham Lincoln Online.

40 Daron Acemoglu and Alexander Wolitzky, "The Economics of Labor Coercion," *Econometrica* 79, no. 2 (March 2011), p. 555.

41 Harry Wu, "The Chinese Laogai," Victims of Communism Memorial Foundation.

42 John Stuart Mill, "Essay V: On the Definition of Political Economy; and on the Method of Investigation Proper to It," in *Essays on Some Unsettled Questions of Political Economy* , Online Library of Liberty.

43 Richard Leakey and Roger Lewin, *People of the Lake: Mankind and Its Beginning* (Garden City, NY: Anchor, 1978), p. 139.

44 Fukuyama, *The Origins of Political Order* , p.xii.

45 Adam Smith."III.1.8: Of the Love of Praise, and of That of Praise-worthiness; and of the Dread of Blame, and That of Blame-worthiness," in *The Theory of Moral Sentiments* , Library of Economics and Liberty.

46 參見 Frans de Waal, *Chimpanzee Politics: Power and Sex Among the Apes* (Baltimore, MD: Johns Hopkins University Press, 2007 [1983]).

47 Russ Roberts, "Munger on Slavery and Racism," Library of Economics and Liberty, August 22, 2016

48 參見 Jonah Goldberg, *The Tyranny of Clichés: How Liberals Cheat in the War of Ideas* (New York: Sentinel, 2012), pp. 175-79.

49 Davis Benioff and D. B. Weiss, "You Win or You Die," *Game of Thrones*, Season 1, Episode 7.

50 Jonathan Haidt, *The Righteous Mind: Why Good People Are Divided by Politics and Religion* (New York: Knopf Doubleday, 2012, Kindle edition), pp. 165-66.

51 Paul Bloom.*Just Babies: The Origins of Good and Evil* (New York: Broadway Books, 2013, Kindle edition), p. 95.

52 Charles Darwin, "Chapter V: On the Development of the Intellectual and Moral Faculties During Primeval and Civilised Times," *The Descent of Man and Selection in Relation to Sex* , Project Gutenberg.

53 Paul H. and Sarah M. Robinson, *Pirates, Prisoners, and Lepers: Lessons from Life Outside the Law* (Lincoln, NE: Potomac Books, 2015, Kindle edition), Kindle location 672-75.

54 Ibid., Kindle location 670-71.

55 Blake Seitz, "Bernie Sanders Was Asked to Leave Hippie Commune for Shirking, Book Claims," *Washington Free Beacon* , April 19, 2016.

56 參見 Amy Shuman, "Food Gifts: Ritual Exchange and the Production of Excess Meaning," *Journal of American Folklore* 113, no. 450 (special issue: "Holidays, Ritual, Festival, Celebration, and Public Display," Autumn 2000), pp. 495-508.

57 Eugene Scott, "Trump Believes in God, but Hasn't Sought Forgiveness," CNN, July 18, 2015.

58 食物在「儀式交換」（ritual exchange）之後，會產生艾米・舒曼（Amy Shuman）所說的「額

Supreme Court: A Guide to the Major Decisions on Search and Seizure, Privacy, and Individual Rights (Lanham, MD: Rowman & Littlefield, 2010), p. 240.

25 史迪芬・平克對於義大利聖吉米納諾（San Gimignano）的中世紀酷刑博物館（Museo della Tortura e di Criminologia Medievale）印象深刻。他說「我覺得即使是對近現代歷史最無感的人，也會被這些殘酷的中世紀遺產嚇一跳。西班牙宗教裁判所有一種猶大搖籃（Judas's Cradle）會把犯人脫光，手腳綁起來，用鐵腰帶綁在半空中，下面放一個尖銳的金字塔。犯人的身體只要一放鬆，就會被自己的體重壓在塔尖上，肛門或陰道就會被撕裂。鐵處女刑具（iron maiden）有個版本叫『紐倫堡處女』（Virgin of Nuremberg），長釘的位置刻意避開重要器官，可以讓犯人求生不得求死不能。還有很多雕刻顯示，當時歐洲各地都會把叛亂者、巫師、抗命的軍人倒吊起來，從跨下鋸成兩半。有個叫做『苦刑梨』的木製刑具，專門用來處罰肛交、通姦、亂倫、異教徒、褻瀆神明、『跟撒旦做愛』的人，它的前端有好幾瓣，在閉合狀態下插進犯人的嘴巴、肛門、陰道，然後用後面的螺旋旋鈕轉開，犯人的組織就會被撕裂。另外一種叫做『貓爪』（Cat's Paw）或『西班牙搔癢棍』（Spanish Tickler）的棍子，在前端有一整排鉤子，專門勾出犯人的肉。還有一種叫『恥辱面具』的金屬面具，做成豬頭或驢頭的樣子，把帶著刀刃的地方塞進犯人的鼻子或嘴巴讓他們無法喊叫，然後戴上面具遊街示眾。『異教徒的叉子』（Heretic's Fork）前後端是尖銳的叉子，一端頂住下巴，另一端頂在鎖骨之間，犯人必須伸直脖子，肌肉只要一放鬆，兩個部位都會被刺穿。」Steven Pinker, The Better Angels of Our Nature: Why Violence Has Declined (New York: Penguin Publishing Group, 2012 [2011], Kindle edition), Kindle location 3063-67.

26 Steven A. LeBlanc, *Constant Battles* (New York: St. Martin's, 2003), p. 8.

27 參見《漢謨拉比法典》第十五條（L. W. King, trans., Avalon Project, Yale Law School.）http://avalon.law.yale.edu/ancient/hamframe.asp

28 Richard Hellie, "Slavery," *Encyclopaedia Britannica.* https://www.britannica.com/topic/slavery-sociology

29 Thomas Sowell, "The Real History of Slavery," in *Black Rednecks and White Liberals* (New York: Encounter, 2005), p. 113.

30 「靈魂和身體的差異，不僅存在於人類與動物之間，也存在於人與人之間，尤其是那些只能用身體來勞動，其他事都做不好的人。那些靈魂與身體較差的人，天生就適合當奴隸。他們應該照著主人的規則來活，因為那樣活得比較好。」Aristotle, "Book One, Part V," in *Politics* , Benjamin Jowett, trans., Internet Classics Archive.

31 也許有人會說，在開國元勛眼中，非洲人不算真正的人。嗯，有些元勛確實這麼認為。但這藉口很爛，而且無法解釋很多事實。最初英國維吉尼亞公司（Virginia Company）的殖民者抓過印地安人來當奴隸，但因為種種原因而失敗，最明顯的就是印地安人抓來之後很容易逃跑。他們還用一種接近於奴隸的契約勞工（indentured servants）制度，把很多歐洲白人跟第一批黑人帶到美洲（對，第一批黑人其實並非奴隸而是契約勞工），但同樣沒有用。

32 Reuters Staff, "Chronology—Who Banned Slavery When?," Reuters, March 22, 2007.

33 Jerome Reich, "The Slave Trade at the Congress of Vienna: A Study in English Public Opinion," *Journal of Negro History* 53, no. 2 (April 1968), pp. 139-40.

34 參見"Slavery Abolition Act." *Encyclopaedia Britannica.* https://www.britannica.com/topic/Slavery-Abolition-Act ; "1863 Abolition of Slavery," Rijks Studio. https://www.rijksmuseum.nl/en/rijksstudio

35 Ibid.

York: Farrar, Straus and Giroux, 2011), p. 73.

13 Deirdre N. McCloskey, *Bourgeois Dignity: Why Economics Can't Explain the Modern World* (Chicago: University of Chicago Press, 2010), pp. 154-55.

14 Steven Pinker, "A History of Violence," *New Republic* , March 18, 2007.

15 Matt Ridley, "Farewell to the Myth of the Noble Savage," *Wall Street Journal* , January 25, 2013.

16 Nicholas Wade, *Before the Dawn: Recovering the Lost History of Our Ancestors* (New York: Penguin Publishing Group, 2006), p. 151.

17 沙尼翁直白地描繪他在原始社會中過的荒涼生活，卻被人類學家、原住民社運人士和天主教傳教士群起抨擊，他們指控他帶有典型的殖民偏見、西方沙文主義和種族歧視。但後來有研究者出面為他平反，例如西北大學（Northwestern University）的愛麗絲・德雷格（Alice Dreger）。參見Alice Dreger, "Darkness's Descent on the American Psychological Association: A Cautionary Tale," *Human Nature* 22, no. 3 (September 2011), pp. 225-46. 亦可參見Matt Ridley, "Farewell to the Myth of the Noble Savage," *Wall Street Journal* , January 25, 2013.

18 Napoleon Chagnon, "Life Histories, Blood Revenge, and Warfare in a Tribal Population," *Science* n.s., 239, no. 4843 (February 26, 1988), pp. 985-92.

19 在沙尼翁一九六〇年代初第一次前往亞馬遜進行研究時，馬文・哈里斯（Marvin Harris）是學術權威。這位哥倫比亞大學的教授自稱文化唯物論者，其實意思就是馬克思主義者。他認為人類不斷以血洗血的原因，並非出於榮譽的觀念以及對女性的爭奪；而是因為物質匱乏。後者來自他以前的學生葛羅斯（Daniel Gross）的理論，葛羅斯在一九七五年的論文中指出，亞馬遜的部落之所以不斷交戰，完全是因為動物性蛋白短缺。在沙尼翁前往亞馬遜時，馬文・哈里斯對他說，「我敢打賭，亞諾馬諾人每天攝取蛋白質總量絕對不到一個大麥克漢堡，如果相當，我就把我的腦袋給你。」所以亞馬遜原住民每天究竟攝取多少蛋白質呢？目前仍有爭議。沙尼翁這派的人認為相當於一個快樂兒童餐，反對者則認為略少於此。不過就沙尼翁的整體論證而言，目前他還是對的。而且即使亞諾馬諾的戰士每天吃的動物性脂肪，通常比葛妮絲・派特洛（Gwyneth Paltrow）的排毒餐還少，我的整體論證也幾乎不受影響。理由一：原始社會的暴力事件發生時間以及發生地點都相當平均，但不可能所有人的蛋白質都不夠，所以吃得夠的為何還要殺人？理由二：如果遠古會有那麼多暴力和殺嬰行為，只是因為樹懶跟非洲野豬填不飽人類的肚子，那請問當代的亞諾馬諾族為什麼不是這樣？在農業革命之前，幾乎每個人類社會的資源都不夠，而且其實農業革命之後也沒好多少。難道你要說某些社會處理資源短缺的方式，就是跟其他社會不一樣？這已經不只是種族歧視了，根本是沒讀書吧！參見 Emily Eakin, "How Napoleon Chagnon Became Our Most Controversial Anthropologist," *New York Times* , February 13, 2013.

20 Michael Graulich, "Aztec Human Sacrifice as Expiation," *History of Religions* 39, no. 4 (2000), p. 353.

21 Robert J. Sharer and Loa P. Traxler, *The Ancient Maya* , 5th edition (Stanford, CA: Stanford University Press, 1994 [1946]), pp. 543-44.

22 Bradley J. Parker, "The Construction and Performance of Kingship in the Neo-Assyrian Empire," *Journal of Anthropological Research* 67, no. 3 (Fall 2011), p. 372.

23 Matthias Schulz, "The Worst Ways to Die: Torture Practices of the Ancient World," Spiegel Online International, May 15, 2009.

24 Marvin Zalman, "Miranda v. Arizona," in Rolando V. del Carmen et al, *Criminal Procedure and the*

說法還是保羅・約翰遜（Paul Johnson）：「他毫無任何科學素養，而且講出的所有東西都是在反科學。」Michael Löwy, "The Romantic and the Marxist Critique of Modern Civilization," *Theory and Society* 16, no. 6 (November 1987), p. 897; Paul Johnson, *Intellectuals* (New York: HarperCollins, 2009, Kindle edition), Kindle location pp. 1233-37.

11 這本書出版三十年後，依然在亞馬遜政治類書籍暢銷榜排行第五。它從頭到尾都在說美國是個邪惡強權，且依然是美國高中和大學最常使用的教科書之一。對此，羅傑・金博爾（Roger Kimball）表示：「這樣說吧，你覺得全國教育協會（National Education Association）的一般成員在選教科書的時候，會選一本照實陳述美國的成功有多麼不可多得的書，還是另一本把美國歷史說成不斷掠奪不斷失靈的書？我想答案已經很明顯了。」Roger Kimball, "Professor of Contempt," *National Review* online, February 3, 2010.

12 Howard Zinn, *A People's History of the United States* (New York: HarperCollins, 2005 [1980]), p. 10.

13 "163. The Hen and the Golden Eggs," *Aesop's Fables* (trans.G. F. Townsend, 1867. 參見 Aesopica: Aesop's Fables in English, Latin, & Greek.

14 "Avyan 24. Of the goos and of her lord," *Aesop's Fables* (trans.William Caxton, 1484.參見 Aesopica: Aesop's Fables in English, Latin, & Greek.

15 感謝保羅・拉赫（Paul Rahe）提醒我這個重要的例子。他的相關研究參見 Paul Rahe, "Don Vito Corleone, Friendship, and the American Regime," in Reinventing the American People: Unity and Diversity Today , Robert Royal, ed.(Washington, D.C.: Ethics and Public Policy Center, 1995), pp. 115-35.

第一章：人類的本性——我們心中的部落

1 Paul Bloom, *Just Babies: The Origins of Good and Evil* (New York: Broadway Books, 2013, Kindle edition), pp. 23-29.

2 Ibid., pp. 110-111.

3 Ibid., p. 14.

4 Carl Schmitt, *Glossarium: Aufzeichnungen der Jahre 1947-1951* , Eberhard Freiherr von Medem, ed.(Berlin: Duncker & Humblot, 1991), pp. 4-5, 243. 引述於 Claudia Koonz, *The Nazi Conscience* (Cambridge, MA: Belknap Press/Harvard University Press, 2003), p. 293.

5 Bloom, *Just Babies* , p. 15.

6 Donald E. Brown, "Human Universals, Human Nature & Human Culture," *Daedalus* 133, no. 4 (special issue: "On Human Nature," Fall 2004), pp. 47-54.

7 Steven Pinker, *The Blank Slate: The Modern Denial of Human Nature* (New York: Penguin Publishing Group, 2003 [2002], Kindle edition), p. 6.

8 Ibid.

9 Jean-Jacques Rousseau, "The Second Part," sec. 207, "A Dissertation on the Origin and Foundation of the Inequality of Mankind," *The Social Contract and Discourses* , Online Library of Liberty, 1761.

10 Arthur Herman, *The Idea of Decline in Western History* (New York: Free Press, 1997), p. 29.

11 Charles Baudelaire, "The Salon of 1846," *Romanticism: The Documentary History of Western Civilization* , John B. Halsted, ed.(London: Palgrave Macmillan, 1969), p. 119.

12 Francis Fukuyama, *The Origins of Political Order: From Prehuman Times to the French Revolution* (New

注釋

導言——偶然發現的奇蹟

1 Richard Rorty, *Consequences of Pragmatism: Essays, 1972-1980* (Minneapolis: University of Minnesota Press, 1982), p.xlii.

2 感謝約書亞・格林（Joshua Greene）提供這個思想實驗，他著有：*Moral Tribes: Emotion, Reason, and the Gap Between Us and Them* (New York: Penguin, 2013)

3 Robin Fox, *The Tribal Imagination: Civilization and the Savage Mind* (Cambridge, MA: Harvard University Press, 2011), p. 6.

4 "GDP, 1990 International Dollars," Human Progress. 這些資料都來自卡圖研究所（Cato Institute）的「人類發展」（Human Progress）計劃，瑪麗安・圖皮和切爾西・福萊特在這部份幫了很大的忙。

5 Todd G. Buchholz, "Dark Clouds, Silver Linings," in *New Ideas from Dead Economists: An Introduction to Modern Economic Thought* (New York: Penguin Group, 2007 [1990]), p. 313.

6 我用「部落的」（tribal）來形容，純粹只是因為它夠生動。嚴格說來，人類的演化單位是比部落更小的「幫」（band），但我們沒有「幫的」（bandal）這種說法，所以我就改用上一層的「部落」了。

7 除了少數幾種夜行性的原始靈長類，以及紅毛猩猩這種高階靈長類以外，其他靈長類全都是群居動物。

8 Sebastian Junger, *Tribe: On Homecoming and Belonging* (New York: Grand Central, 2016, Kindle edition), pp. 2-3.

9 早在一七八二年，法國流亡作家格里夫各（Hector Saint John de Crèvecoeur）就說：「成千上萬的歐洲人自願成為印地安人，但我們找不到任何一個原住民想要成為歐洲人。這顯示他們的社會關係裡面，一定有某種東西的吸引力，超越了我們的整個文明。」對此，鍾格認為，「看來格里夫各已經發現，西方文明的物質利益，完全無法跟印地安人緊密交流的天性相提並論。而如果事實的確如此，那麼在歐洲人剛踏上美洲大陸時，問題就開始了。早在一六一二年，西班牙政府就發現四、五十個維吉尼亞人跑去找印地安人結婚，就連英國女人也公開跟印地安人交往。」Ibid., 10.

10 奧地利作家恩斯特・費雪（Ernst Fischer）認為，馬克思的觀點「源自於浪漫主義，兩者都是要對抗這個把一切變成商品，把人貶為物品的世界。」社會主義學者羅伊（Michael Löwy）則在深入研究「浪漫主義與馬克思主義對現代文明的批判」之後發現，「大家都沒有注意到，浪漫主義對資本主義的反抗，其實就是馬克思主義的起源之一。而且這個特色對馬克思的影響，既不亞於德國的新黑格爾主義，也不亞於法國的唯物主義。」不過關於馬克思，最棒的

西方的自殺

人性本能如何反噬西方文明？

Suicide of the West: How the Rebirth of Tribalism, Populism, Nationalism, and Identity Politics is Destroying American Democracy

西方的自殺：人性本能如何反噬西方文明
喬納．戈德堡（Jonah Goldberg）著／盧靜、廖珮杏、劉維人譯／初版／新北市／八旗文化出版／遠足文化事業股份有限公司發行／二〇二二年七月
譯自：Suicide of the West: how the rebirth of tribalism, populism, nationalism, and identity politics is destroying American democracy
ISBN 978-6267-129-45-6（平裝）
一、政治　二、保守主義
三、民粹主義　四、美國
574.52
111009034

作者　喬納．戈德堡（Jonah Goldberg）
譯者　盧靜、廖珮杏、劉維人
主編　洪源鴻
責任編輯　涂育誠
行銷企劃總監　蔡慧華
封面設計　莊謹銘
排版　宸遠彩藝
社長　郭重興
發行人兼出版總監　曾大福
出版發行　八旗文化／遠足文化事業股份有限公司
地址　新北市新店區民權路 108-2 號 9 樓
電話　〇二～二二一八～一四一七
傳真　〇二～二二一八～八〇五七
客服專線　〇八〇〇～二二一～〇二九
信箱　gusa0601@gmail.com
臉書　facebook.com/gusapublishing
部落格　gusapublishing.blogspot.com
法律顧問　華洋法律事務所／蘇文生律師
印刷　成陽印刷股份有限公司
出版日期　二〇二二年七月（初版一刷）
定價　六八〇元整
ISBN　9786267129456（平裝）
9786267129470（EPUB）
9786267129463（PDF）